プライマリー
刑事訴訟法
〔第2版〕

椎橋隆幸 編

不磨書房

第 2 版 はしがき

　最近の刑事立法の動きには目覚しいものがある。刑事訴訟法等の一部を改正する法律（平成16年，「刑訴法等改正法」），裁判員の参加する刑事裁判に関する法律（平成16年，「裁判員法」），裁判の迅速化に関する法律（平成15年，「裁判迅速化法」）などが制定された。これらは，公判前整理手続を創設し，また，同手続における証拠開示を拡充し，さらに，刑事裁判に国民が参加する制度を導入し，加えて，被疑者・被告人段階を通じた一貫した国選弁護人制度を整備したもので，刑事裁判の充実・迅速化を目指したものである。本書初版においてはこれらの法律の内容について解説がある。しかしその後，犯罪被害者等の権利利益の保護を図るための刑事訴訟法等の一部を改正する法律（平成19年），「裁判法」の一部を改正する法律（同19年），少年法等の一部を改正する法律（同19年）が制定された。
　また，判例も注目すべき展開を示している。
　さて，第2版の性格は初版と同じである。初版に最小限度の手直しをしたものである。つまり，初版後に法律の施行がされたもの（被疑者の国選弁護の第1段階），実施の具体像が明確になってきたもの（裁判法）を加筆し，また，初版後に成立した前述の法律のエッセンスを解説した。そして幾つかの最新の判例の解説を加えてアップツウデイトにしたものが第2版である。引き続き多くの読者に読んでいただければ幸いである。
　最後に短期日の改訂作業に快く応じてくれた執筆者に感謝したい。また，不磨書房の稲葉文子氏の激励に感謝したい。

　　平成20(2008)年2月

　　　　　　　　　　　　　　　　　　　　　　　　　編者　椎橋隆幸

　　　　　は　し　が　き

　平成15（2003）年4月から法科大学院がスタートした。規制緩和，グローバリゼイションという社会環境の変化を背景に，質の高い法曹を多数輩出することが法科大学院に求められている。他方，法科大学院の出現によって法学部の将来像は必ずしも定かでないが，当面法学部は基本的にはほとんどの大学で存続されている。その結果，法律を勉強する学生の数は増加したことになる。法の支配が確立した社会においては訴訟であろうがそれ以前のインフォーマルな方法であろうが，ルールに従って争いが解決されることとされている。法的争いを解決する上で，法的素養を身につけた者が社会に多数存在することは望ましいことである。
　さて，刑事裁判は法や正義を実現する形式として最も典型的なかつ馴染みのあるものであろう。刑事裁判は法に定められた手続きに従って進行していくが，この手続きの体系が刑事訴訟法といわれ，基本科目の1つとされている。この刑事訴訟法を修得するためには，刑事裁判についての基本的知識の正確な理解ならびに刑事裁判の原理・原則を日々生起する事件へ的確に当てはめる能力を涵養することが欠かせない。
　また，読みやすさ，親しみやすさも刑事訴訟法の理解のために軽視できない。本書は以上の，刑事訴訟法の基礎知識の修得，原理・原則の把握，原理・原則の事例への適用をなるべく読みやすく，判りやすくし学習できることを狙いとしている。本書の狙いがどこまで達せられているかは読者の判断に待つしかない。
　刑事訴訟法に関心をもつ多くの方々に読んでいただければ幸いである。

　　　平成17(2005)年9月

　　　　　　　　　　　　　　　　　　　　　　　　編者　椎橋隆幸

目　　次

第2版はしがき
はしがき

第1章　刑事司法の運用と刑事事件処理の概略 ……………… 3
1　刑事事件処理の現況 ……………………………………… 3
2　刑事手続の各段階とそこでの指導原理 ………………… 6

第2章　刑事裁判の2つの型と日本国憲法 ………………… 15
1　糾問主義と弾劾主義 …………………………………… 15
2　職権主義と当事者主義 ………………………………… 17
3　わが国の刑事裁判の歴史 ……………………………… 18
4　日本国憲法の人権保障規定 …………………………… 19
5　現行刑事裁判の特徴——弾劾主義・当事者主義 …… 19

第3章　刑事司法に関わる機関とその役割 ………………… 23
1　捜査に関与する諸機関 ………………………………… 23
2　公判に関与する者およびその役割 …………………… 31

第4章　刑事裁判への国民参加——裁判員制度 …………… 34
1　新たな「国民の司法参加制度」 ……………………… 34
2　裁判員制度導入の趣旨 ………………………………… 35
3　裁判員制度の特徴 ……………………………………… 36
4　裁判員制度の概要 ……………………………………… 37
5　裁判員制度の課題 ……………………………………… 44

第5章　強制捜査と任意捜査 ………………………………… 46
1　「強制」捜査の意義，「強制」と「任意」の区別の基準 …… 46
2　法定主義の立場による理解の検討 …………………… 53
3　憲法33条・35条の採るフィロソフィー，憲法原則 …… 55
4　科学的捜査と予防的捜査活動 ………………………… 56

第6章 逮捕・勾留 …………………………………………61

1 行動の自由の保障とその制限根拠 ……………………………61
2 逮捕の意義，種類と要件 ………………………………………63
3 令状制度の意義およびその例外である無令状逮捕が認められる理由…66
4 勾留の意義・目的，要件 ………………………………………68
5 勾留の手続 ………………………………………………………69
6 逮捕・勾留をめぐる諸問題 ……………………………………70

第7章 取調べと弁護権・黙秘権 ………………………………76

1 被疑者取調べ ……………………………………………………76
2 被告人取調べ ……………………………………………………81
3 取調べと接見制度 ………………………………………………82
4 参考人・証人の取調べ …………………………………………87
5 特殊な取調べ──ポリグラフ検査，麻酔分析 ………………88

第8章 捜索・押収（検証・鑑定） ……………………………91

1 捜索・押収の原理（憲法35条について）……………………91
2 令状による捜索・押収 …………………………………………93
3 令状による検証処分および鑑定処分 …………………………97
4 身体への侵襲を伴う捜索・押収 ………………………………99
5 無令状の捜索・押収 ……………………………………………102
6 通信の傍受 ………………………………………………………105
7 写真（ビデオ）撮影 ……………………………………………107
8 報道機関に対する捜索・押収 …………………………………109

第9章 犯罪発生直後のおよび犯罪予防のための捜査活動 …111

1 職務質問，任意同行 ……………………………………………111
2 自動車検問 ………………………………………………………115
3 所持品検査 ………………………………………………………118
4 監視カメラ・防犯カメラ ………………………………………121

第10章 違法排除法則 ……………………………………………124

1 排除法則の根拠 …………………………………………………124
2 関連する法理 ……………………………………………………126
3 排除法則の実定法上の根拠 ……………………………………127

4　最高裁判例の動向 ……………………………………………………… *129*
　　　5　相対的排除論および他の学説 ………………………………………… *134*

第11章　訴追裁量の規制 …………………………………………………… *136*
　　　1　訴追制度をめぐる諸原則 ……………………………………………… *136*
　　　2　不合理な不起訴処分の規制 …………………………………………… *139*
　　　3　訴追裁量逸脱の規制 …………………………………………………… *142*
　　　4　わが国の判例 …………………………………………………………… *144*

第12章　訴因の特定 ………………………………………………………… *147*
　　　1　弾劾主義，当事者主義と訴因 ………………………………………… *147*
　　　2　訴因の明示・特定の要請 ……………………………………………… *150*
　　　3　十分な明示・特定が困難な場合 ……………………………………… *151*

第13章　起訴状一本主義 …………………………………………………… *156*
　　　1　起訴状一本主義——予断排除の原則 ………………………………… *156*
　　　2　余事記載と起訴状一本主義違反 ……………………………………… *159*
　　　3　具体的な諸問題 ………………………………………………………… *161*

第14章　証　拠　開　示 …………………………………………………… *165*
　　　1　証拠開示の意義と制度 ………………………………………………… *165*
　　　2　現行法の下での証拠開示制度 ………………………………………… *168*

第15章　迅速な裁判と公訴時効の制度 …………………………………… *179*
　　　1　迅速な裁判を受ける権利 ……………………………………………… *179*
　　　2　公訴時効の制度 ………………………………………………………… *184*

第16章　訴因の変更とその限界 …………………………………………… *189*
　　　1　訴因と訴因変更制度の意義 …………………………………………… *189*
　　　2　訴因変更の要否と限界 ………………………………………………… *191*
　　　3　訴因（変更）と訴訟条件 ……………………………………………… *195*
　　　4　訴因変更命令 …………………………………………………………… *196*

第17章　公判の基本原理 ……………………………………199

1　糾問主義・職権主義と弾劾主義・当事者主義——自己負罪拒否特権と無罪の推定 ……………………………………199
2　自由心証主義 ……………………………………207
3　厳格な証明と自由な証明 ……………………………………209

第18章　挙証責任と無罪推定 ……………………………………211

1　挙証責任と無罪推定 ……………………………………211
2　挙証責任の転換 ……………………………………212
3　推　　定 ……………………………………213
4　具体例の検討 ……………………………………215

第19章　自白法則，補強法則 ……………………………………220

1　証拠法の基本的な狙い，証拠法上の諸原則 ……………………………………220
2　自白法則 ……………………………………221
3　補強法則 ……………………………………228

第20章　伝聞法則 ……………………………………233

1　伝聞法則と反対尋問権 ……………………………………233
2　伝聞法則の限界と例外を認める一般的要件 ……………………………………235
3　伝聞法則の例外規定 ……………………………………236
4　証明力を争う証拠 ……………………………………243
5　現場写真・現場録音テープ等の証拠利用 ……………………………………244

第21章　刑事裁判における被害者の役割 ……………………………………245

1　軽視されてきた犯罪被害者 ……………………………………245
2　捜査における被害者の役割 ……………………………………249
3　公訴における被害者の役割 ……………………………………251
4　公判における被害者の役割 ……………………………………253
5　量刑における被害者の役割 ……………………………………259
6　損害回復 ……………………………………260
7　将来の課題 ……………………………………262

目次　ix

第22章　上訴制度 ……………………………………………264
1　上訴制度の意義 ……………………………………264
2　上訴制度の在り方 …………………………………265
3　上訴の範囲 …………………………………………269
4　不利益変更の禁止 …………………………………272
5　上告審の役割 ………………………………………273
6　抗　　告 ……………………………………………274

第23章　裁判の種類と裁判の確定 …………………………275
1　裁判の概念と種類 …………………………………275
2　裁判確定の効力 ……………………………………277

第24章　死刑の認定・執行の手続的規制 …………………286
1　死刑制度の変遷 ……………………………………286
2　死刑の特殊な性格と実体的デュー・プロセス ……288
3　死刑の認定・量刑における規制 …………………289

第25章　再審——誤った裁判の救済 ………………………294
1　再審の意義 …………………………………………294
2　再審の理由（特に，証拠の新規性と明白性）……296
3　白鳥事件の意義 ……………………………………298
4　再審手続 ……………………………………………300

第26章　特別手続 ……………………………………………304
1　即決裁判手続 ………………………………………304
2　略式手続 ……………………………………………307
3　交通事件即決裁判手続 ……………………………311
4　少年法 ………………………………………………313

第27章　国際化に対応する刑事司法 ………………………320
1　刑事法の管轄（jurisdiction）………………………320
2　国際捜査共助 ………………………………………322
3　逃亡犯罪人引渡し …………………………………325
4　没収および追徴裁判の執行および保全の共助，国際受刑者移送 ……327

5　外国で収集された証拠の利用 …………………………………………*328*

事項索引 ……………………………………………………………………*331*

プライマリー刑事訴訟法〔第2版〕

第 *1* 章 ■ 刑事司法の運用と刑事事件処理の概略

本章のポイント

　刑事裁判といえば何を思い浮べるであろうか。ペリー・メイスンの活躍する法廷の場面を想起するであろうか。それは正解である。本書の主たる目的も典型的な捜査・公判等の手続を規律する原理・原則と具体的な問題への適用を解説することにある。しかし、そのような典型的な法廷での活発な弁論による裁判は数の上では少数である。警察や検察の段階で処理される事件は多いし、また、起訴された事件でも、交通事件などは簡易な手続で迅速に処理される。少年の事件は特別な配慮をもって処理される。事件の種類によって、また、手続の段階によって、事件の処理のされ方は異なるし、また、依拠すべき指導原理も異なるのである。本章では、木を見て森を見ざるの弊に陥らないように、警察に認知された膨大な数の事件が各段階でいかなる機関により、どのように処理されるのかを大まかに把握し、典型的な刑事裁判の位置づけを見定めた後、各手続段階における各機関による事件処理はいかなる指導原理に基づいて行われているかを理解するのが目的である。軽微な交通違反者を前科者にせずに行政的に処理し、事件の個別的な事情で犯情が重くなく酌むべき事情があるときは不起訴処分にし、また、起訴すべき事件でも比較的軽微で争いのない場合は簡易な手続で迅速に処理し、そして、重大で争いのある事件について十分に手間暇をかけて慎重に処理することは刑事司法全体の適切な運営という観点から重要でかつ不可欠なのである。

1 刑事事件処理の現況

　毎年、わが国で何件の刑事事件が発生しているのかを正確に把握することは困難である。暗数が相当あるからである。しかし、警察に認知された事件数を平成18年の統計でみてみると、刑法犯が約288万件で、この中、交通関係業過（交通事故に係る業務上過失致死傷及び重過失致死傷のことをいう）は約83万件である。刑法犯の中、窃盗が最も多く約153万件（53.3％）で、交通関係業過が約83万件（28.7％）、そして、器物損壊19万5,000件（6.8％）、横領9万6,000件

(3.3%），詐欺7万5,000件（2.6%），傷害3万4,000件（1.2%）と続く。

認知された犯罪がどの位検挙されるかといえば，刑法犯全体の51%であるが，これは窃盗の27.1%，住居侵入の29.7%，器物損壊の7.1%が際立って低い数字で平均の検挙率を下げているが，交通関係業過（100%）や凶悪犯罪（殺人96.8%，傷害68.6%，強姦74.9%など）では比較的高い検挙率を示している。

検挙された者の事件については，警察が必要な捜査をした後，微罪処分（犯情の特に軽微な窃盗，詐欺，横領等の事件で，月報として報告すれば足りると指定された事件）および交通反則通告制度による反則金の納付のあった事件を除き，すべての事件が検察官に送致される。

検察官は送致された事件について，補充捜査をするが，自ら捜査する事件もある。検察官は犯罪を立証するだけの証拠が揃っているか，また，証拠が揃っているとしても刑事政策の観点から処罰するのが妥当なのか等を考慮して，起訴・不起訴の決定を行う。検察官が平成18年に処理した事件約208万人の中，起訴猶予が99万人余（47.7%），その他の不起訴が9万人余（4.5%），被疑者が少年であるため家庭裁判所へ送致したのが約19万5,000人（9.4%），そして起訴した事件の中，66万人余（31.8%）について略式命令請求がなされ，公判請求されるのは13万8,000人余のみである。略式命令は，20万円以下の罰金または科料に処せられる犯罪につき，被疑者の同意を得て，公判を開かず書面審理のみの簡易な手続で下される。公判手続による場合は，公開の法廷で検察官と被告人側の弁護人との間で攻防が展開され，有罪・無罪が決められる。公判での裁判が典型的な刑事裁判の中心であるが，わが国では書面が多用されるため，欧米ほどの激しい法廷での対論が見られるのは少数である。起訴・不起訴の決定の段階で事件を絞り込んでいるために，起訴された者の有罪率は高く，99%台である。有罪判決の種類には，死刑，懲役，禁錮，罰金，拘留，科料がある。公判審理の前または途中で，審理を続ける要件＝訴訟条件が欠けると手続を打ち切る裁判がなされる。例えば，親告罪（強姦罪）で告訴がないと公訴棄却の判決が下されるし，起訴された事件についてすでに公訴時効が完成していると免訴判決が下される。

公判での審理がなされた結果言い渡される有罪・無罪の判決に不服がある当事者は上訴して争うことができる。平成18年の通常第一審の終局判決に対する控訴率は，地方裁判所では10.7%，簡易裁判所では5.9%である。数でいえば，

高等裁判所の控訴受理人員は9,344人であり，殆んどの事件9,086人（97.2％）は被告人側からのみの申立てである。終局処理を区分別にみると，控訴棄却が最も多く（62.6％），次いで，取下げが21.0％，破棄自判が15.8％となっている。また，平成18年に言い渡された控訴審の判決に対する上告率は39.1％である。そして，同年中に最高裁判所が終局処理した人員は2,779人で，その内訳は，上告取下げ634人（22.8％），上告棄却2,136人（76.9％），公訴棄却6人（0.02％）などである。

　通常の争う方法がなくなると裁判は「確定」し，判決の内容に従って刑が執行され，また，同じ事件について再度訴追することは許されなくなる。しかし，裁判とて人間の営みの1つであるから誤りが絶対ないとはいえない。そこで，事実誤認を理由とした非常の救済手続が設けられている。これが再審である。平成13年から平成17年の5年間の再審請求の既済人員906人の中，再審開始決定があったのは63人である。また，同じ期間内に処理された再審事件の結果は，56人すべてが無罪であった。このうち，道交法違反36人（64.3％）と業務上過失傷害事件15人（26.8％）で約91.1％を占めている。具体的には交通事故の身代わりが43人（約77％）と最も多くを占めている。

　上にみたように，犯罪は年間約288万件認知されても，捜査，訴追，公判，上訴，再審の各段階でふるいにかけられるので，最後までいく事件は少ないし，また，公判における典型的な刑事裁判を受ける者も数の上では少ないのである。しかし，被疑者・被告人の権利・自由がいかに，どの程度保障されているかは，その社会のあり方に大きく関係している。個人の尊重，自由で民主的な政治体制を基調とする日本国憲法は同時にさまざまな基本的権利を国民に保障しており，刑事手続における基本権保障も比較法的にみて，最も手厚い保障をしているといってよい。被疑者・被告人の権利を保障し，それを制約するためには，それだけの正当な理由を示し，また，被告人の防禦権を最大限に保障して，科刑の理由に誤りがないかを批判し，吟味する機会を与えることを憲法は求めている。厖大な事件をすべて公判で処理することは不可能であるし，また，その必要もない。重要な事件を公判で慎重に扱い，比較的軽微な事件，被告人に争いがない事件を簡易・迅速に処理することは理に適っている。しかし数は少なくとも，基本はあくまでも公判による典型的な裁判であることを忘れてはならない。

以上，刑事事件の大まかな処理状況を主として数量の点から観察してみたが，以下では，刑事事件の処理は一律ではなく，手続の各段階で，異なった指導原理の下で扱われるのであり，そのことを事件処理の時間的流れに概ね沿ってみてみることにしよう。

2 刑事手続の各段階とそこでの指導原理

(1) 捜査——犯罪の嫌疑

犯罪の嫌疑が存在すると考えるときに捜査機関は犯人の発見と証拠の収集を主とした捜査活動を行う（189条）。捜査の端緒はさまざまであるが，告訴，告発，職務質問などから捜査が開始されることが多い。捜査処分には任意処分と強制処分とがあり，強制処分として，逮捕，勾留，捜索，押収，検証，通信傍受，鑑定，証人尋問が法律で規定されている。なお，写真・ビデオ撮影・録画，ポリグラフ・テスト，麻酔分析などの科学的捜査が強制処分に含まれるのかが問題とされている。いずれにせよ，強制処分以外の処分が任意処分である。任意処分の例として，尾行，聞き込み，参考人取調などがあるが，対象者の権利や自由への制約が強制処分に比べると小さいので，手段が相当であれば自由に行ってよいと，従来はいわれてきた。もっとも，最近は，任意処分の中でも相手の権利や自由を相当制約する場合があるので，各事案の情況に応じて，①犯罪の嫌疑または犯罪の発生する高度の蓋然性の存在，②証拠保全の必要性・緊急性，③手段の相当性などの要件を求めている。

(2) 強制処分——相当な理由

これに対して，強制処分（被疑者の身体を短時間拘束する処分である逮捕・勾留，建物などの場所を探し，犯罪の証拠物を発見・収集する捜索・押収，五官の作用により，事物の存在・状態を感得・認識する検証，対象者の知らない間にその会話等の内容を知る通信傍受，専門の知識・経験を一定の課題に適用して得た知見の経過と結果を報告する鑑定，犯罪の解明に必要と思われる証言を公判前に保全するための証人尋問）は，相手の意思を制圧して強行したり，相手の不知の間にそのプライヴァシーを制約したりするので，基本権を侵害する程度が高い。そこ

2 刑事手続の各段階とそこでの指導原理　7

図表(1)　刑事事件処理（成人）の流れ（犯罪白書より引用）

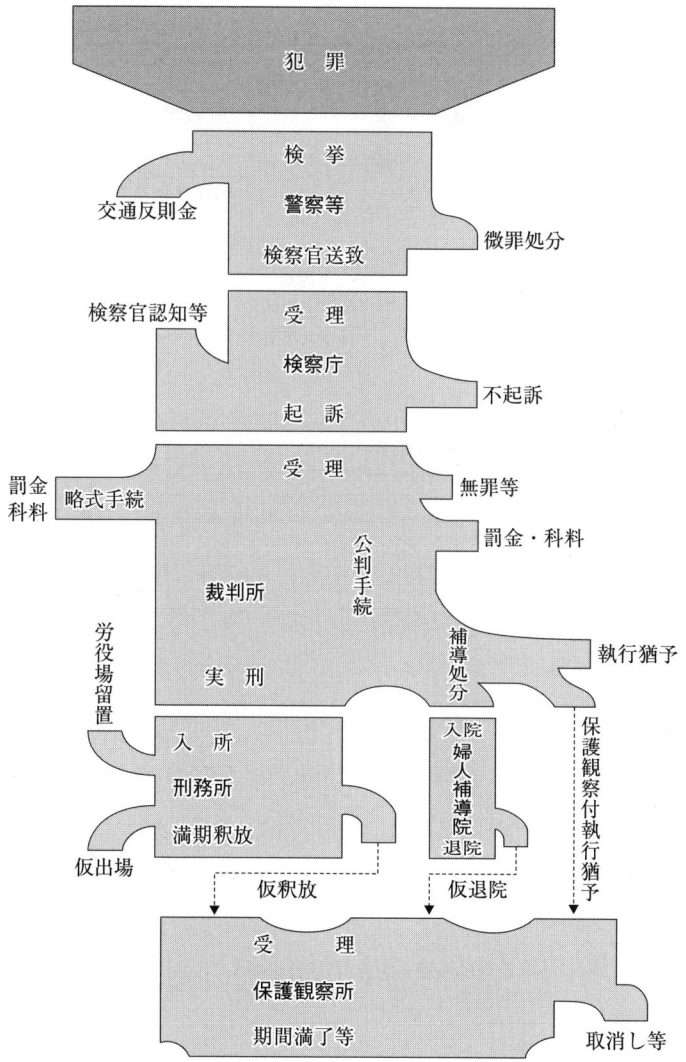

図表(1)は刑事事件処理の流れを犯罪白書から引用したものである。

図表(2) 刑事事件処理の流れ

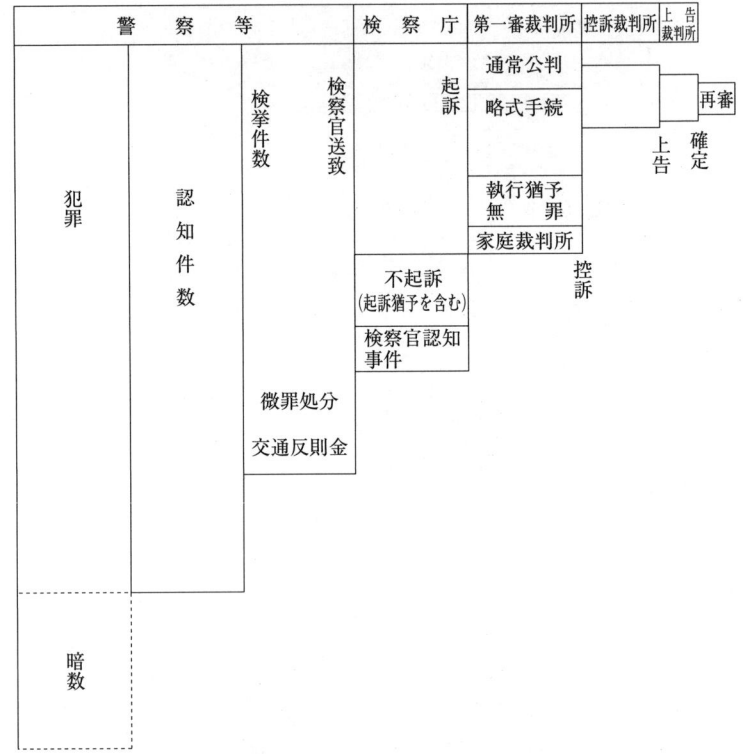

図表(2)は刑事事件処理の流れを，理解の便宜のために，その重要な部分を大雑把に印象的に示したものである。

図表(3) 犯罪発生から再審にいたる各手続段階を指導する原理（基準）

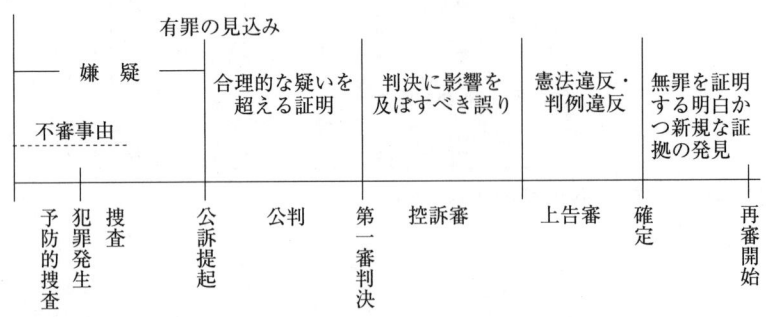

図表(3)は刑事手続の各段階を指導する原理（基準）を示したものである。

で，憲法・刑訴法は強制処分を行うための要件として，実体要件と手続要件とを求めた（憲33条・35条）。実体要件は当の強制処分（つまり，相手の権利や自由の制約）を正当化する理由で（正当理由といわれる），逮捕・勾留の場合は，犯罪を犯したことを疑う相当の理由（以下相当理由という）と逃亡または罪証隠滅のおそれの存在である。捜索・押収の場合は，相当理由の存在と犯罪に関係する証拠がそこに存在する蓋然性が高いことと捜索場所・押収対象物を特定することである。そして，実体要件が存在することを強制処分を行う当の捜査機関が判断するのでは，当時実体要件がないのにあるものとして強制捜査を実行し，証拠を採収し，実は初めから証拠があった（実体要件があった）と言い訳をする危険があるので，裁判官という公平・中立の機関に実体要件が存在することを事前に確認してもらうことを求めることにした。この事前の司法審査が手続要件であり，令状を発付してもらう形をとるので，令状主義とよばれている。この実体要件と手続要件を求めることによって，国民の権利や自由が不当に侵害されないことを保障しようとしているのである。上の実体要件の中心が「相当な理由」の存在であり，捜査機関には「相当な理由」の存在がいかなる捜査活動をするかを決する重要な基準となっているのである。

(3) 犯罪直後の捜査活動，予防的捜査活動——不審事由

　田園的で交通手段の発達していない社会においては，犯罪が発生してから捜査活動を開始しても，犯罪の解明・犯人の検挙に多大の困難を伴うことは多くなかった。しかし，人の移動が激しく，匿名性が高く，モータリゼーションの発達した都市化社会においては，例えば，犯罪を犯し，自動車で逃走し，隣同士が何をしているかも知らない人間関係しかないマンションに戻った後は，犯人の発見・検挙は極めて困難となる。また，コンピュータ通信を用い多額の取引を日常的に行うビジネスの社会で，通信施設を破壊するとその被害は従来とは比べものにならない位大きい。そこで，現在では，犯罪直後の捜査活動，犯罪発生前の予防的捜査活動が必要とされるのである。具体的には，職務質問，自動車検問，所持品検査等の諸活動が最近では多く用いられている。これらの活動は特定の犯罪が生じた後に行われるのではなく，それより対象を広くあるいは，それ以前の段階での活動，すなわち，何らかの犯罪を犯したか，犯そうとしていると疑う相当な理由がある者と既に行われた犯罪または行われようと

している犯罪について知っていると認められる者に対して職務質問をすることができるのである。また，その場での質問が本人に不利か交通の妨害になる場合は，最寄の派出所等に任意同行を求めることができ，さらに，職務質問に付随して，その者の所持品を検査することができる。現在では，職務質問，任意同行，自動車検問，所持品検査に始まって犯人の検挙に到る事件は非常に多くなっている。覚せい剤中毒者の検挙，酒気帯び・酒酔い運転の検挙，ひき逃げ犯の検挙などは，上述の活動がなければ到底実現できないのである。これらの活動を行う要件は，前述の如く，ある人が何らかの犯罪を犯したか犯そうとしていると疑われる場合と既に行われた犯罪または犯罪が行われようとしていることを知っていると疑われる場合——つまり，不審事由があることである。職務質問等の活動を指導する原理（基準）は不審事由の有無である。職務質問等は不審事由の有無を解明することを目的として行われる。不審事由ある者を停止させ，質問し，不審事由がさらに高まれば，次の捜査手段がとられることになり，不審事由が解消すれば解放される。路上での職務質問のみでは不審事由の有無が解明されない場合に，任意同行や所持品検査が不審事由の有無解明のより有効な手段として使われることが多い。職務質問，自動車検問，任意同行，所持品検査は対象者の身体の自由の一時的拘束等のプライヴァシーの制約を伴うが，その許される態様や時間は不審事由の有無の解明という目的を実現するために行われること，不審事由という「相当な理由」よりも嫌疑の程度が低い状況で行われることを考えれば，その目的，許される要件に相応しい態様・時間の活動すなわち，停止・止め置きは逮捕に到るものであってはならないし，質問は供述を強要・強制するものであってはならず，また，停止・質問の時間は不審事由の解明に必要な短時間に限定されなければならない。さらに，所持品検査は捜索・押収に到るものであってはならない。職務質問等が不審事由の有無の解明のために行われるという点から，それらの活動の限界も設定されてくるのである。

(4) 公訴の提起——有罪の見込み

　捜査の結論として検察官は公訴を提起するか否か（起訴・不起訴）を決定する。公訴権は平たくいえば事件を公判のレールに乗せる権限であるが，公訴権の行使に際して検察官には幅広い裁量が認められている。検察官は犯人をめぐ

る事情（性格，年齢等），犯罪をめぐる事情（軽重，情状），および犯罪後の事情（反省，示談等）を考慮して公訴提起をするか否かを決定できる。この幅広い訴追裁量権を検察官は適正に行使しなければならず，起訴すべき事件であるにも拘らず不起訴にした場合に備えて，法は検察審査会と付審判請求手続を設けており（第11章参照），起訴すべきでない事件を不当に起訴した場合には訴追権の濫用であるから訴追行為の違法を理由に形式裁判で公訴を退けるべきとの公訴権濫用論が主張されている。起訴されて被告人となると，被告人の地位に伴う失職，名誉の失墜等さまざまな社会的，経済的，精神的不利益を被告人は受けることになる。犯罪の嫌疑がなければ捜査はできない。強制捜査は「相当な理由」がなければならない。ましてや，起訴するとなれば，より確実で高度な嫌疑がなければならない。そうしないと，いやがらせの起訴，政治的弾圧のための起訴を防ぐことができなくなってしまう。そこで，起訴するためには，被疑者につき有罪判決を得る見込みの存在することが現実に要求されている。有罪判決見込みの有無が起訴に際して考慮すべき重要な点である。もっとも，考慮されるべきはこれだけではない。刑務所を出てもまた犯罪を犯す者が少なくないという収容刑（懲役刑）の効果への疑問からも，犯罪性があまり重くない犯罪者は刑罰で対処するよりも他の方策で臨むほうがよいとの考えが欧米では有力に主張され，実行されているが（ディバージョン），裁判で有罪と認定し刑罰以外の義務を課すという方法よりも，起訴さえもしない方が有罪認定という烙印を押されずに，社会へ戻りやすい。証拠があっても刑事政策上の観点から起訴を猶予する実務をわが国が発展させてきたことは評価されてよい。犯罪性の軽い者，再犯の虞の少ない者の起訴は慎重にするのが望ましい。

(5) 公判の裁判――合理的な疑いを超える証明

　公判は刑事裁判の中心となる舞台である。検察官が審判の対象に据えた公訴犯罪事実（これを訴因という）を検察官が主張し，証拠能力のある証拠によって適式な証拠調べの方法により立証し，これに対し，被告人が弁護人を通して反証活動を行い，その結果，訴因の存在が立証されていれば有罪，そうでなければ無罪とされる。民事裁判においては裁判官は原告・被告の立証・反証活動の結果，どちらの証明が優位であるかによって勝敗を決することができる。しかし，刑事裁判においては，有罪認定の結果は人の財産，自由，場合によって

は生命までをも奪うという最も苛酷な制裁である刑罰を科すことになるため，公訴犯罪事実の認定にはより慎重さが要求され，裁判官は公訴犯罪事実が間違いなく存在することを確信したうえで有罪認定をしなければならない。これを一般に，犯罪事実の認定には「合理的な疑いを超える証明」が必要だと言われるのである。「合理的な疑いを超える証明」の程度をアメリカの学者が，90％以上の確実さの程度だと表現しているのも説得力がある。

　誤判を防ぎ，正しい事実認定ができるように，憲法・刑事訴訟法はさまざまな工夫をしている。検察官は公訴犯罪事実を主張・立証する責任を負い，立証の方法は適法な証拠能力のある証拠により（排除法則，自白法則，伝聞法則――10章，19章，20章参照），適式な証拠調べ方法によりなされなければならない。犯罪を立証する唯一の証拠が自白である場合は有罪認定をすることができないし（憲38条3項――補強法則），公判での取調手続でも他の証拠を取り調べた後でなければ自白の取調べを請求できない（301条）。裁判体（所）は偏見の虞のない構成をし，裁判官は予断を抱かない状態で裁判に臨み，被告人側には検察官の主張を批判・吟味するために可能な限りの機会を与え，それでもなお，検察官の主張（公訴犯罪事実＝訴因）が合理的な疑いを超えて証明されていると裁判所が判断した場合に有罪認定が下されることとされているのである。勿論，裁判は無限の訴訟行為の連鎖により成り立っており，純粋な訴訟法的事実については証拠能力の制限や証明の方法も緩和されてよいが，公訴犯罪事実の証明に関しては前述の慎重な取扱いが求められ，証明の程度は「合理的な疑いを超える証明」なのである。したがって，公判の中心は「合理的な疑いを超える証明」がなされたか否かをめぐって展開されていくのである。

(6)　上訴――判決に影響を及ぼすべき誤り

　地方裁判所で第1審の判決が下された場合に不服のある当事者は高等裁判所に控訴を，最高裁判所に上告を申し立てて争うことができる。判決の誤りを直すためである。不服申立に理由がないときは棄却され，理由があるときは原裁判は破棄され，法文上は原則として原裁判所に差し戻され，直ちに判決をするだけの心証が形成されている場合には上訴裁判所が自ら判断を下す。

　もっとも，公判中心主義をとる現行法の下では第1審の事実認定は，証人の記憶が新鮮なうちに，なるべく集中的に行われるので，重視されるべきことと

されているので，上訴審では，第1審の裁判の過程に些細な誤りがあったからといって，第1審判決を破棄する必要はない。例えば，控訴審においては，第1審の裁判に関与すべきでない裁判官が関与していたり，不法に管轄を認めたり（377条～378条）等の重大な瑕疵があったほかは，訴法手続の法令違反，法令の適用の誤り，事実の誤認があって，その違反（誤り）が判決に影響を及ぼすときにだけ控訴申立の理由となるのである。したがって，第1審判決の瑕疵を控訴審で直す際の判断基準は「判決に影響を及ぼすべき誤り」があるか否かなのである。

なお，最高裁判所へ上告を申し立てることができる事由は，憲法違反と判例違反がある場合である（刑訴405条）。最高裁判所は15名の裁判官によって構成されており（戦前の大審院は約50名），また，違憲立法審査という重要な役割が与えられているので，憲法違反，判例違反という重要な問題についてのみ判断することとされているのである。

(7) 再審――無罪を導く明白・新規の証拠の発見

三度争う機会を与えて，もはや通常の不服申立方法がなくなったときには裁判は確定し，判決内容は動かし難いものになり，判決は内容通りの執行がなされることになる。刑事裁判も1つの社会的制度であるから，終りのないものではありえない。しかし，裁判は神の仕業ではなく，人間である裁判官が両当事者の攻防を見て，下すものであるから絶対に誤りがないとはいえない。無罪を示す明白かつ新たな証拠が出されて，合理的な疑いが生じた場合になお確定判決を維持すべきだというのは不合理である。身代わり犯人が自首してきた場合を考えればこのことは容易に理解できよう。そこで，確定判決は尊重しながらも，無罪を示す明白な証拠が新たに発見されたような場合は，非常救済手続として，再審を認めて，審理のやり直しの途を開くことにしたのである。

(8) まとめ

刑事司法は，市民と警察との出会いから捜査，公訴，公判，上訴，再審の各手続段階があり，各手続段階毎にふるいにかけられ，次第に対象となる者の数が減るが，各手続段階にはそこでの目的と関連して，各手続を指導する原理・基準があり，また，各手続段階で許される行為は後の段階では許されない場合

が多い。

　1, 2でみたように，いろいろな事件がいろいろな手続で，各手続の処理基準に従って処理されることを前提としたうえで，次章からは，刑事裁判の基本的な2つの形態とその内容を示した後，通常の公判審理へいく事件の進行過程の各段階で生じる問題点を概ね手続の流れに沿って，解説が試みられる。

〔参考文献〕
　法務省法務総合研究所・平成18年度犯罪白書——再犯者の実態と対策——
　警察庁・平成18年度警察白書　特集：暴力団の資金獲得活動との対決
　「平成17年における刑事事件の概況(上)(下)」法曹時報59巻2号，3号

第2章 ■ 刑事裁判の2つの型と日本国憲法

> **本章のポイント**
>
> 歴史上存在してきた刑事裁判には2つの特徴ある型がある。糾問主義と弾劾主義とがそれである。糾問主義の代表例は中世の魔女裁判である。糾問主義の特徴は非公開，拷問，裁判所の中央集権的な階層制度，絶大な裁判所の権力，自白への依存，嫌疑刑等々である。他方，弾劾主義の1つの例は地域社会での仲間の陪審による公開の裁判である。その特徴として，被害者等による告発が裁判の始まりであること，告発者と裁判所との権力分立，当事者間の対立と利益の調整，裁判の目的は紛争解決であること，当事者が手続を動かす中心で裁判官は中立なアンパイアであること等々である。近代になると，権力分立，基本的人権の保障，適正手続，平等保障など普遍的なるものが各国で共有されたため，それぞれの型を持つ刑事裁判制度も接近してきている。しかし，なお刑事裁判の基礎にある考え方の違いは具体的な問題についての処理の仕方にもかなりの違いをもたらしている。現在では，職権主義と当事者論争主義（以下単に当事者主義という）の違いという形で表現されている。面白いことに，職権主義を基本とするイタリア，フランス，ドイツでは英米流の当事者主義的な内容の法改正がなされたり，逆に，アメリカでは，当事者主義の行き過ぎによる弊害を解決するために，ヨーロッパ大陸法の一部を採り入れるべきだと提案されたりもしている。このような試みは成功するのだろうか。2つの裁判制度の考え方の基本を理解することから検討してみよう。

1 糾問主義と弾劾主義

　刑事裁判の形態には大きく分けて2つある。糾問主義と弾劾主義とである。これらは理念的な裁判の形態であり，現実の裁判制度は純粋の形で存在する訳ではなく，どちらかの特徴を基本にした混合形態である。ヨーロッパ大陸の国は糾問主義の特徴を持った制度を発展させたし，英米では弾劾主義の特徴を持った制度を持っていたと一般にいえる。刑事裁判の基本的型である糾問主義

と弾劾主義の特徴を知っておくことは刑事訴訟法を理解する上で必要であり，有益である。

　糾問主義は中世において異端者を糾問するための手続として始まった。中世末の宗教裁判や近世の絶対主義体制下の世俗裁判において，一元的価値を実現するのに適した制度であった。糾問主義は手続に対する法的規制が乏しく，糾問官（裁判官）の裁量が幅広く認められており，手続は糾問官が突然開始することが認められていた。手続は裁判官が被告人を問い糾す形で進められ，手続の究極の目的は真実の発見にあった。真実の発見のためには一定の要件の下で拷問も認められた。裁判所が刑事裁判の中心的存在であり，被告人は裁判の客体でしかない。刑事裁判に関わる機関の間に権力の分立がなされておらず，証拠の発見・収集に携わる捜査機関は独立してその権限を行使するのではなく，裁判所の命令を裁判所の手足となって実現するか，あるいは，裁判所の権限を代理して行使するものと考えられていた。捜査と公判は連続したもので，捜査段階で集められた証拠は裁判所へ引き継がれることとされていた。裁判所の構成は最上級の裁判所を頂点として階層的に組織され，下級の裁判所の判断は最終的な結論とはならず，最上級の裁判所の権威ある判断が下されてはじめて最終的な結論となり，そこで裁判は終了し，確定するのである。裁判は非公開で行われた。もともと，異端を鎮圧する手段として用いられた糾問手続においては，自白をして異端であること（罪）を認めることは教会と和解したものとして歓迎され，自白をした者には自白をしないで有罪とされた者より軽い刑が科せられた。異端であることを認める共犯，家族，友人の供述も同様に歓迎された。また，問題にされたのは異端つまり，犯罪行為ではなくむしろ犯罪傾向であったから，一定の証拠はあるが，有罪を認定するだけの証拠（自白）がない場合には，嫌疑刑が科されたのであった。嫌疑刑は，自白がなければ被告人を有罪にできないという法定証拠主義と真実発見の理念（真実発見のためには拷問も許される）との悪しき妥協の産物ともいわれている。

　これに対して，弾劾主義においては被害者等の告発者の告発があってはじめて裁判が開始される。告発者が告発した犯罪行為を立証する責任を負い，被告発者は真実発見に協力する義務を法律上課されないし，裁判所も告発事実が証明されているかを判断する役割が与えられているのであって，告発事実を超えて真実が何かを解明する義務を負わされてはいない。告発者と裁判所とはそれ

ぞれ違った役割・権限を有し，権力の分立がなされている。社会の価値の体現者たる告発者と個人の利益を主張する被告発者という価値の対立を認め，裁判所には併存する異なった価値を調整する役割を求めるという，多元的価値を認める社会観が弾劾主義の背景にはある。告発者に主張・立証の義務を課し，また，被告発者の利益を認めるところから，被告発者は有罪と立証されるまでは無罪との推定を受ける地位があるとされ，また，被告発者が告発事実を争うために告発の内容を告知される権利が保障されることになる。さらに，裁判は公開の法廷で行われる。ところで，弾劾主義において，告発者と被告発者との間の対立抗争を強調し，勝った方に軍配を上げることにすると，財力のある者，政治権力を持つ者が貧しい者，政治的弱者を告発によって弾圧することになる危険があり，事実，そのような弊害が経験された。そこで，告発されて長い間裁判に繋ぎとめておかれることに伴うさまざまな社会生活上の不利益を被告発者に与えないように迅速な裁判を受ける権利が保障され，また，一度裁判が終了したならば，再び同じ事件について訴追を受けない地位（二重の危険禁止の法理）が保障されたのである。

2 職権主義と当事者主義

　近代になると，個人の尊厳が重視され，糾問主義は大幅に修正されてきた。また，裸の力の対立に伴う弊害を是正することで弾劾主義も変容を受けてきた。現在，近代的な刑事裁判制度を採っている国々では，多くの点において共通するものを持っている。捜査機関の存在と捜査権限に対する規制，不告不理の原則（訴追がなければ裁判は開始されない），審判対象の限定，被疑者・被告人の権利の保障（黙秘権，弁護権，不当にプライヴァシーを制限されない権利），供述証拠の証拠能力の制限（自白法則，伝聞法則（または直接主義）），非供述証拠の証拠能力の制限（排除法則），裁判の公開保障，公平な裁判の保障，上訴権の保障などである。つまり，訴追機関と裁判機関との分離，被疑者・被告人の権利の保障という点で共通するものを多く持っている。そこで，現在では，職権主義と当事者主義という一対の概念が使われることが多い。職権主義は改革された糾問主義ともいわれるが，非当事者主義といわれることも最近では少なくない。職権主義と当事者主義との一番大きな違いは，公判における中心的な役

割を訴追者（多くは検察官）と被疑者・被告人に求めるのか裁判所に求めるのかである。また，訴追者の提示した争点を両当事者の論争・対論を通じて，公平な裁判所が判断を下すのが当事者主義だともいわれる（この意味で，当事者論争主義という言葉は事態をよく表わしている）。職権主義（非当事者主義）か当事者主義かは公判における中心的役割を果すのは裁判所か両当事者なのかの点のほかに，前述の現代の多くの国の刑事裁判に共通する特徴についてもその意味・内容，保障される範囲，根底に横たわる原理などが，立ち入って検討すると相当違っていることが判明するのである。フランス，ドイツ，イタリア等のヨーロッパ大陸法の刑事裁判は職権主義の哲学を基礎としているし，イギリス，アメリカ，カナダ等英米法の刑事裁判は当事者主義に基づいているといえよう。最近の傾向としては，ドイツ，イタリア，フランス等でも当事者主義に影響を強く受けた改正が行われていることを注意しておきたい。

3　わが国の刑事裁判の歴史

　わが国の最古の刑事を含む法典は大宝律令（702年）と養老律令（718年）であるといわれ，これらは中国法の影響を強く受けたもので基本的に糾問主義の法律であった。糾問官によって裁判が開始され，有罪認定は被告人の自白または証人の供述がなければならなかったし（法定証拠主義），裁判は非公開であった。これらの刑事裁判の特徴は封建時代を通じて基本的に維持されたといわれている。わが国が初めて近代的な刑事裁判制度を持ったのは，明治13年（1880年）に治罪法を制定してからであるといわれる。ボアソナードの指導の下にフランス治罪法の影響を強く受けた治罪法は糾問主義・職権主義の色彩を強く持った法律であったが，当時のわが国としては画期的といえるほど国民の権利・自由を保障した法律であった。公訴時効の制度（20条，一定の期間訴追しないで経過するともはや起訴できないとする制度），保釈（210条〜219条，約束に違反して逃亡などをした場合保証金を没収するとの条件の下に身柄を釈放すること），不告不理の原則（113条・276条），裁判の公開（263条），弁護権の保障（266条）などの規定がその例である。その後，主な改正として，明治22年に明治憲法が制定され，刑事訴訟法もドイツ法の影響を受けて一部改正が行われた（明治刑訴法）。そして，大正デモクラシーの時代にも刑事訴訟法の一部改正が行われ

た（大正刑訴法）。それぞれの改正で注意すべき内容も少なくないが，刑事裁判の基本的特徴がヨーロッパ大陸法の糾問主義・職権主義の色彩の強いものであった点では大きな差はなかったといってよい。刑事裁判の特徴が大きな変化を遂げたのは第2次大戦後日本国憲法が制定され（昭和22年），その理念に沿って現行刑事訴訟法（昭和24年）が制定されてからであり，同時に裁判所法，検察庁法，弁護士法，警察法，警察官職務執行法，刑事訴訟規則，その他刑事手続関係の法規も整備された。

4 日本国憲法の人権保障規定

アメリカ法の影響を強く受けて制定された日本国憲法は自由主義，民主主義，個人主義を基本的性格としているが，権力の分立と基本的人権の保障は最も重要な構成部分といってよいであろう。日本国憲法は基本的人権の保障に厚く，言論・出版・表現の自由，財産権，労働基本権，選挙権等のほか主として刑事手続における基本権を第31条から第40条にかけて保障している。裁判を受ける権利（32条），正当な理由があり，原則として裁判官の令状を得たうえでなければ逮捕されない権利（33条），身柄を拘束された被疑者・被告人の弁護権，正当な理由がなく抑留・拘禁されない権利（34条），官憲による不合理な捜索・押収を受けない権利（35条），公務員による拷問および残虐な刑罰の禁止（36条），身柄を拘束をされた者が無罪とされたとき補償を受ける権利（40条），そして，わが国の刑事裁判が弾劾主義・当事者主義をとっていることを基礎づけるいくつかの権利がある。次にこれらの権利について述べよう。

5 現行刑事裁判の特徴——弾劾主義・当事者主義

憲法38条1項は「何人も，自己に不利益な供述を強要されない」と規定した。これは自己負罪拒否特権といわれ，弾劾主義の典型的表現だといわれる。被疑者・被告人は一切の供述を拒否することが認められている。わが国では，検察官が犯罪事実を主張し，立証する責任を負い，被疑者・被告人には立証に協力する義務は課されていないのである。そして，検察官の起訴した犯罪事実（公訴事実＝訴因）が審判の対象となるのであり，裁判所は公訴事実が存在するこ

とが証拠によって立証されているかを判断することができるだけで，訴因＝公訴事実の範囲を超えて審理・判決をすることは許されないのである。また，憲法31条は適正手続の保障を定めているが，その内容として，被告人は告発事実について告知・聴聞を受ける権利があるとされている（最大判昭和37・11・28刑集16巻11号1593頁）。刑罰という不利益を受ける者は，不利益を科す対象物とその理由と必要を告知され，防御し弁解する機会を保障されなければ適正手続の要請に反することになると判例は認めているのである。

次に，憲法37条は被告人に，公開・迅速・公平な裁判を受ける権利，証人審問・喚問権，私選・国選の弁護権を保障しているが，これは，当事者主義の刑事裁判を成り立たせる必須の要素を被告人の権利を保障するという形で規定したのである。

裁判は公平であることが生命である。公平な裁判を保障するためには裁判所の組織構成上の公平を保障するとともに訴訟手続においても公平さを保障しなければならない。旧刑訴法下においては，公訴提起と同時に一切の証拠が裁判所に提出された。裁判官は証拠を予め見たり読んだりして能率的な訴訟指揮を行うことは可能であったが，捜査機関の収集した一方的な証拠に接するため，偏った心証を抱いて公判に臨む危険があった。捜査機関の嫌疑を裁判所が引き継ぐという関係にあったのである。しかし，これは憲法の保障した公平な裁判の理念に反するので，現行刑訴法は起訴状一本主義を採用し（256条6項），捜査機関から裁判官への嫌疑の引き継ぎを断ち切ったのである。つまり，公訴提起の際，検察官は起訴状のみを提出し，起訴状には裁判官に事件について予断を抱かせる虞のあるものの添付，内容の引用および記載を禁じて，裁判官が白紙の状態で公判に臨むことができるように配慮している。

また，裁判が遅滞することによって被告人は被告人の座に伴うさまざまな社会的，経済的，精神的不利益を蒙る。また，無罪証拠が散逸することにより，防御上の不利益も生じる。裁判中，身柄が拘束されている場合は右の不利益はさらに大きいものとなる。裁判の長期化に伴うさまざまな不利益が圧政となることを防止するために，憲法は迅速な裁判を受ける権利を被告人に保障したのである。裁判が圧政とならない配慮も当事者主義が求めるところである。

ところで，当事者主義の裁判とは，検察官の主張である訴因（公訴事実）につき，対立当事者である被告人が十分に批判し吟味して，それでも訴因は合理

的な疑いを超えるまで立証されていると判断された場合にはじめて有罪認定が許される公判をいうのである。そこには検察官の主張に対して被告人が十分に挑戦する機会が保障されなければならないし，また，そこでの挑戦はディベイトまたはダイアローグ，つまり対論になっていなければならない。検察官の主張に十分に挑戦するために，被告人は自己に有利な証人を強制的手続によっても必ず公判廷に喚問することができ，また，自己に不利益な証言をした者には反対尋問をしてその証言内容の真実性・正確性を争うことが保障されねばならないのである（憲37条2項）。この趣旨を活かすために，刑訴法は反対尋問の機会を与えていない供述証拠には証拠能力を原則として認めていない（320条）。これを伝聞法則という。

　また，検察官の主張に挑戦するといっても，被告人は法律に通じていないのが普通であるため，さまざまな法律，規則，形式に従って進行する公判手続において，被告人が検察官とわたりあって公判手続を進めていくことは無理である。そこで，法律の専門家で，被告人の利益を擁護してくれる弁護人が公判においては必須のものとなるのである。被告人に弁護人がつかなければダイアローグ（対論）が成立せず，当事者主義とはいえないのである。弁護権は公判の基本的公正さを担保する必須の要素なのである。弁護権が当事者論争主義の公判に必須のものであるならば，資力の有無によって弁護権が保障されないことがあるとすれば，それらは弁護権保障の本来の趣旨に違反し，また適正手続条項（憲31条）違反ともなるといえよう。そこで，憲法は貧困その他の理由によって弁護人を自分で依頼することができない被告人には国が弁護人を選任することを保障しているのである（37条3項）。すなわち，被告人は誰でも弁護人の助力を受けながら，検察官の主張・立証を批判し吟味することが認められ，それによって論争することが実現されるのである。

　なお，検察官の主張に挑戦するためには，挑戦するだけの材料が被告人・弁護人の方になければ不可能である。現在は，前述のごとく，起訴状一本主義により，検察官は証拠を裁判所に提出せず，自分の手元に置き，証拠調の段階において，取調請求した証拠を取調べていくことになっている。被告人側は検察官の手持証拠を事前に開示してもらうと十分な防御活動ができることになる。このように考えると，証拠隠滅・証人威迫等の弊害のない限り，検察官手持の証拠を被告人側に開示することは当事者主義の重要な内容であると説明するこ

とができるのである。

　最後に，裁判所が階層的に構成され，最上級の裁判所が下した判断に権威を認める糾問主義・職権主義の下では，最上級の裁判所の判断が下され，それ以上争えなくなったときに裁判は確定し終局を迎え，同じ事件につき二度と争えなくなる効果が生じる。これに対し，多元的な価値観を背景とする弾劾主義・当事者主義の下では，真実をあくまで追求するのではなく，両当事者にそれぞれの利益があることを認め，その利益を調整するのが裁判の役割であると考えるところから，検察官には1度主張・立証の機会が与えられ，他方，被告人には一度で裁判を終えて貰う貴重な権利が発生すると考え，1度，公正な手続で訴追・立証という危険に曝されたならば，2度と同じ危険に曝してはならないと考えることになる。この二重の危険を禁止したのが憲法39条であると解するのが当事者主義の立場からの帰結である。

　もっとも，憲法も刑訴法も旧憲法・旧刑訴法の改正という形をとっている。憲法は全くといってよいほどの価値観の転換があったといってよかろうが，刑訴法は旧刑訴法の内容を受けついでいるとみられる箇所も少なくない。例えば，職権証拠調の規定（298条2項）などがある。そこで，現行法は職権主義と当事者主義の混合形態で，後者を基本にした混合形態の刑事裁判をわが法は持っているとの見解が多数である。いずれにせよ，当事者主義を基本にしているという点についてはほとんど異論がない。その際，重要なのは，当事者主義の憲法上の基礎づけである。刑事裁判の形態という重要な問題を憲法から離れて論ずることはできないのである。本章では刑事裁判の基本的な2つの型の特徴とその憲法上の根拠について述べたが，詳細はそれぞれの該当の章で検討されている。

〔参考文献〕
渥美東洋『レッスン刑事訴訟法』〔上〕1985年19頁以下，〔中〕1986年21頁以下，〔下〕1987年，中央大学出版部

第3章 ■ 刑事司法に関わる機関とその役割

本章のポイント

　刑事裁判がいかなる機関によって運営され，また，各機関はいかなる役割を果たすかによって，裁判のあり方も相当に異なる。ヨーロッパ大陸法では，裁判官が真実を追求して，被告人の有罪・無罪を判断する。裁判官は刑事裁判の中心人物であり，証拠を集めたり審理を行う等裁判を行う上での重要な権限を有し，捜査も本来は，裁判官の権限を検察官，警察官に一部委任したり，裁判官の手足として用いるというものであった。これに対して，英米法においては，捜査，訴追，裁判に携わる機関は，それぞれ独自の役割をもち，権限が分配されている。現代の先進諸国の刑事司法は，大雑把に言って，警察・検察が捜査・訴追を担当し，弁護人が被告人の助力をして防御を担当し，両者の攻防を公平な立場にある裁判官が判断を下すという形態を採っているが，各機関の役割・権限の違いは各国の刑事裁判に対する基本的な考え方の違いを反映しているのが興味深い。各機関にいかなる役割・権限を与えれば，公平で誤りのない裁判が実現するか。被告人の権利を不当に侵害することなく，能率的な捜査を実現し，裁判に価する者だけを訴追し，無実のものは無罪となり，犯人のみが有罪となるにはどうしたらよいか。これには，裁判に関わる機関の役割・権限をどう考えるかにも大きくかかっているのである。

　刑事司法（刑事手続）に関与する機関（者）には，さまざまなものがあるが，ここでは，捜査段階および公判段階で主要な役割を担うものについて言及する。同じ機関であっても，刑事手続上の各段階においては，その役割が微妙に異なっているといえるため，それぞれの段階における諸機関の目的・性格等に触れながら説明していこうと思う。

1 捜査に関与する諸機関

　捜査とは，起訴前に警察および検察によって行われる，犯罪の証拠の収集・

保全と被疑者の摘発・身柄確保の活動である。刑事手続の問題を考える際には，捜査活動の必要性とその規律に大きな関心が向けられることになる。そこでは，都市化社会における捜査の必要性・重要性，捜査活動の成果（例えば，捜査によって得られた証拠など）のもつ刑事裁判における影響力の大きさ，主として警察によって行われる犯罪の予防及び予防的捜査活動（例えば，重大犯罪の犯人である疑いの強い者に対して行われる監視活動・泳がせ捜査・囮捜査等）の必要性・重要性，さらには，そのような捜査機関の活動を不当なものとしないための基準が適切なバランスの下に考慮されなければならない。

(1) 警察機関

(a) 一般司法警察職員と特別司法警察職員

犯罪捜査に関して，第１次的捜査機関として司法警察職員（刑事訴訟法189条２項。以下，原則として，刑事訴訟法上の条項には法令名を示さずに引用する）がある。司法警察職員は，一般司法警察職員（189条１項）と特別司法警察職員（190条）に分けられる。一般司法警察職員とは，警察庁および都道府県警察の警察官であり，特別司法警察職員とは，個々の法令により，警察官以外の者で，特定の領域における職務に関して，司法警察職員としての資格を付与されている者をいう。

一般司法警察職員は，さらに司法警察員と司法巡査に分けられ，巡査部長以上の警察官（警察官の階級については，警察法62条参照。）を司法警察員，巡査を司法巡査（昭和29年７月１日国家公安委員会規則５号１条参照。ちなみに巡査長は，警察官の階級ではなく，階級上は巡査（昭和42年６月１日国家公安委員会規則３号参照）である）とする。司法警察員には，逮捕状の請求（199条２項），捜索・差押え・検証の令状請求（218条３項），被疑者の検察官への送致（203条１項）等の権限が与えられているが，司法巡査にはこれらの権限は付与されていない（ただし，緊急逮捕後の逮捕状請求に関しては，司法巡査にも令状請求権が認められると解される。210条１項参照）。

特別司法警察職員には，海上保安官および保安官補（海上保安庁法31条），麻薬取締官および取締員（麻薬及び向精神薬取締法54条），労働基準監督官（労働基準法102条），郵政監察官（日本郵政公社法63条），自衛隊刑務官（自衛隊法96条）等がある。これらの者は，その職務上，特別な経験または専門知識・技術

を有しており，特定の犯罪捜査に関しては警察官よりも有効に対処できる場合が多々あるため，司法警察職員としての資格が与えられている。近年は特に，国内外の犯罪組織による銃器・薬物の密輸入および大規模な密航ならびに国内における組織・企業犯罪，経済犯罪等に対応すべく一般司法警察職員と特別司法警察職員，また特別司法警察職員間における協力・連携が重視されている。

今日の警察機関の役割は，犯罪の捜査のみならず，国民の安全・社会の安定の確保にあり，既に発生した犯罪を捜査することだけでなく，危険および犯罪発生の防止・社会的弱者の保護にまで及びうるものである。社会的弱者は，重大な結果が生じる前に，できる限り早期の警察機関の介入を求めているともいえる。警察機関の介入を遅らせさえすれば国民の自由な活動の領域が広がるという考え方は，見方を変えれば社会的弱者の保護のための警察機関の介入を遅滞させることに繋がりうるということに留意する必要があると思われる。

(2) **検 察 官**

(a) **捜査機関としての検察官の役割**

現行法上，検察官は，必要と認めるときには，自ら犯罪捜査を行うことができるとされている（191条1項）。その意味においては，補充的捜査機関である。ただし，特殊な政治事件，贈収賄事件等については，第1次的捜査機関として捜査を行うことがある。

検察官は，公訴提起を具体的に想定した立場から，また捜査の適正を保つ観点から，捜査に関して，司法警察職員に対して，一般的な準則を定めることにより一般的指示（193条1項）を与え，また捜査の協力を求めるため必要な一般的指揮（193条2項）をすることができ，加えて自ら犯罪を捜査する場合には，必要があれば，具体的指揮を行い捜査の補助を求めることができる（193条3項）。また，検察官には，原則として捜査終結権限が与えられ（246条～268条），現行法上は捜査権者（警察機関）と捜査終結権者（検察官）とが分離され，捜査を恣意的に処理しないように配慮されている。例外的に，検察官が一般的指示（193条1項）により，ある特定のきわめて軽微な事件を「微罪事件」として指定し，そのような事件については検察官への送致を不要とする（246条但し書および犯罪捜査規範198条～200条）。このような処分を「微罪処分」という。ただし，この処分が認められているのは，一般司法警察職員に対してのみ

であり，特別司法警察職員には認められていない。

(b) 訴追機関としての検察官の役割

　検察官は，捜査機関であると同時に，公訴官としての訴追機関でもある。検察官は前記のように，一方で捜査に関しての「指揮者」であるが，他方で公訴提起を行うか否かの決定権限は，準起訴手続（262条～268条）の場合を除いて，検察官のみが保持する（247条　検察官起訴独占主義）。加えて，不起訴・起訴猶予処分を決定する権限として，犯人の性格，年齢および境遇，犯罪の軽重および情状ならびに犯罪後の情況により，訴追を必要としないときは，公訴を提起しないことができる（248条　裁量訴追主義）。

　ところで，検察官は1人ひとりが独立して「検察権」を行使する「独任制」の官庁であり，「法律上（憲法上ではない）」，身分保障がある（検察庁法25条）。そのため，検察官の持つ広範な裁量は，その行使において刑事司法手続の適正・公平・公正さを大きく左右することになる。検察官の権限行使が個々に行われて統一性を失うと，法執行上また刑事手続を運用する上で混乱が生じる場合があるため，検事総長（最高検察庁の長），検事長（高等検察庁の長），検事正（地方検察庁の長），上席検察官（区検察庁の長）に，それぞれ法定の範囲で検察庁職員を指揮・監督する権限を付与し（同法7条～10条），さらに検事総長，検事長，検事正には，その下にある検察官の事務を承継し，またはそれを他の検察官に移転する権限を与え（同法12条），これらの事務継承・移転の権限により，検察庁は全体として統一性をもった活動を行うことができるように組織されている。

　また，このような検察官の権限が，形式的・恣意的に行使された場合には，国政上重大な影響を及ぼすことに繋がる危険もあり，そのような危険が生じた場合に，法務大臣による高度の政治的判断（ステイツマンシップ）による事件の収拾を期待して，法務大臣に指揮権が付与されている（同法14条）。ただし，この法務大臣による指揮権の発動によって，その時の政権政党の不当な党利党略的影響が，検察官の権限行使に対して及ぶことのないよう，法務大臣が事件の処理に関して具体的な指揮を行えるのは，検事総長に対してのみとされており，個々の事件処理は検事総長の事務継承・移転の権限に委ねられている。しかも，検事総長は，法務大臣の指揮を受けたが具体的な事件処理について法務大臣の指揮に従わなかったとしても，自らの意に反して，検事総長の官を失う

ことはないとされている（同法25条）。

(c) **検察官と司法警察職員との関係**

　検察官には，司法警察職員に対する指示・指揮権が与えられている（193条）ことは前述した。しかし，司法警察職員は，その圧倒的な数からいっても，第1次的捜査機関であり（189条），検察官は補充的捜査機関である（191条）。また現行法上，司法警察職員は，検察官から独立して捜査権限を有する。

　旧法では，警察は検察の「補助者」として位置づけられていたが，現行法においては，警察と検察はそれぞれ独立した機関であり，捜査に関しては，相互に協力する関係であり（192条），旧法におけるような上命下服の関係にはない。

　現行法上は，検察官・司法警察職員ともに行政部に属し，それぞれ独立して捜査を行うことができるが，同じ行政部の中で検察官から司法警察職員へのチェックが働くように工夫がなされているともいえる。例えば，逮捕状の請求に関しては，司法警察員（国家公安委員会または都道府県公安委員会が指定する警部以上の者）も請求権者とされているが，逮捕後，勾留請求をなしうるのは検察官のみである（204条・205条）。これにより，逮捕後，さらに身柄を拘束（勾留）する場合，同じ行政部に属してはいるが，司法警察員とは独立した機関である検察官に，法律専門家としてより慎重な判断を行う機会を設けて，警察独自の判断によって，行き過ぎた法執行がなされることのないようにしているとみることもできる。

(3) **検察事務官**

　検察事務官は，検察官を補助し，検察官の指揮・監督を受けて捜査をする（191条，検察庁法27条）。また，検察官と同様に，捜査のため必要があれば，管轄区域外で職務を行うことができる。刑事訴訟法上，逮捕・取調べなどの権限を有している（198条・199条・210条・218条・220条等）。

(4) **裁　判　官**

　裁判官の役割を考えていく上では，現行法の採る刑事司法制度の性格を理解しておく必要があろう。ここでは，わが国の刑事司法制度の性格に触れながら，捜査段階における裁判官の役割を説明する（なお，公判段階における役割については後述する）。

(a) 捜査段階における裁判官の役割

　第2次大戦後，わが国は大日本帝国憲法を大幅に，また抜本的に改正して日本国憲法を制定した。それに伴い，わが国の刑事司法制度は大きく変化し，刑事訴訟法も憲法の理念・趣旨に沿うように改正された。職権主義に基礎をおく旧法下での刑事手続においては，捜査の中心的役割は，予審判事（捜査係判事）が担い，検察は予審判事の補助者であり，警察は検察の補助者であった。すなわち捜査機関（検察・警察）は，予審判事の権限（強制処分を行う権限）を授権・委任されて捜査活動を行うことが基本であった。三権分立上も検察・警察は「司法部」に属する機関であった。それに対して現行法のとる立場は，旧法下でのそれとは全く異なり，予審判事の制度を廃止し，捜査の中心的役割は，「行政部」に属する，捜査機関たる警察（場合によっては検察）へ移行し，警察・検察にはそれぞれ独自の捜査権限が付与されている（これらのことからすると，『「司法」警察職員』という名称は，適切なのであろうかという疑問が生じよう）。さらに，匿名性を有し，交通網の発達した，今日の都市化社会においては，犯罪予防および捜査すなわち犯罪を早期に摘発するための活動の必要性・重要性を認めざるを得ず，また，そのような法執行活動に関しては，警察・検察という捜査機関に計画的・組織的活動を期待し，一定の範囲での裁量を肯定しなければならない。その反面，捜査機関の行う法執行活動を含む刑事手続は，動もすると市民に対するハラスメント・弾圧・圧政の手段ともなりかねないものである。また，個々の捜査官は，自らの信念，正義感に基づいて法執行に従事しているものであろうが，捜査官のもつそのような思いが強すぎると，自らの活動の妥当性・正当性（例えば，憲法上，法律上定められた要件を充足しているのか否かなど）の判断が甘くなり，自分に有利な判断をしてしまう可能性がある（自分以外の者に判断を求めても，判断を求められたその者が同様の立場または同様の組織・機関に所属する者であれば，やはりその可能性を否定できない）。

　現行法における，捜査段階での裁判官は，直接的には捜査活動には関与せず，「行政部」に属する捜査機関の活動について，捜査機関とは独立した，中立・公平な立場で客観的に審査し，犯罪の防止・摘発等の法執行活動が行き過ぎたものとならないようにする役割（令状発付という事前の審査手続および強制処分後の審査手続によるチェック）を担っているのである。

　このように現行法においては，裁判官の捜査段階での役割が，職権主義にお

ける捜査の中心的役割とは全く異なっており，捜査への関与の意義も職権主義におけるそれとは全く異なっているのである。現行憲法および刑事訴訟法における裁判官の立場・位置づけを充分に理解した上で，具体的な事案において裁判官が果たすべき役割，求められるべき判断を考察していかなければならないといえよう。

(5) 弁 護 人

(a) 捜査段階での弁護人の役割

　被疑者は，身柄を拘束（逮捕・勾留）されると身体的な自由が大幅に制約されることのみならず，精神的な不安（例えば，逮捕されたことから生ずる社会的な名誉の失墜，失職，外界との連絡の断絶，友人や仕事仲間との信頼関係の喪失，家族に対する心配など）といった不利益を受けることになる。このような状況にある被疑者は，身体的な自由が著しく制限されていることによって，自分の利益になるような弁解・防御活動（資料や証拠の収集活動など）ができないだけでなく，精神的に不安な状態にあるため，自らの立場・自分の置かれた状況について冷静な判断をすることが非常に困難であるといえる。たとえ法律について多少の知識がある者であっても，いざ自分が身柄を拘束されるという事態に直面すると，平常心で対応できる者はそれほどいないであろう。まして，刑事手続に精通していないと思われる一般人は，なおさらであろう。

　逮捕・勾留といった身柄拘束の制度は，被疑者（被告人）による罪証隠滅の防止および逃亡の防止を目的としたものであり，この目的を超えた身柄拘束にならないよう配慮されなければならない（現行法は，起訴後の保釈制度を認め，その点について配慮している。しかし，被疑者段階での勾留には保釈制度を採用してはいない。207条1項但し書参照。）。

　捜査段階における弁護人の役割は，外界との接触がなくなることから生ずる被疑者の精神的不安をできる限り減少させること，また，被疑者が自らの立場を主張してその後の防御活動に専念できる状況を作り出すことにあるといえよう。そのためには被疑者に外界の状況・反応等を伝え，また被疑者の置かれた状況を外界の家族・友人等に伝えるといったことも必要である。一般的にいって，冷静な判断ができる状況がなければ，法的なアドヴァイスを行ってもそれが本当に有効であるか否かは疑問であろう。もちろん，正当な理由または必要

性を欠いた身柄拘束があった場合には，その状況からできるだけ早く被疑者を救済すること，また，取調べの際の権利侵害等があれば，適正・迅速に対処すること（準抗告の申立 429条・430条）等も弁護人の役割であることはいうまでもない。

また，被疑者には，黙秘権が保障されており（憲38条1項，刑訴198条2項），黙秘権の告知およびその権利行使または放棄の意味するところについての法的助言を行うことも弁護人の役割である。それは，身柄拘束という状況によって生ずる被疑者の不安感・焦燥感などの精神的動揺に乗じた不当な取調べを回避するためである。身柄拘束時または取調べ時にすでに捜査機関に入手されている証拠から，被疑者の犯行であることが明らかといえる状況があるのに（もしくは，明らかであるからこそ），住所・氏名についてすらも黙秘すべきなどといった完全黙秘を助言することは，被疑者の利益にはなりえない。というのも，完全黙秘を通した結果，他の証拠で有罪と認定された場合には，捜査・法執行への非協力的な態度が裁判官の心証を著しく悪くし，反省の意思がないとされ，量刑は厳しいものになろう。これは依頼人たる被疑者・被告人の利益を最大限擁護するという弁護活動の目的に反するものである。また，このような弁護活動は，被害者（およびその家族）の精神的な立ち直りには決して貢献できるものではなかろう。

(b) 国選弁護人

従来は被疑者段階での国選弁護制度はなく，起訴後被告人に対してのみ国選弁護人が付されていたが，司法制度改革において被疑者の国選弁護制度が採用され，2006年10月より被疑者段階で国選弁護権が保障されることとなった（37条の2以下参照）。これにより，現在は，「死刑又は無期若しくは短期1年以上の懲役若しくは禁錮に当たる事件」について（その後対象事件は「死刑又は無期若しくは長期3年を超える懲役若しくは禁錮に当たる事件」へ改正予定。その改正規定は，平成21年5月27日までに政令で定める日から施行される。），被疑者に対して勾留状が発せられている場合において，被疑者が貧困その他の事由により弁護人を選任することができないときは，裁判官は，その請求により，被疑者のために弁護人を付さなければならない，とされた。逮捕段階から勾留状を発せられるまでの手続にある被疑者や被疑者段階での国選弁護制度の対象ではない犯罪の被疑者については，これまでも行われていた当番弁護士制度が引き続き，

被疑者に対する弁護権保障を担うことになろう。(第7章「取調べと弁護権・黙秘権」参照)。

2 公判に関与する者およびその役割

(1) 検察官

検察官は，政府＝国民を代表して，犯罪を行ったと思われる者に刑罰を科すことを目的として公訴を提起する。公判において，検察官は，被告人と相対立する「当事者」としての立場にあり，また自らの公訴提起が充分に根拠のあるものか否かを審査される「当事者」としての立場にある。すなわち，当事者主義に基づく公判を行うべく被告人にさまざまな権利を保障した上で行われる公判において，起訴状に記載した検察官の主張たる公訴事実は，全く根拠ないものとの無罪の仮（推）定の上で，被告人側からの挑戦的防御を受けることになる。そして，その公判においては，「当事者」として法廷でのルールに従って，証拠によって訴因の形式で示された公訴事実について立証活動を行い，「合理的疑いを容れない程度」に立証する責任を負う。検察官は，公判では被告人と同等の当事者とされ，一当事者としての立場に立ちつつ，公共の利益を実現・追求することが求められている。

(2) 弁 護 人

「弾劾主義」・「当事者・論争主義」の裁判構造においては，被告人は，起訴後すべての訴訟活動に関して，常に弁護人の効果的な弁護（援助・助言）を受けるとの前提で公判手続が展開されていくことになる。その展開の中で，被告人は，訴追側であり，相対立する当事者たる検察官の主張・立証に対して挑戦的防御を行っていく。このような構造をとる公判においては，被告人には，自ら主導的な立場に立って挑戦的防御を行い，それによって事実認定をコントロールしうる地位が保障されることになるのであるが，そのためには法律の専門家たる弁護人の助力が必須の要件となる。弁護人の助力を欠いた状況では，検察官の主張・立証に対して十分な審査・検討が加えられなくなり，当事者双方の充実した論争（攻撃・防御）によって事実認定をコントロールするという，

当事者・論争主義に反する結果となる。したがって，弁護権の放棄については，被告人がその権利の存在と内容を十分に知り，自らの置かれた立場を理解した上で，任意に，瑕疵なく明示し，かつ書面によって明らかにした場合にのみ権利放棄を有効なものとする有効放棄法理が採用されるべきであり，被告人が自ら積極的にその権利を行使しないことをもって権利放棄と看做す請求法理は，採用されるべきではない。

　弁護人には，いわゆる真実義務を課すことはできないと思われる。弁護活動とは，被告人の利益に繋がるよう行われるべきものであり，被告人に不利益をもたらすようなものとして行わせることはできないからである。ただし，弁護人は（もちろん被告人も），法に違反する活動を許されているわけではない。弁護人に対して真実義務を課すことになると，被告人を弁護する余地がないとして，真実義務に従って活動することができないならば弁護人を辞任せざるをえないとすると，弁護人の辞任という事実が被告人にとって不利な推論根拠を与えてしまうことになり，これは不合理であろう。

(3)　裁判所・裁判官

　当事者・論争主義を採用する公判において，裁判所・裁判官は，中立・公平な立場で公正な裁判を行う役割を担う。しかしながら，そこでは事実認定について積極的な役割を演ずることは求められていない。すなわち，自ら積極的に事実を究明したり，真実を発見したりするのではない。検察官が訴因の形式で記載された公訴事実について主張・立証を行い，それに対して被告人が（弁護人の助力得て）挑戦的防御を行うといった，当事者間の攻防を冷静に客観的に見定め，一歩引いた立場から判断を下す役割を裁判所・裁判官は担う。

　現行法のとる当事者・論争主義においては，当事者双方（検察官と被告人および弁護人）の充実した論争によって，中立・公平な事実認定者たる裁判官の自由な心証形成をコントロールすることができる公判を実現するよう求められている。裁判所は，当事者双方の訴訟活動を充実したものにするという役割を担っており，そのために訴訟指揮権が付与されている。

　第1審たる公判における裁判官の中心的役割は，事実認定であるが，上訴審における裁判官の中心的役割は，法令解釈である。法律判断においては，裁判官は，一見してその内容が具体的に明らかとは限らない，いやむしろ，抽象的

で一定の幅を持った表現にならざるをえない法律の文言を哲学的・理論的考察に基づいて周到に解釈しなければならない。しかも，社会の新たな要請を十分かつ慎重に分析・検討する柔軟な思考を展開することが重要とされよう。裁判官には，事実認定についても，また法律判断についても，結論の先取りではなく，十分な理由づけに支えられた判断が，納得のいく，そして受け入れることのできる形で明示されるよう求められているといえる。

(4) 裁判員

2004（平成16）年5月に，「裁判員の参加する刑事裁判に関する法律」が成立した。これにより，2009（平成21）年5月27日までに裁判員制度（裁判官と一般国民から選ばれた裁判員が協働して一定の重大犯罪に関する裁判を行う制度）が，実施されることになる。法律の専門家たる裁判官と法律家ではない一般国民から選ばれた裁判員が，日本独特の形態で審理を行い，重大事犯についての公判を展開していくことになった。重大事件について，法律の専門家ではない通常の国民の常識を反映させること及び重大事件での審理の迅速化が，この制度を導入する主要な目的といわれている。さらに，公判前整理手続や証拠開示の手続により，重大事件での当事者・論争主義に基づいた，適正且つ充実した公判審理を保障しようとするものである。（裁判員制度の詳細については，第4章「刑事裁判への国民参加」参照）

〔参考文献〕
渥美東洋『全訂　刑事訴訟法』有斐閣，2006年
池田修＝前田雅英『刑事訴訟法講義　第2版』東京大学出版会，2006年
池田修『解説　裁判員法―立法の経緯と課題』弘文堂，2005年

第4章 ■ 刑事裁判への国民参加──裁判員制度

本章のポイント

　2004年にいわゆる裁判員法が制定され，刑事裁判に国民が参加する裁判員制度が2009年までに施行されることとなった。このような新しい制度については，制度が導入された趣旨を理解し，その上で，制度の特徴および概略を把握することが肝要である。今回新たに導入された裁判員制度の特徴は，国民が事件毎に無作為抽出に基づいて裁判員として選任され，職業裁判官と協働しながら，有罪無罪の認定と刑の量定をする点にある。

　また，合議体における裁判官と裁判員の数であるとか，対象となる事件の範囲，評決方法等といった制度の具体的な内容については，それを正確に知るだけでなく，そうした内容となった理由も合わせて理解しなければならない。

　裁判員制度に関しては，すでに，職業裁判官による裁判を保障している憲法に違反しているなどの違憲論をはじめ，いくつかの批判が出されているが，裁判員制度の特徴を知る上でも，こうした批判の内容についてある程度知っておく必要があるであろう。

　裁判員制度の導入は，公判前整理手続の創設など，その影響が公判での審理以外の刑事手続上の他の段階にも及んでいる。しかもこれは，新たな手続の創設といったことだけでなく，従来の手続の運用のあり方についても見直しを求めることになる。本章で基本的な事項を学んだ上で，捜査，公訴提起，訴因変更，手続の分離・併合，上訴などに，この裁判員制度がどのような影響を及ぼすか等を検討することが，発展的な学習として求められることになろう。

1 新たな「国民の司法参加制度」

　2004年5月21日，「裁判員の参加する刑事裁判に関する法律」（以下，法という）が成立し，同月28日に公布された。これにより，わが国においても，本格的な国民の司法参加の制度が導入されることとなった。この，いわゆる「裁判員制度」の実際の施行時期は，公布の日から5年を超えない範囲で政令により

定めることとなっている。

かつて，わが国では，1928年から陪審法が施行され，一定の重大事件について刑事裁判への国民参加が認められていた。しかし，被告人による陪審審理の辞退を認めていたこの制度は，裁判所は陪審の判断に拘束されないとか，陪審評決に基づく有罪判決に対しては控訴できない等の問題点もあり，被告人の陪審審理辞退により年々審理件数が減り，施行開始から数年後には年間数件にまで落ち込んで，結局，1943年に施行が停止された。現在実施されている国民の司法参加の制度としては，検察官による事件の不起訴処分の妥当性を判断する検察審査会制度があるのみである。

2　裁判員制度導入の趣旨

刑事裁判への国民参加については，国民主権主義あるいは民主主義からの当然の要請であるとの見方もあるが，法は1条において，「この法律は，国民の中から選任された裁判員が裁判官と共に刑事訴訟手続に関与することが司法に対する国民の理解の増進とその信頼の向上に資することにかんがみ，裁判員の参加する刑事裁判に関し，裁判所法及び刑事訴訟法の特則その他の必要な事項を定めるものとする」と規定して，裁判員制度導入の趣旨が，「司法に対する国民の理解の増進とその信頼の向上」にあるとしている。

職業裁判官のみによる裁判については，公平で安定した判断が下されているというのが一般的な評価であると思われる。しかし，他方で，職業裁判官の多くは，裁判官という職業しか経験したことがないため，社会経験に乏しく，一般の国民の意識とは異なる裁判所特有の価値意識に従って判決を下しているのではないか，との懸念が国民の中にあるのも事実である。ただ，このような懸念は，国民が裁判官の裁判への実際の取り組みを知らないがゆえに，確たる根拠もなく生じている面もあり，また，より広く，裁判に対する国民の批判についてみても，法や裁判制度をよく知らないために起こっているという面もあるのではないかと思われる。国民の信頼を欠けば，司法制度は，その命を失うことになる。一般国民が刑事裁判に加わり，職業裁判官と協働して裁判を行えば，国民の健全な感覚が裁判内容に反映されることになり，また，裁判に対する国民の理解が向上することになると思われるので，その結果として，司法に対す

る国民の支持が深まり，司法を支える国民的基盤が強固なものになると考えられたのである。

　裁判員制度導入には，副次的な狙いとして，裁判の迅速化を図るという狙いや国民にわかりやすい裁判を実現するという狙いがある。

　現在のわが国の刑事裁判は，月1・2回のペースで開廷されている。通常の事件は，おおむね迅速に審理が行われているものの，社会の注目を集めるような重大事件の中には，1審だけで10年近くかかったものがあるなど，審理に相当長期間を要するものがある。こうした裁判の遅延により，ときとして裁判に対する国民の信頼が損なわれる結果となっている。一般国民が刑事裁判に加わる場合，裁判員として長期間拘束するのでは，負担が重くなり過ぎるし，また，裁判内容の正確な記憶に基づいて判決を下すということもできなくなる。そこで公判を連日的に開催して，迅速に審理を進めることが求められることになる。裁判の迅速化を図るため，裁判員制度の導入に伴い公判前整理手続が新たに設けられ，公判での争点をあらかじめ明確にし，証拠開示を行うなどして公判の準備を行うこととなった（この点については，第14章「証拠開示」参照）。

　専門法律家のみによる現在の刑事裁判は，法廷で難解な法律用語が飛び交い，判決書も独特の言い回しが用いられるなど，一般の国民にとって理解しやすいとは言い難いものとなっている。裁判員制度の下では，裁判員が訴訟の内容を理解できるように裁判官，検察官，弁護人は訴訟を進行していかなければならないので，国民にとってわかりやすい裁判が実現されるものと期待されている。

3　裁判員制度の特徴

　裁判員は事件毎に無作為抽出で選任され（法20条～25条），職業裁判官と協働して有罪無罪の決定と刑の量定を行う（法6条1項・66条1項）。被告人は，裁判員が加わる裁判を辞退できない（法2条・3条）。

　世界的にみると，国民の司法参加のあり方には，大別して陪審制と参審制がある。一口に陪審制あるいは参審制といっても，細かな内容は国によって異なるが，陪審制の典型としてわれわれがイメージするアメリカの制度では，事件毎に無作為抽出により選任された陪審員が，有罪無罪の決定を，職業裁判官が加わらない陪審員のみの評議に基づいて行い，刑の量定は，職業裁判官のみが

行う。これに対して，参審制の典型としてイメージされるドイツの制度では，参審員は，労働組合や政党，地方自治体の推薦に基づいて選任され，4年間任期が続く。参審員は，職業裁判官との合議により，有罪無罪の決定と刑の量定を行う。これら2つの制度と比較すると，わが国の裁判員制度は，裁判員の選任の点では，陪審制に近いが，職業裁判官と協働して有罪無罪の決定と刑の量定を行うという裁判員の権限の点では，参審制に近く，双方の特徴を兼ね備えたわが国独自のものとなっている。もっとも，刑事裁判への国民参加の制度の特徴を考えるにあたっては，裁判に加わる国民にどのような権限が与えられているかが重要だとする立場からは，裁判員制度は基本的には参審制であると評価されている。

アメリカの陪審制度では，陪審による裁判は被告人の権利として保障されており，そのため，逆に被告人は，この陪審裁判を受ける権利を放棄して，職業裁判官のみによる裁判を選択することができる。わが国の裁判員制度は，裁判員が加わる裁判を被告人が辞退することを認めていないが，その理由は，制度導入の趣旨が，裁判員が加わる裁判を受ける権利を被告人に保障したというものではなく，上述したように，司法に対する国民の理解の増進とその信頼の向上を狙いとしているためであるといわれる。

4 裁判員制度の概要

(1) 合議体の構成

裁判員が加わる合議体（裁判体）は，原則として裁判官3名，裁判員6名で構成される（法2条2項本文）。例外として，① 公判前整理手続による争点および証拠の整理において公訴事実について争いがないと認められ，② 検察官，被告人および弁護人に異議がなく，③ 事件の内容その他の事情を考慮して裁判所が適当と認めた場合には，裁判官1名，裁判員4名の合議体で審理および裁判をすることができる（法2条2項但書）。

後述するように，裁判員が加わる合議体で扱われる事件は，これまで法定合議事件とされ，法律で3名の裁判官による合議体で審理することが義務づけられていたものである。裁判員が加わろうと加わるまいと，これらの事件で必要

な裁判官の数に違いはないとすれば，裁判官の数は3名が妥当ということになる。他方，裁判員は裁判官と対等の立場で合議に臨むとしても，法律の専門家である裁判官に対して，素人の裁判員が気後れせずに自己の意見を述べるには，裁判官の数を相当に上回る人数が必要だとの見解があった。ただ，合議体全体の人数があまり多くなり，10名を超えるなどすると，各構成員が責任を持って合議に臨み，合議を充実したものにすることが困難になるともいわれた。さらに，過半数による評決では奇数の方がよいなどの事情も加味して，最終的に，裁判官3名に対して，裁判員はその2倍の6名，計9名により構成されるということになった。

被告人側が事実関係を争っておらず，法律の解釈や訴訟手続上も争いが生じないと予想される事件では，裁判官3名，裁判員6名の合議体で審理するまでもないと考えられる場合もありうるので，裁判官1名，裁判員4名で合議体を構成できる例外が認められた。

(2) 対象事件

① 死刑又は無期の懲役・禁錮に当たる罪に係る事件，② 法定合議事件（死刑又は無期若しくは短期1年以上の懲役・禁錮に当たる罪に係る事件）で，故意の犯罪行為により被害者を死亡させた罪に係るもの，これらのいずれかに当たる事件について，原則として，裁判員が加わる合議体によって取り扱われる（法2条1項）。「故意の犯罪行為により被害者を死亡させた罪」というのは，傷害致死，危険運転致死など，何らかの故意の犯罪を行い，その結果として被害者を死亡させた場合をいう。

対象事件を比較的軽い事件にした方が，国民の健全な常識を裁判内容に反映するのにも，また，裁判員の精神的負担という点でも，適切であるという考え方もあるが，裁判員制度は国民に相当の負担を強いるので，その負担に見合った重大な事件を対象事件とすることとなった。

なお，対象事件であっても，裁判員，その親族等の身体に危害が加えられるなどのおそれがあり，そのため裁判員が畏怖し，裁判員の職務の遂行ができずこれに代わる裁判員の選任も困難である場合等には，地方裁判所の決定により例外的に裁判官のみの合議体で取り扱われる（法3条）。

(3) 裁判官および裁判員の権限

　有罪・無罪の判決，刑の免除の判決等の実体裁判に係る裁判所の判断のうち事実認定，法令の適用，刑の量定は，裁判官と裁判員の合議体の合議による（法6条1項）。法令の解釈，訴訟手続に関する判断，その他裁判員の関与する判断以外の判断は，裁判官の合議による（法6条2項）。大まかにいえば，法律の専門知識・能力を要する判断は，従来通り裁判官が行うということである。
　裁判員は，公判手続等において裁判員の関与する判断に必要な事項について証人の尋問（法56条），被告人に対する質問（法59条）等をすることができる。

(4) 評　　決

　評決は，裁判官および裁判員の双方の意見を含む，合議体の員数の過半数による（法67条1項）。
　裁判官だけでは，そもそも合議体の過半数を形成することはできないので，結局，この規定は，裁判員だけの過半数では判決は下せず，裁判官が少なくとも1名は加わっていなければならないというものになっている。これは，裁判官と裁判員が協働して判決を下すという裁判員制度の趣旨を考慮したものだといわれる。また，法律の素人の裁判員では，裁判書を作成することができないので，その点についての配慮もあったものと思われる。
　刑の量定について意見が分かれ，それぞれが裁判官および裁判員の双方の意見を含む合議体の過半数の意見にならない場合は，過半数になるまで，最も重い刑を主張する意見の数を順次より軽い刑を主張する意見の数に加えていき，過半数が形成されたときに，それらの意見の中の最も軽い刑による（法67条2項）。この場合も過半数の中に裁判官が1名は加わっていなければならない。

(5) 被告人が同一の複数事件の処理――部分判決制度

　被告人が複数の犯罪を行ったとして起訴された場合，それら複数の事件を併合して一つの合議体（裁判体）で審理すると，審理が長期化したり，ある事件の証拠を誤って他の事件での心証形成に用いる証拠の混同が生じたりするおそれがある。他方で，手続を分離して個々の事件を審理すると，量刑上不当な結果が生じるおそれがあるともいわれる。というのは，現在の量刑基準からする

と，殺害された被害者が1名の場合では死刑を科すことは難しいので，被告人が複数人を殺害していても，手続を分離してこれを個別に審理すれば，各事件で死刑以外の無期懲役刑などが選択され，決して死刑を科すことができなくなるというのである。また，逆に，確定裁判を経ていない複数の罪については，被告人は併合罪加重による処理によって利益を受けるが（刑法47条），手続を分離した審理では，場合によっては，被告人がこのような利益を受けられないおそれもある。

そこで法は，被告人が同一の複数の事件を審理するに当たっては，まず，いったん事件を併合し，その上で，併合した事件を一括して審判することにより要すると見込まれる審判の期間その他の裁判員の負担に関する事情を考慮し，その円滑な選任又は職務の遂行を確保するため特に必要があると認められるときに，検察官，被告人若しくは弁護人の請求により又は職権で，併合事件を区分して，区分した事件毎に裁判員を入れ替えて審理が行える制度を導入した（法71条～89条）。この制度の下では，裁判官はすべての事件の審理に携わり，裁判員は区分された事件毎に選任され，区分された事件毎に有罪・無罪の判断を行う（法78条，84条）。そして，最後の事件を担当する合議体（裁判体）が，量刑をまとめて行うこととなる（法86条）。もっとも，部分判決でも，法律上刑を減免し又は減免することができる理由となる事実に関する判断は示さなければならないし（法78条2項5号），犯行の動機，態様及び結果その他の罪となるべき事実に関連する情状に関する事実を示すこともできる（法78条3項1号）。

(6) 裁判員裁判が行われる裁判所

裁判員裁判は，各地方裁判所の本庁で行われるが（法2条），八王子，小田原，沼津，浜松，松本，堺，姫路，岡崎，小倉，郡山の10支部でも実施される（裁判員の参加する刑事裁判に関する規則2条）。

(7) 裁判員の選任

a) 裁判員候補者名簿の調製

地方裁判所は，次の年に必要な裁判員候補者の人数を管轄内の市町村選挙管理委員会に割り当て（法20条），各選挙管理委員会は，選挙人名簿被登録者からくじで選定して名簿を作成する（法21条）。地方裁判所は，この名簿に基づ

いて裁判員候補者名簿を調整する（法23条）。名簿に記載する候補者の数は，地方裁判所毎に対象事件の取扱状況，候補者の出頭状況，不選任の決定があった候補者数等を考慮して決定される（規則11条）。また，名簿に記載された者に対して，その旨を通知する（法25条）。この通知とともに，就職禁止事由等の有無を確認し，また，本年中または特定の時期に参加困難な者を把握するために調査票が送付される（規則15条）。

　b）　裁判員候補者の呼び出し

　対象事件につき，第1回公判期日が定まったときは，地方裁判所は，裁判員等選任手続に呼び出すべき裁判員候補者の人数を定める（法26条2項）。その数の裁判員候補者が，裁判員候補者名簿からくじで選定され（法26条3項），裁判員等選任手続が行われる期日に呼び出される（法27条）。呼出状は，原則として裁判員等選任手続の期日の6週間前までに発送される（規則19条）。裁判の時期に参加困難か否かを調査するために，呼出状とともに質問票が送付される（法30条）。

　c）　裁判員等選任手続

（i）　裁判員選任手続には，裁判官，裁判所書記官，検察官，および弁護人が出席する（法32条1項）。裁判所が必要と認めるときは，被告人も出席することができる（法32条2項）。

　裁判員選任手続は，非公開で行われる（法33条1項）。

　裁判長は，裁判員の資格の有無を判断するため，裁判員候補者に対して必要な質問を行う（法34条1項）。陪席裁判官および，検察官，被告人または弁護人は，裁判長に対し，必要と考える質問をすることを求めることができ，裁判長は，相当と認めるときは，求められた質問をする（法34条2項）。

（ii）　裁判所は，次のいずれかに該当する裁判員候補者については，検察官被告人または弁護人の請求，または，裁判所の職権で不選任の決定をする（法34条4項）。

　①　衆議院議員の選挙権を有しない者（法13条）。
　②　欠格事由（法14条）：成年被後見人，被保佐人，義務教育を終了せず，義務教育終了と同程度の学識を有しない者，禁錮以上の刑に処せられた者，心身の故障のため，裁判員の職務の遂行に著しい支障がある者等。
　③　就職禁止事由（法15条）：国会議員，国務大臣，行政機関の幹部職員，裁

判官，検察官，弁護士およびこれらであった者，大学の法律学の教授・准教授，弁理士，司法書士，公証人，裁判所・法務省の職員，都道府県知事，市町村長，自衛官，禁錮以上の刑に当たる罪につき起訴されている者，逮捕または，勾留されている者等。

④　事件に関連する不適格事由（法17条）：被告人または被害者，被告人または被害者の親族または親族であった者等。

⑤　その他の不適格事由（法18条）：裁判所が不公平な裁判をするおそれがあると認めた者。

(ⅲ)　裁判所は，以下の辞退事由に該当するとして辞退の申立をした裁判員候補者について，辞退事由が認められるときは，不選任の決定をする（法16条・34条7項）。

①　年齢70歳以上であること。

②　地方公共団体の議会の議員であること（ただし，会期中のみ）。

③　学生または生徒であること。

④　過去5年以内に裁判員または補充裁判員の職にあったこと。

⑤　過去1年以内に裁判員候補者として裁判員等選任手続の期日に出頭したことがあること。

⑥　以下に掲げる事由その他政令で定めるやむを得ない事由があり，裁判員の職務を行うこと，または，裁判員候補者として裁判員等選任手続の期日に出頭することが困難であること。

　ア　重い疾病または傷害により裁判所に出頭することが困難であること。

　イ　介護または養育が行われなければ日常生活を営むのに支障がある同居の親族の介護または養育を行う必要があること。

　ウ　その従事する事業における重要な用務であって自らがこれを処理しなければ当該事業に著しい損害が生じるおそれがあること。

　エ　父母の葬式への出席その他社会生活上の重要な用務であって他の期日に行うことのできないものがあること。

(ⅳ)　検察官および被告人は，それぞれ，4人の裁判員候補者について（裁判官1名，裁判員4名の合議体の場合は3人），理由を示さずに不選任の決定の請求を裁判所にすることができる（法36条）。

(8) 裁判員の義務，解任

　裁判員は，裁判員の関与する判断に必要な審理を行う公判期日ならびに公判準備において裁判所がする証人尋問，検証に出頭する（法52条），評議に出席し意見を述べる（法66条2項），裁判官の合議による法令解釈・訴訟手続に関する判断に従って職務を行う（同条4項），評議の経過ならびに各裁判官および裁判員の意見ならびにその多少の数（評議の秘密）その他の職務上知り得た秘密を漏らしてはならない（法9条2項・70条1項・79条）等の義務を負う。

　裁判員は，上記義務に違反し，引き続きその職務を行わせることが適当でないと認められるとき，その資格を有しないことが明らかになったときなど法の定める要件に該当する場合は，検察官，被告人または弁護人の請求より，または裁判所の職権で解任される（法41条・43条）。

(9) 罰　　則

　(i)　秘密漏示罪：裁判員が，評議の秘密その他職務上知り得た秘密を漏らしたときは6月以下の懲役または50万円以下の罰金に処される（法79条1項）。

　裁判員の職にあった者については，①評議の秘密以外の職務上の秘密を漏らした場合，②評議の秘密のうち裁判官もしくは裁判員の意見またはその多少の数をもらしたとき，③財産上の利益その他の利益を得る目的で②以外の秘密を漏らしたときは，6月以下の懲役または50万円以下の罰金に，その他の場合には，50万円以下の罰金に処される（同条2項・3項）。

　(ii)　裁判員候補者による虚偽記載罪等：裁判員候補者が裁判員等選任手続における質問に対して虚偽の陳述をするなどしたときは，50万円以下の罰金に処される（法81条）。裁判員候補者が裁判員等選任手続おける質問に対して正当な理由なく陳述を拒み，または虚偽の陳述をするなどしたときは，裁判所の決定により30万円以下の過料に処される（法82条）。

　(iii)　裁判員等の不出頭：呼び出しを受けた裁判員候補者，裁判員が正当な理由なく出頭すべき公判期日に出頭しない場合は，裁判所の決定により10万円以下の過料に処される（法83条）。

⑽ 日当等の支給

　裁判員および，裁判員等選任手続の期日に出頭した裁判員候補者に対しては最高裁判所規則で定めるところにより，旅費，日当および宿泊料が支給される（法11条・29条2項）。ちなみに規則によれば，日当は，裁判員については1日当たり1万円以内，選任手続の期日に出頭した裁判員候補者については8千円以内においてそれぞれ裁判所が定めることとなっている（規則7条2項）。

5　裁判員制度の課題

　裁判員制度に対しては，現在すでに，いくつかの観点から批判が出されている。

　まず，裁判員制度が違憲ではないかとの批判として，憲法が78条および80条において，裁判官の任期や身分保障について具体的に定めていることから，憲法は職業裁判官のみによる裁判を予定しているのであり，裁判員が加わった裁判体（合議体）は，憲法32条にいう「裁判所」，憲法37条にいう「公平な裁判所」に当たらないのではないかとの批判，裁判官2名が無罪の意見，1名が有罪の意見の場合に，裁判員4名が有罪の意見であれば，被告人は有罪となるなど，職業裁判官のみによる裁判の場合よりも被告人に不利益な結果となることがあるが，被告人に裁判員の加わる裁判の辞退を認めていない制度で，このような場合に，「公平な裁判」を受ける権利を被告人に保障したことになるのか等の批判がある。

　次にまた，上訴制度には改正が加えられず現行のままであるが，これは，裁判員が加わり，健全な社会常識を反映して下された一審判決を，職業裁判官のみの裁判体が破棄することを認めるということである。とりわけ，従来のように事実認定について控訴審，場合によっては上告審までもが細かく審査し，ときとして続審のような形で審理を行うことさえある実務が維持されるようであれば，刑事裁判への国民参加は形ばかりのものとなり，裁判員制度導入の趣旨に反することになるのではないかとの批判も出されている。

　また，いくら公判準備を周到に行い，公判を連日的に開催したとしても，判決の言渡しまで数カ月，場合によっては数年かかる事件もあると思われるが，

はたして，そのような事件で裁判員を務めるという負担に国民が耐えられるだろうか，との懸念も表明されている。

さらには，内閣府の調査で明らかになったように，裁判員制度の導入それ自体については，国民の過半数が賛成しているものの，自身が裁判員になることについては，国民の7割がなりたくないと答えているという現状で，制度が適切に機能するのかとの批判も出されている。

このように，裁判員制度には，克服しなければならないいくつかの課題が残されている。

〔参考文献〕

司法制度改革審議会『司法制度改革審議会意見書―― 21世紀の日本を支える司法制度――』（2001年）

〈特集〉「裁判員制度のゆくえ」現代刑事法61号（2004年）

〈特集〉「裁判員制度の導入」ジュリスト1268号（2004年）

〈特集〉「刑事司法制度改革関連法の成立」現代刑事法67号（2004年）

椎橋隆幸「裁判員制度が克服すべき問題点」広瀬健二＝多田辰也編『田宮裕博士追悼論文集下巻』信山社，2003年

西野喜一「日本国憲法と裁判員制度（上）（下）」判例時報1874号，1875号（2005年）

第5章 ■ 強制捜査と任意捜査

> **本章のポイント**
>
> 捜査処分にはさまざまのものがあり、被疑者の自由や権利を殆んど制約しないものから相手の意思に反しても強制的に自由や権利を制約して実行するものまである。本来、各捜査処分はそれぞれに見合った要件と手続によって規律されるべきであろう。ただ、法が強制処分につき、それが許される実体要件（例えば、逮捕の場合、犯罪を犯したことを疑う相当な理由と逃亡または罪証隠滅のおそれの存在）と手続要件（令状要件）を求めたこと（憲法33条・35条）には重要な意義がある。個人に保障された権利や自由、これを広くプライヴァシーといってよいが、を官憲が制約するには正当な理由がなければならないことを自由社会の憲法は求めているからである。現在、法が定める強制処分は、逮捕、勾留、捜索、押収、検証、鑑定、証人尋問である。しかし、最近では、盗聴、写真撮影、職務質問、所持品検査など、対象者のプライヴァシーを制約する捜査活動の必要が強く主張され、現に用いられ、それが合法なのか、また、要件は適切であるかの議論が戦わされている。通説・判例は、「任意」の概念を規範的に捉え、右の捜査諸活動を任意捜査に含めて処理している。これに対して、憲法33条・35条の保障したプライヴァシーを基本に、プライヴァシーの制約の度合が、憲法33条・35条の予定している完全な強制処分とそこまではいたらない強制処分とがあり、前者には右憲法の規律が及び、後者には右憲法を基本にした、各捜査処分に相応しい規律が求められるとする立場がある。

1 「強制」捜査の意義，「強制」と「任意」の区別の基準

(1) 問題の背景

　刑訴法上，明文規定を欠くが，犯罪捜査の必要から執行の対象とせざるをえない場合があり，これらの活動は自由への干渉を伴うため，どのような基準で

規律すべきかが問われてきた。完全に放置して，法執行機関の裁量に委ねて処理をすればよいのか，明文規定がない以上，完全に許されないとするのか，基本的には任意という範疇に属し捜査機関の裁量的処理が許されるがそれは一定限度にとどまり極端な場合には許されないとみるのか，自由に影響を及ぼすことに照らして憲法上の自由の保障に関する考え方を基本にそれぞれの活動が持つ自由への影響度に応じた段階的な処理を考慮するのか，など，いくつかの選択肢がある。また，行政活動として分類される警察官職務執行法に関連する停止や所持品捜査の活動，さらには，自動車検問まで含めた法執行活動について，どのような基準で規律を加えるべきかが問われてきた。

　強制か，任意かという分類はこれらの問題に関係する。

　「捜査」の範疇に分類される活動における強制，任意の区別に関連して，明文規定を欠く捜査活動について，刑訴法197条1項但し書の「強制処分法定主義」との関連が重視されてきた。通信傍受の活動については，かつては明文規定が欠けていたため，強制処分に違反するのではないかという議論も展開されたが，その後，最高裁判例で通信傍受を「検証令状」によって規律しうることが明かにされ（最決平成11・12・16刑集53巻9号1327頁），現在では，通信傍受法（「犯罪捜査のための通信傍受に関する法律」）が制定され，刑事訴訟法222条の2において，「通信の当事者のいずれの同意も得ないで電気通信の傍受を行う強制の処分については，別に法律で定めるところによる。」，という規定が定められたことによって大部分問題は解決したかに見えるが，通信傍受法で通信傍受が可能な対象犯罪は限定されているため，それ以外の法定されていない犯罪類型について，検証令状による規律を加える余地があるのかの問題が残り，また，一方当事者の同意がある活動について，放置することから生ずる弊害に鑑みると，どのような規律を加えるべきかの問題があり，写真撮影，罠・囮捜査，熱感知捜査，望遠鏡を利用した捜査，ビーパーを利用した捜査，等々，明文で解決されていない問題は多々あり，強制処分法定主義との関係はどのように解するべきかという問が依然として残されている。

　また，「行政活動」は基本的に任意の範疇にあたるとして分類されてきたものの，相手方の意に反する要素を伴う職務質問のための停止や職務質問に付随する所持品検査，一定限度で協力を義務づける性質を持つ自動車検問等あって，これを任意とみるのか強制とみるのか，任意とみる場合でも法執行活動に条件

はあるのか，憲法との関連で限界づけをするとどのように考えられるべきか等の問題が論じられてきている。

最近では，行政活動の領域における任意と強制の区別が，刑訴法上の強制・任意の区別としても用いられて論じられるようにもなってきている。

従来，任意と分類される活動については，法による規律が加わらず，基本的には，捜査機関，行政としての性格を有する警察活動を行う機関・者の裁量に委ねられると解されてもきたが，「任意」として分類される活動でも，相手方の意思の自由をある程度制約したり，意に反する活動を行わざるをえない場合もあることから，おそらくは，そのような場合にこれを法執行機関の完全な裁量に委ねるのは不適当と考えられ，一定限度の制約があると論じられ，任意捜査の要件について論じられるようになってきている。刑訴法197条1項但し書の強制処分法定主義を重視し，明文規定を欠く「強制処分」は許されないが，「任意」であると分類されれば基本的には警察，法執行機関の裁量的処理に委ねられるが，それには社会通念との関係で一定の限界がある，とするアプローチがこれである。

他方で，通信傍受（——現在では通信傍受については一定範囲で手続が法定されたが——）を初めとする警察活動，法執行活動が，「プライヴァシーの合理的期待」に及ぼす影響とその程度に照らして，段階的な法的規律を，憲法との関係で加えるべきであるとし，自由の制約に関わる任意と強制の議論を検討するに際しては，具体的に問題となる法執行活動に関係する利益を分析して，法執行の必要とそれによって影響を受ける利益との関係を，憲法，刑事訴訟法を踏まえて分析するアプローチがある。

(2) 強制処分法定主義についての理解

強制処分を「法定主義」により規律する考え方は，大陸法の職権主義で採られた「法定主義」の立場を基礎とするものである（大正刑訴等もこれに属す）。職権主義では，捜査を統制するのは裁判官であり，裁判官が捜査を統制・監督し，裁判官の監督を受けなくともよい活動が「任意」な法執行活動とされる。ここでは，通常の，物理的強制力，有形力を伴う逮捕・勾留，有体物に対する物理的侵入を伴う捜索・押収等の活動を念頭において，それについては，裁判官の規律が及ぶものとし（現行犯は例外），法執行機関が自らの権限でこれを行

うには，それを認める明文規定が要るとする立場がとられる。

　法定主義を基礎に，一方では，「『物理的』強制力」を伴わない盗聴・秘聴・傍受などのような活動について，任意処分と解する立場もあるが，他方で，法定主義を基礎としつつも，プライヴァシーの期待に及ぼす影響の大きさを考慮して任意処分と解すべきではなく，強制処分と解すべきであり，しかも，これを許容する明文規定が不可欠であると解する立場もある。この後者の立場は，議会による法執行機関の活動の統制を重視する。

　強制処分法定主義は憲法31条の要請だとする議論もあるが，憲法31条は適正手続条項であり，ここにいう「法律」は，議会の定めた法律（statute）に限定されるものではなく，due process of "law"（「法の適正手続」）を重視する考え方に立っている。ここにいう"law"には，判例法なども含まれ，法律に限られない，より柔軟な対処・規律により，問題の性質を分析して，圧政にわたることがない，法執行活動を実現するという立場が示されているものと解すべきであろう。日本国憲法の系譜からいっても，英米の理念を継承していることは明らかであり，議会の法律に限定するという考え方がとられたものとは解されない。

(3) 職務質問のための停止，職務質問に伴う所持品検査等に関する諸判例

　物理的強制力の程度が問題となる，職務質問に関連する法執行活動に関しては，おそらくは，これを「強制」と解することで都市化社会で必要性を否定することができない法執行活動を不可能としてしまわないようにするという配慮から，典型的逮捕にいたるほどの強制力を伴う活動ではないために，事実上はある程度自由を制約する力が働いても，「任意」処分であることが強調されてきた。また，刑訴198条1項但書は，逮捕・勾留されていない場合には，出頭義務，不退去義務がないことを定め，他方，警職法2条1項の停止は，質問（取調）目的での一時的な身柄拘束を肯定するものであるので，警職法上の質問のための停止を「任意」処分と解して，両者の衝突を回避する立場がとられてもきた。

　他方で「任意」であっても，ある程度の自由への制約が伴うので，過度の裁量が政府に与えられる結果となることを懸念して，「任意処分の要件限界」を問題とする立場も示されてきている。

判例には，職務質問に関係する停止を「任意」な法執行活動と解する判例と，「任意」な活動か否かには言及せずに判断している判例とが混在している）。

　強制・任意の区別に言及せずに，職務質問に関連する自由の制約について判示する判例には，次のようなものがある。職務質問のための停止については，不審事由により職務質問を受け派出所に任意同行した者が突然逃げ出したので追跡して背後から手をかけて停止させた行為（最決昭和29・7・1刑集8巻7号1137頁）や，酒気帯運転の疑いで停止させた者が立ち去るのを阻止するためにエンジン・キーを抜き取った行為（最決昭和53・9・22判時903号104頁）等を，正当な職務行為であると判示した。

　他方，強制・任意の区別について明示的に判示するのは，酒気帯運転の不審事由に基づく任意同行後の退去の阻止に関して判断した判例（最決昭和51・3・16刑集30巻2号187頁）である。この判例は，「強制手段」とは，「個人の意思を制圧し，身体，住居，財産等に制約を加えて強制的に捜査目的を実現する行為など，特別の根拠規定がなければ許容することが相当でない手段」をいうとし，「強制に当たらない有形力の行使であっても何らかの法益を侵害し又は侵害する虞が」あるから，「状況の如何を問わず常に許容されるものと解するのは相当ではなく，必要性，緊急性なども考慮したうえ，具体的状況のもとで相当と認められる程度において」許されると解すべきであると判示して，「任意捜査」にあっても「相当性」が要件となると判示する。

　職務質問に伴う所持品検査は，不審事由に基づく職務質問を実効化するうえで必要性と有効性の認められる行為であれば認められるとした判例（最判昭和53・6・20刑集32巻4号670頁）は，捜索にいたらない程度の行為は，強制にわたらないかぎり，所持品検査においても許容される場合がある，と判示して，所持品検査を受ける者の承諾がない場合でも，内部を一瞥する程度の所持品検査は許される旨，判示している。ここでは，捜索にいたらない程度の行為が許されることとの関係で，「強制にわたらない」行為が許される，と判示されている。

　職務質問のための停止に関する活動を「任意」と構成する判例の場合，この「任意」は自由に対する制約が全く働いていないという意味ではなく，裁判官が統制すべき逮捕，捜索・押収等にはいたらないとする「規範的判断」を示したものと解される。

このように，職務質問に関連する諸判例は，相手方の自由をある程度制約する停止等を任意と解し，これらの「任意」とされる活動についても，それを全面放置する立場を採らずに，その要件を定める立場を示してきてもいる。

だが，以上の諸般例は，警職法上の活動について，少なくとも明示的には，憲法の自由保障した条項との関連で分析するアプローチには拠っていない。

(4) 憲法33条・35条のプライヴァシーの合理的期待の観点に立つアプローチ

上記のような観点から任意と強制を区別する立場とは異なり，憲法33条・35条の「プライヴァシーの合理的期待」の観点から検討する立場がある（後述）。この立場では，法定されていない政府の法執行活動であっても，プライヴァシーの合理的期待が認められる場合か否かにより，また，プライヴァシーの期待に影響を及ぼす程度により，法的規律は変化することになる。この観点から，法的規律を加える必要がない活動については「任意」ととらえ，プライヴァシーの期待への影響がある活動については，その（期待の強さと）影響度に応じて，憲法に基づく法的規律が加えられるとみる。ここでは，政府の法執行活動が「法定」されているか否かが重視されるのではなく，政府の活動の必要性を踏まえたうえで，その活動が無制約な裁量の行使を生み，圧制や制限政府の統治形態を壊す法執行活動を生まないか否かが問題とされることになる。ここでは，刑訴法197条1項但し書の強制処分法定主義を，法執行活動全般を規律する規定ではなく，法に定めがある法執行活動については，法律規定に従って法執行がなされることを求める趣旨と解し，明文規定のない政府の法執行活動であっても，その正当根拠と必要性が肯定され，プライヴァシー保障に関する憲法原理との関係で求められる，政府の裁量を規律する条件・要件を充たせば，許されることになる（この点について，渥美東洋『刑事訴訟法』（全訂）127頁参照）。

明文規定を欠く法執行活動を，大陸法の「法定主義」に影響を受けた立場から検討するか，それとも「憲法論」から検討するかにより，その法的規律に関して異なる帰結が生ずることになる。

(5) 逮捕と任意同行及び任意取調

任意か強制かの区別は，任意同行や任意取調の関係でも問われる。両者は，

任意同行後の取調が関係する事例で問題となることが多いが，任意同行後の警察署での留め置き（ここでは，職務質問のための短時間の停止の場合を除く）が逮捕に当たるか否かの問題と，取調が任意取調といえるのか否かの問題とは，別問題である。

任意同行は自己の意思で警察署への同行に応じているのかどうかの問題であり，特に，退去の自由との関連で問題になる。数日にわたり行動の自由が著しく制約され実質的に退去の自由が否定されているような場合に，逮捕の手続がとられていなくとも，逮捕にまで至っているとみるべきなのかどうかが問われ，また，既に逮捕状が発付されている場合に，その執行に先立って任意同行を求める場合があるが，このような任意同行は，とりわけ実質的に退去の自由を著しく制限している場合に，逮捕の一部とみるべきか否かが問われる。

また，任意取調に関連して，任意取調なのか「強制捜査としての」取調なのか否かが問われてきている（強制捜査としての取調に当たるか否かは，出頭強制・不退去強制の有無と関連して論じられてきている）。任意取調で問われるのは，供述採取手続が，退去の自由を否定している程度に達し，自己の意思によって取調に応ずるという実質が失われ，その結果，自己の意思で供述しているといえない程に至っているのか否かである。任意同行か逮捕かは，「行動の自由」が逮捕といえる程度に制約されているか否かに関わる問であるのに対し，取調における根本的な問題は，取調における供述の自由（供述するかしないかの自由で任意な選択権）の確保にある。任意取調の場合には勿論，逮捕・勾留下にある取調の場合であっても，供述の自由は害されてはならない。本来，任意取調とは，取調に応ずるように警察等から何らかの要請や働きかけがあっても，基本的には取調に自己の意思で応じており，供述の自由が害される虞のない場合と理解されるべきものである。逮捕・勾留されていない場合でも，退去の自由が制約され，取調官の求める供述に添う供述が求められ，自己の意思で供述する状況が失われたかその虞がある状況となれば，任意取調とはいえないことになろう。逮捕・勾留下での取調，任意の取調，の，いずれの場合にも，自己の意思で供述する自由は害されてはならないのであり（憲法38条1項及び2項，刑訴法198条2項（黙秘権），319条1項（任意性）），外界から遮断された，警察署のような状況下で行われる取調には，供述の自由が害される虞が伴うので，その虞を払拭する，黙秘権の告知，弁護権の告知，接見の保障などの権利保障が重要

となる。

　供述の自由の観点からすると，特に，「『身柄拘束下』での取調」における供述の自由の保障が重要である。「『身柄拘束下』での取調」とは，逮捕・勾留下での取調のみを指すのではなく，警察署での取調のような，外界から遮断された場所での，供述の自由が害される虞のある状況下での取調を言い，任意取調の場合でもこの場合に含まれる場合がある。取調における供述の自由の保障の観点からすると，「『身柄拘束下』での取調」にあたり，したがって，供述の自由を害する虞を払拭するための権利保障が必要とされるか否かは，逮捕・勾留されているか否かの区別と同義ではない。

　このように，問題となる自由の性質によって，考察の視点が異なり，任意・強制の基準は一律ではない。供述の自由が関係する場合と，行動の自由が関係する場合とでは，考察の観点が異なるのである。

2　法定主義の立場による理解の検討

　「強制」の問題を「職権主義」の立場を基礎とする「法定主義」と関係させて解する立場は，旧法で採られていた立場であり，憲法制定後も黙示的に逮捕・勾留や捜索・押収に関する議論の基礎とされてきている場合もある。

　職権主義では捜査も，裁判官が統制する手続であり，裁判官は捜査を統制・監督し，また，その権限を検察官や警察に「委任」する。わが国の旧法に「予審判事（捜査係判事）」の制度が設けられていたことに，旧法が大陸法の職権主義の系譜に立つことがよく示されている。捜査から，公判，上訴にいたるまで，刑事手続の全過程を「裁判官が」統制する視点を軸とする職権主義では，逮捕・勾留，捜索・押収などの私人の自由を制約する度合いの強い強制力を及ぼす活動については，これを「強制処分」として，「裁判官」が自ら行うか，その権限を委任して行う場合には，その権限の委任があることを示す「令状」によるとされた（ここでの令状制度は，捜査権限は捜査機関である警察や検察にありその権限の濫用をもたらすことがないように，中立で公平な裁判官が関与して審査し許可するという現行憲法，刑訴法の考え方によるのではなく，「裁判官の『命令』」を捜査機関が執行するという考え方による）。このような「強制処分」以外

の処分は、検察官が自己の裁量で行える「任意処分」とされ、現行犯の場合などは濫用の危険が少ないものとして、検察官が自らの権限で処理しうるものとされた（なお、旧法で予審判事の権限から外されていったものには、職権主義の原理との関係を考察した結果ではなく、「予審判事の数が足りない」という便宜的理由によるものもあったようである）。

　ヨーロッパ大陸の職権主義では、法執行に携わる者の「裁量」を「法定主義」によって統制する立場が採られてきた。法定主義は、上級者が予め下級の者が遵守すべき基準を定め、その基準に下級の者・法執行官を厳格に拘束することによって、階層型組織の頂点で決められた政策から逸脱することを防ぐ狙いを持っている。法定主義と国家政策の実現が結びつくと、国家政策実現の目的で、法ないし法律が使われ、法定主義は、この目的から法執行が逸脱することがないように、法執行機関の裁量を統制する性質を帯びることになる。そのようなフィロソフィーを背景に、裁判官の権限を軸とする職権主義では、「強制処分」を「法定」し、この法定された強制処分について、法執行機関は独自の裁量でなし得ず、法定された強制処分以外の処分は、任意処分であることが明らかな場合を別として、これをなし得ないとする立場が強調されることになる。

　だが、現行憲法、刑事訴訟法は、「職権主義」に基づく「法定主義」の立場を基礎に政府の法執行活動を規律する視点に立つものではなく、また、議会の定めた法律がなければ一切政府の法執行活動が許されないとする立場に立つものでもない。刑訴法197条1項但し書は、柔軟に解釈されるべきものであろう。法の明文規定がない活動については、「プライヴァシーの合理的期待」(Katz v. United States, 389 U. S. 347（1967）)の強さの程度と、その活動がプライヴァシーに関する期待に及ぼす影響とその度合いに照らして、法律的規律が検討されるべきものである。

3　憲法33条・35条の採るフィロソフィー、憲法原則

　現行憲法、刑事訴訟法は、法定主義を基礎に、明文規定がない法執行活動については、全面禁止されるとの立場に立つのでも、逆に全く法的規律を受けな

いとする立場に立つのでもなく,「法執行機関の裁量権」の行使がプライヴァシーに及ぼす影響を考慮して,その影響度・干渉度に応じて憲法原理との関係で規律を加える立場に立っていると解することができる。

憲法35条も33条も,ともに合衆国法第4修正(捜索・押収に関する規定)をその母法とし,その狙いは,一般探索的な捜索・押収,逮捕の禁止にある。憲法33条・35条は,政府にとって好都合なもの,都合の悪いものが何かないかと探索する一般探索的目的で,具体的な「正当理由」なく,私的の領域に勝手気儘に干渉する政府の活動を禁止し,私人が自由に活動できる領域を確保して,多様な考え方の自由な展開・交換を基礎とする自由社会の枠組を維持しようとするものである。したがって,令状による活動であれ,その令状が,政府に一般探索的捜索・押収活動や正当理由のない逮捕を許すものであれば,憲法に反し許されないことになる(合衆国憲法第4修正は,一般令状や臨検令状による一般探索的捜索・押収逮捕等の活動の禁止を重視して定められた)。

この「一般探索的」捜索・押収,逮捕の禁止の目的を達成するために,憲法上,法律上の要件が定められている。憲法上の最も基本的な要件は「実体要件」である。すなわち,逮捕にあっては,①被逮捕者が犯罪を行ったと疑うに足りる相当な理由,②その者による罪証隠滅の虞れまたは逃亡の虞(199条・207条・60条参照),が要件とされる。別言すれば,取調べのみを目的とする逮捕は許されない(199条・207条・60条,憲38条1項)。捜索・押収にあっては,①ある者が犯罪を行ったまたは行うと疑うに足りる相当な理由があること,②捜索・押収場所と捜索・押収対象物がその相当理由の実現に必要な物に「限定」されていること,③その限定された証拠物が捜索・押収場所に存在する蓋然性が高いか低くないこと,が要件となる。この実体要件の充足がなければ政府による捜索・押収,逮捕は許されない。

憲法では,捜索・押収,逮捕について,「正当理由」を中心とする実体要件の他に,さらに,「令状要件」を定める。令状要件の基本的意味は,実体要件を無視した活動を行って,見込みで捜索・押収証拠を発見したり逮捕したりして,捜索・押収,逮捕の「開始時から」実体要件が整っていたと装う「後知恵 hindsight judgement の危険」や,犯罪鎮圧という使命を帯びて活動している機関の性質上,法執行に有利な方に資料や諸事情を解釈する傾向を有することから実体要件の判断が甘くなる危険を,中立で公平な裁判官の判断を介在させ

ることによって，回避することにある。令状が発付されても，実体要件を充足しない令状は「一般令状」であって違憲無効なものである。他方，令状要件は法執行に不可能を強いるものではないから，裁判官の発付する令状を入手する時間的な余裕がない場合には，令状要件の充足がなくとも，実体要件の充足があれば，憲法違反は生じない。

　このような，政府による干渉を受けることなく，私人が自由に行動し他者と交渉することができる領域の保障・保護は，思想の自由，表現の自由と密接な関係があり，自由社会の基本に位置し，自由社会の枠組を維持するうえで極めて重要である。この政府の干渉を受けることなく自由に思考し活動する利益は，プライヴァシーとよばれる。憲法33条は，主に「行動のプライヴァシー」の保障に関係し，35条は，「場所・領域のプライヴァシー」を中心とする自由保障に関係する。ここでは，自由に思考し，他人と交渉し，語らうことのできる領域を確保し，その領域への政府の勝手気儘な干渉を排するとの考え方が採られている。憲法33条・35条は，人民の生命，身体，自由，財産の保障，自由社会の枠組の維持等の観点から必要な限度で政府に権限が与えられ「信託」されるに止どまり，政府には無制約の干渉を及ぼす権限は与えられていないという，「制限政府」の考え方を基本とする。

　この考え方を基本に，自由に及ぼす干渉の程度に応じた，政府の活動・法執行活動を規律が考えられるべきことになる。

4　科学的捜査と犯罪の発生に備えた捜査活動

　憲法35条は，物理的強制力を伴う法執行活動だけを規律の対象とするのではない。物理的強制力を伴わなくとも，政府による干渉を受けることなく自由に思考し他者と交渉する自由に干渉し，その自由を侵害する活動であれば，憲法上保障されたプライヴァシーを侵害する活動であることに変わりはないから，憲法35条の原理との関係で，規律の対象に据えられるべきこととなる。

　電子工学的装置を用いた盗聴・秘聴・電話傍受のような活動が登場するに及び，物理的強制力を用いずに，思想の自由やプライヴァシーに干渉することが可能になった。家屋への物理的侵入を伴わない，会話という無体物を対象とす

る政府による電子工学的装置を用いた盗聴・秘聴・傍受活動がプライヴァシーに重大な影響を及ぼす活動であることを踏まえて，令状により規律する立場を採ったキャッツ（Katz v. United States, 389 U. S. 347 (1967)）で，ハーラン裁判官が判示したように，捜索・押収に関する憲法規定は「プライヴァシーの合理的期待」を保障する。

この期待は，政府による干渉を受けることはないであろうという，法執行の対象となる個人の「主観的期待」と，その期待を社会が合理的と認める「客観的期待」から成り，客観的期待まで認められる場合には，物理的強制力を用いない，物理的侵入を伴わない活動であっても，憲法上の「捜索・押収」と解され，憲法上の要件の充足が求められることになる。明文で定められていない，電子工学的機器や科学的手段を用いた，盗聴・秘聴・傍受の法的規律は，その活動がプライヴァシーの（合理的）期待に及ぼす干渉度を分析して決められるべきことになる。

電子工学的装置を用いた盗聴・秘聴・傍受は，その対象者に気づかれることなく，思想や愛情の交換などの自由社会を支える基礎的な部分まで，政府の都合で侵害する活動を生みかねないものであり，プライヴァシーへの干渉度は，通常の捜索・押収に比してはるかに深い。したがって，この活動は，原則として憲法上の捜索・押収に当たると解されなくてはならず（我が国の最高裁は，これを「検証」としている。），また，その要件に関しても，他の手段がある場合には，他の通常の捜査方法を用い，重大犯罪のみにこの方法を限定し，犯罪とは関係のない会話の捜索・押収を生まないように，送信者，受信者，送信施設，受信施設の特定をはかり，時間帯を限定し，スポット・モニタリングにより犯罪との関係の有無を判例して傍受を行うことを求め，裁判官への中間報告を求め，押収会話で犯罪に無関係なものは裁判官立会の下に廃棄するなどの，プライヴァシーへの干渉をできるだけ少なくする種々の工夫が必要とされる。

写真撮影の法的規律は，関係する写真撮影の性質を検討して決められるべきものである。人の生活を外部からの干渉を受けないと期待するのが合理的である部分まで監視して侵害する活動は，憲法上の捜索・押収とみなければならないが，目の前で法違反の活動が行われている場合の写真撮影は，プライヴァシーの主観的期待もない場合である。また，暴動が発生する蓋然性のある状況下で，そのような暴動が発生した場合の犯人の特定など，証拠保全の目的で，

また，そのような暴動がなければ撮影したヴィデオ・テープを消去するとの前提で，サーキットTVカメラでヴィデオ撮影・録画した場合を例にとると，その場合は，干渉を受けないとの主観的期待への干渉はあるとはいえても，およそ干渉を受けないことが正当であるとすべきプライヴァシーの客観的期待までも認められないので，令状を得ることなくこの活動をしても，憲法35条違反の問題は生じないとみてよいであろう（渥美・判タ664号36頁以下参照）。通常の捜索・押収のような実体要件が備わっていなくとも，暴動発生の合理的蓋然性があればこのような写真撮影が許されるために必要な憲法上の要件は備わっているとみてよいであろう。

　プライヴァシーの主観的期待もない場合や，私人の「同意」「承諾」があり，干渉を受けないという期待を侵害していないとみられる場合には（この同意や承諾は，例えば，立ち入り拒否の返事がないことをもって，家屋立入りへの黙示の承諾があったというように，ゆるやかに解されてはならない），「任意」と解し，法的規律を受けないとみてよいが，プライヴァシーの主観的期待がある場合や客観的期待がある場合には，これを「強制」と解して，政府から干渉を受けないであろうという期待への干渉度との関連で，憲法の定める典型的捜索・押収の場合を基準に，それと比較しつつ，その活動が許される要件を考察すべきことになる（詳細は，渥美・前掲『刑事訴訟法（全訂版）』第2章4～6節86～151頁参照）。

　都市化社会の発展に伴い，従来とは異なる職務質問のための停止や職務質問に伴う所持品検査等の新たな法執行活動が必要とされ登場してきたが，これらの活動は，逮捕，捜索・押収等にまで至る干渉ではないが，自由への干渉であるという実質を持つものである。このような自由への干渉に法的規律を加えることなく放置すれば，政府に無制約の裁量が与えられ，制限政府の考え方に立つ憲法の基本的立場に悖る事態が生ずる。憲法上定められた類型に比し，プライヴァシーの期待への干渉の度合いが少ない職務質問のための「停止」やそれに伴う「所持品検査」は，憲法上の逮捕や捜索・押収にはいたらないが，全く法的な規律を受けないのではなく，憲法原理との関係で，その干渉度に応じて，政府の活動が合理性を欠き恣意的なものとならないようにする要件を充足することが必要となる。

　犯罪の予防や犯罪後の早期の摘発・発見を目的とする活動である職務質問の

ための短時間の停止は，憲法上の「逮捕」にいたらないので「相当理由」までは不要だが，行動の自由への干渉が生ずる場合であるので，相当理由よりは程度の低い「不審事由」が要件とされ，また，職務質問に伴う所持品検査の場合には，完全な意味での捜索・押収ではなく，それよりは干渉度の低い「内部を一瞥する程度」の干渉が関係するので，不審事由の解明に必要で，効果があることが要件となる。不審事由がある場合には，プライヴァシーの主観的期待はあっても，客観的期待まではない場合であるといえるであろう。

このように，憲法との関連では，プライヴァシーの期待への干渉度に応じて法的規律の内容を考察すべきことになる。任意な活動についても，「相当性」が要件となると判示する最高裁判例も，基本的には，政府の裁量の規律を狙うものであろう（渥美・警察学論集40巻10号，参照）。強制と任意の区別についても，英米法の考え方を承継した，日本国憲法の立場を基礎に検討する必要がある。

なお，おとり捜査について，最高裁は，任意の法執行活動であるとして，一定の要件が必要であると判示している（「おとり捜査は，捜査機関又はその依頼を受けた捜査協力者が，その身分や意図を相手方に秘して犯罪を実行するように働き掛け，相手方がこれに応じて犯罪の実行に出たところで現行犯逮捕等により検挙するものであるが，少なくとも，直接の被害者がいない薬物犯罪等の捜査において，通常の捜査方法のみでは当該犯罪の摘発が困難である場合に，機会があれば犯罪を行う意思があると疑われる者を対象におとり捜査を行うことは，刑訴法197条1項に基づく任意捜査として許容されるものと解すべきである。」最一小決平成16・7・12裁判所時報1367号21頁）。このようなアプローチは，その実質，おとり捜査が本来は自由な人間関係に法執行機関が働きかけて一定限度の干渉を加える場合であり，関係者の政府から干渉を受けないという期待に干渉するものであるので，その要件を，影響を受けるプライヴァシーの合理的期待との関係で検討するというアプローチ（渥美東洋『刑事訴訟における自由と正義』有斐閣，1994年，第5章）に近いものであろう。

判例は，強制としての権限の行使が明文で認められていない場合について，自由に何らかの影響を及ぼす活動の場合には，それを任意であるとしつつも，自由に影響が及ぶことを考慮して，任意捜査に一定の要件を課すアプローチをとってきているようである。基本的には，憲法35条の要請を踏まえようとす

る方向に進んできているといえるであろう。

〔参考文献〕
渥美東洋『刑事訴訟法（全訂）』有斐閣，2006年

第6章 ■ 逮捕・勾留

本章のポイント

犯罪を犯した疑いのある者（被疑者）については，捜査を終了して，裁判で黒白をつけてもらうことになるが，裁判に出頭してもらわねばならないので，逃亡の虞のある被疑者はそれを防ぎ，また，罪証隠滅の虞のある被疑者には適正な刑事司法の運用を害されないため，その者の身柄を拘束することが認められる。わが国では任意同行による事情聴取が多用され，逮捕・勾留にいたる事件は他の先進諸国に比べて少ないが，逮捕・勾留されるとその最大限は23日間と長期におよびうるとの特色がある。3種類の逮捕のうち，通常逮捕，現行犯逮捕は憲法上明文で規定されているが，緊急逮捕は憲法上明文の規定がないので違憲論がなお存在するが，現実の捜査においてはたしている役割，誤認逮捕の虞の有無を考慮して判断すべきであろう。勾留は長期（10日，延長10日）に及ぶので，その性格をいかに理解するか，とくに裁判官のより実質的な関与が問題となる。別件逮捕・勾留は，令状主義を潜脱する方法として使われる場合は違法である。別件逮捕・勾留の違法性を判断する基準として，別件基準説，本件基準説が主張されているので，これも検討される。別件逮捕・勾留が適法である場合，余罪取調べの範囲が問題となる。本章は，令状主義の意味とその機能を勉強するのに適している。

1　行動の自由の保障とその制限根拠

　憲法33条は，「何人も，現行犯として逮捕される場合を除いては，権限を有する司法官憲が発し，且つ理由となつてゐる犯罪を明示する令状によらなければ，逮捕されない」と規定し，個人に行動の自由を保障しつつも，それが一定の場合に制限できることを認めている。

　現行の刑訴法では，被疑者として逮捕・勾留されると最大23日間（内乱に関する罪等の場合はさらに5日間）行動の自由を奪われることになる。約1カ月の間，家族から引き離され，友人と会うこともできず，学校や職場に行くことが

できなくなるわけである。行動の自由が保障される意義については，このように，それが失われた場合を想像すれば，感覚的には容易に理解できると思われるが，これをさらに理論的に説明すると，次のようになる。憲法の基本原理の1つは，個人の尊重であり，憲法は，個人をそれぞれ独自の存在であると認め，各人が自己の個性や才能を活かして自分なりに人生を送ることに価値を認めている。すなわち，個人の自己表現・自己実現に価値を置く立場に立っている。行動の自由が奪われている状況では，個人の自己表現・自己実現などありえないし，直接的・物理的にこの自由が奪われなくとも，充分な法的保障を欠けば，人々は政府に目を付けられることを嫌い，政府の顔色を窺って暮らすようになって，結局は，個人の自己表現・自己実現は否定される。このように，個人に自己表現・自己実現の機会を与える上で，行動の自由の保障は必要不可欠のものである。そのため，憲法33条による行動の自由の保障は，憲法35条のプライヴァシー保障と相俟って，個人主義・自由主義を基調とする憲法の構成原理の1つとなっているのである。

とはいえ，行動の自由の保障が重要なものであるとしても，これを無制限に認めると，刑事司法運用上の他の正当な利益が大きく損なわれることにもなる。行動の自由の保障と正当な法執行の利益との調整が求められるのであり，そして，憲法上の権利といえども，これを制限しなければならない「やむにやまれぬ必要（compelling necessity）」が政府にあれば制限できるというのが，権利制限についての基本的な理解である。

それでは，行動の自由を制限する「やむにやまれぬ必要」とは何か。憲法，刑訴法が定める逮捕・勾留の（実体）要件は，この「やむにやまれぬ必要」の中身に関わるものである。憲法33条は，逮捕には原則として令状が必要であることを定めてはいるが，いかなる場合に令状が発布されるのかについては規定していない。他方，刑訴法は，後に詳述するように，①被疑者が罪を犯したことを疑うに足りる相当な理由があること（相当理由）（199条），②被疑者が逃亡または罪証を隠滅すると疑うに足りる相当な理由があること（必要性）（203条～205条・207条・60条）を逮捕・勾留の実体要件としている。被疑者が逃亡すれば被告人として公判に出頭させることができなくなり，被告人に反論の機会を十分に保障した上で公判手続を進めようという憲法37条の予定する当事者・論争主義の公判が実現できなくなる。また，被疑者による証拠破壊を許せ

ば、公判での証拠に基づいた適正な犯罪立証、犯罪の認定が不可能となる。このように被告人の公判出頭を確保すること、および、被疑者による証拠破壊という司法妨害を阻止することは、正当な法執行上の利益といえるので、相当理由が存在し、具体的に逮捕・勾留の必要性が認められる被疑者に対して行われる逮捕・勾留は、政府の「やむにやまれぬ必要」に基づいて行われるものと見てよいと思われる。したがって、また、犯罪予防目的のいわゆる予防拘禁は、逮捕・勾留としては許されないし、取調べ目的の逮捕も、結局は被疑者の供述の自由の侵害にいたるということもあり、取調べの必要を「やむにやまれぬ必要」と見ることはできず、許されない。

2　逮捕の意義、種類と要件

逮捕とは、被疑者の身体の自由を拘束し、それを短期間継続することをいう。逮捕が行われると被疑者は官公署に引致され（200条）、最大3日間身柄が拘束される（203条・205条）。

憲法33条は、逮捕の種類として令状逮捕と現行犯逮捕を明示的に規定し、他方、刑訴法は、令状逮捕（199条）、現行犯逮捕（212条1項・213条）、緊急逮捕（210条）の3種類を規定している。また、いわゆる準現行犯逮捕を現行犯逮捕とみなして、現行犯逮捕に含めている（212条2項）。憲法・刑訴法は令状逮捕を原則形態・通常形態としており、そのため令状逮捕は通常逮捕ともよばれる。

(1)　令状逮捕（通常逮捕）（199条）

逮捕の基本的要件は、令状逮捕の要件として示されているが、それは、①被疑者が罪を犯したことを疑うに足りる相当な理由があること（相当理由）、②被疑者が逃亡または罪証を隠滅すると疑うに足りる相当な理由があること（必要性）、③①と②の存在について、捜査機関から独立した裁判官が事前に審査し、令状を発付すること、である。①と②を実体要件といい、③を手続要件という。

①の相当理由が、どの程度の嫌疑が被疑者に認められることをいうのかというと、数字で表すことは難しいが、強いていえば、被疑者が真犯人である可能性が50％を超える場合であるといわれる（もっとも、わが国の実務では、実際に

は，より高度の蓋然性が認められる場合に逮捕が行われているといわれる）。

また，②の必要性の要件の内容については，刑訴法上，明文規定はなく，刑訴規則143条の3が明文で定めているだけであるが，刑訴法の関連条文の解釈からこの具体的内容を導き出すことができる（刑訴規則ではなく，刑訴法から要件を導き出すことができるのであれば，法の効力の関係からして，解釈としてはより優れているということになる）。すなわち，203条から205条では，逮捕後，被疑者を留置する必要がなければ，直ちに釈放し，留置の必要があれば，最終的には所定の時間内に勾留を請求しなければならないと規定しており，逮捕直後から，被疑者の身柄拘束を続けるには，勾留請求できる要件が備わっていることを求めている。そして，たとえ逮捕してもその直後から身柄拘束ができなくなっては意味がないので，結局，逮捕の時点で勾留の要件が備わっていなければならないことになる。被疑者勾留の要件は，207条で被告人勾留の要件（60条）が準用されている。以上により，逮捕の必要性も，被疑者が逃亡すると疑うに足りる相当な理由と罪証を隠滅すると疑うに足りる相当な理由があることであると解される（渥美東洋『全訂　刑事訴訟法』51頁）。

なお，199条2項但し書は，裁判官に対して，明らかに逮捕の必要がないと認める場合以外は，令状を発付するように求めているが，これは，令状発付手続が急を要し，しかも捜査機関という一方当事者のみが参加する手続なので，捜査機関が自己に都合のいい資料しか提出しない場合があるなど，裁判官に対し，とりわけ必要性判断について正確性を求めるは困難であるとの事情を考慮したものと解される。捜査機関に対しては，この点を考慮する必要はないので，上述した内容の「必要性」が要件として課されてよいと思われる。捜査機関がこの必要性の要件を充足して逮捕したか否かの判断は，勾留請求時や公判段階で事後的にも審査される。

(2) 現行犯逮捕（212条・213条）

現に罪を行い，または現に罪を行い終わった者に対しては，無令状で逮捕することができる。後に詳述するように，現行犯逮捕が令状制度の例外として無令状で許されるのは，緊急状況にあって令状入手の時間的余裕がなく，かつ，実体要件を欠く逮捕の防止という令状要件の機能を，他の方法で代替できるためであるので，令状を入手していたのでは，被疑者が逃亡したり，証拠を隠滅

したりする虞があること，逮捕者が犯行を現認することが要件の中身となる。犯行を現認するとは，犯行を目撃したり，特別な能力に基づき他の五感の作用により直接認識したりすることをいう。

　刑訴法は，①犯人として追呼されているとき，②贓物または明らかに犯罪の用に供したと思われる兇器その他の物を所持しているとき，③身体または被服に犯罪の顕著な証跡があるとき，④誰何（すいか）されて逃走しようとしているときのいずれかに当たる者が，罪を行い終わってから間がないと明らかに認められるときには，現行犯人とみなし，無令状で逮捕できるとしている（準現行犯逮捕）（判例には，内ゲバ事件が発生し犯人が逃走中であるなどの無線情報を受けて，逃走犯人を警戒中の警察官が，犯行現場から直線距離で約 4 km の地点で，犯行終了後約 1 時間を経過したころ，被告人が通りかかるのを見つけ，その挙動や，小雨の中で傘もささずに着衣を濡らし靴も泥で汚れている様子を見て，職務質問のため停止するよう求めたところ，逃げ出したので追跡して追いつき，その際，被告人が腕に籠手（こて）を装着しているのを認めたなどの事情があったため準現行犯逮捕をしたという事案で，この逮捕を準現行犯逮捕として適法と認定したものがある（最決平成 8・1・29 刑集 50 巻 1 号 1 頁））。

　一定の軽微な犯罪については，犯人の住居もしくは氏名が明らかでない場合または犯人が逃亡するおそれがある場合に限って，現行犯逮捕が許される（217条）。

　現行犯人は，私人も逮捕することができる。

(3) 緊急逮捕（210条）

　①死刑または無期もしくは長期 3 年以上の懲役もしくは禁錮にあたる重大な罪で，②①の罪を犯したことを疑うに足りる充分な理由があり，③急速を要し，裁判官の逮捕状を求めることができないときで，しかも，④逮捕後，直ちに裁判官の逮捕状を求める手続をとり，逮捕状が発せられることを条件に，刑訴法は無令状逮捕を許している。

　緊急逮捕については，事後的ではあるが令状が発布されることに着目して，全体としてみてこれを令状逮捕とみる見解もあるが，後述する令状制度の趣旨からすれば，事前審査が令状制度の基本であるということになるので，緊急逮捕は，無令状逮捕である。そして，後に詳述するように，ここでも，令状入手

の時間的余裕がない緊急状況であること，令状要件の代替手段が設けられていることから，令状制度の例外として認められている。

3 令状制度の意義およびその例外である無令状逮捕が認められる理由

　憲法，刑訴法は，令状逮捕を原則としながらも，一定の場合に無令状逮捕を例外として許している。なぜ，この例外は認められるのか。また，刑訴法は，緊急逮捕も無令状の例外として認めているが，憲法は，明文では現行犯逮捕のみを例外と定めているので，緊急逮捕は違憲ではないかとの議論があった。この点，判例は，緊急逮捕を合憲としているが，刑訴法210条の要件を充足した緊急逮捕は，「憲法33条規定の趣旨に反するものではない」と述べるのみで，積極的な理由付けを示していない（最判昭和30・12・14刑集9巻13号2760頁）。はたして緊急逮捕は合憲であろうか。

　これらの問題を考えるに当たり，まず，そもそもなぜ令状要件が設けられているのか，その理由から考えてみよう。令状制度の趣旨は，後知恵の危険の防止と，実体要件の緩やかな認定の防止にあるといわれる。ここでいう，後知恵の危険とは，逮捕時に実は実体要件が備わっておらず，逮捕後の捜査によって実体要件を充足する証拠・資料が発見されたにもかかわらず，さも逮捕の時点で実体要件が備わっていたかのように偽ることをいう。また，実体要件の緩やかな認定というのは，実体要件の認定を捜査機関に委ねてしまうと，捜査に従事している当事者であるから，熱心さのあまり認定を緩やかに行ってしまう傾向があるということである。前述したように，逮捕の実体要件により，個人の自由と正当な法執行の利益との調整が図られているのであり，実体要件が備わっていれば逮捕を許していいはずであるが，この後知恵の危険と，認定が緩やかに行われる危険という問題があり，こうした問題に対処しないと，見込み逮捕を誘発したり，実体要件を欠く逮捕を防止できなくなったりする虞がある。そこで，捜査機関から独立した第三者に事前に実体要件の存在を確認させる手続を用意しなければならず，それが令状制度なのである（渥美・前掲書52頁）。

　それではなぜ，無令状逮捕が許されるのか。令状要件は，上述したように，実体要件の存在を確認し，後知恵による逮捕など実体要件を欠く逮捕を防止するための手段としての性格を有している。そして，このように手段的な性格の

ものであるならば，その要件を墨守することによる弊害が著しいため例外を認める必要があり，なおかつ，当の手段によらなくとも他の手段により目的が達成できると考えられる場合には，例外を認めることが許されるはずである。しかも，令状発付の審査は，急を要し，性質上捜査機関側のみが関与し，相手方である被疑者の関与を予定できない一方当事者参加の手続である。実体要件を欠く逮捕の防止も，完全に行えるというものではない。代替手段には，この事前の令状発付の審査と同程度の効果が期待できればいいわけである。

　これを現行犯逮捕について見てみると，現行犯逮捕では，犯行が現認されており，相当理由が備わっていることは間違いないし，また，現認したという事実をごまかしたり，緩やかに認定したりすることもほとんど考えられない。さらに，犯行を現認された犯人が逃亡しまたは証拠隠滅を行う危険性は，一般的には相当に高いといえる。このように，令状入手の時間的余裕のない緊急状況で，実体要件の認定がごまかされたり，誤って行われたりする危険がほとんどない場合であるから，現行犯逮捕は無令状で許されるのだと考えられる。

　次に，準現行犯逮捕であるが，刑訴法上，準現行犯逮捕は現行犯逮捕とみなされ，現行犯逮捕と同一に扱われているが，それはあくまで立法府である国会の判断であって，違憲審査権が裁判所に認められている以上，合憲か否かは改めて検討されなければならない。準現行犯逮捕は，刑訴法上，「罪を行ってから間がないと明らかに認められる」状況で，なおかつ限定的に列挙されている犯行を強く推認させる具体的な事情が備わって初めて許される。このように犯罪の嫌疑が著しく高い場合は，例外を認める必要性が強まる。加えて，一般的には，実体要件をごまかすことが難しくなり，また，仮に緩やかな認定がなされても，「相当理由」を下回る逮捕が行われる危険は小さくなる。さらに，準現行犯逮捕が許される場合の具体的な限定のされ方からすると，後知恵で実体要件の充足をごまかすことは相当に難しいといえる。また，準現行犯逮捕も，その場で逮捕しなければ被疑者が逃走したり証拠隠滅を行ったりする危険が高く，令状入手の暇がない場合である。したがって，準現行犯逮捕も，やはり，令状入手の時間的余裕がない緊急状況で，逮捕の実体要件の認定を誤ったりごまかしたりする危険が小さい場合であるといえる。立法論としては，緊急逮捕のように，逮捕直後の裁判官による審査を要件とする方がより妥当ではあろうが，以上述べた理由から，事後審査がなくとも，要件の解釈を厳格にすること

によって合憲とすることができると考えられる。

　最後に、緊急逮捕であるが、緊急逮捕は、規定上、令状入手の時間的余裕のない場合であることが前提とされている。さらに、対象が一定の重大犯罪に限定され、嫌疑の程度も「相当理由」を上回る「充分な理由」が要件とされている。このような場合は、例外を認める必要性が高いといえるし、また、たんに「相当理由」を要件としている場合に比べ、一般的には要件認定の誤りやごまかしは（あくまで比較の問題ではあるが）、生じにくくなっているといえる。さらに、逮捕直後の裁判官による審査も要件とされている。事後審査は確かに事前審査に比べると、後知恵禁止の効果は劣るが、令状発付が「命令」という裁判の形をとり、しかも、被疑者の身柄が既に押さえられていることから、裁判官は審査に当たり被疑者を呼んで言い分を聞いた上で判断を下すことができる（43条3項）。事前審査よりも慎重に判断を行うことが可能なのである。このように、緊急逮捕も、令状入手の時間的余裕のない緊急状況で、逮捕の実体要件の認定を誤ったりごまかしたりする危険を小さくするための手当がなされた上で、行われるものなので、令状制度の合理的な例外として合憲とすることができると考えられる。なお、憲法33条は、刑訴法上の「現行犯逮捕」のみを例外とするような規定となっているようにも読めるが、理論上は、これまで見てきたように、例外を刑訴法上の現行犯逮捕に限る必要はない。憲法33条の解釈としては、そこにいう「現行犯逮捕」は、令状要件には例外が認められることを示す趣旨で、例外の典型的な場合として挙げられていると解釈することも可能であるし、また、憲法33条の「現行犯逮捕」は、刑訴法の現行犯逮捕とは異なり、令状要件の合理的な例外としての無令状逮捕をいうと解釈することも可能である（概念の相対性）。

4　勾留の意義・目的、要件

(1)　意義・目的

　被疑者の勾留とは、被疑者の身柄を保全し、被疑者による証拠破壊を防止し、これによって捜査の円滑で迅速な進行を確保するために行う、被疑者を拘禁する裁判およびその執行のことをいう。勾留の期間は、勾留請求の日から10日で

あり（208条），やむを得ない事情がある場合には，最大10日間まで延長できる（同2項）。内乱，外患，国交，騒擾の罪に当たる事件では，さらに5日間まで延長できる（208条の2）。

勾留の場所は，逮捕とは異なり，刑事施設である（207条，64条1項）。

(2) **要件**（204条1項・205条1項・207条・60条・62条）

被疑者勾留の要件は，①被疑者が罪を犯したことを疑うに足りる相当な理由があること（相当理由），②被疑者が逃亡または罪証を隠滅すると疑うに足りる相当な理由があること（必要性），③裁判官が勾留状を発すること，④逮捕手続に引き続いて行われること，である。

④の要件を，**逮捕前置主義**という。逮捕の令状審査が急を要し，慎重な要件審査ができない場合が多いので，勾留審査は，逮捕についての事後審査の役割と，逮捕後も実体要件が存続しているかを判断する中間審査の役割を果たす。勾留審査はこのような役割を果たすので，逮捕理由となった被疑事実とは別の被疑事実を理由に勾留を請求すること（いわゆる勾留の切替え）は許されない。

また，逮捕前置主義を採っていることにより，勾留審査の際には必ず被疑者の身柄は拘束されており，令状入手の暇がない緊急状況ということが考えられないので，令状要件には例外が一切認められていない。

5　勾留の手続

(1) **勾留質問**（207条・61条）

検察官による勾留請求を受けた裁判官は，被疑者に勾留理由たる被疑事実を告知し，これについての陳述を被疑者から求めなければならない。勾留は，「命令」という形の裁判なので，必要なときには事実の取調べをして，被疑者に資料提出の機会を与えることができる（43条3項）。

(2) **勾留理由開示**（82条～86条）

勾留されている被疑者，その弁護人等は，裁判所に勾留理由の開示を請求することができる。憲法34条に由来する制度であるが，勾留請求をした検察官の

出席を求め，勾留理由の有無をめぐって当事者間で論争する機会は与えられておらず，公開の法廷で，勾留状を発した裁判官が勾留の理由を示すだけである。そのため勾留手続の密行性を防ぎ，被疑者に救済申立の手掛りを与えるという性格のものになっている。

(3) 勾留取消し（87条・91条）

勾留後の事情の進展により，勾留の理由または必要が失われたときに，検察官，被疑者等の請求により，または職権により勾留を取り消す制度である。勾留審査の判断が正しかったか否かを審査するものではない。

勾留が不当に長くなったときも，検察官，被疑者等の請求により，または職権により勾留は取り消される。

6 逮捕・勾留をめぐる諸問題

(1) 逮捕・勾留の効力の及ぶ範囲

勾留の切替えの可否，二重勾留の可否，勾留取消し・勾留期間延長・接見制限・保釈制限の判断の際に捜査中の余罪を考慮に入れることの可否，再逮捕・再勾留となる被疑事実の範囲，未決勾留日数の刑期算入の範囲・刑事補償の範囲に実際に捜査が行われていた余罪を含めることの可否といった問題を検討するに当たり，すべてこれらは逮捕・勾留の効力の及ぶ範囲の問題であるとされることがある。そして，逮捕・勾留の効力が及ぶ範囲をめぐっては，**事件単位**（正確には**被疑事実単位**）**説**，**人単位説**，および人単位説と基調を同じくする**手続単位説**の対立があるが，逮捕・勾留には「事件単位の原則」が妥当するので，事件単位説が通説となっており，実務もこれに従って運用されているといわれ，ただ，未決勾留日数の刑期算入と刑事補償の範囲に関しては，余罪にも勾留による捜査の円滑の担保という事実上の効果が及んでいたことを，被疑者に利益に考慮することは問題がないなどといわれることがある。

しかし，「事件単位の原則」といわれるものは，法令上に直接の根拠を持つものではない。職権主義・糾問主義の訴訟制度の下では，手続は捜査・公判・上訴と1つの「事件」をめぐって進展していくので，「事件単位の原則」は，

訴訟手続全体を貫く，理論上当然の原則であるが，現行法のとる弾効主義の下では，捜査・公判・上訴を分断させ，別個の段階として捉えるので，このことは妥当しない（渥美・前掲書295〜296，480〜481頁）。職権主義をとっていた旧法の場合とは異なり，現行法上の事件単位の原則は，「本来，そこから，逮捕・勾留に関わるあらゆる問題の解決を演繹的に導くことのできるような普遍的な内容を持つものではなく，一部の問題に対する事件単位説からの帰結をそのように言い表したにすぎない」（川出敏裕『別件逮捕・勾留の研究』8頁）のである。したがって，個々の問題ついては，それぞれの制度趣旨に遡って実質的な検討を加える必要がある。

　まず，勾留取消し，勾留延長，接見制限，保釈制限についてであるが，逮捕・勾留は，実体要件が存在し，それが裁判官により確認され令状が発付された場合に限って許すというやり方を憲法・刑訴法が採用しているので，勾留取消しの是非を判断する場合などは，令状審査を経ていない余罪は存在しないものとして扱わなければならない。したがって，これらの判断の際に，余罪を考慮することは許されないということになる。次に，二重勾留の可否であるが，今述べたように，勾留の基礎になっていない被疑事実は，存在しないものと扱われることになるので，余罪についても令状審査を経ておく必要が生ずる場合があるが，ある被疑事実ですでに勾留がされていれば，被疑者には逃亡の虞，罪証隠滅のおそれがなくなるので，他の被疑事実については，勾留の要件が備わらないことになり，したがって，二重勾留は許されないと考える。この場合は，勾留の理由に他の被疑事実を加え，裁判官の審査を受けるという方法をとるべきである（勾留理由の競合）。次に，再逮捕・再勾留となる被疑事実の範囲であるが，逮捕・勾留中に捜査を行っていた余罪について，改めて逮捕状を請求する場合，再度行動の自由が制限されるという被疑者が被る不利益を考えると，一度逮捕・勾留により円滑な進行を保障された上で捜査を行えている以上，これは再逮捕と扱うべきであろう（刑訴規則142条1項8号）（渥美・前掲書70頁）。最後に，未決勾留日数の刑期算入，刑事補償に関しては，これらは，衡平の観点から認められている措置であり，そして，衡平に適うか否かという点からすると，実際に勾留の効果が及んでいた被疑事実まで対象に含めるのが妥当であろう。

(2) 別件逮捕・勾留

　別件逮捕・勾留とは，法令上の用語でもなく，また確立した定義もないが，捜査機関が本命と目している事件（＝本件）について逮捕・勾留の要件が備わっていないため，一見すると要件が備わっているように見える（通常は本件より軽い）別事件（＝別件）で被疑者を逮捕・勾留し，その期間中に，本件の捜査，とりわけ取調べを行う捜査手法をいう，などといわれる。違法な別件逮捕・勾留の典型例としては，殺人事件について被疑者の身柄を拘束して取調べを行いたいが，「相当理由」を支えるだけの証拠が揃っていないので，証拠の揃っている，しかし逮捕の必要性も起訴価値も乏しい軽微な窃盗事件で令状の発付を受け，逮捕・勾留し，これによる身柄拘束中に，ほとんど専ら殺人事件について取調べを行う場合などを挙げることができる。

　別件逮捕・勾留がいかなる場合に，またどのような理由から違法となるのかについては，大別して2つの考え方がある。1つは，**別件基準説**とよばれる見解で，別件について令状が発布されていても，その逮捕・勾留中に専ら本件について取調べが行われているような場合は，結局は別件について逮捕・勾留の実体要件，とりわけ「必要性」が欠けているので違法だとするものである。この見解は，本件についての取調べなど，逮捕・勾留中の捜査状況を違法判断の際に考慮するが，それは別件での逮捕・勾留に関する違法判断の一要素として考慮するのである。もう1つは，**本件基準説**とよばれる見解で，この見解は必ずしもその主張内容が明確ではないのであるが，逮捕当初から捜査機関に本件について取調べを行う意図がある場合や，逮捕・勾留中に専ら本件についての取調べが行われているような場合は，形式的には別件による逮捕・勾留であっても「実質的に見れば本件による逮捕・勾留」であり，本件について逮捕・勾留の要件を欠いているから，あるいは，逮捕に対する司法的抑制・令状主義を潜脱することになるから違法だ，などという。この見解は，逮捕・勾留中の捜査の実態に着目し，それを基礎に違法判断をしようとするものである。両説による結論の違いは，別件について要件が備わっていても，逮捕・勾留が違法となる場合があるか否かという点で生ずる。

　本件基準説に対しては，捜査機関に本件取調べの意図があるだけで，要件の備わった逮捕・勾留がなぜ違法となるのか説得的な説明がなされていないとか，

「実質的に見れば本件による逮捕・勾留である」という感覚的な説明しかされておらず，理論的に十分な根拠が示されていないとか，逮捕・勾留が違法と判断される範囲が不当に広くなり，複数の犯罪が発覚している場合の逮捕・勾留および取調べのあり方に妥当な解決策を提供しうるものとは思われない，などの批判がある。他方，別件基準説に関しては，別件について逮捕・勾留の要件が欠けていれば，その逮捕・勾留が違法となるというのは当たり前のことであって，この場合にのみ違法な別件逮捕・勾留を限定するのは別件逮捕・勾留という概念を否定することになるという批判がある（別件基準説，本件基準説の内容およびそれぞれに対する批判については，椎橋隆幸「別件基準説を見直そう」研修598号9頁以下，川出・前掲書214～240頁参照）。

判例は，下級審では，別件基準説，本件基準説それぞれに立ったものがあり，最高裁は，どちらの立場に立っているのか未だ明らかではない（最決昭和52・8・9刑集31巻5号821頁参照）。

さて，別件逮捕・勾留の問題を検討する際に，押さえておかなければならない前提がいくつかある。第1に，前に例示した違法な別件逮捕・勾留がなぜ実際に行われうるのかというと，それは，令状発付の審査が急を要し，しかも，令状を請求する捜査機関側のみが加わる一方当事者参加の手続であり，たとえ逮捕の必要性が実は欠けていても，「明らかに」必要性がないと認められる場合以外は令状が発付されることになっているからであるが，ここで，たとえ令状が発付されていても，逮捕の必要性が欠けていれば，その逮捕は違法だということである。第2に，被疑者取調べは，身柄拘束下で行われようとそうでなかろうと，供述の自由，供述の任意性が保障された状況で行われなければならず，これが取調べを規律する原理である。また，令状制度は，身柄拘束を規律する原理であって，取調べを規律する原理ではない。このように身柄拘束と取調べは，本来異なる原理によって規律される。第3に，現代では，被疑者の行為が1つの刑罰法規にしか該当しないという場合は少なく，被疑者が複数の機会に種々の犯罪を行っていたり，1つのスキームの下に複数の犯罪行為を行っていたり，あるいは刑法的な評価を経ない社会的行為としては1個に見える行為が，複数の刑罰法規に触れる場合もある。したがって，逮捕・勾留が行われても，その基礎となった被疑事実の他に，余罪についても捜査を進めなければならないのが普通である。「犯罪現象は事件単位には必ずしも進展しないので

ある」(椎橋・前掲論文)。そして，余罪捜査は，取調べも含め，任意捜査として行われる限り許されるはずであり，身柄拘束をしていなければ許された捜査が，身柄拘束がされたために，たとえ任意でも許されないというのは不合理である（渥美・前掲書77〜78頁）。

以上のような前提から考えると，逮捕・勾留中の捜査状況も含めて判断した結果，なお別件について要件が備わっていると認定されても，本件についての捜査の実施状況如何により逮捕・勾留が違法となるとする理論根拠を提示することは，相当に困難であるように思われる。

こうした困難さを自覚して，近時，逮捕・勾留に期間制限が設けられている趣旨から，逮捕・勾留の理由となった被疑事実への捜査の専念義務，余罪捜査の制限根拠を導き出し，そこから，別件について逮捕・勾留の要件が備わっていても，本件についての捜査の実施状況如何によっては，逮捕・勾留が「本件による逮捕・勾留」となり，違法となる場合があることを論証しようとする見解も主張されている（川出・前掲書281〜305頁）。しかし，この見解に対しては，逮捕・勾留の理由となった被疑事実への捜査の専念義務を認めることが，余罪捜査の必要性，被告人の公判での防御の利益の保護まで含めた複数事件の併合処理の必要性といった観点からして，適正に利益のバランスをとることになるのかという疑問がある（これに対して，捜査機関に発覚している事件すべてについて，原則として1回の逮捕・勾留の機会に同時に捜査・訴追をすべき義務を認めることが，適正な利益のバランスをとることになると主張するのが，いわゆる手続単位説である。渥美・前掲書69〜70頁）。また，本件と別件との間に密接な関連性がある場合などには，本件についての取調べは，同時に別件についての取調べともなるとこの見解は主張するが，この見解による「起訴前の身柄拘束が別件によるものか本件によるものか」の判断は，複雑で微妙な考慮を要するものであるため，捜査機関が実際に従えるような明確な判断基準を提供できるかという疑問も残る。

(3) 余罪取調べが許される範囲

仮に，逮捕・勾留が適法に行われていても，取調べを行うことのできる被疑事実の範囲に制限はないのか，つまり，余罪取調べに限界はないのかということが議論されている。限界を主張する見解には，① 身柄拘束下での取調べに

取調受忍義務があることを前提に、取調受忍義務の及ぶ範囲が逮捕・勾留の理由となった被疑事実に限られるとの立場から、原則として余罪取調べが禁止されると主張する見解、②身柄拘束下の取調べに事実上の強制処分性が認められること、また、自白強要防止の必要性から、ある被疑事実について身柄拘束下で取調べを行うには、一定の嫌疑が存在し、それに対して裁判官の事前審査がなされていなければならないとの立場から、余罪取調べの原則禁止を主張する見解、③別件逮捕・勾留に関して本件基準説に立ち、「実質的に見れば本件についての逮捕・勾留」と評価されるような余罪取調べは許されないとする見解、④同じく別件逮捕・勾留について本件基準説に立ちつつ、別件の捜査についての専念義務を認める立場から、余罪取調べを制限する見解などがある（学説については、川出・前掲書241～261頁参照）。

①の見解に対しては、被疑者に、余罪については取調受忍義務がないことを告知するなどの工夫をして、取調べをすることができるのではないかとの批判や、そもそも、身柄拘束下の取調べであっても、取調受忍義務を認めるべきではないとの批判がある。②の見解に対しては、身柄拘束下での取調べに令状要件が課される規定上の根拠が明らかでないなどの批判がある。③と④の見解については、前提たる本件基準説および別件捜査専念義務について、別件逮捕・勾留の項で述べたような疑問点・問題点がある。

身柄の拘束と取調べは、本来、異なる原理で規律されるものであり、供述の自由・供述の任意性が保障されていれば、その取調べは適法であるのだから、余罪取調べが制限される理由はない。逆に、1回の逮捕・勾留手続で、被疑者について発覚しているすべての犯罪の捜査を終えることが、捜査機関には求められていると考えられる（手続単位説、渥美・前掲書77～78頁）。

〔参考文献〕
渥美東洋『全訂　刑事訴訟法』有斐閣、2006年
椎橋隆幸編『基本問題　刑事訴訟法』酒井書店、2000年
川出敏裕『別件逮捕・勾留の研究』東京大学出版会、1998年

第 7 章 ■ 取調べと弁護権・黙秘権

> **本章のポイント**
>
> 犯罪を犯したと疑われている者，犯罪に最も近いと思われている者を取り調べずに刑事手続を進める法制度を持つ国を探すのは困難であろう。犯人は，一方では犯罪を隠し通したい（有罪とされて刑務所に入りたくない）と願っているが，他方で良心の呵責から解放されたい（自白して楽になりたい）という潜在的意識があり，両者の葛藤に悩まされているのである。このような被疑者・被告人に供述義務を課して供述を強要する（供述すれば有力な証拠となり，供述しなければ義務違反として制裁を受ける）ことは人間の尊厳に反するので，黙秘権が保障された。また，強制，拷問，強迫等による取調は嘘の自白を生み，そのため誤判が生じるおそれがあるし，また，右のような取調方法自体適正なものではないとして禁止されている。現在では，被疑者・被告人に黙秘権（供述の自由）を保障した上で，取調べをすることが認められているが，身柄拘束下の取調べにおいては，供述の自由が保障されているといえるためには，いかなる条件が必要かが問われ，その際，弁護権の保障が重要なファクターとなる。供述の自由を保障する方法は各国によって違いがある。テープレコーダの導入をする国もあれば，弁護人の取調べの立会いを認める国もある。さて，わが国はいかなる立場をとっているのであろうか。また，ポリグラフ・テスト等科学を用いた取調方法が被疑者・被告人の心理にいかなる影響を与えるのかも併せて検討してみよう。

1 被疑者取調べ

(1) 逮捕・勾留下の被疑者取調べ

憲法33条ならびに刑訴法119条，204条・205条および207条は，取調べ目的での身柄拘束を禁止し，逮捕・勾留はあくまで相当な理由と罪証隠滅防止，逃亡防止の必要性のある場合に限定されるとしている。しかし一度要件を充たして逮捕・勾留された被疑者についてはこれを取り調べることを認めている（198

条1項)。しかし，この逮捕・勾留下での取調べには次のような問題点が指摘されている。

　第1に，取調べは通常は警察の取調室等で，係官と被疑者の一対一で行われるので，取調べにあたって何が行われているのか，外部からはよく判らないという可視性の低さが挙げられる。密行性の高い取調実務は不信感や猜疑心をもって見られやすい。

　第2に，この可視性の低さから，後に取調べをめぐって，例えば強制や拷問あるいはこれに近い行為が行われたというような争いが生じた場合，取調担当者と被疑者との「宣誓合戦」になってしまい，結局は制服を着た者の証言が重いという，法執行官に有利な判断が示されることになると，法執行に対する国民の不信感を募らせることになりかねない。

　第3に，逮捕・勾留された被疑者は，社会的，経済的活動を行いえなくなり，名誉を失うとともに，外部とも遮断されるので，不安感，焦燥感，孤独感に苛まされることになりがちである。

　第4に，こうした感情に支配されて平常心を失った被疑者が供述をしなければならないものと思って供述をしたり，あるいは真実に反する供述を行いかねない危険が伴う。

　ところで憲法34条は，逮捕・勾留された被疑者に弁護人依頼権を保障している。これは，逮捕・勾留といった身柄拘束の適法性を保障するためにも身柄拘束直後の弁護人との接見により身柄拘束に違法性があればそれを争い，それがなくても，被疑者の相談相手となり，取調べへの対策・対応を協議し，助言を与え，これらのことを行う中で被疑者の不安感・焦燥感の解消を図るという役割を期待して保障されたものである。この弁護権を活用できれば被疑者へのカウンセラー的役割を果たすこともでき，取調べの前後に接見，あるいは前後とまでいわないまでもできるだけ頻繁に接見することができれば，取調室で何が行われているかをある程度把握できることにもなる。

　また，憲法38条1項は黙秘権を保障している。これは黙秘するか，供述をするかを被疑者自身が判断して選択する権利である。この権利の内容と放棄の結果，すなわち黙秘権を放棄して供述をすればその供述が後に自己に不利益な証拠として使われるかもしれないことを知っていれば，供述義務があるかのように誤解して供述を行うといった弊害も除去できるであろう。198条2項は黙秘

権の告知を求めている。

　そこで，身柄拘束下にある被疑者の取調べに際しては，①被疑事実の告知，これは複数の事件の犯人ではないかと被疑者が疑われている場合に，逮捕・勾留理由となっている被疑事実以外の被疑事実について取り調べることもあるので，取調べテーマが変わるごとに被疑事実を告知し黙秘権行使の対象を明確化する必要があり，今日でも依然として告知すべきである。②黙秘権の告知，③黙秘権を放棄して供述した場合にはその供述が後に不利益な証拠として用いられることの告知，④弁護人の助力を受ける権利の告知——逮捕時点では国選弁護権はないが，私選弁護権はあるのだからそれを告知する必要がある，⑤勾留段階では後述の国選弁護権の告知，⑥弁護人との自由な接見の保障を求めることになる。①〜③までの告知は，供述の自由を保障するための方策であり，④〜⑤の告知と⑥の接見の保障は取調べの可視性の高揚と供述の自由の保障ための方策である。こうした告知や接見を欠いて取調べを行い，供述を得た場合には，供述の自由を欠いた状況下でなされた供述と推定されることになる。後に公判でこの供述の証拠能力が争われ，これらの告知や接見が欠けていたとの一応の証明がなされた場合には，供述の自由を欠いた供述と推定されるので，検察側は，告知や接見を欠いてもなお，供述が自由になされたものであることを立証しなければならないことになる。

　ところで198条1項但書は，逮捕・勾留されていない被疑者について出頭義務・不退去義務のないことを規定している。身柄拘束されている被疑者については，この規定を反対解釈して，取調べの出頭要請に応じる義務があり，出頭後は不退去義務があるとされるのが一般的実務である。もちろん今日の実務では，留置場からの被疑者の出入りをそのつど留置人出入簿に記載するので，早朝から深夜にかけての長時間の取調べが行われるという事態にはならないことが多い。しかし，出頭義務・不退去義務があるとされることで，本来なら罪証隠滅・逃亡防止のために行われる身柄拘束が，取調べ時における供述への不当な圧力として作用することは避けられない。供述の自由の保障のためにも，こうした出頭義務・不退去義務を身柄拘束下の被疑者に課すのは許されるべきではない。そこで198条1項但し書は，あくまで身柄拘束されていない被疑者について，出頭拒否でき，退去の自由があることを認めるという当然の理を規定したにすぎず，反対解釈を行わないものと理解すべきである。

(2) 取調べの可視性の高揚化策

　取調べが密室で行われることによる可視性の低さに由来する危険性については，イギリスで行われているような供述過程を録音（費用があればDVD化）するといった対処方法や取調べの弁護人の立会いという方法も考えられる。
　イギリスでの録音方式は，供述しない被疑者は公判で供述しないことを不利益に推認されることになったことおよびイギリスでは留置期間が24時間（治安判事の許可があれば最大限96時間）とされており，取調べ時間も一般的には短いといわれるが，取調べ相手が犯罪を犯したのではないかとの疑いが生じた時点以後は同時に2本のテープ（1本は裁判官用に，1本は警察保管用に）に録音されねばならないとされていることを前提とする。公式の取調べ時の録音即ち供述時の録音では，供述開始前にどういうことが行われたかが明らかでないこと，公判で裁判官がすべての録音を聴くわけにはいかないので，裁判所は通常は反訳書を求めるものであること（録音と同じ時間をかけて聞くより読むほうが早い），長い場合には警察官が要約（わが国の録取書に類似したものになると思われる）し，公判ではこの要約によって取調べの様子や供述内容を審査し，警察官の要約が取調べを適切に反映していないと考えられるときには録音の反訳が証拠となること等からすると，投下する費用（録音・映像化に要する費用，反訳に要する時間と費用，要約作成に要する時間と費用，テープ等の保管に要する費用，中立的な保管者の確保に要する費用等）に比し，利益（供述の任意性についての争いがあった場合に，任意・不任意の立証に役立つ）の少ない方法かもしれない。ただ，この方法が導入されれば，自白の任意性が争われたときには，正確な判断材料を提供することになるので，取調べの可視性の確保という点からは，適切な処方であろう。イギリスでは録音導入に慎重であった警察こそが，今では積極的な推進派となっている。
　弁護人の立会いについては，わが国の犯罪者は一般的には取調官との人間関係が構築されてから供述を行う例が多いといわれ，そうした関係構築には一対一の取調べの方が効果的であること，組織犯罪などでは弁護人が組織の派遣した監視者としての役割を果たす可能性がありうるが，そうした場合に供述したいと思っても弁護人の目を盗んで供述することが困難になること，供述したことを知られると組織からの報復がありうるが，それに対する証人保護プログラ

ム（合衆国ではマーシャルがこの任に当たることはよく知られているが，その詳細は公開されていない）は，わが国ではなんら用意されていないこと，一般的には弁護人が取調べのつど立ち会えるのかという問題が残っていることなどに鑑みると，わが国では時期尚早であろう。

なお，取調調書に弁護人が，内容を了解したときに署名することを求めることにより，早期に自白の任意性の有無を確認するとの方法も提案されている。これも，取調べ時の可視性高揚に資するものであるが，弁護人が取調べのつど接見することができるか，また，弁護人が取調べ時の状況をどれほど早く，正確に把握できるか否かにかかっている。

(3) 身柄拘束されていない被疑者の取調べ——任意同行後の取調べ

逮捕・勾留はあくまで罪証隠滅の防止・逃亡防止を目的とするもので，これを取調べの際の無言の圧力として用いてもよいものではなく，身柄拘束下にある被疑者も供述の自由が保障されなければならない。身柄拘束されていない被疑者にこの供述の自由が保障されるのは当然である。198条1項但し書はこの当然の理を，逮捕・勾留されていない被疑者には出頭義務，不退去義務はないという形で規定したにすぎない。取調べに応じるか否かは被疑者の任意な選択に委ねられるべきだからである。

問題は，逮捕・勾留手続が行われていない被疑者に警察署への任意同行を求めることなど，事実上外部から遮断した状況下において行う取調べである。判例（高輪グリーンマンション殺人事件——最決昭和59・2・29刑集38巻3号47頁）は，任意取調は強制手段によってはならないだけではなく社会通念上も相当なものでなければならないとし，退去の自由の重要性を強調し，この自由が侵害されていなければ，社会通念上相当として適法だとしている。退去の自由といってもこれを理解している被疑者でなければこの自由を行使できないし，外界との遮断状況にも強弱はあるにせよ，警察署に入った場合またはこれと同様の環境下におかれている場合には，逮捕・勾留下にある被疑者と同様と見てよく，権利告知と自由な接見の保障を行い，取調べをすべきである。憲法38条は「何人」にも黙秘権があることを規定しており，これを理解して行使するためにも，また可視性の低い状況も身柄拘束下にある被疑者と変わらないのであるから，供述の自由の保障のためにも黙秘権や弁護権の保障が欠かせないからである。

2 被告人取調べ

　被告人取調べには，(a) 訴追されている当の被疑事実について取調べを行う場合と，(b) 追起訴を予定して余罪被疑事実について被告人取調べを行う場合とがある。

　先ず，(a)の場合について，判例は公訴提起後第1回公判期日前の被告人取調べについて，被疑者取調べを認める198条の取調べは認められないが，一般的取調権限を認める197条1項の取調べは，被告人としての地位に十分配慮した上でなるべく避けるべきであるが，これを許すとしている（最決昭和36・11・21刑集15巻10号764頁）。この判例を前提に，198条の取調べには出頭・不退去義務があるが，197条にはそれはないので，出頭・不退去義務のないことの告知や弁護人の取調べの立会いを，197条の被告人取調べの要件とする下級審判例もある。

　憲法37条はわが国の刑事裁判が当事者主義の公判構造を採用したことを明言している。すなわち，公正・公平・迅速な裁判を受ける権利，無罪の推定，合理的な疑いを容れない程度の証明がなければ有罪とされない権利（1項），証人喚問権，証人審問権（2項），弁護権，国選弁護権（3項）を保障している。

　被告人取調べを認めると，公判で有罪判決を得るほどの証拠固めをしていないにもかかわらず，とりあえず起訴をし，長期化する被告人勾留期間を利用して供述や証拠採取を行うという見込み起訴を誘うこと，充実した公判を受けるための被告人の準備活動を阻害し，告知・聴聞を受けてこれに挑戦的に防禦すること（憲31条）を妨げるなど，公正・公平な公判審理を受ける権利を害すること，弁護人との自由な接見により弁護人の援助を受ける権利が取調べにより侵害されること，こうした不利益を被告人に科すことから，被告人を起訴事実について取り調べることは一切許されないと解すべきである。

　(b)の場合，起訴事実以外の余罪については，実務は余罪については被疑者であるとの理由から，198条の被疑者取調べを認める。しかし，適法に逮捕・勾留が行われた時点で，判明している限りの被疑事実について取調べをなし得たはずであり，それを怠って起訴後に起訴前から判明していた余罪について被疑者取調べを行うことは，捜査段階での怠慢を黙認することになり，また，充実

した当事者主義構造の公判を受ける被告人としての権利を侵すことになるので，許されないとすべきである。公訴提起後，新たに発覚した重大犯罪について，被告人から事情を聴かなければ捜査が困難となるような場合に限って，例外的に公判手続を停止して，取調べを許すとすべきであろう。

3 取調べと接見制度

(1) 通知事件と接見制限

　憲法34条が身柄拘束を受けた被疑者の弁護権を保障し，刑訴法39条 1 項が弁護人との自由な接見を保障していることは既に述べた。ところが，同法39条 3 項は「捜査のため必要」があるときは，接見の日時，場所および時間を指定できると規定する。

　実務では，この規定を根拠として，捜査機関から（逮捕期間中は捜査主任官たる警察官，検察送致後は検察官）から被疑者の身柄を拘束している施設の長（留置場に拘束されている場合には警察署長，拘置所であれば拘置所長）に対して，被疑者と弁護人の接見に関し，捜査のために必要があるときには，その日時，場所および時間を指定することがある旨の通知書を送付しておき，その上で「捜査のための必要」があるときは，接見できる日時（指定された日の○時○分から○時○分までの間の○分間と指定される。通常20分から40分位）および場所（身柄拘束施設の接見室）を指定する指定書を弁護人に対して発し，弁護人はこれを持参しなければ接見できないという方法で，接見が制限されることがある。こうした事件を通知事件という。通知制度は，留置業務と刑事事件捜査とが截然と区別され留置業務の独立性が確保されると，捜査に携わらない留置業務担当警察官は捜査の進捗状況を知らず，接見申出がなされても対応に困ることから，指定要件の具備如何については捜査官に問い，指示を求めるようにと留置業務担当者に通知し，この通知に従って指示を求められた指定権者は指定要件を充たしているか否かを判断し，指定の有無を指示することにするという趣旨のものである。実務上は 5 ％前後といわれるこの種の通知事件でない限りは，弁護人からの接見申出があれば，原則的には，何時でも自由に会えることになっている。そこで，数は少なく，接見全体からすれば例外的とも思われる通

知事件での処理が，憲法34条の保障する弁護権を侵害することはないのかが問われる。

判例は，刑訴法39条の接見交通権を憲法34条に由来するものとし，捜査を行う上では被疑者を取り調べる必要もあり，憲法は取調べを否定するものではないから，接見交通権の行使と捜査権の行使との調整を図らねばならず，法39条3項の指定はこれら双方の権利の行使の調整規定であるが，必要やむをえない例外的措置であり，接見申出があれば何時でも接見の機会を与えるのが原則であるが，「捜査のため必要があるとき」とは，接見等を認めると取調べの中断により捜査に顕著な支障が生じる場合に限られ，接見等の日時等を指定する場合には，弁護人と協議して，速やかに接見等の日時等を指定すべきであるとしたうえで，捜査機関が現に被疑者を取調べ中である場合や実況見分，検証等に立ち合わせている場合，また，間近い時に取調べ等をする確実な予定がある場合などは，捜査に顕著な支障が生ずる場合に当たると判示し，法39条3項は憲法34条に違反しないとの見解を示した（最大判平成11・3・24民集53巻3号514頁）。

これに対し，学説には，現に取調べ中，実況見分，検証等に立ち合わせているなど，捜査機関が被疑者の身柄を現に利用している場合はそれを優先させるが，この身柄利用によって長期間接見が困難になる場合等には身柄利用を中断させても接見させるべきとの物理的または時間的限定説や，被疑者が取調べ以外の強制処分の対象になっている場合には，令状により被疑者に利益保護は図られているので，接見指定が許されるが，それ以外の指定は許されないとの強制処分優位説等がある。

憲法34条の弁護権は身柄拘束に伴う諸問題——身柄拘束自体の適法性，拘束による不利益，不安感，焦燥感——を解決するための保障であることは前述したとおりである。現に取調べ中であっても，身柄拘束にまつわる諸問題解決のためには接見を認めるべき必要性が高いこともあり，また検証や実況見分中であっても弁護人が立会った方が却って手際よくこれらの処分を行いうることもある。反面，身柄拘束目的を阻害する虞れがある場合に，現に強制処分を受けていないからといって接見してよいとするのも妥当ではあるまい。結局，弁護人との接見によって罪証隠滅・逃亡等の虞があると考えられる場合に限って接見制限を行うべきであろう。「捜査の中断による支障が顕著な場合」とは，接

見により罪障隠滅・逃亡等が図られることで捜査への支障が顕著な場合をさすものと解すべきであり，現に取調べ中または取調べ等が間近いというだけで「支障が顕著」という指定要件を充たすことになるものではない。この見解は，罪障隠滅等が図られていると疑われる場合に限って接見制限を認めるものであり，これを非限定説とよぶのは誤りである。なお，施設管理の都合から日曜・祝日等に接見できないとする現行実務は改善されるべきである。

　上記大法廷判決後に示された重要な最高裁判断に次のようなものがある。

　先ず，最高裁平成12年6月13日第三小法廷判決（民集54巻5号1635頁）は，東京都公安条例違反で現行犯逮捕された被告人が救援連絡センター登録弁護士を弁護人に選任する旨述べ，同センター弁護士であるUは，身柄拘束施設である警察署に赴き，捜査主任官の警察官に即時の接見を申し出たところ，同主任官は被告人は取調べ中なので接見を暫く待って欲しい旨繰り返し，一旦署内に引き帰し，その後署内から出てきた際に，接見の日時を翌日午前10時以降にする旨を告げたので，弁護人は一旦引き揚げたのだが，実際には被告人は夕食前まで取り調べは続いたものの，それ以後は取調はなされていなかったという事案に付き，上記平成11年大法廷判決引用した上で，初回の接見は憲法上の保障の出発点をなすもので，被疑者の防御の準備のために特に重要であり，短時間であっても時間を指定した上で，即時又は近接した時点での接見を認めるようにすべきであるとして，逮捕当日の初めての接見申出を認めなかったのは刑訴39条3項に違反するものとしたものである。

　次いで，最高裁平成16年4月19日第三小法廷判決（判時1878号88頁，判タ1168号109頁）は，通知事件にあって，弁護人が，土曜閉庁日に，事前連絡なく接見に赴いたところ，閉庁日のため担当検察官が出勤しておらず，当直検察官による接見指定をしない旨の返答に40〜45分を要し，今一人の被疑者との接見のため身柄拘束警察署に赴いたところ，通知書が発せられていることを失念していた留置係官は，一旦接見を開始させた後，通知事件であることを想起して接見室から弁護人を連れ出し，同弁護人が検察庁に電話で照会したが，担当検察官が登庁前であったため，接見指定しない旨の回答を受けて接見を再開したのに34分を要したという事案にあって，いずれの場合も，通知書を発出した検察官は合理的な時間内に回答すればよく，この事案における検察官の解答は合理的時間内のものであったとして，これら遅延による損害賠償請求は認めら

更に，最高裁平成17年4月19日第三小法廷判決（民集59巻3号563頁）は，勾留中の少年被疑者の準抗告が認められて勾留場所が留置場から少年鑑別所に変更されたことから，弁護人は同少年に早くこのことを伝えたいと思い，少年が所在する検察庁に赴いて接見を申し出たが，事件担当検察官は，接見設備がないこと，接見指定はしていないので接見設備のある場所で自由に接見できる旨伝え，接見を拒んだので，後に鑑別所で接見し，更に同少年が別件でも身柄拘束されたので，当該事件についても弁護人となり，検事取調べ前に接見を申し出たが，接見室未設置を理由に接見を拒まれ，結局裁判所接見室で少年と接見した。弁護人は警察管理下の同行室で接見できたはずだとして損害賠償を求めた事件にあって，検察庁内に被疑者が滞在している場合に，検察官の取調が開始されるまでに相当の時間がある場合には，検察官は接見申し出に応ずるべきであり，接見のために用いても被疑者逃亡，罪証隠滅の及び戒護上の支障がないことを容易に想起できる部屋が存在しない場合には，接見を拒否しても違法とはいえないとしつつも，弁護人が検察庁内での即時の接見を求め，即時の接見の必要性が認められる場合には，秘密交通権が十分に保障されない態様の短時間の「面会接見」でもよいのか弁護人の意向を確かめ，弁護人が面会接見でもよいとの意向を示したときは面会接見ができるように特別の配慮をすべき義務があるとした。

(2) 余罪被疑事実を理由とする接見制限

一度適法に身柄拘束された被疑者・被告人に対し，余罪取調べを行うのが現行実務であり，これに対し批判的な学説もあるが，被疑者に対する余罪取調べは許されてよい（被告人への余罪取調べは原則として許されないことは前述のとおり。なお，別件逮捕の項を参照）。取調べ対象たる余罪については身柄拘束されておらず，事前の司法審査を欠いているので，身柄拘束の視点からは余罪は存在しないものとして扱うことになる。そこで身柄拘束されていない余罪を理由に接見制限することはできないと考えられる（最決昭和41・7・26刑集20巻6号728頁）。

しかし実務上は，ある犯罪で身柄拘束されている場合（被疑者の逮捕・勾留，被告人勾留）でも，余罪について，さらに身柄拘束を行うという，勾留の競合

を行ってきている（一度身柄拘束されたなら，余罪についても罪障隠滅の防止・逃亡の防止という目的は確保されているのだから，余罪について身柄拘束の必要性という要件は充たしえないので，身柄拘束はなしえないはずだが，実務では既に行われている身柄拘束がなかったとしたらとの仮定に立って余罪の身柄拘束の必要性を判断している。現実には身柄拘束されているのに，それがなかったとしたらとの仮定に立たねばならない必然性や理由は説明されたことはない。奇妙な法運用がなされているのである）。そこで，被疑者勾留等の身柄拘束が行われている場合に，余罪捜査の必要を理由に接見指定をなしうるかが問われることがある。

判例は，被告人勾留と被疑者勾留が競合している事案について，被告事件について防御権の不当な制限にわたらないかぎり，指定権を行使できるとしている（最決昭和55・4・28刑集34巻3号178頁，同旨，最決平成13・2・7判時1737号148頁）。

被告人勾留と被疑者勾留が競合している場合に余罪被疑事実を理由に接見制限を認めることは，被告人の充実した公判審理を受ける権利（憲37条）を害することになる。余罪を含めた全事件の捜査終了後に公訴提起するなどして，起訴後の接見制限を避けるべきである。そうしえない特段の事情があったことが証明された場合にのみ，指定を認めるべきである。被疑者勾留が競合している場合には，被疑者の逮捕・勾留という身柄拘束にまつわる諸問題の解決のためにも，罪証隠滅・逃亡の虞がある場合以外は，接見指定はなしえないとすべきであることは前述のとおりである。

(3) 国選弁護制度の導入と当番弁護士制度

刑事訴訟法等の一部を改正する法律及び総合法律支援法が平成16年に制定されたことにより，被疑者に国選弁護人が付されることになった。その概要は，死刑又は無期若しくは長期3年を超える懲役若しくは禁錮に当たる事件について，被疑者に勾留状が発せられている場合に，被疑者が貧困等の理由で弁護人を選任できないときには，裁判官は，被疑者の請求により，被疑者のために国選弁護人を付さなければならない（刑訴37条の2）とされ，警察官等は，逮捕の際，被疑者に対し，勾留請求された場合には国選弁護人の選任を請求できる旨ならびに裁判官に弁護人選任を請求するには資力申告書を提出しなければならない旨およびその資力が基準額以上であるときは弁護士会に弁護人の選任の

申出をしていなければならない旨教示しなければならないことになった（刑訴203条3項）。逮捕段階では保障されない点，法定刑の重い事件に限定される点等で不十分ではあるが，被疑者段階で国選弁護権が保障されることになったのは，取調べの可視性を高めるためにも役立つものと期待される。

　もっとも逮捕段階にある被疑者や，長期3年未満の法定刑の犯罪の被疑者には，この国選弁護権は保障されないので，こうした場合には，現在行われている当番弁護士制度が補完的役割を担うことになろう。これは，各都道府県の弁護士会が設けているものであるが，当番弁護士たることを引き受けた弁護士は事前に割り当てられた担当日にその事務所に待機していて，身柄拘束者から弁護士会に接見したい旨の電話連絡があると，できるだけ速やかに身柄拘束場所に出向いて接見する。費用は初回の接見は無料であり，以後被疑者が私選すればその費用は，一定の要件の下で，刑事被疑者弁護援助事業により援助されるというものである。裁判所には当番弁護士制度がある旨の公示がなされているので，被疑者勾留がなされる頃には被疑者もこの制度に気付くことが多いと思われる。しかし逮捕期間中はこれを知らないであろうし，裁判所に赴いても気付かないこともありえるので，取調官は弁護人依頼権の告知に際し，この制度の告知も行うべきであろう。この告知を欠いた場合には，弁護権侵害がなされたとの推定が働くと解してよい。

4　参考人・証人の取調べ

(1)　参考人取調べ

　参考人とは，犯罪に関する情報・知識を有していて，場合によっては後に証人として公判で証言することになるかもしれない人のことをいう。
　203条1項は捜査機関は被疑者以外の者に出頭を求め，取り調べることができると規定し，参考人・証人に捜査への協力要請をなしうることを認めている。
　捜査機関による取調べの際，第三者は被疑者ではないので，法は黙秘権を保証していない（223条1項は198条2項を準用していないことに注意）。この取調べは任意なものであり，出頭・滞留義務はなく，第三者の供述は調書に録取され，読み聞かせ手続を行い，供述者に署名・押印を求めることができる（223条2

項による198条1項但し書・3項・5項の準用)。読み聞かせと署名・押印は録取過程の伝聞性をなくするためのものである (311条)。

参考人が自己の犯罪で逮捕・勾留されていて，他事件の参考人取調べを受ける場合に，出頭・滞留義務があるとするのが実務のようである。しかし，出頭・滞留義務は逮捕・勾留理由となっている犯罪事実についても，本来認められるべきものではないので，他事件の参考人取調べに出頭・滞留義務はないと解すべきである。

(2) 証人尋問

参考人が取調べに対し出頭もしくは供述を拒む場合，または供述しても後の公判で異なった供述をする虞がある場合には，検察官は裁判官に証人尋問の請求をすることができる (226条・227条)。この証人尋問には公判での証人尋問の規定が準用される (228条1項)。捜査に支障のない限り，被告人，被疑者または弁護人が立ち会うことが認められている (228条2項)。証人には，出頭義務 (150条・151条) があり，勾引されること (152条) があり，宣誓義務 (154条) があり，供述義務 (160条・161条) があり，宣誓の上虚偽の供述をすれば偽証罪で処罰 (刑169条) される。被疑者，被告人には黙秘権が保証されるが，第三者たる証人には犯罪解明に必要な情報はすべて開示してもらう必要があり，そうした情報を開示してもその証人がその犯罪について有罪とされる虞は一般的にはないので，こうした供述が強要されるのである。ただし，その供述が自己または一定の親族の有罪を導く虞があるときには，その虞を示して証言を拒むことができる (146条・147条) し，公務上知りえた秘密については，一定の要件を備えなければ証人尋問をなしえない (144条・145条) し，一定の業務上知りえた秘密については証言拒絶権 (149条) がある。なお，新聞記者にはこの証言拒否権はないとするのが判例 (最大判昭和27・8・6刑集6巻8号947頁) である。安易に新聞記者等に証言拒絶権を認めると，記事等の捏造を摘発するのが困難になる可能性もあることから，妥当な判断と思われる。

5 特殊な取調べ——ポリグラフ検査，麻酔分析

ポリグラフ検査とは，俗に嘘発見器と称される器具類を使用して，質問や物

の呈示に対する生理的変化を測定・記録し，その測定結果から，被疑者の心理的変化を推測するものである。皮膚温，皮膚電気活動，発汗量，血圧，血流，心脈波等が測定される。「手に汗を握る」との表現もあるように，一定の心理状態から一定の不随意の生理的変化が生じやすいことから，逆に，一定の生理的変化があれば一定の心理状態にあると推測できるのではないかとして，生理反応から心理を推測するものである。

　この検査方法には，対照質問法と緊張最高点質問法の二種類があり，事件に応じて選択，利用されている。前者は，嘘の返答をしたときの情動反応は真実を答えたときよりも大きいと考えて，被疑事実に関する関係質問への反応と他の無関係質問（年齢を尋ねることのように，犯罪と無関係な質問），対照質問（被検査者が過去に犯した犯罪についての質問で，被検査者が否定している事柄についての質問，実際には得がたい質問ではある），仮想犯罪質問（架空の犯罪事実を被疑事実として尋ねる質問で，答えは真実となるよう設定される）への反応とを比較評価するものであり，後者は，犯人，被害者，捜査員だけが知っている犯罪事実に関する裁決質問と，犯罪事実には直接関係していないが，第三者にとっては裁決質問の意味と内容が類似している非裁決質問から構成され，その中に特定の一つの質問について犯人なら嘘をつくような質問（裁決質問）を入れて，15秒間隔で質問していき，裁決質問について緊張が高まっていれば嘘をついているものと判定するものである。

　現在では，ポリグラフ検査で陽性（有罪意識を持っている）と判定された者の99.5%が裁判で有罪とされ，陰性（有罪意識がない）と判定された者の92%が裁判で無罪とされていることから，ポリグラフ検査の科学的精度は高まっているといわれている。しかし，これは，ポリグラフに依拠したからではないかとの疑問がありうること，被疑者のコンプレックスを刺激した場合に陽性反応が出やすいことがあり，非裁決質問等は一般的には被検査者のコンプレックスを刺激するものはないとされるが，個別被検査者について必ずしもそうとは限らないこと，対照質問方式では，対照質問と関係質問との比較という検査記録の解釈が難しいこと，緊張最高点質問法に実施に際しては，検査前の面接が行われ，この際に裁決質問の内容について問い，「知らない」との返答を得た後に，検査を行うのだが，この事前の質問により却って検査時に緊張が高まることもありえることなど，検査方法に十分な信頼性があるとは言い切れない側面

もある。

　憲法38条1項の黙秘権は，沈黙をするか供述をするかの自由な選択権を保障するものであり，この選択権は個々の質問ごとに行使しうるものでなければならない。黙秘権の包括的放棄は，黙秘権の性質上許されないものである。ところがポリグラフ検査は被疑者の身体の生理的変化を通して意思伝達を図ろうとするもので，供述採取手続と解される。しかしこの「供述採取手続」は，生理変化の全過程を記録していかなければ意味を持ち得ないので，被疑者は個々の質問毎に自己決定をなしえない。黙秘権の包括的放棄を強いられるのである。これは憲法38条1項の権利侵害であろう。また，ポリグラフ検査を受けることを拒否した場合，拒否するからには何か後ろめたいことがあるに違いないといった類の疑惑を生みやすく。この疑惑を社会の中で払拭するのは困難であることを思うと，ポリグラフの利用は人間の尊厳を害するもので，憲法31条違反ともいえよう。判例は，ポリグラフ検査結果回答書を，被検査者が同意して検査を行った場合に321条4項により証拠能力を認めている（最判昭和43・2・8刑集22巻1号55頁）が，以上の理由により賛成しがたい。

　麻薬分析は，薬物を用いて被疑者を取調官の支配下に置き，被疑者の供述か沈黙かの選択の自由を奪って，供述を入手するものである。憲法38条1項の黙秘権は供述か沈黙かの自由な選択を個々の質問ごとに行う権利であり，これを包括的に放棄するように求めることは許されない。また使用される薬物の副作用も重大で，同意があったとしても，薬物を投与してよいものではない。薬物利用による取調べは憲法31条・38条違反と解される。

〔参考文献〕

渥美東洋「取調と供述に関する法理」法曹時報39巻5号1頁，1987年
小早川義則『ミランダと被疑者取調べ』成文堂，1995年
椎橋隆幸『刑事弁護・捜査の理論』信山社，1993年
多田辰也『被疑者取調べとその適正化』成文堂，1999年
渡辺修＝山田直子監修，小坂井久＝秋田真志編著『取調べ可視化―密室への挑戦』
　　成文堂，2004年

第8章 ■ 捜索・押収（検証・鑑定）

本章のポイント

今日，プライヴァシーの重要性が強く叫ばれている。それは，一方では，プライヴァシーの価値が一般に認識され，プライヴァシーの内容も豊富なものと理解されてきており，他方では，科学技術の発達により，プライヴァシーが容易に侵害される状況になってきているからであろう。プライヴァシーの保護に関わる憲法の条項は少なくないが，刑事手続との関係では，憲法31条・33条・38条等があるが，最も深く関わり，また対象領域も広いのは憲法35条であろう。憲法35条は官憲によって正当な理由もなく国民のプライヴァシーが侵害されないことを保障している。国民のプライヴァシーが制限されるのは，それを正当とする理由があり，しかも原則として，その正当理由の存在を確認する手続を経て（令状主義）いる場合のみである。本章では，プライヴァシー制約を正当とする理由とは何か，また，例外的に令状なしにプライヴァシー制約ができるのはいかなる理由によるのかを検討し，次いで，各論的問題として，科学的技術を導入した捜査方法の必要性，法的性格，許される要件を，通信の傍受，写真撮影，強制採尿・採血を例にとり検討する。最後に，報道の自由と刑事司法の運用というそれぞれ重要な価値を調和的に実現するにはどうしたらよいかを検討することにする。

1 捜索・押収の原理（憲法35条について）

犯罪を解明し，犯罪を行った者を訴追するには，証拠収集活動としての捜索・押収は必要不可欠のものである。しかしながら，捜索・押収は国民の自由に対する干渉でもあるため，合理的な理由も必要性もないにもかかわらず，私人の住居に勝手気ままに立ち入り，個人の思想や活動を探ったり監視したりすることが可能となると，捜索・押収が，政府の行う政策や活動に反対したり異議を唱えたりするなど，政府にとって都合の悪い主張や活動を行う者に対する不当な圧力や嫌がらせを行うために利用されかねない。

日本国憲法は、個人に思想の自由を認め、また、多元的価値の存在を認める立場を採用している。個人は、他人の利益・権利を害さない限度において、自由な自己実現・自己表現を展開・追求すること（プライヴァシー）が認められている。このような考えに基づいて、個人および社会の安全を確保するために必要な権限を政府に与えるとともに、その権限が濫用され個人の自由な自己表現に不当な圧力が加えられることのないように、その権限行使に対して一定の制限を設けているのである。

このような憲法の要請を実現すべく、憲法35条において、捜索・押収に対する要件が設定されている。すなわち、捜索・押収を行うに際しては、①ある者が犯罪を行ったと疑うに足りる相当な理由、②捜索場所・押収対象物が相当理由と関連性を有する場所・物に限定されていること、③その押収対象物が捜索場所に存在する蓋然性が高いこと、が実体要件として求められている。さらに、原則として捜索・押収に先立って、実体要件が充足されているか否かについて、捜索・押収を行う政府機関とは別個独立した裁判官の審査を受けねばならないこととしている（これを手続要件または令状要件という）。

憲法35条は、政府による一般的・探索的な捜索・押収を禁止すること（個人のプライヴァシーの保護）をそのねらいとして実体要件を定め、また、実体要件の有無の判断については、捜索・押収を行う機関と同じ機関に委ねたのでは、要件の充足を誤魔化したり、甘く判断したりする危険があり、また、実体要件を欠いた捜索・押収を行っておいて、証拠が発見された場合には、その証拠を用いて捜索・押収以前に実体要件が充足されていたように装う「後知恵」の危険があるため、それとは独立した司法機関による「事前審査」を原則としているのである。なお、憲法は、例外を全く認めない趣旨のものとは考えられない（法執行に無理を強いるものではない）ので、実体要件は充足されているが、令状入手の時間的余裕のない場合には、無令状の捜索・押収が認められる。すなわち、令状要件の充足には例外がある。

2 令状による捜索・押収

(1) 令状請求権者および請求書の記載事項

捜索・押収（刑事訴訟法では，憲法上の捜索・押収をさらに捜索・差押・検証・鑑定処分に細分している。）は，裁判官の発する令状を入手して行われることが原則である（憲35条）。令状請求権者は，検察官，検察事務官，司法警察員である（218条3項）。令状の請求は，書面により（刑事訴訟規則139条1項　以下，規則），次の事項を記載しなければならない（規則155条1項）。①差し押えるべき物または捜索しもしくは検証すべき場所，身体もしくは物，②請求者の官公職氏名，③被疑者または被告人の氏名（被疑者または被告人が法人であるときは，その名称），④罪名および犯罪事実の要旨，⑤七日を超える有効期間を必要とするときは，その旨および事由，⑥日出前または日没後に差押，捜索または検証をする必要があるときは，その旨および事由。身体検査令状の請求書には，前記事項の外，刑訴法218条4項に規定する事項を記載しなければならない（規則155条2項）。被疑者または被告人の氏名または名称が明らかでないときは，その旨を記載すれば足りる（規則155条3項）。令状請求の際は，被疑者または被告人が罪を犯したと思料されるべき資料を提供しなければならない（規則156条1項）。郵便物，信書便物または電信に関する書類で通信事務を取り扱う者が保管し，または所持するもの（被疑者もしくは被告人から発し，または被疑者もしくは被告人に対して発したものを除く）の差押えのための令状を請求するには，その物が被疑事件または被告事件に関係があると認めるに足りる状況があることを認めるべき資料を提供しなければならない（規則156条2項）。被疑者または被告人以外の者の身体，物または住居その他の場所についての捜索のための令状を請求するには，差し押さえるべき物の存在を認めるに足りる状況があることを認めるべき資料を提供しなければならない（規則156条3項）。

(2) 令状の記載要件

令状には，①被疑者・被告人の氏名，②罪名，③差押対象物，捜索場所，捜索すべき身体，物，④検証場所，検証すべき物，検査すべき身体，身体の検査

に関する条件，⑤有効期間およびその期間経過後は差押，捜索または検証に着手することができず令状はこれを返還しなければならない旨ならびに令状発付の年月日，⑥その他裁判所の規則（刑事訴訟規則）で定める事項を記載し，裁判官が，これに記名押印しなければならない（219条1項，規則300条・157条・157条の2）。氏名が明らかでないときは，人相，体格その他特定するに足りる事項で指示することができる（219条2項・64条2項）。

(3) 捜索場所および押収対象物の特定・明示

令状には，捜索場所，押収対象物の特定・明示が求められている（憲35条）。しかし，いうまでもなく捜索・押収とは犯罪の証拠をこれから収集しようとする活動であり，令状請求時に，押収対象物が厳密に，個々具体的に，すべて捜査機関に判明しているわけではない。そのようなことは稀である。すなわち，令状請求の理由となる犯罪に関連性のある証拠が，捜索場所に存在する蓋然性を推測しうるに止まっている状況にある。そのような状況下で押収対象物の物理的な特定を求めることは，令状請求を不可能なものとしてしまうことになるので，通常は，いくつかの物件について列挙した後に，「その他本件に関係ありと思料せられる一切の資料及び物件」といった文言を用いて，ある程度幅のある記載がなされる。そこで，憲法35条のねらいを無為なものとせず，しかも捜査機関に不可能を強いないようにするための方策が必要となる。捜索・差押許可状には，逮捕状の場合とは異なり，「被疑事実」の記載が法定の要件とはなっていない（219条1項）（逮捕状では，200条1項で「被疑事実」の要旨が令状記載事項になっている）。一方で押収対象物の特定・明示には限界があるということ，他方で憲法35条の趣旨を考慮すると，罪名の記載のみでは不十分なときは罰条についても記載し，それでも不十分なときはさらに「被疑事実（の要旨）」を記載して捜索場所・押収対象物の限定をしなければならないといえよう。最高裁は，いわゆる都教組勤評闘争事件（最大判昭和33・7・29刑集12巻12号2776頁）において，罪名を「地方公務員法違反」とし，押収対象物を「会議議事録，闘争日誌，指令，通達類，連絡文書，報告書，メモその他本件に関係ありと思料せられる一切の文書及び物件」と記載された令状について，押収対象物の明示に欠けるところはないと判示した。押収対象物の記載には，ある程度包括的（概括的）な記載を許容することもやむをえないところではあるが，

憲法35条の目的からすれば,「罰条」および「被疑事実(の要旨)」の記載をもって特定・明示をはかるべきであろう。

　捜索・押収対象物の限定については, 膨大な情報を記録・蔵置可能なコンピュータ (ハードディスク) およびその記録媒体 (フロッピーディスク, CD-ROM, DVDなど) についての問題が生じている。通常, コンピュータ等はその記憶装置の中にさまざまな情報が蓄積されており, コンピュータ本体および記録媒体を押収した場合, 被疑事実と全く無関係な情報を記録した記録媒体が押収されてしまう虞が生ずる。しかし, これら電磁的記録は, それ自体壊れやすいものであるといえ, またその内容が犯罪の証拠かまたは犯罪に関連する内容のものである場合には, より一層消去・破壊されてしまう危険に晒されている。他方で, コンピュータ等に記録・保存されている情報は, 余りに膨大な量であるために, 捜索現場で関連性の有無を確認し選別することには, 相当な時間を費やすことになると思われる。それは, 被疑者 (被処分者) にとっても大きな負担・不利益ともなろう。さらにコンピュータは今日さまざまな用途・業務に用いられ, ネットワークにも接続している。それは, 1台のコンピュータのハードディスクおよびフロッピーディスク等の記録媒体に記録・保存された情報を他のコンピュータと共有している状況にあるということも意味する。したがって, コンピュータ等が押収対象物になった場合には, 当該コンピュータ (およびその中に記録されている情報) が実際にどのように使用されているのか, 被疑者自身のものなのか, 被疑事実とは無関係の者の所有なのかなど, 被疑者と被処分者との関係を考慮しなければならないであろう。

　また, 電磁的記録の捜索・差押えについては, 新たな捜査手法の提案がなされている。2004年2月に国会へ上程され現在も審議中の「犯罪の国際化及び組織化並びに情報処理の高度化に対処するための刑法等の一部を改正する法律案」においては, ①電磁的記録に係る記録媒体の差押えの執行方法, ②記録命令付差押え, ③電気通信回線で接続している記録媒体からの複写, ④電磁的記録に係る記録媒体の差押状の執行を受ける者等への協力要請, ⑤通信履歴たる電磁的記録の保全要請, などの電磁的記録の収集方法が規定され, 特定の情報のみを収集するという差押えの執行方法が定められており, 電磁的記録それ自体を差し押さえる方法を認めていこうとする方向で検討がなされている (改正法案の詳細については, 北村篤「ハイテク犯罪に対処するための刑事法の整備に関

する要綱（骨子）」ジュリスト1257号6頁，長沼範良「ハイテク犯罪と刑事手続法の整備」ジュリスト1257号22頁，檀上弘文「コンピュータ社会における証拠収集活動に関する一考察」法学新報（中央大学）113巻3・4号175頁など参照）。

　最高裁は，電磁的公正証書原本不実記録および同供用被疑事件における，パソコン1台，フロッピーディスク108枚等を押収した事案において，「令状により差し押さえようとするパソコン，フロッピーディスク等の中に被疑事実に関する情報が記録されている蓋然性が認められる場合において，そのような情報が実際に記録されているかをその場で確認していたのでは記録された情報を損壊される危険があるときは，内容を確認することなしに右パソコン，フロッピーディスク等を差し押さえることが許されるものと解される」と判示している（最決平成10・5・1刑集52巻4号275頁）。

　押収をなしうる範囲に関しては，いわゆる別罪証拠の取扱いの問題を検討しなければならない。捜索・押収令状は，前述のように捜索場所・押収対象物を特定・明示して一般的・探索的捜索・押収を防止することを目的としている。したがって，まず別罪の捜索は禁止されることになる。さらに，通説は，ある被疑事実についての捜索中に偶々発見された別罪証拠の押収も否定する。しかし，適法に捜索場所に立ち入った際にその場に別罪の証拠が発見された場合には，その捜索場所のプライヴァシーは適法に開かれた状態にあり，プライヴァシーの期待は消失している。そのような場所に犯罪の証拠であることが明らかな物や資料が存在することが判明したときに，その証拠に対するプライヴァシーの合理的期待は存在せず，その証拠は別罪の被疑事実の証拠としての関連性・重要性をもっており，さらに，そのまま放置したのでは，共犯者や家族等による証拠の破壊・隠匿の危険性もあるといえ，緊急性を肯定して，その場での押収を許容し得ると考えることができると思われる。（最判昭和51・11・18判時837号104頁及び最決平成6・9・8刑集48巻6号263頁参照）。

　現行法上，逮捕状の場合（199条2項但し書）とは異なり，捜索・押収令状については必要性判断に関する規定はない（218条参照）。しかし，捜索・押収も，相当理由と関連性を有する範囲で必要な場合に限って許容されうるものである。裁判官（令状発付官）は，逮捕の場合と同様に「必要性」に関しても審査しなければなならないとすべきである（いわゆる國學院大學映研フィルム事件：最決昭和33・3・18刑集23巻3号153頁参照）。

令状による捜索・押収の際には，非処分者（通常は被疑者）に令状を呈示しなければならない（222条1項・110条）。ただし，令状の事前呈示は，例外を全く認めない絶対的な要件ではない。令状の呈示は，それを示すことにより，不必要な抵抗・争いを回避しようとするものであり，また，捜索・押収の行われる範囲を明らかにし，非処分者に捜索・押収の受忍限度を明らかにするためのものである。したがって，令状の呈示により証拠破壊の危険が高まるか，被疑者の逃亡の虞が高まるといった場合には，令状の呈示に先立ってまたは令状を呈示することなく捜索・押収を行うことが許容される（最決平成14・10・4刑集56巻8号507頁参照）。

3　令状による検証処分および鑑定処分

(1) 検　　証

　入手した証拠がそのままの形状で法廷へ提出することができる物については，押収（差押）を行えばよい（押収（差押）とは，証拠物の強制的な所有・占有移転（元の所有者・所持者の所有・占有を剥奪して，国家の所有・占有に移す活動）をいう）。しかし，証拠の中には，それをそのまま法廷に提出することができるもの（通常は物的証拠）とそのままの形状では法廷に提出することができないものがある（例えば，犯行現場における犯行直後の状況や血液の流出の様子など）。後者の場合，入手した証拠を法廷に提出できる形状に変更して，捜査官がその証拠に接した状況と全く同様の臨場感をもって，事実認定を行う裁判官が証拠として用いることができるように，書面・文書・図画・写真等を用いて証拠の示す状況を正確に保存する活動を検証という。

　この活動は，証拠を採取する活動の一態様であるため，人の保護された領域に立ち入って行われる場合には，憲法上の捜索・押収として（憲法上の押収には，検証も含まれる。），憲法35条の規律を受け，原則として令状を必要とする（218条）。検証令状の請求，令状記載事項，検証令状執行手続等については，捜索・押収における令状執行の場合とほぼ同様の規律を受けることになる（222条1項・3項〜6項）。

(2) 身体検査

　身体検査も検証の一種であるが，人の尊厳に関係するものであるため，身体検査令状という特別な制度を採用し（218条1項第2文・4項・5項），刑訴法上は，通常の検証の場合に比較してより慎重な手続を行うものとされている。

　着衣の中にある証拠物の捜索・押収は，通常の捜索・押収であり，ここでいう身体検査にはあたらない。身柄を拘束されている被疑者の指紋，足型採取，身長・体重の測定，写真撮影は，被疑者を裸にしない限り，（逮捕・勾留されている被疑者に対しては，逮捕・勾留の効力の及ぶ範囲内のものとして）無令状で行うことができる（218条2項）。

　検察官，検察事務官または司法警察員は，身体検査令状請求の際には，身体検査を必要とする理由および身体検査を受ける者の性別，健康状態等（その他刑事訴訟規則で定める事項）を示さなければならない（218条4項，規則155条2項）。さらに，裁判官は，身体検査に関して，人の尊厳を害さないよう，また健康を害さないように，適当と認める条件を附することができる（218条5項）。身体検査を実施する際には，身体検査を受ける者（被疑者等）の性別，健康状態その他の事情を考慮した上，特にその方法に注意し，その者の名誉を害さないように注意し（222条1項・131条1項），女子の身体検査をする場合には，医師または成年の女子を立ち会わせなければならない（222条1項・131条2項）とされている。

　正当な理由なく身体検査を拒んだ場合には，過料に処されるか（137条1項），または刑罰（罰金または拘留）を科される（138条1項）。また捜査段階における検証については，222条1項により，起訴後の検証の規定がほぼすべて準用され，過料に処しても，または刑を科しても効果がないと認められるときは，そのまま身体検査を行うことができる（222条1項・139条）。つまり，身体検査には直接強制が認められている。

(3) 鑑　　定

　鑑定とは，証拠に基づく「事実認定」を行うにあたって，ある特定の分野に関する専門家の協力を求める活動である。鑑定は単なる証拠採取の活動ではなく，ある特定の専門知識・技量・能力を駆使して，採取した証拠（裁判所・裁

判官・捜査機関等の提供した証拠，または鑑定を行う者が自ら必要と認めて採取した証拠）に基づく，専門家の行う「事実の認定」であり，その専門家の「事実の認定」を裁判官が参考にするものである。鑑定のため，人の住居等へ立ち入り，身体検査，死体の解剖等を行うには，裁判官の発する鑑定処分許可状によって，鑑定に必要な処分を行う（鑑定処分については，224条・225条・168条参照）。

捜査段階の鑑定については，公判段階の鑑定とは異なり，172条2項が準用されていない（225条4項）ので，鑑定処分に従わなかった場合には，過料に処すか，刑罰（罰金または拘留）を科すか，いずれかの制裁を加えることによる間接強制が行えるに止まり，身体検査の場合のように直接強制を加えることはできない。

4　身体への侵襲を伴う捜索・押収

(1)　強制採尿

薬物の自己使用については，通常，目撃証言を得ることが困難で，今日最も有効な摘発手段は，尿の中に含まれる薬物成分を検査することである。しかし，発覚や組織からの報復を恐れる被疑者は，尿の提出を頑強に拒む。尿からの検出が可能な期間は，覚せい剤を初めて使用した場合は，摂取後4日程度，乱用者の場合は1週間から10日程度といわれている。体内に残存する薬物の成分が体外へ排出される前に採尿および尿検査を行う必要がある。

学説の中には，排尿を操作することや屈辱感を伴うことなどを理由として，強制採尿を否定する見解もあるが，現在は学説の多くが強制採尿を肯定している。とはいえ，身体の秘部を強制的に他人に晒され，尿道口へ導尿管を挿入されるということには，屈辱感が伴い，被処分者に精神的ショックを与えるということも事実である。したがって，強制採尿を行うにしても，まず事前に被疑者に対して，任意提出をするよう説得すべきであり，実施する際には医師等によって，医学的に相当な方法で行われなければならないとされる。

判例も，覚せい剤の自己使用の嫌疑があり，また被疑者が自己使用の事実を否認し，さらに任意提出を頑強に拒む状況においては，最終手段として強制採

尿を肯定している（最決昭和55・10・23刑集34巻5号300頁）。

強制採尿を肯定する学説の中でも，その法的性格・令状の種類について身体検査令状説，鑑定処分許可状説，身体検査令状と鑑定処分許可状の併用説，と見解が分かれている。

最高裁は，前記昭和55年決定において，「体内に存在する尿を犯罪の証拠物として強制的に採取する行為は捜索・差押の性質を有するものとみるべきであるから，捜査機関がこれを実施するには捜索・差押令状を必要とすると解すべきである」とし，さらに，「医師をして医学的に相当と認められる方法により行わせねばならない旨の条件の記載が不可欠である」と判示した。この判断については，「強制採尿令状」を判例上創出したものであるとの有力な見解がある。

確かに，体液中または体内に存在する証拠の採取は，憲法35条の捜索・押収にあたるといえるが，採取された尿標本は，法廷に提出するまでそのままの状態で放置すれば，状態が変化してしまうので，尿の中に含まれる薬物を測定するために尿標本を採取した場合，その尿が採取された状態を正確に記録し，事実認定者たる裁判官が証拠として利用できる形にしておかなければならない。したがって，このような活動は検証に該当する。また，このような活動は，証拠としての尿の採取についてのみ，専門家の助力を必要とするのであるから，ある特定の専門知識・技量・能力を駆使して，その専門家の行う「事実の認定」である鑑定とはその性格が異なるといえる。強制採尿の実施は，身体検査令状によるとみるのが適切であろう。

いわゆる強制採尿令状（条件付捜索・差押許可状）が発付された場合には，採尿を行うのに相応しい場所・施設等に被疑者を連行することができる（最決平成6・9・16刑集48巻6号420頁）。採尿が，医学的にみて相当と認められる方法で行われなければならないと考えるのであるから，その実施に相応しい場所で行われることが当然予定されており，そのような場所へ被疑者を連行することが黙示的に許容されていると解することができる。

(2) 強 制 採 血

強制採血は，強制採尿の場合とは異なり，身体の秘部を他人に晒すなど，被疑者に屈辱感等の精神的ショックを与えるものではなく，量的に僅かな血液を

採取することは被疑者の生命・身体に重大な影響を及ぼすものでもない。したがって，比較的軽い身体損傷を伴うにすぎない採血は，許容されうる。

被疑者が出血している場合に，その血液をスポイトやガーゼを用いて採取することについては，学説・判例（福岡高判昭和50・3・11刑裁月報7巻3号143頁など）上，許容されている。

強制採血の法的性格・令状の種類については，採尿の場合と同様，身体検査令状説，鑑定処分許可状説，身体検査令状と鑑定処分許可状の併用説，と見解が分かれている。体内に存在する証拠（体液）の採取であり，身体への侵襲を伴うものであるという点では採尿と同様に考えることが可能であろうとして，前記昭和55年最高裁決定の射程は，採血の場合にも及ぶとする見解もあるが，医学的には臓器の一部であり生体の一部である血液と採取時点では体内に存在してはいるがいずれは老廃物として体外に排出されるべき尿とを同様に扱うのは適当ではない，との見解も有力である。実務上は，身体検査令状と鑑定処分許可状の併用説が定着している。強制採血の法的性格・令状の種類については，最高裁はまだ判断を行っていない。

また，無令状での採血については，これを否定する見解が多数である。下級審判例においても，これを否定するものがある（仙台高判昭和47・1・25刑裁月報4巻1号14頁，高松高判昭和61・6・18判例時報1214号142頁，横浜地判昭和45・6・22・刑裁月報2巻6号685頁など）。

しかしながら，交通事故現場において，事故の被疑者と思しき運転者に酒臭があり，飲酒運転であることが明白であるにもかかわらず，その者が意識を失っているために呼気検査が行えず，令状を入手しなければ採血ができないとすれば，急速に低下していく血中アルコール濃度をそのまま放置しなければならず，その後，事故原因と思われる酒気帯びまたは酒酔い運転の事実を立証するための有力な証拠を確保できなくなってしまう。このような状況下では，事故直後に採血を行い，血中アルコール濃度を測定することによって，証拠を保全すべき緊急の必要性があるといえよう。さらにいえば，このような場合には，相当理由，採取の対象（血液）と目的（血中アルコール濃度の測定）が限定されていること，証拠が体内（血中）に存在する蓋然性，令状入手の時間的余裕のないこと（緊急性）などが認められるため，無令状での採血を肯定しても不合理な捜査活動には該たらないといえよう。したがって，実体要件を充たし，緊

急性のある状況で，医学的に相当な方法で行われる無令状の採血は許容されてよい。

(3) 毛髪鑑定

薬物の自己使用に関しては，通常，入手した尿の鑑定を行い，薬物の成分の有無を検査するという方法が採られているが，尿検査に対しては，検査上いくつかの制約（検出可能期間がそれほど長くないこと，再検査が不可能など）があり，また手続上採尿時に被疑者に与える精神的影響などを考慮する必要性もあり，近年は毛髪による薬物成分の検査が行われることがある（公判段階ではあるが，毛髪鑑定が実施された事案として，東京地判平成4・11・30判時1452号151頁参照。また，自己使用以外の事案であるが，千葉地判平成6・5・11判タ855号294頁参照）。

毛髪を採取するために必要な令状については，身体検査令状と鑑定処分許可状との併用説を相当とする見解が主張されている。

5 無令状の捜索・押収

(1) 逮捕に伴う捜索・押収

捜索・押収は，令状によるのが原則であり（憲35条），それは「後知恵」の危険（見込みである場所に侵入したところ，ある犯罪の証拠が発見できたので，その証拠は捜索を行う以前から捜査機関に判明していたとして，捜索・押収の正当性を取り繕うこと）を回避するためである。その例外として，無令状の捜索・押収が認められている。すなわち，憲法35条およびそれを受けた刑事訴訟法220条は，逮捕に伴う捜索・押収を許容している。

ところで，令状による捜索・押収については，実体要件として，①ある者が犯罪を行ったと疑うに足りる相当な理由，②捜索場所・押収対象物が相当理由と関連性を有する場所・物に限定されていること，③その押収対象物が捜索場所に存在する蓋然性が高いこと，が必要である。逮捕に伴う捜索・押収の場合には，相当理由があり，逮捕のために適法に立ち入った空間は，プライヴァシーが適法に開かれた空間であり，そのような空間は捜査機関が自由に行動できる公共空間であるといえる。そして，その空間で視野に入った物が特定の犯

罪を示す証拠であるならば，捜索・押収を合理的なものにするために憲法の求める要件は，令状を入手すること（つまり令状要件）以外すべて充足されている。しかも，相当理由が認められ，それと関連性を有する押収対象物が発見されており，逮捕行為が行われたわけであるから，被逮捕者のみならずその家族および犯罪に関与した者（共犯者）らは，捜査官憲による捜査活動が開始されたことを察知し，証拠を破壊しようとする可能性が極めて高くなる。このような状況下では，新たに令状を入手する時間的余裕のない場合と考えることは許容されてよい。逮捕に伴う捜索・押収にあっては，一般的・探索的な捜索・押収を防止するための実体要件を具備し，かつ令状入手の時間的余裕のない緊急性のある場合といえるため，無令状で捜索・押収を許容する合理性を認めうるのである。したがって，憲法35条の「33条の場合」とは，適法な逮捕の場合であることは当然であるが，その「逮捕」には，令状逮捕，現行犯逮捕，緊急逮捕のすべての場合を含んでいる（適法な逮捕の際に偶然に法に違反するものである（例えば，法禁物など）と「現認」された場合には，プレイン・ヴューの法理を用いることも可能であろう）。

　逮捕に伴う捜索・押収の許される根拠および範囲については，証拠破壊の防止のみならず逮捕者の安全を図ることを根拠として被疑者の身体およびその直接的支配の及ぶ場所に限定し，緊急性の存する時間内での捜索・押収を肯定する見解（限定説），また，適法な逮捕活動により人身の自由という重要な法益の制約が行われている場合には，逮捕理由と関連性のある場所の捜索または物の押収等の処分は，被疑者の身柄拘束という処分よりも法益の制約の程度は低いのであるから捜査に必要な合理的範囲での捜索・押収を肯定する見解（合理説）があり，さらに合理説には逮捕の現場には証拠の存在する蓋然性が高いので令状の発付を待つまでもないとして捜査に必要な合理的範囲での捜索・押収を許容する見解もある。しかし，逮捕に伴う捜索・押収の範囲を被逮捕者の身体および「直接支配下」にある範囲に限定することは，新たに令状を入手しなければ捜索・押収できない領域を広く残す結果となり問題がある。また，身柄拘束という行動のプライヴァシーと場所または物についてのプライヴァシーとは別個の利益であり，現実に逮捕現場であってもそこに押収対象物の存在する蓋然性が高くない場合には捜索・押収が許されるものではない。

　前述のように捜査官憲の活動が明確になりそれを知った共犯者・親族等によ

る，被疑者の逮捕・引致後の証拠破壊の虞にも配慮する必要性・緊急性があり，現行法が現状封鎖（インパウンド）の制度を採用していないことも併せて考えると，適法な逮捕のためにある領域に侵入した場合には実体要件の存在する範囲での無令状の捜索・押収を肯定すべきであろう。ただし，形式的に要件を充足した軽微な犯罪で逮捕状を入手して，別の重大な事件の証拠がありそうな場所で意図的に逮捕を行い，実は実体要件を欠いた捜索・押収を許す結果を生じさせてはならない。逮捕が適法であれば必然的に捜索・押収が適法になるという関係にはないことに留意しなければならない。

(2) **緊急捜索・押収**

現行法上，明文で無令状の捜索・押収を許容しているのは，逮捕に伴う捜索・押収のみである。学説は，①憲法35条1項の「33条の場合を除いては」という文言を厳格に解釈して，②強制処分法定主義に抵触する（刑訴220条1項2号・3項が「逮捕する場合」，「逮捕の現場で」の無令状捜索・押収を肯定しているのに対して，その場合以外に無令状での捜索・押収を肯定する規定が存在しないので刑訴法197条1項但し書に違反する）として，逮捕に伴う捜索・押収以外の無令状捜索・押収に対して，消極的立場を採るものが多数である。

最高裁は，麻薬の販売・所持に関する事案（最大判昭和36・6・7刑集15巻6号915頁）において，以下のような判断を下した。すなわち，麻薬所持の現行犯で逮捕されたAが，譲渡者であるX（被告人）について供述したのでXを緊急逮捕すべくXの自宅へ赴いたが，Xは不在であり，Xの娘が留守番をしており，娘の承諾を得て，住居内を捜索した結果，Aの所持した麻薬の包装に使用された箇所が切り取られた週刊誌，麻薬等を発見した。その後Xが帰宅してきたのでXを緊急逮捕した，という事案において，逮捕着手の前後は問わないとした上で，「被疑者がたまたま不在であっても帰宅次第緊急逮捕する態勢の下に捜索・押収がなされ，且つ，これと時間的に接着して逮捕がなされるかぎり，その捜索・押収は，なお，緊急逮捕する場合の現場でなされたものと解するのを妨げない」と判示した。

逮捕に伴う捜索・押収は，逮捕のためにプライヴァシー領域へ合法的に侵入することを前提として構成されたものであるので，逮捕に着手しないでそれに先行する捜索・押収は，逮捕に伴う捜索・押収とはいえない。しかし，前記判

例の場合は，令状要件を除いて憲法の求める捜索・押収の要件は具わっており，さらに令状入手の時間的余裕はない。そのような場合には，緊急捜索・押収を肯定しても不合理ではない。ただし，事後の対審構造による審査制度を採用した立法的解決が望ましいといえよう。

6 通信の傍受

平成12年8月15日に「犯罪捜査のための通信傍受に関する法律」が施行された。

(1) 通信傍受の必要性

今日の複雑な社会において最も重要視されるべき問題は，組織によって行われる犯罪・不正行為にどのように対処していくかである。組織によって行われる犯罪行為は，密行的に，組織的に，反復・継続的に行われる。組織内部の者への「締付け」も強固に行われており，組織の情報が外部に漏れることを期待することはほとんどできない。このような犯罪組織による不正な活動こそが現代社会にとっての大きな脅威となっており，これらを適切に規制しなければ，われわれの自由で安全な生活は保障されえない。犯罪組織およびその活動のこのような性格を考えると，その存在を把握し，その違法活動を摘発することは非常に困難なものとなる。また，「非対面方式」による薬物の密売は，密売人と客が全く対面することなく薬物の取引を行っているため，仮にいずれかの側の者が逮捕されても，薬物を密売している組織の中枢や中心人物には捜査の手が及びにくく，ましてや犯罪組織の摘発にいたることは非常に困難である。このような事案で，検証令状に基づく電話の傍受が裁判所によって許可された（甲府地判平成3・9・3判時1401号127頁）。その後も，同様の事件に対して同様の要件で電話の傍受が許容され（東京高判平成4・10・15判タ808号168頁，旭川地判平成7・6・12判時1564号147頁，札幌高判平成9・5・15判タ962号275頁），最近では，通信傍受法の成立後（施行前）に最高裁は検証令状による電話傍受を許容している（最決平成11・12・16判時1701号163頁）。

(2) 憲法との関係および要件

憲法の保障する基本権は，他人に害を与えない場合を除いて，絶対的に無制約ではない。憲法35条の要件を充足する場合には，通信の秘密の保護は，当然に制約され，また，それを制限する活動は，合理的で正当なものであるいうことが可能となるのである。

憲法35条のいう特定性の要件は，物理的な個々の特定までも要求しているわけではない。捜索・押収の現場では，被疑事実と無関係なことが明らかなものは，その場で押収対象物から除外される。通信傍受の場合も被疑事実と無関係な通信は，立会人もおり，その場で通信の傍受ができなくなる。また，通信の傍受の場合には，被疑事実と無関係な会話を聴いてしまうか，もしくは無関係か否かを判断するためにとりあえず聴いてしまうことになる事態も生じうるが，これも通常の捜索・押収の場合に生じていることであるといえよう。すなわち，捜索・押収の現場では，ある一定の場所に捜査機関が立ち入った際に，被疑事実と無関係な，室内の状況，被疑者等の態度，室内の物品等を目にすることになり，また，室内にある物品等が被疑事実に無関係なものか否かをその場で判断するためにその内容・性質等の確認を通常行うことになるものである。これは，通信の傍受が，通常の捜索・押収と質的に異なるのではなく，処分の態様が異なるにすぎないということを示すものであるといえよう。さらにいえば，銃器・薬物の密売に使用される電話・電子メールのアドレス等は，組織や密売人が捜査機関に情報が漏れることを恐れるため，特定の者以外に知られていることはほとんどなく，したがってその電話番号・電子メールのアドレスを使って通話および通信することは通常ありえないものである。

通信傍受法においては，傍受の実施に際して，捜査機関は通信手段の管理者またはこれに代わるべき者に，傍受令状を提示しなければならない（通信傍受法9条）とし，手続の公正さを担保する手段を用意している。しかし，そもそも対象者が不在のときは対象者に対する事前の令状提示を欠く処分を許容した裁判例が存在すること等，令状の事前提示の要件は例外を一切認めないものではない。

通信傍受法は，①通信の傍受が許される対象犯罪が極めて限定されており（①薬物関連犯罪，②銃器関連犯罪，③集団密航に関する罪，④組織的な殺人の罪，

これら四類型である。通信傍受法3条1項・別表参照),犯罪の嫌疑については,通常の捜索・差押の場合に求められる「相当な理由」よりも,より高度の嫌疑であるとされる「十分な理由」が必要であるとされている(通信傍受法3条1項1号・2号・3号)。以下,②同法3条1項1号から3号までのいずれかの場合に,それらの犯罪が数人の共謀によるものであると疑うに足りる状況があること,③それらの犯罪について,その実行,準備または証拠隠滅等の事後措置に関する謀議,指示その他の相互連絡その他当該犯罪の実行に関連する事項を内容とする通信(犯罪関連通信)が行われると疑うに足りる状況があること,さらに,④他の方法によっては,犯人を特定し,または犯行の状況もしくは内容を明らかにすることが著しく困難であること(補充性の原則)が要件とされている(実体要件)。次に,これらの実体要件の充足を認めた地方裁判所の裁判官が事前に発付した傍受令状の入手が必要とされる(手続要件)。傍受令状の請求は,検事総長が指定する検事,国家公安委員会または都道府県公安委員会が指定する警視以上の警察官,厚生労働大臣が指定する麻薬取締官および海上保安庁長官が指定する海上保安官に限定されている(同法4条)。傍受ができる期間は,10日以内であり(同法5条),10日以内の期間を定めて,傍受ができる期間を延長することができるが,その期間は,通じて30日を超えることはできない(同法7条1項)。その他,通信傍受実施の際の立会いを求め,立会人が傍受の実施に関し捜査機関に対して意見を述べることを許容し(同法12条),医師等の業務に関する通信の傍受の禁止(同法15条),立会人の意見とその意見に対する捜査機関の措置を記録に残し,裁判官による傍受記録の封印・保管(同法19条-22条),通信当事者に対する傍受実施の通知(同法23条),通信の傍受に対する不服申立(同法26条1項・2項),通信傍受実施状況の国会への報告(同法29条),通信の秘密を侵す行為の処罰および付審判請求手続(同法30条)等,通信の傍受の適正な実施を担保するための数多くの事前・事後の手続が定められている。

7 写真(ビデオ)撮影

　現行刑事訴訟法は,身柄拘束下にある被疑者の写真撮影については規定している(218条2項)が,それ以外の場合には,明文上の規定が存在しない。

犯罪捜査のための写真（ビデオ）撮影に関しては，その対象者に対して物理的強制力を加えたり法的義務を課したりするものではないので任意処分であるとする立場（学説・下級審判例）があるが，その立場においても，全く無限定に許容されるのではなく，強制処分に準ずる要件（相当な嫌疑，証拠保全の必要性・緊急性，手段の相当性）の充足を必要とするものがある。また，写真撮影は，対象者の同意なしにその者の権利や自由を侵害することになるので強制処分であるとする立場もある。その立場では，写真撮影が無令状で許容されるのは，218条2項を根拠として，逮捕の実質的要件を充足している者に対して可能であるとするとの見解，220条1項2号を拡張ないし類推適用して，実質的に逮捕できる状況下にある場合に写真撮影が許容されるとする見解がある。さらに，「新しい強制処分」説によると，相手のプライヴァシーを侵害する処分は強制処分であり，憲法33条・35条の規律を受けるが，それには刑訴法に規定されている処分と規定されていない処分とがあり，後者は憲法の規律に従って，その処分の捜査における必要性と権利侵害の程度とを考慮して，適切な要件の下で許容されるとする。

判例（最大判昭44・12・24刑集23巻12号1625頁）は，デモ行進が許可条件に違反して行われた現場の状況をその場で撮影した事案（いわゆる京都府学連事件）において，写真撮影が任意処分か強制処分かは明言していないが，当該事案での写真撮影を適法なものと判断し，それが許容される状況（要件）とは，①現に犯罪が行われもしくは行われたのち間がないと認められる場合（現行犯・準現行犯）で，②しかも証拠保全の必要性および緊急性があり，③かつその撮影が一般的に許容される限度を超えない相当な方法をもって行われる場合（手段の相当性）であり，そのような状況においては，写真撮影の対象の中に，犯人の容ぼう等のほか，犯人の身辺または被写体とされた物件の近くにいたためこれを除外できない状況にある第三者である個人の容ぼう等を含むことになっても，憲法13条・35条に違反しない，と判示した。また，RVS方式の自動速度違反取締装置による写真撮影に関する事案（最判昭61・2・14刑集40巻1号48頁）においては，前記昭和44年大法廷判決を引用して，当該写真撮影を許容した1，2審判決を是認した。

犯罪発生前に行われたビデオカメラによる撮影に関する事案（いわゆる山谷テレビカメラ監視事件：東京高判昭63・4・1判タ681号228頁）においては，

「当該現場において犯罪が発生する相当高度の蓋然性が認められる場合であり，あらかじめ証拠保全の手段，方法をとっておく必要性及び緊急性があり，かつ，その撮影，録画が社会通念に照らして相当と認められる方法でもって行われるときには，現に犯罪が行われる時点以前から犯罪の発生が予測される場所を継続的，自動的に撮影することも許される」と判示された。

また，既に発生した犯罪に関して，被疑者が犯人であるかどうかを目撃者に確認させる目的で，その被疑者の写真を撮影したという事案（いわゆる上智大学内ゲバ事件：東京地判平成元・3・15判時1310号158頁）において，「既に行われた犯罪の犯人特定のため容疑者の容ぼう等の写真を撮影することも，その事案が重大であって，被撮影者の容疑に相当な理由があり，写真撮影以外の方法では捜査の目的を達成することができず，証拠保全の必要性，緊急性があり，かつその撮影が相当な方法をもって行われているときは適法な捜査として許される」と判示されている（京都地決平成2・10・3判時1375号143頁も同旨）。

8　報道機関に対する捜索・押収

報道の自由と公正な刑事裁判の実現のための刑事法運用は，共に民主的で自由な社会を維持・発展させていく上で非常に重要なものである。犯罪捜査および刑事裁判は，国民の重大な関心事であり，これらの経過・結果およびその内容は，国民に知らせるべき重要な情報である。しかし，偏った情報の流布・特ダネ・スクープを狙った不用意な報道がなされると，裁判に不当な影響を及ぼしたり，また刑事法運用を阻害したりする結果を招きかねない。このように両者は，一方で相互に補い合い，また他方で対立することもある。したがって，両者の利害が対立する場合には，それを調整する必要が生じることがある。

最高裁は，特別公務員暴行陵虐等に関する付審判請求における報道機関の撮影フィルムに対する，裁判所の提出命令の適法性が争われた事案（いわゆる博多駅事件：最大決昭和44・11・26刑集23巻11号1490頁）において，報道機関の報道は国民の「知る権利」に奉仕するもので，表現の自由を規定した憲法21条の保障の下にあると判示した。またさらに，報道の自由が保障されるためにはその前提となる取材の自由も憲法21条の精神に照らし，十分尊重に値すると判示した。最高裁は，報道の自由を表現の自由の一形態として，それには直接保障

すべき「固有の価値」を認めているが，取材の自由はその固有の価値を実現するための「手続的価値」を有するに止まると評価している。そして，取材の自由も無制約ではなく，公正な裁判の実現という憲法上の要請があるときは，ある程度の制約もやむをえない，と判示した。その後の，日本テレビ事件およびＴＢＳ事件において，最高裁は，前記博多駅事件決定の判断を基本的に踏襲して，公正な刑事裁判の実現のためには，適正迅速な捜査が不可欠の前提であり，そのために取材の自由がある程度の制約を受けることもやむをえない場合があること，また，押収の可否の決定に当たっては，適正迅速な捜査の必要性と報道の自由・取材の自由への影響等を比較衡量して判断するという立場を採用した。

　報道機関の活動は，表現の自由と密接に関連するため慎重な対応も必要である。報道機関が犯罪に関係する事実について取材をし，情報を入手しているからといって，捜査機関が自ら情報（証拠）収集活動を行うことなく，安易に報道機関に対して捜索・押収等の強制処分を行うことは許されるべくもない。報道機関自体が被疑者である場合を除いては，報道機関が自らその証拠を破壊する危険は通常考えられず，したがって，まずはできるかぎり事前の折衝を行うべきであり，それでも任意の協力が得られない場合には，提出命令を原則とすべきであり，また，押収せざるを得ない場合にも，令状によることを原則とすべきであろう（日本テレビ事件においては，捜査機関と日本テレビとの間で事前の折衝が行われている。なお，ＴＢＳ事件においては，犯罪者の協力により犯行現場を撮影収録するといった取材に対して，そのような取材を報道のための取材の自由の一態様として保護しなければならない必要性は疑わしい，と判示されている）。

〔参考文献〕
渥美東洋『全訂　刑事訴訟法』有斐閣，2006年
椎橋隆幸編『基本問題　刑事訴訟法』酒井書店，2001年
土本武司編著『現代刑事法の論点　刑事訴訟法編（２訂版）』東京法令出版，1996年

第9章 ■ 犯罪発生直後のおよび犯罪予防のための捜査活動

> **本章のポイント**
>
> 　田園社会のような，安定した，人口流動性の低い社会においては，住民同士が互いに相手の生活を熟知しており，また，よそ者に対しては共同して目を光らせているので，地域社会内に犯罪が発生した場合でも，犯人の見当をつけるのは難しくない。また，交通手段も発達していないので，犯罪発生後に捜査をはじめても犯人の発見がそれほど困難というわけではない。しかし都市化により，文化的背景の異なる者が集まり社会を作ると，そこでは互いに相手のプライヴァシーを尊重すべきことが求められ，余計なことに干渉しないことがルールとなる。そして，モータリゼーションが発達した状況において，犯人が犯罪を犯し，自動車で逃走し，自分の家に戻れば，その後，犯人の発見等の捜査は難しいものとなる。また，現在は，犯罪による被害の大きさは従来と比べものにならない位莫大なものになっている。ここに，犯罪発生直後の捜査と犯罪が発生する前にそれを未然に防止する活動が重要となってきている所以である。先進国の多くは，呼び方やその要件に違いはあるが，職務質問，任意同行，自動車検問，所持品検査等の捜査活動を行っている。逮捕や捜索・押収との違いを比較しながら検討すると，その必要性に見合った要件が浮かび上がってくるであろう。

1 職務質問，任意同行

　警察官職務執行法（警職法）2条1項は，「警察官は，異常な挙動その他周囲の事情から合理的に判断して何らかの犯罪を犯し，もしくは犯そうとしていると疑うに足りる相当な理由のある者又は既に行われた犯罪について，若しくは犯罪が行われようとしていることについて知っていると認められる者を停止させて質問することができる」と規定している。「周囲の事情から合理的に判断して何らかの犯罪を犯し，若しくは犯そうとしていると疑うに足りる相当な理由」や「既に行われた犯罪について知つていると認められる」事由のことを

「不審事由」といい，不審事由を抱いた相手方に対し質問することを職務質問という。停止と職務質問が行政警察活動か司法警察活動かを問う見解もあるが，特別裁判所の設置を認めていない現憲法（76条2項）下ではこうした区分は無益である。

今日，主たる被疑者特定の端緒別刑法犯検挙件数（平成18年犯罪統計書232頁）によれば，交通業過を除く刑法犯検挙件数のうち約25％は職務質問により検挙されている。さらに今日ではテロリズムやゲリラ事件に対する予防や検挙，また国際空港，港湾を経由した密入国者や薬物その他の禁制品の国内への搬入の摘発・予防にも職務質問や所持品検査は大きな効果を発揮している。停止と職質を認める必要性は高く，現代社会での強い必要性を踏まえて，警職法は不審事由を要件として停止と質問，所持品検査を行うことを認めている。そこで，停止と質問には，(1)不審事由があること，(2)停止は不審事由の解明に必要最小限の時間内に限られること，質問への応答や所持品検査等により逮捕の要件を充たさない限り，直ちに釈放しなければならないこと，(3)質問に対する応答は任意なものでなければならないこと（ただし，取調室のような密室での被疑者尋問とは異なり，街頭での質問なので，黙秘権の告知は不要である）が求められる。

問題は，(4)質問のための停止に伴う有形力の行使である。学説には，①実力行使を許さない見解，②犯罪の重大性と嫌疑の濃厚性を要件として例外的に有形力行使を認める見解，③強制にいたらない実力行使を認める見解，④身柄拘束にいたらない自由の制限を認める見解等がある。

警職法2条1項は，「停止させて質問」できると使役動詞を使って規定しており，有形力の行使を認めていると解されること，説得に応じないものは立ち去らせるしかないとすると警職法の目的は達成できないこと，刑訴法197条1項但書の強制処分法定主義は旧法来の逮捕・勾留，捜索・押収，検証，鑑定処分，証人尋問といった，裁判官（旧法下では予審判事）が厳格な要件の下で行う処分は刑訴法に定める手続を履践するよう求めるもので，これらの処分に当らないからといって有形力・物理力を行使しえないとはいえないこと，一般的には個人は警察の干渉を受けることのない自由を有しているが，逮捕のための相当な理由のある者は緊急逮捕または現行犯逮捕でき，自由への干渉が許されるのと同様に，不審事由がある場合には，逮捕はできずとも，この自由に必要最小限度で干渉することは許されるといえること，こうした理由から停止のた

めに，必要最小限の有形力を行使することは警職法の許しているものと解される。

判例は，質問のための停止を任意としつつも，停止させるために有形力を行使するのは適法だとし，追跡して背後から腕に手をかけて停止させること（最決昭和29・7・15刑集8巻7号1137頁），立ち去ろうとする被告人の肩をつかむ行為（名古屋高判平成13・10・31高等裁判所刑事裁判速報集平成13年181頁），手首をつかんで立ち止まらせる行為（大阪高判平成9・7・3判タ980号273頁），立去ろうとする者の前に立ち塞がる行為（東京地判平成9・4・30判タ962号282頁），逃げる被告人を追いかけてその肩付近をつかんで停止させ，なおも逃げようとする被告人を制止するためその腰を後ろからつかむこと（札幌高判平成4・6・16判時1450号157頁）はいずれも適法としている。なお，交通整理に当たっていた警察官が相手からつばを吐きかけられたと認識して，その者の胸元をつかんで歩道上に押し上げた行為を適法とする判例（最高判平成元・9・26判時1357号147頁）もある。自動車の乗員については，警察官が酒気帯び運転の疑いのある被疑者の運転車両の窓から手を入れてエンジンキーを切る行為，また盗難車の疑いのある車両の前後を警察官が停止させる行為（名古屋高金沢支判昭和52・6・20判時78号118頁）などが適法とされている。

なお，現場での停止の時間については，不審事由を解明するのに必要最小限度の時間が一応の目安であるが，現場での4時間の留め置きを適法とした判例（東京高判平成8・9・3判タ935号267頁）もある反面，現場で任意同行を求めるための説得を6時間半にわたって行ったことを任意捜査として許される限界を超えたものとする判例（最判平成6・9・16刑集48巻6号420頁）もある。

ところで警職法2条2項は職質を行う際，その場で職質を行うことが「本人に対して不利であり，又は交通の妨害になると認められる場合においては，質問するため，その者に附近の警察署，派出所又は駐在所に同行することを求めることができる」と規定する。これが警職法上の任意同行である。この任意同行の際に，例えば嫌がる相手をパトカーに乗せるため，有形力を行使できるかが問われる。

最高裁は，この連行について，職質を行っている際に，仲間の暴力団員風の者が集まってきたため被疑者を最寄りの浅草署に連行しようとしたが，パトカーの屋根に手をかけ踏ん張ってパトカーに乗車するよう説得をしたところ，

渋々乗車したが，更に車内でも暴れる被疑者を制し続けた事例にあって，この連行を同行についての承諾があったものとはいえないとして，違法としつつも，重大な違法ではないとしている（最決昭和63・9・16刑集42巻7号1051頁）。下級審判例も，国賠請求事件の原告が，職質を受け，最寄りの警察署に同行を求められ，拒否すると，両腕をつかんで身体を持ち上げるようにして警察車両付近まで移動させられ，車のドアにしがみつく原告に対し警察官1人がその身体で押し込み，車中から別の警察官が車内に引っ張って乗車させ，連行した行為を違法とし（東京高判平成4・6・23判タ799号157頁），任意同行を求める行為として社会的に相当な範囲での有形力の行使は許容されるとしながらも，原告が植木をつかんで抵抗するのに左右から引っ張って車に乗せる行為は強制にあたるとした例（岐阜地判平成3・2・18判時1385号109頁）等があり，連行に有形力を用いることに消極的である。これは，警職法の文言が「求めることができる」とあり，文言上は任意処分であることが明白であり，立法者意思もそうであることによる。だが，客観説（法律意思説）で解釈すればどうなるか。先述したように，現場に職質を受けている被疑者の仲間が多数参集してきて，その場での職質を妨害される恐れがあるときなど，何もできないというのでは，職質を認めた趣旨をまっとうできなくなる。職質や後述の所持品検査等を行うことによって，テロ対策，犯罪予防活動，犯罪捜査活動を効果的に執行できるときに，これを放棄するしかないとすることの国民への不利益を勘案すれば，任意処分であるとはいえ，有形力を行使して，連行することも許されると解すべきである。判例にも，捜査において強制手段を用いることは法律に根拠のある場合に限り許されるものではあるが，この強制手段とは「個人の意思を制圧し，身体，住居，財産等に制約を加えて強制的に捜査目的を実現する行為など，特別の根拠規定がなければすることが相当でない手段」を意味するとし，強制手段にあたらない有形力の行使であっても何らかの法益を侵害するおそれがあるので，「必要性，緊急性などを考慮したうえ，具体的状況のもとで相当と認められる限度において許容される」とするものがある（最決昭和51・3・16刑集30巻2号187頁，ただし，この判例は刑訴法上の任意同行に関するものではある）。この判示を手掛かりに，任意同行の際の有形力行使の種々の要素，例えば同行を求めた日時，同行先，同行先までの距離，同行の方法・態様，有形力行使の方法・態様といった要素を勘案して，逮捕にいたるほどではない有形力の行使

は許されると解すことができよう。

2 自動車検問

　自動車検問は通常その目的により，①交通違反の予防・検挙を目的とする交通検問，②不特定の一般犯罪の予防・検挙を目的とする警戒検問，③犯罪発生後犯人の検挙や情報収集を目的とする緊急配備活動としての検問の3種類に区分される。有力な学説はこれに④特定車に対する特定車検問を加えている。そこで，これらの分類に応じてそれぞれどのような根拠に基づき検問が行えるのかをみてみよう。

(1) 交通検問

　交通検問は交通違反の予防や検挙を目的とするものであるが，交通違反を行っていると，走行の外観から判明する場合がある。例えば，蛇行運転を行っている，道路上で急発進と急停車を繰り返しているといった運転方法は，過労，酒気帯び，薬物影響下での運転と考えられるし，夜間ライトが片側しか点灯されていない場合には車両整備不良と考えられる。こうした場合には走行の外観から運転者に不審事由を認めることができるので警職法2条1項による停止を求めることができる。

　これに対し，酒気帯び，無免許運転など走行の外観からは不審事由を認定しえない場合には，停止の根拠が問われなければならない。判例（最決昭和55・9・22刑集34巻5号272頁）は，警察法2条1項が交通取締を警察責務としていることを根拠に，強制を伴わない任意手段により，交通違反の多発地域で，交通違反の予防・検挙のために短時間の停止を求めることは，自動車利用者の自由を不当に制約しない限り，許されるとした。

　自動車事故等は生命，身体，財産への損傷をもたらすことから，道路交通の安全確保の要請を踏まえて，自動車には歩行者に対するよりも遥かに多くの規制を加えている。自動車と歩行者とではそのプライヴァシーには本質的な差異はないのに，自動車が高速で走行できるという特性を有しているから不審事由を認定できず停止―職質を受けることがないという利益を得ることになるというのは妥当ではないことから，歩行者に対するのと同様の観察の機会を与える

ためにも，不審事由の有無の確認のための停止を是認すべきである。判例の結論は正当であるが，根拠を警職法に求めるべきであったろう。

(2) 警戒検問

一般犯罪の予防・検挙を目的とするものである。一般的には走行の外観からは不審事由を認定できない点では酒気帯び運転等の摘発のための検問と類似している。判例にも，タクシー強盗が頻発している状況下でタクシー強盗が行われやすい場所，時間帯に，タクシーを停車させ，乗客に質問することを，不審事由の有無の確認のための停止と質問として認めたものがある（大阪高判昭和38・9・6高刑集16巻7号526頁）。一般的にはこの判例法理で足りる。しかし，この判例は，あくまで停止と質問に限定され，自動車内部の検査を認めるものではない。

今日の時代状況からすれば，テロ事件や爆弾事件等の予防や犯人検挙を目的として，空港へいたる道路や要人宿泊施設周辺に警察車両を配備して行う検問が喫緊の課題となり，いわゆるテロ組織が，発射砲や爆弾等を車に積み，遠距離から攻撃を加えるといった事態に対処するためには，要所への攻撃可能距離内にある車両や空港等への進入車両等はすべて無差別に停止させ，トランク等の車両内部をチェックする必要があるのだが，通常の停止と質問では，不審事由を見出すことは必ずしも容易でなく，不審事由を認定できない限り，車両のトランク内部等の検査はできないことになる。そこで，こうしたテロ対策としてどういう対応が解釈論として可能かを考える必要がある。

一つの案として，こうした検問では，先ず事前に一定地域で検問を行うことを種々のメディアを通して告知しておき，所用のないものの立入を避けるよう国民に理解を求めておき，検問実施期間中に所用のあることを示すことができないのに一定地域に立ち入ろうとする者には不審事由があるとして警職法2条1項の停止と職質を行い，後述の所持品検査の一環として車両内部を検査するという方法がありうる。これは，所用があることを示したものには車内検査はできないので，用意周到なテロリストには有効ではないという欠点がある。

今ひとつ，一定地域での一斉検問にあっては，事前に前述の告知をしておいた上で，停止と職質を行い，拒否権があることを検問の際に個別に告知した上で，車両内部の検査を求め，拒否する者には別途説得を試み，頑強に拒否した

り，黙秘したりするものには，そうした態度を採ること自体が不審事由を募らせるものであるので，そうしたものには不審事由に基づく「所持品検査」として車両内検査を行うという対処方法も考えられる。この方が効果的かもしれない。

(3) 緊急配備活動としての検問

強盗，殺人，爆弾事件といった重大事犯が行われ，犯人が自動車で逃走していると考えられる場合には，逃走先と考えられる道路上に緊急配備活動としての検問が行われる。

この検問では，警察に入ってくる情報の確度によって停止の根拠や方法が異なることが予想される。例えば，犯人の逃走の用に供した車両の型式や色が判明している場合には，その型式や色の車両については不審事由があるといえるので，警職法2条1項により，停止を求めることができる。犯人の人相，推定年齢，身長，服装等の特徴が手配されている場合も同様である。

これに対し，車両の型式，色のみならずナンバーまで判明している場合には，次の特定車検問の場合と同様，逮捕のための措置として停止させることができる。この場合の停止にあっては，物理的な強制力を用いて停止させることも許される。

行われた犯罪または犯人について情報を得るため，そうした情報を持っていると思われる車両については，警職法2条1項の不審事由があるものとして，停止させて質問することができる。

ただし，犯罪の被害者や目撃者の情報は，時におぼろげな記憶によるものであることから確度は低いこともありえ，実際には犯行現場方向から走行してくる車両すべてに停止を求め，質問することが行われる。この場合は，前述の交通検問と同様に，不審事由の有無の確認のための停止と質問として行うしかない。

(4) 特定車検問

停止させるべき車両が明確に特定されている場合の検問である。特定車検問の典型例は，盗難車を運転，走行してきた被告人に職質を行うため，その車の前後に捜査用車両を停止させたことを警職法2条1項を根拠に認めた，いわゆ

る挟み撃ち検問（名古屋高金沢支判昭和52・6・2判時878号118頁）が挙げられる。特定車両の乗員が犯罪を行ったのを警察官が現認して停止させることも，この検問に位置づけられる。赤信号無視と酒気帯びの疑いのある車の窓から手を入れてエンジンキーを切って停止させた例（最決昭和53・9・22刑集32巻6号1774頁），酒酔い運転現認後，自動車のドアとハンドルをつかんで停止させた例（仙台高秋田支判昭和46・8・24刑裁月報3巻8号1076頁）もある。

　特定車検問にあっては，特定車輌を追跡・停止させて現行犯または緊急逮捕する場合も考えられる。この場合，現行犯逮捕，緊急逮捕の規定が停止の根拠となる。第三者が運転者であっても犯人が乗っている場合には，逮捕規定を根拠にその車輌を停止できる。

3　所持品検査

　所持品検査とは，①所持品を外部から観察する，②所持品について質問する，③所持品の開示を求め，開示された所持品の検査をする，④外部から手を触れて所持品を検査する，⑤所持品を取り上げてその内容を確認する，といった行為の総称とされる。

　この所持品検査について，現行法上は，被逮捕者の凶器所持の有無の確認のための検査を認める警職法2条4項と，銃砲刀剣類等を携帯し，または運搬していると疑うに足りる相当な理由のある者が，他人の生命または身体に危害を及ぼすおそれがあると認められる場合に，銃砲刀剣類等が隠されていると疑われる物を開示させて調べることができるとする銃砲刀剣類所持等取締法24条の2の第1項の規定があるくらいで，職務質問を行う際，不審事由の解明のために所持品検査を行うことを認める規定はない。そこで，こうした所持品検査は何を根拠にどの程度行えるかが問われることになる。

　ところで上記の①～⑤のうち，①と②については，警職法2条1項により行いうるものであることに異論はない。③についても同様に解するのが圧倒的な多数説である。問題は④，⑤の態様のものである。

　所持品の外部から手を触れて検査する行為について，判例は「所持品検査に際し，異常な箇所について着衣の外部から触れる程度のこと」は，職務質問の一態様として許されるとしている（高松高判昭和40・7・19高刑集7巻7号1348

頁，大阪高判昭和51・4・27判時823号106頁）。

　また，被疑者が所持品隠匿行為に出た場合には，これを制止するため必要最小限の有形力を行使することを認めてもいる。所持品検査の最中に被疑者が突然覚せい剤入りビニール袋を口中に入れ，その隠匿を図ったのに対し，警察官がこれを制止したことは許されるとした例（東京高判昭和61・1・29判時1184号153頁，なお1審の東京地判昭和60・10・14判時1184号156頁参照），覚せい剤使用の疑いのある被疑者がパチンコ台の前に置いた煙草の箱をブラウスの胸の中に入れようとしたのを制止し，これを取り上げた有形力の行使を適法とした例（東京高判昭和56・9・29判タ455号155頁）がそうである。

　そこで，実務で問題となるのは，不審事由の解明のために所持品を取り出し，所持品を開示して，中を検査することである。

　この点につき，先ず，先駆的判例である厚木事件（東京高判昭和47・11・30高刑集25巻6号882頁）では，基地爆破の情報に基づき周辺を警戒中の警察官が不審者を発見し職務質問を行ったが答えないので承諾なしにショルダーバックを開披して爆弾を発見し，現行犯逮捕した場合に，「バックを損壊することなく単にそのチャックを開き，内容物をそのままの状態で外から一見した行為」は社会的にも妥当なものだとした。

　ついで，米子事件（最判昭和53・6・20刑集32巻4号670頁）は，銀行強盗の手配人相の特徴をそなえた2人が乗った車を停止させ，職質を行い，その際車の後部座席に置かれたボーリングバッグとアタッシュケースの開披要求に応じないので，承諾のないまま警察官がボーリングバッグのチャックを開けたところ大量の紙幣を発見した事案にあって，所持品検査は承諾によるのが原則であるが，所持人の承諾のない限り一切許されないとするのは相当ではなく，捜索にいたらない程度の行為は強制にわたらない限り，所持品検査においても許容される場合があり，所持品検査の必要性，緊急性，これによって害される個人の法益と公共の利益との権衡などを考慮し，具体的状況の下で相当と認められる限度において許されるとの一般論を展開した上で，本件のチャックの開披行為を適法としている。

　これに対し，大阪覚せい剤事件（最判昭和53・9・7刑集32巻6号1672頁）では，覚せい剤使用の疑いのある被疑者に対し所持品の開示を求めたところ，目薬とちり紙しか出さないので，警察官がポケットをさわり，上衣左内ポケット

に固いものを感じ，呈示を求めたが応じないのでポケットに手を入れちり紙と注射針の入ったプラスチックケースを取り出し，ちり紙の中にビニール袋入りの覚せい剤様の粉末を見つけた事案について，米子事件の一般論を踏襲した上で，ポケットからものを探り当てそれを取り出す行為は，プライヴァシー侵害の高い行為であり捜索に類するもので所持品検査の許容限度を逸脱して違法ではあるが，許容限度をわずかに超えたものとして重大な違法ではないとした。

　その後の判例は，基本的にはこれらと同一であり，浅草事件（最判昭和63・9・16刑集42巻7号1051頁）は，靴下の異常に膨らんでいる箇所から中のものを取り出して確認したところ，覚せい剤様のものと注射器，注射針を発見した場合に，この靴下からの取り出し行為は違法とし，覚せい剤使用の疑いの濃い被疑者の乗っていた車の中を丹念に検査したところ白色結晶状の粉末の入ったビニール袋を発見した場合に，自動車内を調べた行為は所持品検査として許容される限度を越えたものとした判例（最三小決平成7・5・30刑集49巻5号703頁）がある。さらに，ホテル客室内で職質を行った際，客室内に落ちていた二つ折りの財布を開いた上，チャックの開いていた小銭入れの部分からビニール袋入りの白色結晶を発見して抜き出し，覚せい剤であることが判明した事案について，この所持品検査は適法と判示した例もある（最決平成15・5・26刑集57巻5号670頁，もっとも，この事件では，プライヴァシー侵害が行われていないことから是認されたものと解される）。

　しかし，以上の判例には合理性と明確性に欠ける点がある。「強制にわたらない」「捜索に至らない」との要件の意味は何か。バッグの中を一瞥することは「捜索」ではないが，ポケットから物を取り出し点検する行為は「捜索」にあたるとし，靴下のふくらみ部分から物を取り出す行為は違法とされるが，中を一瞥することは「捜索」ではない。また，米子事件で，ボーリングバッグの中に容器や包装物があったとしたら，一瞥するだけでは不審事由を解明することは不可能である。「強制にわたらない」というのも，所持品検査は任意処分である職質に付随するとの位置づけに配慮しすぎた結果であろう。さらに相当性の判断を種々の要素を勘案して決めるべきだとするのも，一線の警察官には酷なことである。

　元来職質に当たる警察官の生命・身体の安全を確保する措置をとることは当然に許されるべきであり，拳銃等凶器が出回る今日，まずは凶器所持の不審事

由を抱いた相手方の着衣の上からいわゆるパットダウンを行って凶器の有無を確認することは許されて然るべきである。

また，不審者の所持品について不審事由が存在するのに所持品検査ができないとすれば，犯罪予防や早期摘発は不可能である。警職法は職務質問しか定めていないとはいえ所持品検査を認めるべき必要性は高い。

ところで，憲法35条は「第33条の場合を除いては」，捜索・押収の実体要件を充足しているか否かを事前の司法審査に服せしめるとしているが，「第33条の場合」，すなわち不逮捕の保障のない場合には事前の司法審査は不要である。憲法33条の認める現行犯逮捕の場合もこの中に含まれる。そこで憲法は，実体要件が充足されているのが明らかで，かつ令状入手の時間的余裕がない場合には，無令状でのプライヴァシー侵害を許しているといえる。現行犯逮捕が許されるのは被逮捕者に自己の活動が他からの干渉を受けないとの合理的期待に欠ける場合である。そこで，これと同程度に自己のプライヴァシーが他からの干渉を受けないとの合理的期待に欠ける場合には，緊急捜索・押収を行ってよいと憲法35条は認めているのである。個人のプライヴァシーは絶対的保障ではなく，社会の重要な要請すなわち正当な理由を充たしていく限度で制約されることを憲法は表明しているのである。不審事由という正当な理由があればその不審事由に基づく所持品検査は，憲法35条が例外として許容する緊急捜索・押収の一場面であり，不審事由の内容と程度如何によっては，容器等，何か物を隠しうる場所または物から内容物を取り出し中身を吟味することも許されると解すべきである。

4　監視カメラ・防犯カメラ

商店街等の公道上に設置された防犯カメラは，多くは動画として撮影され，DVDに録画されて保存されることが多いようである。犯罪検挙率が大きく低下（窃盗を除く一般刑法犯では43.5％，窃盗は27.1％，平成19年版犯罪白書）している現状に鑑みると犯罪予防，早期摘発（一例として長崎の幼児誘拐殺人事件）に大きく寄与することから，この利用は許されてしかるべきと思われる。だがこうした撮影については法律上は明文の根拠規定が存在しないので，法律上の性質をどう理解するかが問われる。

判例（最大判昭和44・12・24刑集23巻12号162頁）は，この点に触れてはいないが，まず通常の写真撮影について，「現に犯罪が行われもしくは行われたのち間がないと認められる場合であって，しかも証拠保全の必要性及び緊急性があり，かつその撮影が一般的に許容される限度を超えない相当な方法」で行われたときにはその撮影は適法とし，これを踏まえて，犯行が行われる前から設置されていたビデオ・カメラでの警察による撮影・監視を，上述の犯行の現在性に代えて，「犯罪発生の高度の蓋然性が認められる場合」の撮影も適法であるとしている（東京高判昭和63・4・1判タ681号228頁）。また，西成テレビカメラ撤去請求事件（大阪地判平成6・4・27判時1515号116頁）では，大阪府警が設置した15台のテレビカメラによる監視について，設置目的が正当であること，客観的かつ具体的な必要があること，設置状況が妥当であること，設置および利用による効果があること，使用方法が相当であることといった基準に照らして，個別的に判断するとの方法を示し，結論としては，15台中14台のカメラについては設置・使用を受忍すべきとし，1台についてのみ監視を違法として撤去を命じている。

有力学説は，他からの干渉を受けない「主観的期待」はあっても，それが憲法の定める厳格な内容の実体要件と令状要件が具備しなければ干渉を受けることはないと考えてよい「客観的期待」にいたらない場合には，憲法が定める厳格な保障よりも低い保障で「主観的期待」に対処すればよく，犯罪発生の蓋然性が高いがゆえに犯罪発生を防止する必要性があったという場合には，そのような公共の場所に集合してくる者には「主観的期待」はあっても，「合理的期待」（社会的に是認できる期待）とはいえないので，こうした「主観的期待」に留まる場合には，令状要件をはずしてよく，警察の目や耳による監視を受けるのは当然であり，それに代わる程度の写真やビデオ撮影は期待を不当に侵害しているとはいえないとする。この見解を基礎に，上記大阪地裁判決の要件を理解すべきであろう。

なお，商店街等に設置されている街頭防犯カメラシステムは，設置主体は商店街であることが多いが，中には市や警察が設置主体となっているものがある。地方自治体や警察が設置主体である場合には，上述の考え方で理解できる。

街頭防犯カメラシステムについては，東京都内では，東京都公安委員会の街頭防犯カメラシステムに関する規程や副総監通達等があり，これらによる規制

を受ける。その中で重要なのは，カメラ設置場所を管轄する警察署長はカメラシステム設置表示板を必要枚数設置しなければならないことである。銀行やコンビニ等に設置されている防犯カメラは，来店者も被害者になりうることから，被害防止のためにも，カメラによる撮影を承諾していると擬制できる。公共空間でもカメラ設置表示板を見えやすいところに置かねばならないとなると，銀行やコンビニ店内と同じく，被害者になる可能性があり，被害防止のためにも，撮影に同意していると擬制しうるからである。しかし，店舗内への入店とは異なり，街路では特定の街路に入るとの意識のない者までも街頭防犯カメラシステムにより撮影されうるので，そうした者にも同意があったとするのは困難であろう。この点は，警察の監視と同様，街頭にいる者の姿はそこでは誰からも見られているという事実は，その事実を他の私人がカメラによって把握しても，肉眼による把握と相違はなく，記録に残る点だけが唯一の相違であるが，記録に残るのは，特定の日時に特定の場所にいたという点だけであり，この事実の記録も一定の保管期間を経過すれば消去されるのであるから，一般人にとっては，これによって受ける不利益よりも，犯罪予防・早期摘発という利益の方が大きいといえるので，こうした撮影も許されると解すべきだろう。

〔参考文献〕

渥美東洋「各種の法執行活動，例えば職務質問，所持品検査等の活動を規律する原理を求めて」警察学論集40巻10号，1987年

渥美東洋「所持品検査の基準と違法収集証拠「排除」法則の適用の基準について」（上）判例タイムズ373号，（中）判例タイムズ374号，（下）判例タイムズ375号，1979年

金谷利廣「所持品検査の限界」増補令状基本問題下　判例タイムズ社，1997年

香川喜八朗「所持品検査の限界」法学新報112巻1－2号，2005年

香川喜八朗「写真撮影の適法性とコミュニティ・セキュリティ・カメラ」『佐藤司先生古稀祝賀・日本刑事法の理論と展望（下）』信山社，2002年

亀井源太郎「防犯カメラ設置・使用の法律問題」都立大学法学会雑誌43巻2号，2003年

前田雅英「防犯カメラの役割と設置の要件」『河上和雄先生古稀祝賀論文集』青林書院，2003年

第10章 ■ 違法排除法則

本章のポイント

警官がへまをやったため，犯人が処罰されないのはおかしい。警官のへまは処罰したり，懲戒したりすればよいし，犯人は犯罪を犯したがゆえに処罰されるべきである。これは，警察の違法な捜査活動によって収集された証拠が排除され，そのため，他の証拠では不十分で，不起訴になったり，無罪となったりすることに対する批判の典型である。確かに，右のような考え方で，刑事裁判を運営している国も少なくない。しかし，犯人を処罰するためにはいかなる違法な手段を用いて証拠を集めてもよいとは恐らくだれも考えないであろう。適正な手段に従って刑事裁判は行われなければならないのが近代の刑事訴訟の基本的な考え方である。しかし，軽微な違法があったからといってそれによってとられた証拠はすべて排除するというのも妥当ではないので，問題は，いかなる違法があった場合に，その違法に基づく証拠は排除されるべきかである。その答を出すためには，違法にとられた証拠が排除されるのは，基本権を侵害するような違法活動から訴追側は利益を得てはならないからなのか，違法収集証拠を排除することによって，警察の将来の違法活動を抑止するためなのか，さらには，違法な証拠を裁判所へ引き継ぐことによって司法の安全性が害されることのないようにするためなのか等の排除の根拠を検討することが必要となるのである。

1 排除法則の根拠

　排除法則はアメリカ合衆国で案出され，発展してきたものである。合衆国では，排除法則は合衆国憲法修正第4条に違反して入手された証拠は事実認定に供することは許されないとする法理として理解されている。第4修正に違反して入手した証拠を許容しない（排除する）とする根拠については，次の3つの考え方が示されてきている。
　第1は，規範説である。これは「政府は自己の不正な活動によって一片の利益をも得るべきではない」との文言に示される。法執行機関は憲法規範を遵守

すべき義務を負っており，憲法上保障された領域を違法に侵害した場合には，この憲法違反の活動自体が非難されるべきである。この憲法違反の活動によって入手された証拠は，本来憲法規範を遵守していれば入手しえなかったはずの証拠なのだから，憲法規範を遵守していれば取得することのできない証拠は事実認定にも使えないという，本来あるべき状態に戻すよう求める，すなわちその証拠を排除するというものである。

　第2は，司法の完全性の維持説である。これは違法収集証拠を許容して事実認定に用いることを認めるのは，裁判所が違法な行為に加担しているのと同じことだから，これでは国民の司法に対する信頼を損なうことになりかねない。国民の司法に対する信頼を裏切ることのないように，常軌を逸した違法活動によって入手した証拠は排除して，司法への信頼を確保しようというものである。限度を超えた違法活動を裁判所が是認していると受け取られて信頼されなくなることを防ぐことを狙って，政策的配慮が導入されたのである。

　第3は，抑止効説である。一定の捜査方法によって入手した証拠を，その捜査方法が違法であるとして排除すれば，違法とされた捜査方法を将来行うことがなくなるであろうとして，排除するものである。違法捜査の抑止という政策的配慮から排除を捉えるのである。合衆国最高裁の判例の主流は，目下，抑止効説である。

　しかしこの抑止効説や司法の廉潔性の維持説にも批判すべき点が多い。

　まず，司法の完全性維持説については，違法活動によって入手した証拠を排除することで裁判所への国民の信頼を確保するというが，有罪者を逃がすことの方が裁判所への信頼をかえって損なうことになりはしないかといわれる。

　抑止効説については，違法抑止の効果が実証されていないことと，判例は事件発生後ある程度日時を経て下されるのが普通であり，判例によって非難されても影響力はさほど期待できず，抑止効は期待できない。排除法則によって得られる基準の理解，指示，教育は，法執行官の所属する組織で行われるべきもので，裁判所に期待すべきことではない。また，抑止効説は，抑止効果の期待できる場合でなければ排除の必要はないとの考え方を伴うので，自己の法執行活動が違法だと知らないで行う活動には抑止効を期待できない——もっとも，教育という点からは，この場合にこそ教育が必要なのであるが——ので，排除しないことになる。この場合に，合衆国では善意の例外として排除しないこと

を認めている。これらの見解は，いずれも，費用と便益とを比較考量した時にコストがかかりすぎるからというので，コスト削減のために提唱されたものではある。しかし法執行官の善意や過失を根拠に排除しないとするのは，指示，教育の効果を最も期待したいところで教育効果がないという理由で排除しないとすることになり，これは論理矛盾であること，善意や過失を口実に違法捜査が行われる可能性をどのようにして防ぐのか，上手な対処方法がないという実際的な欠陥も有していることも批判されるべきであろう。

規範説については，「警察がヘマをしたために犯人が逃げていく」との批判があり，これも排除法則の大きなコストではある。基本権侵害が行われたという事実が明るみに出，それが国民の目に見える形で議論されうるところに，社会を開かれたものとする方策の1つとして位置づけることができるものなので，最も妥当な見解というべきである。

2 関連する法理

合衆国最高裁は違法排除法則にまつわるいくつかの関連法理を形成してきている。

第1に，毒樹の果実法理（fruits of the poisonous tree doctrine）がある。毒樹の果実とは，基本権侵害によって入手した証拠によって発見された他の証拠（派生的証拠 derivative evidence）のことをいう。この毒樹の果実も排除するというのが毒樹の果実法理であり，当初の違法と因果関係がある証拠を排除しようとするものである。ただし，これには希釈法理（attenuation doctrine）と独立入手源法理（independent sources doctrine）という2つの例外的法理がある。希釈法理とは，違法な活動と訴追側が利用しようとしている証拠との間の因果関係があることが立証されても，当初の違法が希釈されていれば，証拠として利用することが許されるとするものである。独立入手源法理は，違法収集証拠に由来する証拠の利用は許さないとの原則を前提にしながらも，違法に獲得された知識が，独立の源から得られるのであれば，それを利用することは許されるとするものである。この法理については，適法な捜査活動が，違法活動とは別に行われていたならば入手できたであろうと考えられる証拠，という仮定法過去的命題が成立可能であれば証拠としてよいとする見方と，現実に適法な捜査

活動が行われていて，それが違法とは無関係な源に由来するものであれば排除しないでよいとする見方の，2通りの見方がある。さらに独立入手源法理には，違法行為によって発見された証拠を，現に進行中の他の適法な捜査手段によって不可避的に発見できたであろうという場合には，当該証拠を許容しても排除法則には反しないとの，不可避的発見の法理が採用されてもいる。

毒樹の果実法理に対するこのような例外的法理の承認は，おそらくは毒樹の果実法理だけでは本来有罪とされるべき被告人が，警察官の「へま」のために無罪となってしまいかねないことから，多少なりとも許容される証拠を増やそうとした，排除法則のコストを削減するための政策的配慮によるものであろう。

第2に，善意の例外がある。これは，合法だと信じて活動した警察官の行為には，抑止効は期待できないと考えられることから，証拠排除しなくてよいとする法理のことである。抑止効説を排除の根拠とする合衆国ならではの法理である。しかし抑止効は本来，警察官への教育により確保すべきもので，排除の根拠としては合理性を欠くものである。規範説の立場からは，採用すべきではない。

3 排除法則の実定法上の根拠

わが国で排除法則を採用するには何を根拠とすべきだろうか。日本国憲法は，自由主義，個人主義を基調とするものである。個人が自己の思うところに従って生きていくことを認めるためには，価値相対主義が前提となる。価値相対主義を維持するためには，権力行使の過程を，国民の目に見えるように，可能な限り開かれたものにしておかなければならない。目に見えて初めて批判が可能となる。絶対主義は，価値相対主義を嫌い，批判されることを嫌う。批判可能性を確保しておくことが，絶対主義を阻むのに欠かせない方策である。

排除法則は単なる証拠法則ではない。政府は基本権侵害によって利益を得てはならないとの規範説の立論は，違法活動の禁止を狙ってもいることは確かである。だが禁止したから違法活動がなくなるものでもない。違法活動が行われた場合にそれを国民の目に晒して国民の批判を受け，分かりやすく処理しなければならない。刑事法の執行は，オープンにして行っていたら犯罪者を取り逃がしてしまうので，密行的に行わざるをえないものである。だからこそ国家権

力行使に際し、違法が行われた場合にはその違法を限られた人たちに対してであれ、目に見えるようにして、そうした人々により違法活動を批判できるようにしておく必要が高いのである。排除法則は、刑事法の執行という限られた分野においてではあるが、国家権力行使のプロセスを開かれたものとする1つの方策なのである。

　基準を明確化することで、1つの行為がその基準にあったものかどうかの判定は容易になる。証拠排除は、違法行為によって入手した証拠を排除するよう求めることによって、憲法の求める基準に違反した行為がなされたか否かが明らかとなるのである。

　一例を挙げておこう。捜索・押収を行うには、①正当な理由、または相当な理由、②特定の場所に正当な理由を実現する証拠物が存在する蓋然性という実体要件と、③捜索場所や押収対象物を具体的に明示する令状という手続要件を充たしていなければならない。また所持品検査にあっては、①不審事由という正当理由、②所持品や車両内に不審事由に関する証拠が存在する蓋然性が高いこと、③所持品や車両内を検査すれば不審事由が解明できる状況にあることといった要件を充たしていなければならない。これらの要件を充たしていないにもかかわらず捜索・押収または所持品検査を行えば、それは憲法35条違反を構成する。

　このように一定の捜査手法ごとに求める要件は異なるが、この要件すなわち捜査活動の基準に照らして、違反があればそれが憲法35条（米国では憲法修正4条）違反を構成するとし、要件を充たしていたなら入手しえなかったはずの証拠は、入手しえなかったという本来の状態に戻すよう求めることになるのだから、排除の根拠は憲法35条に求めることになる。これが規範説の説く実定法上の根拠である。

　司法の完全性維持説や抑止効説によれば、それぞれ国民の司法に対する信頼の維持や抑止効の確保が排除の目的となり、憲法35条（米国では憲法修正4条）違反が直ちに排除を求めることにはならず、事情を総合して国民の信頼の確保や抑止効の確保が可能かどうかを裁判所が判断することになるので、排除法則は裁判所が創設する手段または予防的措置という位置づけになる。そこでこれらの説を斟酌して構成されるわが国の学説は、排除の根拠を憲法31条や刑訴法1条のような一般条項の中に見出すのである。一般条項の中に国民の信頼の確

保や抑止効の確保という目的を読み込み，その目的に資すると裁判所が判断した場合にのみ，目的達成の手段として排除を行うのである。

4　最高裁判例の動向

①最判昭和53年9月7日（刑集32巻6号167頁）は，「証拠の押収等の手続に，憲法35条及びこれを受けた刑訴法218条1項等の所期する令状主義の精神を没却するような重大な違法があり」「これを証拠として許容することが将来における違法捜査抑制の見地からして相当でないと認められる場合」には，その証拠能力を否定すべきであるとして，違法収集証拠の排除法則を採用し，この排除の要件はその後の，②最判昭和61年4月25日（刑集40巻3号215頁），③最決昭和63年9月16日（刑集42巻7号105頁），④最決平成6年9月16日（刑集48巻6号420頁），⑤最決平成7年5月30日（刑集49巻5号703頁），⑥最決平成8年10月29日（刑集50巻9号683頁），⑦最判平成15年2月14日（刑集57巻2号121頁），⑧最決平成15年5月26日（刑集57巻5号620頁）にいたるまで踏襲されている。

①は，警察官が被告人の態度，顔色から覚せい剤の自己使用の疑いをいだき，職質を行い所持品呈示を求めたところ一部所持品のみを呈示するに止まったので，上衣ポケットに手を触れたところ「何か固いもの」があるのでこれを取り出してみるとちり紙の包みと注射針1本があり，ちり紙の包みを開けると覚せい剤様の粉末が入っていたという事案である。この所持品検査は，「捜索に類する」もので違法であるが，しかしその違法の程度は，重大ではないとした。

②は，覚せい剤使用の疑いのある被告人宅に赴き，玄関戸を半開きにして声をかけたが返事がないので奥の間に上がり，横臥していた被告人に声をかけ，同行を求めたところ，金融の取立と誤解したらしく，「一緒にいこう」と着替え始めたので，警察官は玄関先で待ち，出てきた被告人を警察用自動車に乗せ，警察署に向かい，車中で被告人は車内にいるのが警察官と気付いたようだが，何も言わず，署での事情聴取に応じて被告人は覚せい剤使用の事実を認め，尿を提出し，帰宅したい旨申し出たが，1度は無視され，2度目には尿検査結果が出てからでよいではないかと応答され，結局署にとどまっていたというものである。住居への立ち入り，警察署への連行，留め置きには，違法があるが，重大なものではないとした。

③は，被告人の顔つき等から覚せい剤自己使用の疑いをいだいた警察官が職質をしようとしたところ，野次馬が参集してきたので，警察署に連行しようとして警察用自動車に乗せようとした際に，被告人が紙包みを路上に落としたので，中を検分すると覚せい剤様のものを発見した。署に連行後，左足首付近の靴下が異様に膨らんでいるので中味を取り出すと覚せい剤様のものと注射器・注射針等を発見した。覚せい剤様のものが覚せい剤と確認されて逮捕されたというもので，靴下からの取出しには，連行の違法が影響を及ぼしており，違法であるが，その程度は重大ではないとしたもの。

④は，異常な言動から覚せい剤使用の嫌疑をいだいた警察官らが被告人の車両を捜していたところ，発見し，停止を求めたが，蛇行運転を繰り返し，15分後に停止，職質を開始したところ，エンジンを空ふかしするなどしたため，エンジンキーを引き抜き，被告人の照会をすると覚せい剤の前科が4犯あることが判明し，その後6時間半にわたって職質を続け，任意同行を求めるなどしたが，拒否し続けたので，被告人車両と被告人の身体に対する捜索差押令状と強制採尿令状を得て，身体の捜索を行い，付近の病院に連行し，強制採尿を行ったというもので，6時間以上にわたる現場での留め置きは違法であるが，その違法の程度は重大ではないとした。

⑤は，青信号になっても発進しない自動車を認めて，飲酒運転の疑いで停止を求めたところ，発進したのでこれを追跡し，3キロ走行後に停止したので職質を開始したところ，免許証不携帯であり，照会により覚せい剤の前歴5件があることが判明，被告人の異常な言動等から覚せい剤所持の嫌疑を抱いた警察官は，車内の調べに応ずるよう説得したが応じず，その後駆けつけた覚せい剤事犯捜査係の警察官は，被告人の様子から覚せい剤使用の嫌疑を抱き，車内検査を求めたところ，検査を認めるような返答をしたので車内を検査したが覚せい剤は検出されなかった。しかし，車内を細かく調べさせたところ，白い粉末の入ったビニール袋1個を発見した。警察署へ任意同行し，予試験で粉末が覚せい剤であることが判明した場合に，自動車内の検査は違法ではあるが，所持品検査をする必要性，緊急性が認められ，違法の程度は大きくはないとしたもの。

⑥は，覚せい剤の捜索・押収の際に，発見された覚せい剤を示された被告人が「そんなあほな」と自己のものであることを否定する発言をしたことに立腹

した警察官が，被告人に暴行を加え，予試験により覚せい剤であることが確認されたので現行犯逮捕し，覚せい剤は押収され，被告人は警察署に引致され，尿を提出し，尿検査を行い鑑定書が作成されたという事案について，暴行は証拠発見の後であり，証拠物の発見を目的とし捜索に利用するために行われたとは認められないので，証拠物を排除することはないとしたものである。

⑧は，被告人を全裸のままソファで制止している間に所持品検査を行って覚せい剤等を発見した場合に，当該行為は暴れる被告人を制止する必要があったので行われたもので，警職法5条に基づく制止行為として，あるいは公務執行妨害罪で現行犯逮捕することも考えられる状況にあったことから，所持品検査によって発見された証拠の排除に結びつくものではないとしたものである。

この排除の要件をめぐって，学説では，「重大な違法」と将来における違法捜査抑制の見地からの「相当性」との関係について，(ア)違法の重大性が排除の要件であり，相当性は排除の根拠と理解する見解，(イ)双方ともに要件であるが，違法が重大であればそれだけで排除するが，そうでない場合には諸要素を総合的に斟酌し，双方の要件を満たしていいなければならないとする見解，(ウ)双方ともに要件であり，違法の重大性と「相当性」の双方を満たしていなければならないとする見解が示されている。ただしこれらの学説は，排除していない判例を俎上に載せて排除の要件を理解しようとするもので，方法論的に妥当とは思えない。上記判例が証拠排除しなかったのは，憲法違反がなされていなかったからにすぎない。排除の要件は，排除した判例から考察するのが方法論としても適切である。

そこで，⑦の事案が，初めて証拠排除を認めた例なので，これをどう理解するかが問われる。この事件では，被告人は，かねて窃盗の被疑事実による逮捕状が発付されていたところ，警察官3名が，被告人の身柄を確保するため，本件逮捕状を携行しないで，被告人方に赴き，逮捕した。被告人に対する逮捕状の呈示は警察署でなされたが，その逮捕状には，逮捕現場において本件逮捕状を呈示して被告人を逮捕した旨の，上記3名の警察官の中の1人の警察官作成名義の記載があり，さらに，同警察官は，同旨の記載のある捜査報告書を作成した。その後，被告人は，同警察署内で，任意の採尿に応じ，被告人の尿についての鑑定の結果，覚せい剤成分が検出された。

被告人に対する覚せい剤取締法違反被疑事件について被告人方を捜索すべき

場所とする捜索差押許可状が発布され，既に発布されていた被告人に対する窃盗被疑事件についての捜索差押許可状と併せて同日執行され，被告人方の捜索が行われた結果，被告人方からビニール袋入り覚せい剤一袋が発見され差し押さえられた。これらの証拠能力が争われたのだが，3名の警察官は，公判で，証人として，本件逮捕状を本件現場で被告人に示すとともに被疑事件の要旨を読み聞かせた旨の，事実と反する証言をしたというものである。

　これに対し，最高裁は次のような判断を示した。本件逮捕には，逮捕時に逮捕状の呈示がなく，逮捕状の緊急執行もされていないという手続的な違法があるが，それにとどまらず，警察官は，その手続的な違法を糊塗するため，前記のとおり，逮捕状へ虚偽事項を記入し，内容虚偽の捜査報告書を作成し，さらには，公判廷において事実と反する証言をしているのであって，本件の経緯全体を通して表れたこのような警察官の態度を総合的に考慮すれば，本件逮捕手続の違法の程度は，令状主義の精神を潜脱し，没却するような重大なものであると評価されてもやむをえないものといわざるをえない。そして，このような違法な逮捕に密接に関連する証拠を許容することは，将来における違法捜査抑制の見地からも相当でないと認められるから，その証拠能力を否定すべきである。

　前記のとおり，本件採尿は，本件逮捕の当日にされたものであり，その尿は，上記のとおり重大な違法があると評価される本件逮捕と密接な関連を有する証拠であるというべきである。また，その鑑定書も，同様な評価を与えられるべきものである。したがって，原判決の判断は，上記鑑定書の証拠能力を否定した点に関する限り，相当である。

　次に，本件覚せい剤は，被告人の覚せい剤使用を被疑事実とし，被告人方を捜索すべき場所として発付された捜索差押許可状に基づいて行われた捜索により発見されたものであるが，上記捜索差押許可状は上記（中略）の鑑定書を疎明資料として発付されたものであるから，証拠能力のない証拠と関連性を有する証拠というべきである。

　しかし，本件覚せい剤の差押えは，司法審査を経て発付された捜索差押許可状によってされたものであること，逮捕前に適法に発付されていた被告人に対する窃盗事件についての捜索差押許可状の執行と合わせて行われたものであることなど，本件覚せい剤の差押えと上記の鑑定書との関連性は密接なものでは

ないというべきである。したがって，本件覚せい剤およびこれに関する鑑定書については，その収集手続に重大な違法があるとまではいえず，その他，これらの証拠の重要性等諸般の事情を総合すると，その証拠能力を否定することはできない。

⑦は以上のような判断を示したのである。この判例は，まず，逮捕状が出ているのにそれを持参せず，被告人を逮捕し，逮捕状の緊急執行（201条2項・73条3項）をすればよかったのにそれをせず，逮捕状を呈示して逮捕したかのごとく装い，かつ公判でも偽証を行ったことを，「令状主義の精神を潜脱し，没却するような重大なもの」とした。本来は軽微な違法でしかないことを，事後に違法隠蔽工作を行った点を，こうした隠蔽工作を放置すれば国民の警察に対する信頼を大きく損なうのは基本権侵害を行った場合と同じであるので，基本権侵害を行った場合と同様に重大な違法としたのである。排除法則は，証拠の許容性を判断する中で，警察が違法に活動したか否か，換言すれば基準に即した活動をしていたかを判断し，刑事法の運用が多少なりとも国民の目に見えるようにすることで，国民の批判が可能になるようにするという役割があり，この批判可能性を担保する方策の1つとして排除法理を理解していることを示している。

逮捕後に得られた尿についてはこの違法と密接な関係があるので排除し，尿の鑑定書は，これと同様に評価できるので排除するとしている。逮捕の違法により得られた第1次証拠たる尿を排除し，それによって入手した鑑定書を同様に「評価できる」として排除していることからすると，鑑定書を第2次証拠と位置づけ，当初の違法が及んでいるとしたもので，毒樹の果実法理を採用していることを示している。

さらに，覚せい剤の証拠能力を認めているのは，被告人の自宅の捜索活動が，既に発付されていた窃盗についての捜索令状を併行執行されたこと，覚せい剤についての捜索令状を入手する際の疎明資料として鑑定報告書が使われているものの，疎明資料はそれだけではなく他の資料が使われていること，捜索の結果発見された覚せい剤は第3次証拠であること等からすると，当初の逮捕の違法は希釈されたとの判断をして，証拠能力を認めたもの，すなわち，希釈法理を採用したものと解される。

この事件では，上記のような理由で排除したものと理解できるが，排除の要

件，または毒樹の果実法理の適用，その例外的法理の適用等については，今後の判例の集積を待つしかない。

5　相対的排除論および他の学説

わが国の排除法則に関する学説には，上述の規範説の他の有力な学説としては，井上教授の提唱される相対的排除論がある。相対的排除論は，証拠の採否につき，手続違反の程度，手続違反がなされた状況，手続違反の有意性，手続違反の頻発性，手続違反と当該証拠獲得との因果性の程度，証拠の重要性，事件の重大性といった要素を考慮して判断すべきだとする説である。

相対的排除論の欠点は，第1に，いくつかの要素を考慮に入れて事情を総合的に判断するという判断方法は，ある要素が欠けていた場合に，あるいは2つまたは3つの要素が欠けている場合に排除することになるのか否か，不明瞭だということにある。これでは排除されるのか否か予測もつかないのもさることながら，排除されたまたは許容された後になっても，排除または許容の理由が何か，不明瞭になりがちである。さらに場合によっては証拠決定を行う裁判官の手によって本来は違憲な活動が事後正当化される危険もある。しかも最高規範である憲法を侵害した場合に，この事実を救済するものが何なのかも判然としない。排除の基準が不明瞭だということは，証拠決定の過程が合理的なものであったのかを国民が検証し，批判する途を閉ざすことになる。第2に，考慮すべき要素の問題点として，証拠の重要性は，立証趣旨からみて事件の証明にとってどの程度重要かということであるが，証拠が重要であれば排除されず，重要でなければ排除されるとなれば，重要であるかどうかは証拠決定の時点で，全事情を総合的に考慮して決定されることになり，裁判官自身の描いた構図どおり都合よく認定するために証拠決定される危険性がある。事件の重大性についても，個々の事件の特性や社会的関心の程度，事件への国民感情といった事柄についての判断は，価値意識の差異から裁判官によって異なってきて，排除法則の適用にばらつきが生ずる危険性はないのか。また，手続違反の程度，手続違反の状況，手続違反の有意性，手続違反の頻発性といった要素は，何が違法なのかをますます不明瞭にする。第3に，違法即排除ではなく，また有意性も一要素にしかすぎないので，捜査の現場では，違法であることを承知の上で，

排除されるか，されないか，まずは違法でもやってみよう，排除されないならめっけものという法運用を生み出しかねない。第4に違法排除を単なる政策問題と位置づけることになるが，一体どういう政策に奉仕することになるのか不明瞭でもある。

　前述のように，排除法則は，できる限り明確な基準に照らして違法性の審査をする過程で，国民による法執行活動への批判可能性を確保することに，最大の狙いがある。排除法則は法執行活動という限られた領域内でのことではあるが，その領域内の政府の活動を必要最小限で開かれたものにする方策であり，自由で開かれた社会の構成原理となるものである。それには明確な判断基準が欠かせず，運用も明確なものでなければならない。相対的排除論は，法執行への批判を閉ざしやすい構造を持つものといえよう。

〔参考文献〕
井上正仁『刑事訴訟における証拠排除』弘文堂，1985年
小早川義則「排除法則と"稀釈法理"の例外」名城大学50巻1・2合併号，50巻
　3・4合併号，51巻2号，2001年
川出敏裕「いわゆる『毒樹の果実論』の意義と妥当範囲」松尾浩也先生古稀祝賀
　論文集下巻，有斐閣，1998年
特集「排除法則の課題と展望」現代刑事法55号，2003年
香川喜八朗「平成15年2月14日判決判例評釈」判例時報1855号（判例評論545号），
　2004年

第11章 ■ 訴追裁量の規制

本章のポイント

　公訴の提起は訴訟係属を発生させる等，種々の刑訴法上の効果を生じる。さらに，多くの職場で「起訴免職（または休職）」制度がある等，刑訴法上の効果以外にもさまざまな事実上の副次的影響をもたらすことがある。ところで，仮に検察官が認知し立証可能な犯罪事実の全件訴追を原則とする起訴法定主義を採った場合，同種事件間の処理について公平性が担保されることにはなろうが，限りある人的・物的訴訟資源の効率的運用ができない上に，刑事裁判にかけることが被疑者の更生にとっても必ずしも常に有益であるとは限らない面がある。そこでわが国では，検察官が認知した犯罪事実のうち，犯罪の軽重・犯行後の情状等を考慮し，真に刑事裁判を受けさせるべき事件のみを起訴する裁量訴追主義（起訴便宜主義）が採られている。とはいえ，同種犯罪の被疑者間（さらには同一事件の共犯者間）で処遇が異なることについて被疑者や被害者・社会一般が不公平感を抱く事例，就中，ある者が起訴され他の者は起訴猶予となった真の理由が当該被疑者の人種・政治信条・社会的地位等にあるのではないかとの疑念を持たれる事例もありうる。本章では，正当な訴追裁量の行使とはいえない訴追とはいかなる場合なのかを検討したい。また，平成16年の刑訴法および関連法規の改正により，正当性を欠く不訴追（不起訴・起訴猶予）への法的対応についても重要な変更がなされたので，この点についても併せて検討したい。

1　訴追制度をめぐる諸原則

(1)　国家訴追主義

　刑事手続における訴追権限の所在について，民刑事法の未分離な社会においては私人訴追主義が採られていた（イングランド・ウェールズでは1980年代まで，私人訴追制度が採られていた）。この制度は，訴追するか否かの権限を被害者や遺族等に委ねるものであり，公権力が政治的理由等に基づいて一定の被疑者を

訴追しないという不合理な事態を防止することができ，被害者の利益が反映されるという利点がある。その反面，感情的で不必要な訴追が濫発されることで，①限りある司法資源が無駄に用いられたり，②訴追の相手方にとっては平穏な生活が合理的根拠なしに害される虞，特に，政敵の攻撃や訴追人の私的利益のために訴追が濫用される危険性をも有していた。

また，米国の大陪審は地域住民代表者が訴追するか否かを決定する公衆訴追主義に基づく制度であり，犯罪への対応を地域の問題として捉え，中央集権的干渉を排除する意義を有する反面，①私人訴追同様に感情的な訴追や②同種事案に対する訴追基準に関する地域格差等の弊害を生みかねない制度でもある。

これに対してわが国が原則として採用しているのは，検察官が訴追権限を有するという国家訴追主義である（247条）。刑事訴追が私人の利益追求手段や感情的報復手段として悪用されたり，訴追基準をめぐって大きな地域格差が生じることを防ぎ，冷静で全国的に統一された基準に基づいて訴追権限が行使されるという長所がある。また，国家訴追主義こそ効率的な刑事法運用に最も適した制度であることも看過すべきではない。もっとも，個々の事件の被害者や遺族あるいは地域住民の痛み・不安に冷淡で無関心な担当官により，十分な捜査を尽くすことなく不訴追処分で事件が葬られてしまう危険性（犯罪被害者の疎外）もないとは言い切れない。昭和60年代頃から次第に高まってきた犯罪被害者支援の動きの中で，国家訴追主義の下での不合理な不訴追の虞が強く意識されるようになったことが，後述するように検察審査会法の改正等に結実したものといえよう。

(2) 裁量訴追主義（起訴便宜主義）

訴追権者が裁量を有するか否かという観点からは，起訴法定主義と裁量訴追主義（いわゆる起訴便宜主義）とに分類される。

起訴法定主義はドイツ刑訴法等が採用する立場であり，検察官は法定の除外事由がない限り，認知し立証可能な犯罪事実については全件訴追の義務を負うという制度である。これは，刑事事件の処理に関してはすべて裁判所のみが決定権を有するという糾問主義的伝統の残滓であるといえよう。このような制度の下では訴追・不訴追の基準に不整合が生じることはなく，法運用の公平性を担保し得る。その反面，例えば微罪で被害者の宥恕も得られている上に初犯で

ある場合のように，刑事裁判を経ることなく早期に刑事手続から外した方が更生に資すると思われるような被疑者が，訴追されることで逆に逸脱の度合を深めてしまう危険性がある。また，限りある訴訟資源が些細な事件の審理のために無為に消費され，重要度の高い事件の審理に遅延が生じる等という弊害も起こりうる。このような観点からドイツ刑訴法でも膨大な除外事由を定めているものの，法定の除外事由以外を理由とする不訴追は認められないので，個々具体的な事案の処理においては硬直的過ぎる法運用がなされる危険性は依然として残る。

　これに対してわが国が採用している裁量訴追主義の下では，当該犯罪事実が立証可能な場合であっても，被疑者の年齢・犯罪の軽重・犯行後の状況等に鑑み，検察官は不訴追処分とすることが許されている（248条）。

　なお，裁量訴追主義の下では，一個の犯罪事実全体を不起訴とする裁量が検察官に授権されているのみならず，一個の犯罪事実の一部のみを検察官が起訴する裁量もまた検察官に授権されているものと見るべきである（一罪の一部起訴）。わが国の旧刑訴法の下では，事件全体が裁判所の審判対象なのであるから検察官が一部のみを切り離して訴追することは裁判所の実体的真実発見作用を害することになり許されないという「公訴不可分の原則」が採られていた。しかし，現行刑訴法においては審判対象の設定を検察官の専権事項であると捉えており，検察官が「立証の難易等諸般の事情」に鑑みて一罪の一部のみを起訴することも認めている（最決昭和59・1・27刑集38巻1号136頁）。

　ところで，裁量訴追主義の下では同種事件の間で処理が異なることがありうる。そのような場合に，なぜ，ある被疑者は起訴されたのに他の被疑者は起訴されなかったのかという疑念を被告人自身も，被害者・遺族や社会一般も持つような事態が生じうる。もとより，わが国では検察官同一体の原則の下，事件処理を個々の担当検察官の恣意に左右されることのないように，上席の検察官が決裁官となる他，法務総合研究所等の法務省諸機関で作成される資料や検察長官会同を通じて全国的に統一された起訴基準が罪種ごと定期的に行き渡るという配慮がなされており，事件処理のはなはだしい不整合は生じにくい構造になっている。また，検察官の在職年数が比較的長い点も，事件ごと担当官ごとの格差が生じることを防止する一因となっている。とはいえ，訴追基準の逸脱への対処が必要な場合が皆無である訳ではない。さらに，わが国の法規範・文

化に敬意を払わない来日外国人の増加，定年前に退官する検察官の増加等，社会情勢の変化に従い，わが国においても検察官の訴追裁量をめぐって激しく争われる事例が増えないとは限らないのである。

2 不合理な不起訴処分の規制

(1) 告訴人等への通知制度

検察官による不起訴処分に対しては，刑訴法上も行政法上も不服申立方法がない（行政不服審査法4条1項6号）。しかしながら，告訴・告発または請求のあった事件に関して検察官が不起訴処分を下した場合には，検察官は速やかに告訴人・告発人または請求人に対して不起訴処分を下した旨を通知する義務を負っている（260条前段）。さらに，告訴人・告発人または請求人からの請求があれば，不起訴処分を下した理由の告知をすべき義務を検察官は負っている（261条）。この通知制度があるために，検察官が恣意的に不起訴処分を下すことが防止されると共に，告訴人等が検察審査会への審査請求をする上での判断資料ともなりうるので，この通知制度は間接的に検察官の不起訴裁量を規制する機能を有するものといえる。

(2) 検察審査会制度

検察審査会は，公訴権の行使に対して民意を反映させ，適正さを担保することを目的に設けられた制度であり，各地方裁判所の管轄区域に最低一つは設置されているものである。各検察審査会は，衆議院議員の選挙権を有する者から選抜された11名の審査員で構成され，検察官が行った不起訴処分の当否の審査の他，検察事務全般について改善の建議・勧告権を有する。特に，告訴・告発・請求人からの請求があれば必ず，不起訴処分の当否を審査しなければならない他，職権でも審査を行うことができる。審査対象となる事件の罪種には制限がない。平成16年の司法制度改革に際して検察審査会法も改正されるまでは，検察審査会が不起訴処分を批判する「不起訴不当」の議決のみならず，不起訴処分に対する一層強い批判を意味する「起訴相当」の議決をした場合でも，当該事件の管轄権を有する地方検察庁の検事正に対する勧告的効力を有するにす

ぎなかった。それ故，検察官の訴追裁量に対する心理的規律効果があるにすぎない面を物足りないと批判する声も稀有とはいえず，ごく僅かとはいえ不合理な不起訴処分がなされた事案があることが指摘された事案も散見されはじめた。

そのような折り，政府の司法制度改革審議会が主導して刑事司法に民意が反映される手段を拡大するとの方針が示され，公判審理における裁判員制度の創設と併せて，検察審査会にも勧告的権限にとどまらず一層強い権限を付与することとなった。そこで，いったん検察審査会が「起訴相当」または「不起訴不当」の議決をした後，この議決書謄本の送付を受けた検察官が再度不起訴処分をなした場合に（検察審査会法41条3項），検察官の意見聴取を経た上での（同法41条の6第2項）検察審査会による再度の審査において8名以上の特別多数により「起訴議決」をなし得ることとなった（同法41条の6第1項）。この場合，起訴議決書には起訴状に準じた書式で検察審査会が認定した犯罪事実の記載がなされ（同法41条の7第1項），起訴議決書謄本の送付を受けた裁判所（同法41条の7第3項）が指定する弁護士によって公訴提起および公判維持が行われる（同法41条の9第1項・3項本文）こととなった。

この平成16年改正によって導入された「起訴議決」の制度は米国型の大陪審ほどの権限を有するものではないが，国家訴追主義を基本とするわが国の訴追制度に一部公衆訴追制度を付加したものということができる。本稿執筆の時点（平成19年12月）では平成16年改正法の施行から日が浅いのでこの制度に評価を下す段階ではないが，「起訴相当」または「不起訴相当」の議決の後に検察官に再考の機会を与えている他，「起訴議決」には特別多数を要し，事前に検察官の意見聴取を行う等，感情的・報復的訴追や訴追基準の地域的格差等，公衆訴追主義について従来指摘されてきた弊害を除去する配慮が施された制度改革となっていることは確かである。

(3) 準起訴・付審判制度

国家訴追主義を基本とするわが国の刑訴法も，ドイツ刑訴法の起訴強制手続を範にとったといわれる私人訴追に類似した制度を設けている。すなわち，公務員の職権濫用の罪（刑法193条～196条，破壊活動防止法45条）に関しては，①被疑者たる当該公務員が職務熱心な余り勇み足をしたものであるとして，しばしば捜査・訴追機関が寛大すぎる処分をしがちであること，②公務員の職権濫

用による人権蹂躙が闇の内に不問に付される事態を放置すれば，わが憲法の基本理念である自由主義・民主主義の根幹が損なわれる危険性を有すること等に鑑みて，国家訴追主義の例外が設けられた訳である。

準起訴・付審判手続においては，公務員の職権濫用の罪に関する告訴人または告発人が，当該被疑事件を不起訴処分にした検察官の所属検察庁を管轄する地方裁判所に対して審判に付することを請求することができる（262条1項）。付審判請求があった場合，合議体で審理・裁判をしなければならず（264条1項），当該付審判請求に理由ありと認める場合には，事件を管轄地方裁判所の審理に付す旨の決定をしなければならない（266条2号）。付審判決定があった場合，公訴提起と同一の効果があったものと見なされる（267条）。もっとも，検察庁が当該事件は公訴提起に適さない旨判断したのであるから，付審判決定後の公判維持は検察官に委ねるべきではない。そこで，付審判裁判所が公判維持に従事する弁護士を指定することになっている（268条1項）。

かつて公安事件が多発していた頃は，特に刑事司法に従事する公務員を標的にして職権濫用行為がないにもかかわらず，嫌がらせ等の目的で職権濫用の罪を理由とする告訴・告発がなされ，付審判請求がなされることも稀有ではなかったといわれている。その意味で，純然たる私人訴追ではなく，告訴人・告発人からの請求を付審判裁判所が審理した上で準起訴がなされるというわが国の制度は私人訴追の弊害を防ぎつつ，不合理な不起訴裁量の行使によって職権濫用の罪が闇に葬られることを防止して健全な自由主義社会・民主主義社会を維持するという調和のとれた制度となっている。

付審判手続の性格については，学説上，捜査類似手続説と公判類似説の二説が唱えられていた。前者では被疑者をはじめ事件関係人の個人情報等が厚く保護されることや捜査情報がみだりに外部に漏洩しないこと等の密行的性格が強調され，後者では付審判請求人が主体的に陳述・立証をなしえ，証拠開示請求をなしうる等の請求人の当事者性が強調されている。この問題について判例は，付審判手続が基本的には捜査に類似した性格を有する職権主義的手続であるとの立場を採って請求人からの包括的証拠開示請求を否定しつつも（最決昭和49・3・13刑集28巻2号1頁），付審判請求裁判所を構成する裁判官に対する被疑者の忌避権を認める（最決昭和44・9・11刑集23巻9号1100頁）等，手続の性格上，許容できる限りにおいて公判審理に準じた運用を認めている。

3　訴追裁量逸脱の規制

(1) 米国の判例法理

　わが国の憲法・刑訴法の母法国である米国では，第二次移民の流入以降，多人種化・多文化化が一層進み，訴追機関を構成する伝統的支配層と出身文化圏と米国社会との法規範の相違の故に逸脱行動として訴追されがちな少数民族との対立が目立ちはじめた。また，わが国とは異なり，法曹一元制度の故に検察官の在職年数が短く，しかも訴追機関の長が大統領・州知事によって指名されたり，住民の選挙で選ばれるために訴追基準の一貫性に欠け，政治色が反映したり，地域間格差が大きくなりがちな特徴がある。これらの事情から，米国では訴追裁量の正当性をめぐって激しく争われることが稀有ではない。

　米国においては，①不平等訴追，および②表現の自由等の基本権行使を抑圧する目的で行われる訴追に関しては起訴が無効となる旨の判例法理が多くの裁判例を通じて形成されてきた。もっとも，②類型に関しては検察官の意図を被告人が立証することが当該起訴を無効とする要件であるとされており，①類型についても同種事案との差異が犯罪の軽重等，合理的根拠に基づくものではなく，人種等に基づくものであることを被告人が立証する必要があるため，いずれの類型についても現実に当該起訴が無効とされた事例は稀である。

(2) わが国の学説における三類型

　わが国の多数説が「公訴権濫用論」の名称で説く訴追裁量の逸脱は，①嫌疑なき訴追，②不平等訴追，③違法捜査に基づく訴追の三類型であるとされている。

　もっとも，嫌疑がないのにもかかわらず誰かを訴追するというのは，その者の言論行為等，基本権行使を抑圧する意図によって訴追裁量を逸脱した場合に他ならないのであり，殊更①類型を独立の類型として扱う必然性には疑問を感じる。

　次に②類型については，a)憲法14条に違反する不平等訴追とb)刑訴法248条の訴追裁量の著しい逸脱が憲法31条の適正手続条項違反に至っている場合の二

つに分けて考えるべきであろう。同種事犯の間で異なった処分を下す際に考慮要因となったのが犯罪の軽重や犯行後の状況等の刑事政策的判断ではなく，被告人の人種等であった場合には憲法違反として当該訴追は無効となるものと考えるべきである。これに対して，犯罪の軽重・犯行後の状況等の刑事政策的要素を考慮した結果，当該被告人に対する起訴処分が重すぎるという場合であっても，法は検察官に裁量権を授権しているのであるから（248条），裁判所は裁量権行使の当不当に対して審査を及ぼすことが許されず，適正手続条項に反する程度の一見きわめて明白な逸脱の場合に限って裁判所が介入し，当該処分を無効となしうるものと考えるべきである。

　また，③類型については以下のように考えるべきであろう。そもそも違法捜査の抑止については，当該違法捜査と関連性を有する証拠の排除という効果を持つ排除法理や自白法則が既にあるのに拘わらず，当該被告事件全体を不問に付すという極めて劇的な効果を有する訴追裁量逸脱による公訴棄却（338条4号）という対応をすることには慎重でなければならない。そこで如何に違法の程度が重大であろうとも，突発的・偶発的な違法捜査に基づく訴追に関しては訴追裁量の逸脱とはいえず，計画的・組織的な違法捜査に基づく訴追に限って訴追裁量の逸脱として評価すべきことになる。このように考えると，結局のところ重大な違法捜査の故に訴追裁量の逸脱と呼べるものは，組織的・計画的に基本権行使を抑圧する意図で違法捜査が行われた場合の訴追に他ならないことになる。

　結局，①被告人の人種・社会的身分等に基づく平等保障条項違反の訴追，②被告人の基本権抑圧を目的とした訴追，③刑訴法248条が授権している裁量権の著しい逸脱が憲法31条の適正手続条項に反する程度にいたる訴追の三類型が，公訴提起を無効ならしめる場合であることになろう。これら三類型は，公訴提起という「処分」がいずれも憲法違反に当たるので，憲法81条によって裁判所に合憲性審査権が授権されている「処分」の一種であり，憲法違反が認定されれば当該公訴提起は無効となると考えるべきである。

4 わが国の判例

(1) 刑訴法上の訴追裁量に対する逸脱

　チッソ水俣病補償問題に関する自主交渉の過程で，被害者側の中心人物が加害企業従業員数名に対して数回にわたり傷害を負わせたという事案において，控訴審判決は，検察官が加害企業の重大な刑事責任を長らく放置しながら被害者側の比較的軽微な違法行為を迅速に訴追した点をもって，法的正義に著しく反する旨を判示し，わが国ではじめて訴追裁量の逸脱による公訴棄却判決を下した（東京高判昭和50・1・13判時767号14頁）。しかし最高裁は，公訴提起に関する「裁量権の逸脱が公訴の提起を無効ならしめる場合があり得ること」を一般論として認めつつも，それは「例えば公訴の提起自体が職務犯罪を構成するような極限的な場合に限られる」旨判示した（最決昭和55・12・17刑集34巻7号672頁）。

　思うに，チッソ川本事件において被害者側が犯した傷害行為の程度・頻度は決して軽微とはいえないものであり，その点で他の同種事案に比して不平等な処分であったとはいえない。本件はまさに検察官に刑訴法上授権された裁量権の行使に逸脱があったか否かの事案であった訳であるから，一見極めて明白に逸脱が認定できる場合以外は，裁判所が検察官の裁量権に介入し公訴提起を無効とすることは避けるべきである。昭和55年最決が「公訴の提起自体が職務上の犯罪を構成するような極限的な場合」という些か極端で現実味の薄い判示をしたのは，まさにこのような発想に基づくものであったといえよう。控訴審判決のように加害企業の被告人らに対する加害実態までも本件被告人に対する公訴提起の正当性を判定する要因として持ち出すことは，訴追裁量の審査に当たっての考慮要因を際限なく広げることになり，むしろ訴追裁量逸脱の有無に関する基準を不明確にする虞がある。確かに昭和55年最決は些か現実味の薄い極端な判示をしているが，けっして「公訴の提起自体が職務上の犯罪を構成する」場合に限定する趣旨ではなく，これに匹敵する重大な訴追裁量の逸脱を認める余地を残す例示をしたにすぎないものと解釈すれば，不合理な決定であるとはいえないのである。

(2) 平等保障条項違反

　鳥取県赤碕町長選挙において，当初A候補派の選挙運動をしていた被告人がB候補派に寝返ったものの，A候補が町長に当選するや自身は未だ捜査線上に全く浮かんでいなかったにも拘わらずA候補の長男から饗応接待を受けていた旨自首したという事案において，控訴審は被告人らが起訴された反面，町長自身や助役が検察官送致すらされなかったことを指摘し，社会的身分による憲法14条違反の差別捜査に基づいて一方に対してのみ公訴提起がなされた点で憲法31条の適正手続条項に違反する訴追であると判示して訴追裁量逸脱による公訴棄却判決を下した（広島高松江支判昭和55・2・4判時963号3頁）。これに対して最高裁は，控訴審判決自身も警察段階で被告人を一般の場合に比して特に不利益に遇した旨認定している訳ではないことを指摘した上で，「被告人が，その思想，信条，社会的身分又は門地等を理由に，一般の場合に比べ捜査上不当に不利益に取扱われたものでないときは，（中略）被告人自身に対する捜査手続が憲法14条に違反することになるものでない」「検察段階の措置には，被告人に対する不当な差別や裁量権の逸脱等はなかったというのであるから，これと対向的な共犯関係に立つ疑いのある者の一部が，警察段階の捜査において（中略）不当に有利な取扱いを受けたことがあったとしても，被告人に対する公訴提起の効力が否定されるべきいわれはない」と判示した（最決昭和56・6・26刑集35巻4号426頁）。

　昭和56年最決の判示で重要なのは，①差別的訴追であるか否かの判断基準は当該被告人が一般の同種事案に比して正当性のない不利益な取扱いを受けたか否かであって，共犯者間の比較ではないこと，②仮に警察段階の捜査に不平等があったとしても，検察段階の措置自体に不平等がない限り，それが故に訴追裁量の逸脱が生じたとはいえないことの二点であろう。なお，本件が発覚した経緯に照らせば，本件捜査を慎重に進める必然性は十分にあり，町長・助役を被疑者としてではなく参考人として取り調べるにとどめた措置にも一定の合理性は認められる事案であったといえよう。その意味で，本件が平等保障条項違反に基づく起訴の無効に関して先例として適切な事案か否かは若干の疑問が残るものの，前述の①②の判示事項は今後の指標となりえよう。

(3) 違法捜査に基づく訴追

　この類型の先例は大森鞭打ち症事件である。事案は，速度超過で停車を命じられた被告人が免許証の提示を拒み，違反事実を頑強に否認した上，悪質な言動をしたことに立腹した警察官が不必要な有形力を行使して同人を逮捕し，傷害を与えたというものである。第一審は，軽微な事案に際して不必要な暴力を振るって被告人に傷害を与え，その威力の影響下で取調べがなされたのであるから，全体を観察して憲法36条に違反し，憲法31条に規定する適正手続の蹂躙に当たるとして刑訴法338条4号の準用により公訴棄却判決を下した（大森簡判昭和40・4・5下刑集7巻4号596頁）。しかし，この判決は控訴審で破棄され（東京高判昭和41・1・27下刑集8巻1号11頁），最高裁も「本件逮捕手続に（中略）違法があったとしても本件公訴提起の手続が憲法31条に違反し無効となるものとはいえない」旨判示した（最判昭和41・7・21刑集20巻6号696頁）。

　昭和41年最判は，いかなる態様であろうとも違法捜査に基づく訴追はおよそ公訴提起を無効ならしめるものではない旨判示したものであると読むべきではなかろう。あくまでも昭和41年最判が前提とした事案は偶発的・突発的違法捜査に基づく訴追の事例なのであるから，このような類型は公訴提起を無効ならしめるものではないという正当な判断を示したにすぎないものと理解すべきである。この事件で問題にならなかった組織的・計画的違法捜査に基づく訴追に関しては何ら判示されていないのであり，このような事案に関しては公訴提起が無効である旨の判断が下される可能性があるものと解すべきであろう。

第12章 ■ 訴因の特定

>### 本章のポイント
>
> 現行法上，検察官は起訴状を提出して公訴を提起することとされている。起訴状には被告人の氏名，罪名と共に公訴事実を記載しなければならず，公訴事実は訴因を明示して記載しなければならない。訴因の特定・明示の要請は審判の対象を明確にし，以て，被告人の防御すべき事実がなんであるかを具体的に示し，被告人に十分な防御の機会を与えるためであるから，法は，日時，場所，方法をできる限り明確に示して公訴犯罪事実を特定することを検察官に求めたのである。問題は，個々の事案において，どの程度具体的に公訴犯罪事実を特定・明示すればよいかである。殺人罪，強盗罪など関係者の関心も高く，犯行が発見され易く，証人の協力も得られるような事件においては，犯罪の日時，場所，方法は詳細についてもかなり具体的に明らかにされることが多いのである。しかし，いわゆる被害者のない犯罪，密室で行われる犯罪，背後に暴力団が絡んでいる犯罪など被害者が供述することが少なく，協力者も得難いので，犯行の詳細を把握することが困難である。しかし，例えば，覚せい剤中毒者と疑われる者に質問し，尿の任意提出を求め，提出された尿から覚せい剤成分が検出されたが，被疑者が頑として供述を拒んでいる場合，被疑者が犯行を犯していることはほぼ確実であるのに，犯行の具体的な日時，場所，方法が判らないため，訴因の特定ができず，したがって，起訴が無効だとすると，このような場合，被疑者は裁判にもかけられずに終わってしまうのだろうか。

1 弾劾主義，当事者主義と訴因

　憲法38条1項は，「何人も自己に不利益な供述を強要されない」と規定する。これは自己負罪拒否特権といわれ，弾劾主義（＝告発主義）の典型的な表現だとされている。弾劾主義のもとでは，告発者が，犯罪事実を告発し，立証する責任を負い，被告発者は，立証に協力する法的義務を一切負わない。わが国現行法は，検察官が告発者として犯罪事実を起訴する役割を担い，検察官に起訴

猶予する権限を認める起訴裁量主義（248条）を採用している。さらに，捜査の結果入手した資料は，一切，公判裁判所に起訴と同時に引き継ぐことを禁止する主張先行・挙証後行の原則（いわゆる起訴状一本主義）が採られている。弾劾主義においては，共同体内部で，犯罪等の紛争が生じたときに，すべて裁判にかけられるのではない。犯罪について被疑者と告発者の間で，犯行の軽微さ，犯行についての非難度の低さ，被害への弁護等の事情を考慮して，話し合いがつき，被疑者，被害者，共同体の間で納得がいくような場合，起訴されないことになる。起訴された事実は，歴史的，社会的な事実ではなく，その中から，話し合いがつかずに，残った事実である。そこで，起訴されている争点が何であるかを確定することが，弾劾主義の下では，関心が寄せられる。

　正義の概念は，個人に価値を認め，相互尊重を要求するが，ここから，不利益処分を科するには，不利益を被る当事者が正義に適していると受容できる理由が示されなければならないことになる。また，理由は，みせかけのものであってはならず，十分な根拠に支えられていなければならないので，不利益処分を受ける者が挑戦的に防御できるような方途（手続）が提供されなければならない。刑罰は，国が個人に科す不利益処分の中で，最も苛酷なものであるが，刑事裁判において，被告人による事実認定をコントロールする権利を保障するのが，当事者・論争主義（the adversary system）である。

　当事者・論争主義の要件は，基本権の形式で定められている。①被告人が自己を告発・起訴している事実の告知を受ける権利，②公正・公平で迅速な裁判を受ける権利，③自己に不利益な証人を審問し，自己に有利な証人を強制的に喚問しうる権利，④弁護人の助力を受ける権利である。このうち②から④の権利は，憲法37条においてそれぞれ保障されている。①の告知を受ける権利は適正手続の内容であり，刑事手続に保障されなければならない最低基準だと最高裁で判示されている（最大判昭和37・11・28刑集16巻11号1593頁，第三者没収事件）。この告知を受ける権利を被告人に保障する刑事訴訟法上の制度が訴因である。

　わが国の刑事訴訟法では，公訴提起は，起訴状を提出して行い（256条1項），起訴状には公訴事実（the offence charged＝起訴された犯罪事実）の記載が求められる（同条2項，弾劾主義の要請）。ここで公訴事実とは，検察官が被告人の行為が一定の刑罰法規の要件を充足するとした全ての事実である。そして公訴事実は，日時，場所，方法を具体的に明示する訴因の形式で記載されなければな

らない（同条3項）。

「訴因の形式で明示された公訴事実」（これを略して，一般に「訴因」と呼ばれている）が攻撃・防御の対象となる。具体的に，公訴事実の告知を訴因の形式で受けなければ，被告人は具体的な防御ができないからである（当事者・論争主義の要請）。さらに256条6項は，起訴状には訴因だけを記載し，訴因を立証するための資料の起訴状への引用または添付を禁止し，主張先行・挙証後行の原則（いわゆる起訴状一本主義）を採用して，捜査と公判の分離を定めている。

訴因を先行させて，検察官を含む当事者の立証を後にさせ，裁判所による審理を後にするのは，訴因を挙証の対象，審理の対象とするためである。

ここで，現行法の特徴の理解を深めるため旧法の制度と比較しておこう。旧法は，基本的に職権主義にたっていたといってよいが，職権主義のもとでは，最終的に被告人に刑罰を科すか否かは，最終審の裁判所が決定するものとされ，この最終審の裁判所が，犯罪の問題について専属的な権限を有すると解されていた。この国家を代表する最終審の裁判所が，その裁判所での手続に先立つ前段階を扱う機関に役割を委任し，命令し，捜査から最終審まで一貫した連続性の中で裁判が行われる。公訴提起は，検察官または捜査係裁判官である予審判事の公判請求によって行われるが，これと同時に，捜査や予審手続で収集された証拠物および一件記録が，1審裁判所に提出される慣行が確立されていた。1審裁判官は，これらの証拠物および記録等を精査し，事件の全体を知ったうえで1審に臨むのが一般であった。また，1審が，証拠を通じて事実認定を行うが，被告人は，裁判の対象として，事実解明への協力義務を負っていた。

そこでの審判の対象は，生の歴史的・社会的事実全体つまり「事件」であり，検察官が起訴し，または予審判事が決定に付した犯罪事実に限定されていなかった。裁判所は，国の中央で定めた政策である法を体現する組織であり，犯罪の予防・鎮圧という役割を担い，裁判を手掛りに，真実を発見し，社会を統制する役割が期待されている。そこで，真実発見が重視され，審判の対象は，生の歴史的・社会的事実とされてきたのである。また前述のように，裁判所は，公判前の証拠や一件書類等に接し，予断や偏見を持って審理に臨むことになる。

現行法は，この職権主義を離れて弾劾主義を採用し，検察官が訴追裁量主義の下で裁量権を行使し，告発した犯罪事実，つまり争点を確定した「公訴事実」が審理の対象となる。そして，公訴事実は訴因を明示して記載されなけれ

ばならないので，訴因の形式で明示された公訴事実（＝訴因）が審理の対象とされたのである。

2 訴因の明示・特定の要請

　刑訴法256条3項は，公訴事実は，訴因を明示して記載しなければならないとし，訴因を明示するには，できる限り日時，場所，方法を以って罪となるべき事実を特定しなければならない旨規定する。この訴因の明示・特定の要請は，裁判所に対し裁判の対象を示し，被告人の自己を告発・起訴している事実の告知を受ける権利を具体化し，被告人に対しその防御の範囲を示すことを目的としているといわれる。当事者・論争主義の公判においては，訴因をめぐって審理・防御が展開され，訴因が何かを具体的に明らかにする必要があるので，特に，告知機能が重視されるべきであろう。

　さて，公訴事実とは，検察官が，被告人の行為が，一定の刑罰法規の要件を充足するとした全ての事実である。起訴状に，犯罪を成立させるすべての要件である事実の記載を1つでも欠く場合には，338条4号により，公訴手続がその規定に反し無効であるとして，公訴棄却される。また，起訴状に記載された事実が真実であっても，何らの罪となるべき事実を構成しない場合，結局は，公訴事実の記載を欠くものとして，決定で公訴棄却される（339条1項2号）。どちらの場合も，起訴状に犯罪を成立させるすべての事実の記載が欠けているので，防御対象の告知を欠き，これは致命的な瑕疵に当たるので，補正は許されず，公訴は棄却されるのである。これに対し，犯罪成立させるすべての事実の他に，余分に記載されている事項を余事記載といい，これは，争点を不明確にするおそれがあるので，補正の機会を与え，削除されれば，起訴は有効とすることができる。

　被告人の防御は，証拠によってなされるので，具体的な立証ができるためには，公訴事実は，訴因の形式で，日時，場所，方法をもってできる限り具体的に示されなければならない。被告人が，具体的に反証し，そのために準備をするためには，抽象的な犯罪構成に示される概念を示すに足りる事実を記載するのみでは，十分とはいえないであろう。例えば，「Xは，Yを殺害した」ことが抽象的に示されても，被告人が具体的な防御の準備をすることは不可能であ

ろう。具体的に，いつ，どこで，どのような方法で，誰を，殺害したのか，が判然とするように，殺人の公訴事実が示されなくてはならない。このように具体的な事実を，日時，場所，方法をもって記載すれば，訴因の形式で公訴事実が記載されたとの要件を充足しているといえる。このように公訴事実が訴因の形式で記載されていれば，被告人は，どのような主張をし，どのような証拠を準備して，検察官の立証を崩すことができるかを検討することが可能となろう。

3　十分な明示・特定が困難な場合

(1)　白山丸事件と覚せい剤事件

　先述のとおり，訴因の明示・特定の要請は，裁判所に対し審判の対象を示し，被告人の告知を受ける権利を保障して，具体的な防御の範囲を示すところにある。そこで，具体的な場面において訴因の明示ありといえるか否かを，裁判例をみながら，検討してみよう。

　まず，白山丸事件（最大判昭和37・11・28刑集16巻11号1633頁）は，被告人は，昭和27年4月頃まで，確実に日本にいたが，昭和33年7月，中国からの引揚船白山丸に偽名で乗船して，舞鶴に帰国し，密出国で起訴された事案である。被告人が黙秘したため，密出国の日時，場所，方法等を具体的に明らかにすることができなかったので，検察官は，「被告人は，昭和27年4月頃より同33年6月下旬までの間に，有効な旅券に出国の証印を受けないで，本邦より本邦外の地域たる中国に出国したものである」という公訴事実の記載をしたが，被告人は，犯行日時が6年余の幅のある記載であること，出国場所につき本邦より中国へと広がりのある記載をしたこと，さらに方法について全く記載が欠けることを指摘して，訴因の特定の不十分を理由に公訴棄却を求めた。最高裁は，まず，訴因の明示を求める趣旨は，裁判所の審判の対象を限定し，被告人に防御の範囲を示すことだとして，訴因の明示の要請を機能的にとらえ，次に，犯罪の日時，場所，方法は，本来は公訴事実そのものではなく，ただ訴因特定の一手段として機能するにすぎないから，犯罪の種類，性質等，それを明示できない特殊事情がある場合は，前記法の目的を害さない限り幅のある表示をしても，その一事のみを以って，起訴を違法・無効とはできないと判示した。そして，

当時国交のない国に密出国した場合には、出国の具体的顛末について詳らかにすることができない特殊事情のある場合に当たると判示している。

次に、昭和56年の覚せい剤事件（最一小決昭56・4・25刑集35巻3号116頁）では、被告人から任意提出された尿を鑑定・検査したところ、多量の覚せい剤が検出され、被告人は、その自己使用罪で起訴された。起訴状には、公訴事実が、被告人は、法定の除外事由がないのに、昭和54年9月26日ころから同年10月3日までの間、広島県高田郡吉田町内およびその周辺において、覚せい剤若干量を自己の身体に注射または服用して施用し、もって覚せい剤を使用したと記された。検察官は、第1回公判期日の冒頭陳述で、同年10月5日に被告人が任意提出した尿の鑑定により覚せい剤が検出されたこと、および被告人が、起訴状記載の場所に上記日時を通じて所在していた旨を釈明した。1審は有罪を認定し、2審は被告人の訴因不特定を理由とする公訴棄却の主張を却けて控訴を棄却した。訴因不特定を理由に被告人が上告したが、最高裁は「本件公訴事実の記載は、日時、場所の表示にある程度の幅があり、かつ、使用量、使用方法の表示にも明確を欠くところがあるとしても、検察官において起訴当時の証拠に基づきできる限り特定したものである以上、覚せい剤使用罪の訴因の特定に欠けるところはないというべきである。」と判示した。

さて、白山丸事件では、出国の日時、場所について幅のある記載をし、その方法について具体的な記載が欠けており、覚せい剤事件でも、自己使用の日時、場所に幅があり、その方法が明示されていない。

白山丸事件では、当時国交のない国への密出国であるので、出国の具体的顛末について詳らかにできない特殊事情があるとされた。覚せい剤の自己使用罪は、いわゆる被害者がなく、密室で行なわれ目撃者もいないのが通常であり、背後に犯罪組織が関与し、自白をしない場合が多いといわれている。本件覚せい剤事件でも、犯罪の日時、場所、方法を詳らかにすることができない特殊事情があるとみてよいであろう。

他方で、白山丸事件では、舞鶴に帰国した事実から密出国行為があったことは、ほぼ間違いないといえる。また、覚せい剤事件では、尿検査の結果から自己使用が証明されている。

そこで、両事件とも訴追をする必要性は高いといえよう。最高裁は、犯行の性質等特殊事情の存在を考慮して、証拠上被告人の犯行を確信できる状況にあ

れば，訴因の明示はできる限りで足りるとしているが，訴因の明示は，被告人に防御の対象を告知し，被告人の具体的な防御を可能とするための要件である。白山丸事件では，日時，場所に幅のある記載であり，方法が詳しく示されていなくとも，被告人の防御に実質的な障害はなく，帰国行為自体が，出国の有無につき，被告人の防御に十分な手がかりを与えている。具体的には，被告人は，合法的な手段を実践して出国した旨の事実を示す証拠や，白山丸で帰国したと主張された日時の直前に日本にいた事実を示す証拠を提出して，具体的な防御が可能となろう。覚せい剤事件では，尿検査の鑑定過程と結果を示せば，鑑定手続の誤り，鑑定対象の尿が別人の尿である，あるいは，鑑定対象の尿への覚せい剤を含む異物の混入等の主張をして具体的な防御が可能となろう。

　それでは，被告人の防御を害さない具体的な方策として，どのような方法があるだろうか。

　第1は，白山丸事件では，起訴状に具体的な帰国の事実を，覚せい剤事件では，尿検査の鑑定過程と結果を記載する方法である。この方法は，主張先行・挙証後行の原則（起訴状一本主義，256条6項）に違反する点で問題である。

　第2は，白山丸事件では，具体的な帰国の事実を，覚せい剤事件では，尿検査の鑑定過程と結果を冒頭陳述で釈明する方法である。この方法は，第1のものと同様，主張先行・挙証後行の原則に違反する可能性がある。裁判官の面前での事実の摘示に当たるからである。ただ，白山丸事件は，訴因明示は，被告人の防御のために重要であること，第1回公判期日以降の手続であることを考慮して第2の方法による処理をしている。訴因明示の必要性を強調すると，必ずしも主張先行・挙証後行の原則に違反するとはいえないであろう。なお，覚せい剤事件の1審判決等，証拠調の結果を用いて訴因明示を認定している見解もあるが，訴因の明示は被告人の防御対象を事前に告知する点に意義があるので，証拠調の結果を考慮するアプローチは妥当ではない。

　第3は，白山丸事件では，具体的な帰国の事実のそれを示す証拠を，覚せい剤事件では，尿検査の鑑定過程と結果を示す証拠を検察官から被告人へ開示する方法である。公判前整理手続において，これらの事実および証拠の開示（316条の14・316条の15・316条の26参照）がなされれば，裁判所が公判審理に先立って捜査結果である証拠を入手してその内容を知ることはなく，被告人側は，具体的に防御の準備が可能となるので，最善の方法と評価できよう。

さて、さらに考慮すべき問題として、覚せい剤の自己使用罪では、短時間に繰り返される蓋然性が高く、1週間程度の期間に2回以上覚せい剤を使用した可能性があり、再度の訴追が禁止される範囲について分析する必要がある。憲法39条の二重危険禁止条項は、再訴追によって被告人に生ずる不利益、自由の縮減を考慮し、刑事裁判が圧政の道具として濫用されないように政府の訴追裁量に限定を加えている。そこで、政府は、1度は訴追の機会が与えられるが、同一犯罪で被告人を裁判に付することが許されるのは、1回を限度とする。実体法上、2罪であっても、政府にその犯行が判明する等、同時訴追の障害がない場合は、同時に1度に訴追することが義務づけられると解される。覚せい剤事件では、検察官の主張と立証は、この幅のある日時、場所の間に、少なくとも1回の自己使用について、合理的な疑いを容れない程度に立証されたが、複数の自己使用の立証はできなかった。起訴状に記載された期間内は、別の覚せい剤の自己使用罪について、二重危険禁止が働くと解される。

(2) **傷害致死罪の訴因の明示が争われた事例**

　刑法犯である傷害致死罪の訴因の明示が争われた事例として、最(一小)決平成14・7・18 (刑集56巻6号307頁) がある。

　1審判決は、傷害致死事件につき傷害罪の限度で有罪とし、死体遺棄事件については無罪を言い渡したが、原判決は、1審判決を破棄自判し、傷害致死、死体遺棄の両罪の成立を認めた。原判決が認めた傷害致死の事実は、原審において検察官が予備的に追加請求して許可された第1次予備的訴因に基づいている。その訴因は、「被告人は、単独又は甲及び乙と共謀の上、平成9年9月30日午後8時30分ころ、福岡市中央区所在のビジネス旅館A2階7号室において、被害者に対し、その頭部等に手段不明の暴行を加え、頭蓋冠、頭蓋底骨折等の障害を負わせ、よって、そのころ、同所において、頭蓋冠、頭蓋底骨折に基づく外傷性傷害又は何らかの傷害により死亡させた。」というものである。

　弁護人は、第1次予備的訴因は、被告人が被害者の犯罪死に何らかの関与をしているといった内容を示すにすぎないとして、訴因不特定を理由に上告を申し立てた。本決定は、「第1次予備的訴因は、暴行態様、傷害の内容、死因等の表示が概括的なものであるにとどまるが、検察官において、当時の証拠に基づき、できる限り日時、場所、方法等をもって傷害致死の罪となるべき事実を

特定して訴因を明示したものと認められるから，訴因の特定に欠けるところはない。」として，上告を棄却した。

　さて，本件の第1次予備的訴因は，暴行の態様，傷害の内容，死因の表示が概括的である。A旅館において，被告人が被害者に加えた暴行に関する証拠，および，死体遺棄につき，被告人の現場における関与を示す証拠から，A旅館から死体遺棄現場に至る間に，被害者の死亡にかかる犯行が行われたと強く推認される事案であり，検察官は，起訴事実の存在を確認し，訴追の必要性を確認している。

　他方で，本件では，真相解明を困難にする事情があった。本件捜査は，福岡県内から，被害者の白骨死体が発見されたことが端緒となって開始され，被害者の人夫仲間である被告人および乙が逮捕されたが，①被害者の遺体を鑑定した医師は，遺体には致命傷となり得る頭蓋冠，頭蓋底骨折が存在するが，遺体が高度に白骨化しているため死因は不明であるとしている，②乙は，「本件当日A旅館で被告人，被害者及び甲と飲酒した際に，被告人が被害者暴行を加えて死亡させたので，被告人及び甲と共に遺体を運んで山林に遺棄した」旨の供述は一貫しているが，被告人の暴行行為の態様や甲および乙の加功の有無に関する供述は変遷を重ねており，乙が最終的に供述する暴行態様によって，被害者に頭蓋冠，頭蓋底骨折が発生することは考えにくい，③被告人は基本的に犯行を否認しており，犯行を認めていた供述も乙の供述する暴行態様とは大きく異なる，④もう1人の共犯者とされる甲は既に死亡しており，他に目撃者もいない，との諸事情である（判タ1105号141頁）。

　訴因の明示は，被告人に防御の対象を告知し，被告人の具体的な防御を可能にするための要件である。本件では，被告人が被害者に加えた暴行に関する証拠，および，死体遺棄につき，被告人の現場における関与を示す証拠が示されていれば，具体的には，共犯者乙の供述や被害者の遺体の鑑定過程等が示されていれば，被告人は，公訴事実に十分な防御ができるとみてよいと思われる。

〔参考文献〕
渥美東洋『刑事訴訟法（全訂版）』有斐閣，2006年
菊池則明「訴因の特定」椎橋隆幸編『基本問題刑事訴訟法』酒井書店，2000年
椎橋隆幸「適法な起訴」渥美東洋編『刑事訴訟法』青林書院，1996年

第13章 ■ 起訴状一本主義

> **本章のポイント**
>
> 「主張先行，挙証後行」，これは起訴状一本主義の趣旨を最も簡潔にいい表した言葉である。裁判官は起訴状において検察官の主張を知ればよく，証拠は証拠調べの段階に入って接すべきことが，予断を裁判官に持たせず，公平な裁判を実現する前提となる。起訴状には裁判官に，審判の対象が何であるのか，被告人・弁護人には防御の対象が何であるかを知らせるのに必要にして十分な記載があれば足り，それ以外の事項を添付したり，引用したり，記載することは，裁判官に予断を与えるので許されない。特に，事件について裁判官に予断を与える虞のある事項の引用・記載等は許されず，その虞のある起訴状は無効となる。訴因（公訴事実）の特定・明示に必要不可欠な記載はどこまでで，それ以外の事実は何かを事件ごとに判断していくことが必要である。微妙な問題が生じるのは，文書の引用がどこまで許されるかである。ある文書の内容が脅迫となるのか，あるいは名誉毀損に当たるかが問題となり，なかなか判断が難しいが，要は，当該文書の引用の分量・程度が，検察官の主張を展開しているにとどまるといえるか，それとも裁判官が証拠に接するのと等しいといえるかが，起訴状一本主義に反するか否かを判断するポイントである。

1 起訴状一本主義——予断排除の原則

　刑訴法256条では，公訴の提起は起訴状を提出して行わなければならず（1項），その起訴状には被告人を特定する事項，および公訴事実を明示しなければならず（2項），その公訴事実は訴因を明示して記載し，かつ訴因にはできる限り，日時，場所，および方法をもって，罪となるべき事実を特定して記載しなければならないことが求められている（3項）。だが，起訴状を裁判所に提出するにあたり，被告人が犯人であることや，その被告人が起訴状に記載されている犯罪行為を行ったことを示すような具体的な証拠を添付したら，裁判

官は公判に先立って，一方当事者（検察官）が提出した証拠にのみ基づいて，被告人が有罪であるとの心証を抱いてしまうことになる。そこでは，憲法が保障している手続に従った裁判が行われているわけではなく（憲31条），まして や被告人による反証の機会は全く与えられていない（憲37条2項）。被告人から裁判を受ける権利が奪われ，公正な裁判が行われたとの保障もなくなる（憲37条2項・82条）。

そこで，256条6項は，起訴状には裁判官が事件に関して予断を抱くような虞のある書類その他のものを添付，あるいは引用してはならないと規定している。これが起訴状一本主義とよばれる原則で，起訴状を裁判所に提出するときには，被告人が有罪であることを示す具体的な証拠を添付したり，その内容を引用することを禁止する原則である。したがって，起訴状には特定の被告人が具体的な犯罪行為を行ったことを示す事実（公訴事実）だけを主張の形式で記述しなければならない。この原則により，刑訴法は裁判官が実際に公判に臨む前に，被告人が有罪であるか否かの心証を抱くことを制度的に阻止していることになる。すなわち，この制度の下では，起訴時には検察官に先ず主張だけを行わせ，公判ではじめて具体的証拠を用いて立証を行わせるという，いわゆる主張先行・挙証後行の原則がとられている。このような制度が求められている理由は，(1)捜査と公判との分離と公判中心主義，そして(2)弾劾論争主義の観点から考える必要がある。

(1) 捜査と公判の分離と公判中心主義

わが国では，捜査と公判が明確に分離されている。犯罪が発覚すると，捜査機関が第一次的に捜査にあたり，犯罪者の摘発，証拠の収集を行い（189条以下），捜査を終結するかどうかは検察官が決定し（248条），起訴を行うかどうかの裁量は検察官にのみ与えられている（248条）。検察官が起訴状を作成し，それを裁判所に提出するが，事件が裁判所に係属すると，裁判官が公判を主宰して（憲76条・82条，刑訴271条以下），法律判断・事実認定を行い，検察官と被告人は相対峙して訴因をめぐって攻撃・防御を行う当事者として機能することになる。このように，捜査の担い手と事実認定者が明確に分離されているところでは，その分離を求める理由があるはずである。

警察等が正式の捜査機関として考えられておらず，予審裁判官（捜査係裁判

官）が自ら，あるいはその命令により活動する検察官が警察等を使って収集した証拠が「一件記録（書類）」として，起訴と同時に事実認定者に引き継がれ，裁判官（とりわけ裁判長）がその一件記録を精査した上で公判に臨む制度をとる糾問・職権主義の下では，捜査と公判とで機能の違いはなく，捜査段階で形成された嫌疑がそのまま公判に受け継がれることになる。そのために，犯罪解明の義務は裁判官にあり，それが国家の責務となる。これに対して，捜査機関と事実認定者が分離されている制度の下では，捜査段階で解明された事実について，公判で第三者が中立の視点から，その事実の存否を独立して認定することが予定されている。起訴された被告人が，起訴状記載の犯罪事実を実際に行ったがどうかはすべて公判で，事実認定者の前で検察官が証拠を提出することにより直接審理され，事実認定者により最終的に判断されることにより，犯罪事実が確定されるという公判中心主義が刑訴法で採用されている。そのときに，捜査段階で収集された証拠が，公判が始まる前に，事実認定者に提出され，捜査段階での嫌疑がそのまま公判に受け継がれることになるならば，被告人は有罪であるとの前提で裁判を受けることになるだけでなく，公判廷での事実認定が真剣に行われなくなる虞がある。このような糾問・職権主義に基づく事実認定手続を否定し，事実認定者の予断を排除し，事実認定者が公判で，公正・中立な観点から検察官の証明を審査できるようにするのを保障する制度の1つが起訴状一本主義である。

(2) 弾劾・論争主義

　国家が成立すると，その秩序を維持するのは国家の責務となる。犯罪は国の秩序を害する1つの要因であるために，犯罪の解明と犯人の処罰は，したがって国の責務となり，そのために捜査と訴追は，国がその必要から開始する。憲法は被告人に自己負罪拒否特権を保障して（憲38条1項），被告人は政府の犯罪立証に協力する義務は一切なく，逆に政府は被告人にその協力を強要することを禁止している。そこで，政府は自ら犯罪事実を構成して，それを公判で合理的な疑いを超える程度に証明しなければならないとの挙証責任を果たさなければならない。政府にのみ起訴・不起訴の権限が与えられ，政府にこの挙証責任が課されている制度の下では，政府は公判での証明事実を，公判に先立って，明示しなければならない。それが起訴状に明示された訴因であり，被告人は起

訴状を送達されることにより（憲31条，刑訴271条），自分がいかなる犯罪で告発されているかを知り，防御の準備を行うことが可能となる。

公判での事実認定にあたり，憲法は被告人に適正手続（憲31条）や公平で迅速な裁判を受ける権利（憲37条1項・82条）だけでなく，被告人が複雑な法律や法律の手続の迷路に落ち込まないように，弁護人の助力を得られるために弁護権を保障し（憲37条3項），さらには対決権や証人審問権を保障して（憲37条2項），被告人が告発者や自己に不利な証言をする証人に反対尋問を行ったり，自己に有利な証人を強制的に喚問してもらうことを可能にしている。ここでは，公判廷での裁判官の事実認定に，検察官と被告人・弁護人が協力するという糾問・職権主義の構造は否定されている。換言すれば，弾劾主義により，検察官が提示した事実主張として固定されている訴因が，具体的な証拠により支えられているかどうかを審査する場が公判であり，その訴因をめぐって検察官と被告人・弁護人が攻撃・防御を行うという論争主義がとられている。このような公判構造の下では，検察官の立証活動と被告人・弁護人の反証活動が終了して初めて，事実認定者は，訴因が合理的な疑いを超える程度に証明されているかどうかを判断できることになる。事件が起訴されたときに，事実認定者が事件について予断を持つことは弾劾・論争主義に基づく公判構造からは許されないのであり，それを実行化する制度が起訴状一本主義なのである。

2 余事記載と起訴状一本主義違反

刑訴法256条により，検察官は実際に起こったと考えられる社会的・歴史的事実から，犯罪として構成される事実のみを公訴事実として，訴因の形式で起訴状に明示・特定しなければならない。同条は3項で，犯罪事実の日時，場所，方法をできる限り特定することにより，訴因という形で明示することを求め，6項で起訴状に具体的な証拠を添付することを禁止している。この意味で，起訴状は，事実認定者に証拠資料を提出し，実質的に証明活動を行う手段であってはならない。他方，論争制度の下で，被告人が十分な反証を行うことができるようにするためには，自分がいかなる犯罪で告発されているのかを知らされている必要がある。検察官が捜査機関から受け取った証拠から構成される事実を，さらに日時，場所，方法を特定して具体的に起訴状に記載しなければなら

ないとの要件は，その事実が単に検察官に知られていれば足りるということではなく，起訴状が被告人に対して防御対象たる事実を告知する機能を果たしていることを示している。

　刑事裁判は，犯罪を犯したと考えられる者の犯罪行為のみを裁く場であるから，犯罪行為だけが起訴され，審理されなければならない。したがって，起訴状には犯罪成立要件となる事実がすべて記載されていなければならない。そのために，起訴状に記載されている事実が犯罪を構成しない場合，犯罪を構成するのに十分な事実が含まれていない場合，あるいは犯罪成立要件となる事実が1つでも欠けている場合には，公訴事実の記載を欠く，もしくは防御対象の告知を欠いているとの理由で，起訴状は致命的な瑕疵を伴うことになり，公訴は棄却される（338条4号・339条1項2号）。これに対して，犯罪成立要件たる事実，すなわち訴因を明示・特定するのに必要な事実の他に，余分な内容が記載されている場合が余事記載である。

　余事記載は争点を不明確にしたり，混乱させたりするおそれがあり，場合によっては，裁判官に被告人が起訴状記載の犯罪事実を行ったのではないかとの予断を抱かせるおそれもある。起訴状には具体的に犯罪事実が記述され，起訴がされたときは，その謄本が遅滞なく被告人に送達されなければならないために（272条1項），防御対象たる事実を示す告知機能を果たすが，他方起訴状に書類その他のものを添付することにより，裁判官に予断を抱かせてはならない。したがって，訴因のこの告知機能を超えて，立証機能を果たすような資料の添付や引用は，弾劾・論争制度を害するために，256条6項違反となる。一般的にいえば，被告人に対する告知機能を満たさなければならないとの要件と，事実認定者に予断を抱かせてはならないとの要件の両方を充足する起訴状のみが，256条の下で適法なものといえ，この2つの要件を充足した上で，立証機能を果たさない余事記載や資料については，補正の機会を与えて削除がされれば，起訴を有効とすることができる。

3 具体的な諸問題

(1) 前科, 余罪の記載

① 前　　科

　前科とは，以前に確定判決により有罪と認定され，刑の言渡しを受けたことを指すが，前科は被告人の本籍地を管轄する地方検察庁が調書の形式で保管するので（規則304条，刑事確定訴訟記録法2条），前科の記載があれば，その前科はすべて確実に存在し，しかも法廷で証明できる事項であると考えられる。そこで，起訴状に前科が記載されると，事実認定者は以前にも犯罪を実際に犯していることを前提にして，起訴されている犯罪も行ったのではないかとの疑念を抱いてしまうおそれが生ずる。だが，被告人が以前に犯罪を行ったことがあるとの事実があるからといって，それが現在起訴されている行為が被告人によって行われたとの主張と関連性を持つと一般的にはいえないし，合理性もない。したがって，起訴状への前科の記載は，裁判官に予断を抱かせることになるので，許されないし，この違法性は治癒できない。もっとも，例えば，前科が累犯加重事由として働く場合には（刑56条・57条），前科は量刑を決定する際に考慮に入れなければならない事由であって，公訴事実の認定に不可欠の要因ではないので，起訴状に記載してはならず，証拠調べの手続で初めて提出することが許される。

　しかし，前科自体が犯罪の構成要件となっている場合がある。それが常習犯とよばれる一連の犯罪類型であり，常習賭博罪（刑186条），常習特殊強窃盗罪（盗犯等ノ防止及処分ニ関スル法律2条），常習累犯強窃盗罪（同3条），常習強盗傷人・強盗強姦罪（同4条），常習暴行・傷害（暴力行為等処罰ニ関スル法律1条ノ3）などの規定がある。これらの犯罪では，同種の犯罪行為を反復して行う常習性を理由として，刑が加重されて処罰されることになる。しかし，この常習性は，刑の加重事由として機能するだけではなく，犯罪成立の要件であって，例えば，常習賭博罪が成立するためには，以前に賭博を常習として行っていたことが要件である。したがって，常習性を示す前科の存在は，これらの犯罪が成立するための必須要件なので，起訴状に記載しなければならない。

また，前科事実が犯罪を成し遂げるための手段として用いられた場合には，この前科は起訴状に記載しなければならない。例えば，自分には傷害や殺人の前科がある等の言葉を弄して，相手に恐怖心を生じさせたうえで，恐喝を行った場合には，前科事実を利用することが犯罪の方法として用いられており，起訴状には犯罪の方法を明示しなければならないから，具体的に前科を述べた事実を起訴状に記載しなければならない。

② 余　　罪

余罪とは，ある特定の者に関して，被疑事件以外に捜査機関が捜査中である事件とか，すでに起訴はされているが，有罪・無罪がまだ確定していない事件を指す言葉であるが，前科とは異なり，確定判決により被告人がその犯罪を理由に有罪と認定されたわけではない。したがって，余罪が起訴状に記載されると，被告人は他にも犯罪を行っているから，起訴状記載の犯罪も行ったと推定されると示唆していることと等しい状態が生ずる。だが，この推定には合理性はない。起訴状に被告人の犯罪一覧表を添付したり，捜査機関に未届けの余罪があると推定されるとか，余罪の捜査中で追起訴が行われる見込みであるとの文言の記載は，事実認定者に対し，被告人は犯罪者としての性向をもっていることを強く印象づけることになる。しかも，これらの記載が被告人に対し，訴因の明示・特定の機能をもつこともない。そのため，このような余罪の記載は，いずれも余事記載であるが，その余罪について犯罪事実を具体的に記載していない場合には，証拠の添付・引用とまではいえず，削除を行わせれば足りるであろう。

(2) 悪性格・悪経歴の記載

被告人の悪性格とは，被告人に犯罪や非行を行う性向があることを意味し，悪経歴とは，例えば，暴力団員，博徒，アルコール中毒者，麻薬中毒者であったり，現在もそうであることを意味するが，暴力団員や博徒であることを手段として，恐喝や強要などの犯罪を行った場合には，起訴状に犯罪遂行の手段として記載することが許される。しかし，それ以外の場合には，事実認定者に対し，被告人は犯罪を行う傾向をもっていることを印象づける働きをするし，逆に訴因の明示・特定に役立つこともない。例えば，麻薬の吸引が公訴事実になっているときに，被告人が麻薬中毒患者である旨の記載があると，麻薬には

強い中毒症状があることは周知の事実であるために，再度麻薬の吸引を行ったのではないかとの予断を容易に抱かせることになろう。わが国の判例は，これとは反対に解し，前科の余事記載は256条6項に違反するが，それ以外の余事記載は，公訴事実と密接な関係があると見られるときには，それを記載しても違反しないと判断している。しかし，起訴状一本主義が求めていることは，起訴状が被告人に公訴事実について十分な告知を与えることと，他方で証拠調べに先立ち，起訴状により事実認定者が予断を抱かないようにすることである。この観点から考えると，余事記載と見られる部分が公訴事実と密接な関係をもっているかどうかは，それが犯罪の具体的事実を明確にするのに必要な場合を除けば，256条6項違反の判断基準とすることはできない。

(3) 犯罪の動機・原因の記載

公訴事実は，訴因の形式で，日時・場所・方法を記載して，だれが，いつ，どこで，どのような方法で，いかなる犯罪を行ったかを明示することにより，被告人に防御対象を告知することを目的としている。そこで，犯罪の動機や原因自体は，犯罪成立の構成要素となることはないため，余事記載となる。だが，犯罪の動機や原因が，犯罪の状況証拠として働いたりする場合があることは考えられないわけではなく，このときに，動機や原因を示す事情が起訴状に記載されると，それが事実認定者に予断を与えるおそれがある。したがって，そのように考えられる部分は，余事記載として削除を促し，削除がされれば，起訴状は有効としてよいと思われる。

(4) 文書の全文または相当な部分の引用

文書の表現自体が犯罪を構成する場合には，その文書をどこまで引用できるかが問題となる。例えば，恐喝罪における脅迫文書や名誉毀損罪における名誉毀損文書は，犯罪の方法として特定しなければならないために，起訴状に記載しなければならないが，他方この文書自体は，公判で，証拠書面として証拠調べの対象になる。そのために，起訴状に文書の内容を引用してしまうと，それが事実上，証拠の存在とその内容を示してしまい，証明機能を果たしてしまうからである。

この問題に対処する1つの方法として考えられるのは，要約摘示である。こ

の方法では，文書内容が検察官の言葉で要約されるために，ともすれば，具体的にいかなる文言が使われているかが不明確な場合が出てくることもある。そこで，脅迫や名誉毀損に当たることを直接示していると明白に考えられる言葉については，引用が許されると考えられる。しかし，脅迫や名誉毀損がすべて直接的・直截な文言で書かれているとは限らない。婉曲的な表現が用いられているときには，要約することは必ずしも容易ではなく，また正確性も低くなることがある。他方，文書の中に脅迫内容や名誉毀損内容が含まれているか否かの解釈が問題となる場合には，それを要約することはむしろ不適切といえよう。

このように，文書の形態にはさまざまなものがあることを考えると，一律に要約摘示でなければならないとか，一部引用やほぼ全体に及ぶ引用は許されないということはできない。事例ごとに解決することがもっとも適切な方法であると思われるが，一般的な基準を立てるならば，訴因を明示・特定し，その告知機能を充足させるためには，文書の意味内容を正確に伝達するために，文書の引用は許されるが，文書が証拠として存在することを示唆するような文言，例えば，「拝啓」，差出人や受取人の住所・氏名，「印」，差出人「殿」というような文言は削除させれば足りることもあろうし，場合によっては資料の添付・引用として，256条6項違反となることもあろう。また，事件の経過や状況を説明する事実の記載は削除させれば足りようし，裁判の公正さに疑いを抱かせるような方法での文書の記載は，6項違反として処理することになる。

〔参考文献〕
渥美東洋『刑事訴訟法（新版補訂）』有斐閣，2001年
渥美東洋編『青林書院双書刑事訴訟法』青林書院，1996年
池田修・前田雅英『刑事訴訟法講義』東京大学出版会，2004年
椎橋隆幸編『基本問題刑事訴訟法』酒井書店，2000年
椎橋隆幸編『はじめて学ぶ刑事訴訟法』三嶺書房，1993年

第14章 ■ 証 拠 開 示

> **本章のポイント**
>
> 捜査過程では犯罪者の発見・確保と犯罪の解明が中心となるのであって、被疑者と捜査機関とがそれぞれ将来行われるであろう公訴提起と公判手続に向けて準備を行う過程ではない。そこでは、被疑者は捜査の対象であり、身柄拘束下での取調べが行われ、捜索・押収などの活動がされ、犯罪に関係する証拠が捜査機関の手元に移される。それに対して、公訴が提起されると、弾劾主義・論争主義が働き、検察官と被告人は、それぞれ事件に関わる当事者として活動することになる。論争主義は、検察官と被告人・弁護人との間での十分な主張と立証の展開を前提とする制度である。そして、弾劾主義の下で、検察官が立証責任を負い、合理的な疑いを超える程度に被告人の犯罪事実を証明しなければならない。この証明に被告人が合理的な疑いを差し挟めば、有罪判決を下すことは許されなくなる。被告人がこの合理的な疑いを差し挟むためには、事前に検察官がどのような証拠により証明を行おうとするのかを精査した上で、公判に臨む必要がある。例えば、反対尋問で明確なように、何の準備もなく反対尋問をしようとしても、効果はなく、逆に証言内容を追認するようなことになる場合が多々あるのは、よく知られた事実である。被告人が十分に反証を行うのを保障し、論争主義が無にならないようにするためには、事前の証拠開示が必須不可欠なのである。これまでの刑事訴訟法の規定では、証拠開示は極めて不十分であり、判例により、検察官の主尋問後の反対尋問にあたり、開示の具体的必要性を示したうえで、証拠破壊等のおそれがないときに、裁判所が訴訟指揮権に基づいて開示命令を下すことができるのみであった。しかし、2004年に平成16年5月28日法律第62号により、争点および証拠の整理手続の一環として公判前整理手続が設けられ、その中で証拠の開示に関して大幅な改正が行われた。

1 証拠開示の意義と制度

憲法は刑事被告人に対し、告発事実に関して告知・聴聞を受ける権利（憲31

条),公正で迅速な公開裁判を受ける権利（憲37条1項），自己に不利益な証人を喚問し，告発者と対決し，自己に有利な証人を強制的に喚問する権利（憲37条2項），そして政府が犯罪構成要件事実を合理的な疑いをこえる程度まで立証する責任を果たしていることを確実にするために（憲38条1項），弁護人の助力を受ける権利（憲37条3項）を保障している。これらの基本権は，被告人が公判廷において政府の主張とその証明に反駁できることを可能にする権利であるが，いかにこの権利が保障されていようとも，反証の基礎となる具体的な根拠・資料がなければ，反証は不可能となる。しかも，この反証の機会は一般的・抽象的に存在すれば足りるというものではなく，政府が具体的な証拠を提出したり，証人を尋問するにあたり保障されなければならない。

　憲法が37条で保障している論争主義は，当事者主義というような言葉で意味されるような，当事者が対等の立場に立ち，平等に武器を持って攻撃・防御を行うという制度を意味するのではない。刑事裁判は政府の必要により，政府が開始するものであるから，犯罪の構成要素たる事実を証明するのは政府の責任であり，被告人はその証明に合理的な疑いがあることを示せば，罰せられることはない。憲法が体現している論争主義（Adversary System）とは，犯罪構成事実に関する政府の証明に対して，被告人が積極的に反駁・反証を行い，それでも政府が合理的な疑いを超える程度の立証責任を果たしていると認められるときに初めて，被告人を有罪にすることができるという制度である。したがって，政府の証明が被告人によるあらゆる側面からの批判に耐えることが示されることにより，有罪判決と刑罰が被告人を含めた一般人に対しても合理性を持つことになる。被告人の反証を十分なものとするためには，検察官の手持ち証拠や，その他法廷に提出される可能性のあるあらゆる証拠を用いて，被告人が検察官の証明を批判できるようにしなければならない。この目的の達成を可能にするのが，証拠開示制度である。証人の反対尋問に関してよくいわれるように，対象となる証人の背景も含めて，その証人がどのようなことを法廷で証言するだろうかまで調べて反対尋問に臨まないと，効果がないのである。

　これに対して，捜査段階は政府と被疑者がそれぞれ独立して，公判に向かって準備活動を行う段階であり（弾劾的捜査観），公判では被告人に弁護人が提供され，無罪の推定の原則が働き，政府が合理的な疑いを超える程度の立証責任を果たしたときに有罪判決が下されることを理由に，当事者がそれぞれ自らの

活動で収集した証拠は各自の成果であって，相手方に開示する必要はない（作業成果法理）との主張が展開されることがある。この理論は，公判廷で両当事者がそれぞれ自分の側の立証にあたり証拠を提出し，相手方はそれに対応して反証することしかできないとの結果を招くが，これでは公開の法廷での相手方の主張・立証に対する十分な反証を保障することはできない。さらに，当事者主義という訳語から飛躍して，当事者は訴訟では対等でなければならず，そのためには平等な武器を持たなければならないことを前提にして，証拠開示を正当化しようとする論理がある。この論理は，訴訟が全く対等の立場に立つ当事者の間で行われるとの虚構に立脚している点で誤っているし，訴訟の当事者間の地位について平等原則などは働かないし，憲法が被告人の基本権保障を図っていることから，根本的な視点，論理の出発点が誤っている。このような問題はすべて「当事者主義」という文言を裁判の歴史や憲法から切り離して，この文言から意図的にもしくは無意識に，その内容を決めているにすぎない。そのために，この文言は使うべきではなく，代わりに「論争主義」という文言を用いるべきであろう。

　他方で，犯罪を犯して利益を得ようとする者が必ず存在するように，証拠開示がされるとその証拠を破壊・隠滅して刑罰を逃れようとする者がいることは，当然に考えられるところである。証拠開示制度は，論争主義を実効化するのに不可欠であるために，この制度のもつ消極的な側面を最小限にしたうえで，維持することには合理性がある。証拠がひとたび破壊されてしまえば，適正な事実認定を行うことは不可能となり，裁判制度が揺らぐことになる。日本の裁判所が証拠の全面開示は認めず，反対尋問に先だって証人の捜査段階での供述調書の内容を被告人が知っておく必要性が認められるときに初めて開示を命じるというように，証拠開示に極めて消極的であったのは，このような理由があるからだといえる。だが，すべての事件ではないにせよ，裁判員が参加する裁判では，連日法廷が開かれる状況を前提とすると，これでは不十分であることになる。証拠開示の問題をめぐっては，このように開示の重要性と開示から生ずる証拠破壊の危険性の両方をよく考えたうえで，判断する必要がある。

2 現行法の下での証拠開示制度（平成16年5月28日法律第62号も含めて）

(1) 法律第62号による改正前の制度

① 40条は、弁護人が公訴提起後に、裁判所において、訴訟に関係する書類や証拠物を閲覧・謄写することができると規定する。この規定は裁判所に提出された書類や証拠で、裁判所に保管されているものに限定され、さらに256条6項の起訴状一本主義が働くために、公判期日に政府が立証目的で提出しようと意図している証拠に事前に接することはできない。

② 99条2項は、裁判所が差押え物を指定し、その所有者や保管者にその提出を命ずることができると規定している。この規定は「裁判所」すなわち受訴裁判所の権限を示したものであるが、その裁判所が起訴状を受理した段階では、事件内容を知悉していないし、いかなる証拠が必要かなどは判明していないのであるから、提出命令を下すことがあるとは考えられない。また、この規定は、裁判所がその事実認定に必要であると考える証拠を収集するために提出命令を下すことができることを定めたものであるから、本来、当事者に証拠を開示するねらいを持つものではない。

③ 180条は、179条1項の被告人・弁護人による証拠保全の請求の規定を受けて、弁護人は裁判所において、書類・証拠物の閲覧・謄写ができると定めている。179条は「証拠を使用することが困難な事情」が存在することを条件とするが、それには証拠の散逸や破壊、証人の死亡や証言不能、供述の変更のおそれなどが含まれる。しかし、この請求は第1回公判期日前に限られているために、検察官が公判でどのような証拠を提出するかは、この時点では判断できないので、被告人が自ら証拠や証人の存在を知り得た場合を除けば、この規定を利用することはほとんど不可能であるし、規定自体も開示を目的としたものではない。

④ 299条1項は、当事者が証拠の取調べを請求する場合には、事前に相手方に対し、氏名・住所を知る機会や閲覧の機会を与えなければならないと定める。この規定に呼応して、規則は、第1回公判期日前に証人の氏名・住所について、なるべく早い時期にそれを知る機会を与えなければならないとし（規則

178条の7），検察官は被告人・弁護人に対し，閲覧する機会を与えるべき書類や証拠物があるときは，公訴提起後速やかにその機会を与えなければならず，弁護人は検察官に対し，閲覧する機会を得た証拠物について326条の同意をするかどうかをすみやかに通知し（規則178条の6第1項1号・2項2号），また，逆に検察官に閲覧する機会を与えるべき書類や証拠物があるときは，すみやかにその機会を与えなければならない（同3号）と規定している。これにより，当事者双方が「不意打ち」を受けるのを回避し，防御の準備を行うことが可能になる。しかし，当事者に証拠の取調請求をする意思がない場合には，その証拠はこの規定の対象とはならない。検察官が取調請求をする意思のある証拠は，被告人の有罪を立証するのに関連性があり，重要な証拠ということになるが，それ以外の証拠の中に，被告人の有罪を疑わせるとみることもできる証拠が存在する可能性もあり，この規定の下では，そうした証拠は開示の対象にはならない。

⑤　300条は，321条1項2号後段の規定により証拠とすることができる書面（検察官面前供述録取書＝検面調書で，その供述内容が公判廷における供述内容と不一致の書面）については，検察官は必ずその証拠の取調べを請求しなければならないと定めている。証拠の中で，外部からの圧力に最も弱いのが証人の証言であり，特に組織犯罪などの場合に，証人に対して威迫や買収などさまざまな影響が及ぼされ，そのために本来知り得た事実とは別の内容を証言するおそれがある。この事態を阻止するために，226条・227条は捜査に不可欠の知識を持つと認められる者，威迫を受けたために前に任意に行った供述と異なる供述をするおそれがある者に関して，第1回公判期日前に限り，検察官に証人尋問請求を認めて，供述の凍結を図り，321条1項2号後段が前の不一致供述を実質証拠として認めることにより（ただし，前の不一致供述が公判廷での証言よりも信用できることが判明したことを要件とすべきである），事実認定が不合理なものにならないようにしている。226条・227条の下で録取された供述の中には，被告人に有利・不利なものの両方が含まれるであろうが，検察官には，被告人に対して不利な供述だけを公判廷に提出しようという心理的要因が働くことは否定できないために，300条はすべての録取書面の取調請求義務を検察官に課している。問題は，検面調書の存在自体が被告人に知られていないときには，被告人はいかんともしがたい状況が生ずるということである。このとき，検察官

には真実義務があるとしても，被告人にとっては何の意味もないことになる。

(2) これまでの判例の流れ

　糾問・職権主義の下では，捜査で集められた一件記録が起訴と同時に予審裁判官から公判審理を行う裁判長に手渡されたので，被告人は起訴がされれば，第1回公判期日前でもそれらの証拠を閲覧することができた。だが，起訴状一本主義に基づく現行刑事訴訟法の施行後，当初のうちは実務の慣行で証拠の閲覧・謄写ができたが，その後公安事件，選挙違反事件，贈収賄罪に係る否認事件で，証拠開示が拒否される事例が生ずるようになった。

　最高裁は，第1回公判期日での人定質問の後の弁護人からの証拠開示請求に対して検察官が書証の一部閲覧・謄写を許し，その他の証拠の開示を拒否した事例で，証拠の全面開示を求める条文，あるいは裁判官に証拠開示命令の権限を認める条文がないことを理由に，全面開示は認められないと判断した（最決昭和34・12・26刑集13巻13号3372頁）。翌年には，300条による検面調書の取調べを請求するかどうかは検察官の判断に委ねられていて，証拠取調請求の義務はなく，進んで相手方に証拠を閲覧させる義務もないと判断した（最決昭和35・2・9判時219号34頁）。これら2つの判断により，証拠開示は認められないかのような状況が現れるにいたった。だが，検察官側の証人に対する主尋問終了後反対尋問開始前に，300条の要件の有無を判断するために，その証人の検面調書の提出を命じた下級審判例が現れ（札幌地岩見沢支決昭和42・11・9下刑集9巻11号1456頁），さらに裁判所は具体的事情において，証拠の内容や開示の時期と政府の利益とを比較したうえで，訴訟指揮権に基づいて，検察官に証拠開示を命ずることができるとの判断が現れた（大阪地決昭和43・7・30判時525号24頁）。

　この大阪地裁決定にもかかわらず，検察官がその決定に従わなかったために特別抗告がされたとき，最高裁は，裁判所は適切な裁量により公正な訴訟指揮を行い，訴訟の合目的的進行を図るべき権限と職責を有するから，証拠調べの段階に入った後，弁護人から具体的必要性を示した証拠の閲覧請求がされた場合，事案の性質，審理の状況，開示請求がされている証拠の種類や内容，閲覧の時期など諸般の事情を考慮し，その閲覧が被告人のために特に重要であり，他方で証拠隠滅等の弊害を招くおそれがなく，開示が相当であると認めるとき

は，訴訟指揮権に基づき，弁護人による証拠の閲覧を検察官に命ずることができると判断した（最決昭和44・4・25刑集23巻4号248頁）。だが他方で，最高裁は同日，裁判所が検察官の申請する証人の証拠採用を決定する前に，同証人の反対尋問のため必要であるとの理由で，検察官に対して，その証人の検面調書を弁護人に閲覧させることを命じた場合，その閲覧を主尋問終了後反対尋問開始前と指定したとしても，その閲覧は被告人の防御のために特に重要であるとはいえず，またこの段階（証拠採用決定前）で証人威迫や罪証隠滅のおそれがないとするのは時期早尚であって，証拠開示命令は違法であると判断した（最決昭和44・4・25刑集23巻4号275頁）。このように，最高裁の判断は，極めて狭い範囲でしか証拠開示を認めず，しかも裁判所が弁護人に代わって，ある証拠・証人が弁護にどの程度重要であるかまで判断できるかのように読める文言まで使っている。

(3) 法律第62号による改正――公判前整理手続と証拠開示

法律第62号による刑訴法の一部改正により，公判審理の継続的・計画的・迅速な進行のために必要があると認めるときは，裁判所は，第1回公判期日前に，決定で，事件を公判前整理手続に付すことができ（316条の2），そこでは，訴因や罰条を明確にしたり，それらの追加，撤回または変更を許したり，争点を整理することと共に，証拠開示に関する裁定をすることが定められた（316条の5第10号）。まず，公判前整理手続は，被告人に弁護人がいなければ開始することはできず（316条の4），裁判所はその場合に職権で弁護人を付することができる（316条の8）。弁護人がいなければ，法律の素人である被告人が，自ら意見を述べることなど不可能だからである。被告人の出頭は必要的ではなく，他方で被告人の出席を求めて，弁護人の陳述や弁護人が提出する書面について被告人の意思を確かめる必要があるときは，その出席を求めることができる（316条の10）。

公判前整理手続における証拠開示は，大きく三段階に分けられるといわれている。以下，第一段階①から第三段階③の順で説明することにする。

① 検察官による立証予定の明示と証拠開示
A．検察官による証明予定事実記載書面の提出（316の13）

まず，この手続では，検察官は公判廷で証明を予定している事実を記載した

書面（証明予定事実記載書面）を裁判所および被告人または弁護人に送付しなければならず，そのときに裁判所に予断を生ぜしめる資料を添付してはならない（316条の13第1項）。

B．検察官請求証拠の開示（316の13第2項，316の14）

このとき，検察官は証明予定事実を証明するのに用いる証拠の取調べを請求しなければならない（同第2項）。この取調べを請求した証拠については，速やかに，開示しなければならず，証拠書類または証拠物を閲覧（被告人について）・謄写（弁護人については両方）する機会を与えなければならない（316条の14第1項）。証人，鑑定人，通訳人または翻訳人についても，同様にその氏名と住居を知る機会を与え，その者の供述録取書のうち，公判廷において供述すると思料する内容が明らかになる書面を閲覧したり，謄写する機会を与えなければならない（同条第2項）。

② 被告人からの請求による，類型証拠の開示（316の15；316の16（被告人の証拠意見））

検察官は，前条の規定による開示をした証拠以外の証拠で，次に掲げる証拠の類型のいずれかに該当し，かつ特定の検察官請求証拠の証明力を判断するために重要であると認められるものについて，被告人または弁護人から開示の請求があった場合には，その重要性の程度その他の被告人の防御の準備のために当該開示をすることの必要性の程度ならびに当該開示によって生じる虞のある弊害の内容および程度を考慮し，相当と認めるときは，速やかに同条第1号に定める方法による開示をしなければならない。この場合において，検察官は，必要と認めるときは，開示の時期もしくは方法を指定し，または条件を付することができる（316条の15）。

一号　証拠物
二号　321条2項に規定する裁判所または裁判官の検証の結果を記載した書面
三号　321条3項に規定する書面またはこれに準ずる書面
四号　321条4項に規定する書面またはこれに準ずる書面
五号　次に掲げる者の供述録取書等
　　イ　検察官が証人として尋問を請求した者
　　ロ　検察官が取調べを請求した供述録取書等の供述者であって，当該供述録取書等に326条の同意がされない場合には，検察官が証人として

尋問を請求することを予定しているもの
六号 前号に掲げるもののほか，被告人以外の者の供述録取書等であって，検察官が特定の検察官請求証拠により直接証明しようとする事実の有無に関する供述を内容とするもの
七号 被告人の供述録取書等
八号 取調べ状況の記録に関する準則に基づき，検察官，検察事務官または司法警察職員が職務上作成することを義務付けられている書面であって，身体の拘束を受けている者の取調べに関し，その年月日，時間，場所その他の取調べの状況を記録したもの（被告人に係るものに限る）

　被告人または弁護人は，前項の開示の請求をするときは，次に掲げる事項を明らかにしなければならない。
　　イ　前項各号に掲げる証拠の類型および開示の請求に係る証拠を識別するに足りる事項
　　ロ　事案の内容，特定の検察官請求証拠に対応する証明予定事実，開示の請求に係る証拠と当該検察官請求証拠との関係その他の事情に照らし，当該開示の請求に係る証拠が当該検察官請求証拠の証明力を判断するために重要であることその他の被告人の防御の準備のために当該開示が必要である理由

六号は大変わかりにくい規定となっている。この点について，例えば；
(ｱ) 強盗の現場で複数の目撃者がいたとして，それらの目撃者が検察官の面前で，犯人の特定について確実性が異なる供述を行い，そのような供述調書が作成されていたときのその調書や，交差点内での車両同士の衝突の事例で，被告人車両の進行方向の信号が赤であったことを供述した目撃者の供述録取書があったときに，同じ事故現場でやはり事故を目撃した別の目撃者が，被告人車両の進行方向の信号は青であったと供述した供述調書があったときの，その供述調書などが開示の対象となると考えられている。
(ｲ) 複数の鑑定書があるとしたときに，検察官が自らの主張を裏付けるものではないと判断しているとの理由で，証拠請求されていない鑑定書（椎橋　現代刑事法6-12-19）なども開示の対象になるとされている。
(ｳ) また，証人が公判廷で証言すると考えられる内容と全く関連性のない事項を述べている供述調書などは開示の重要性が認められない（辻　現代刑

事法 6 -11-51)。

(エ) 『事実の有無に関する供述』の意義

　ここにいう『供述』とは事実の有無についての原供述を意味するのであり，捜査報告書は捜査官が原供述を聴取してそれを記載したものであるから，316の15①六の類型には該当しない（大阪高決平18-10- 6)。すなわち，この『供述』には伝聞供述は含まれない。確かに捜査報告書は警察官の『供述書』だが，実質的には第三者の供述を録取した書面であるから，第三者の署名・押印がない以上，本号の『供述』を内容とするものとはいえず，本号に該当する証拠と認めることはできない（東京高決平18-10-16)。

(オ) 八号については，取調べ状況報告書が考えられる（三省堂デイリー六法巻末書式参照)。この報告書は取調べ状況記録書面と呼ばれることもある。

③ 今回の改正では，被告人または弁護人に対しても，検察官による証拠開示と同様の開示義務を課している。316条の17は，被告人または弁護人が，316条の13第 1 項の書面の送付を受け，かつ316条の14および316条の15第 1 項の規定による開示をすべき証拠の開示を受けた場合に，その証明予定事実その他の公判期日においてすることを予定している事実上および法律上の主張があるときは，裁判所および検察官に対し，これを明らかにしなければならないことを求め，316条の13第 1 項後段の規定を準用して，手続を定めている。さらに，被告人または弁護人は，316条の17第 1 項の証明予定事実があるときは，これを証明するために用いる証拠の取調べを請求しなければならず。この場合には，316条の13第 3 項の規定に従うことになっている。

　316条の18は，被告人または弁護人が，前条第 2 項の規定により取調べを請求した証拠については，速やかに，検察官に対し，次に掲げる証拠の区分に応じ，当該各号に定める方法による開示をしなければならないと定めている。

　一号　証拠書類または証拠物　　当該証拠書類または証拠物を閲覧し，かつ，謄写する機会を与えること。

　二号　証人，鑑定人，通訳人または翻訳人　　その氏名および住居を知る機会を与え，かつ，その者の供述録取書等のうち，その者が公判期日において供述すると思料する内容が明らかになるもの（当該供述録取書等が存在しないとき，またはこれを閲覧させることが相当でないと認めるときにあっては，その者が公判期日において供述すると思料する内容の要旨を記載

した書面）を閲覧し，かつ，謄写する機会を与えること。
　以上が証拠開示に係る三段階にわたる手続である。
　④　開示証拠についての同意・不同意の意見表明（316の16）
　次に，被告人または弁護人，そして検察官は開示を受けた証拠について，それぞれ326条の同意をするか否かの意思表明をしなければならない。316条の16は，被告人または弁護人が，316条の13第1項の書面の送付を受け，かつ316条の14および前条第1項の規定による開示をすべき証拠の開示を受けたときは，検察官請求証拠について，326条の同意をするかどうか，またはその取調べの請求に関し異議がないかどうか，の意見を明らかにしなければならないことを求めている。他方で，316条の19は，検察官が前条の規定による開示をすべき証拠の開示を受けたときは，316条の17第2項の規定により被告人または弁護人が取調べを請求した証拠について，326条の同意をするかどうかまたはその取調べの請求に関し異議がないかどうかの意見を明らかにしなければならない。
　⑤　検察官の，主張関連証拠の開示
　改正法はさらに，検察官に，被告人または弁護人による証明予定事実の主張に関連すると考えられる証拠についてまで，請求があったことを要件として，開示をすることを要求している。316条の20は，検察官は316条の14および316条の15第1項の規定による開示をした証拠以外の証拠で，316条の17第1項の主張に関連すると認められるものについて，被告人または弁護人から開示の請求があつた場合に，その関連性の程度その他の被告人の防御の準備のために当該開示をすることの必要性の程度ならびに当該開示によって生じるおそれのある弊害の内容および程度を考慮し，相当と認めるときは，速やかに，316条の14第1号に定める方法による開示をしなければならないと定める。この場合，検察官は，必要と認めるときは，開示の時期もしくは方法を指定し，または条件を付することができるが，被告人または弁護人は，このとき，㋑開示の請求に係る証拠を識別するに足りる事項と㋺316条の17第1項の主張と開示の請求に係る証拠との関連性その他の被告人の防御の準備のために当該開示が必要である理由を明らかにしなければならない。
　この主張関連証拠の開示について，最三決平19・12・26は，被告人が警察官面前での供述調書の任意性を争い，警察官の取調べメモ（手控え）や備忘録などの開示を316条の20第1項に基づいて開示請求した事案において，次のよう

に判断した。(a)証拠開示制度が争点整理と証拠調べを有効かつ効率的に行うことを趣旨としている点に鑑みると、316条の26第1項の証拠開示命令の対象となる証拠は、検察官が現に保管している証拠に限られず、当該事件の捜査の過程で作成され、又はその過程で入手された書面等であって、公務員が職務上現に保管し、かつ検察官において容易に入手される証拠も含まれる。(b)犯罪捜査規範13条により作成を義務づけられ、取調警察官が、同条に基づき作成した備忘録であって、取調べの経過その他参考となるべき事項が記載され、捜査機関において保管されている書面は、個人的メモの域を超え、捜査機関の公文書ということができ、これに該当する備忘録は、当該事件の公判審理において、取調べ状況に関する証拠調べが行われる場合には、証拠開示の対象となりうる。

　（注）　犯罪捜査規範13条
　　警察官は、捜査を行うに当り、当該事件の公判の審理に証人として出頭する場合を考慮し、および将来の捜査に資するため、その経過その他参考となるべき事項を明細に記録しておかなければならない。

⑥　証明予定事実の追加又は変更

検察官と被告人または弁護人は、証明予定事実を追加したり、変更したりする必要があるときには、追加または変更すべき書面を速やかに裁判所に提出し、かつそれぞれ相手方に送付しなければならない。その証明予定事実を証明するために用いる証拠の取調べの請求を追加する必要があると認めるときは、速やかに、その追加すべき証拠の取調べを請求しなければならない（316条の21・316条の22）。

⑦　証拠開示の時期若しくは方法の指定

改正法は、当然のことながら、証拠破壊や証拠隠滅のおそれについても配慮している。316条の25は、裁判所は、証拠の開示の必要性の程度ならびに証拠の開示によって生じるおそれのある弊害の内容および程度その他の事情を考慮して、必要と認めるときは、316条の14の規定による開示をすべき証拠については検察官の請求により、また316条の18の規定による開示をすべき証拠については被告人または弁護人の請求により、決定で、当該証拠の開示の時期若しくは方法を指定し、または条件を付することができると定める。この場合、裁判所は、前項の請求について決定をするときは、相手方の意見を聴かなければならない。

⑧ 証拠開示命令

証拠開示の手続に従って，検察官や被告人または弁護人が証拠を開示していないと裁判所が認めるときには，裁判所に開示命令を下す権限が与えられている。316条の26は，裁判所が，検察官が316条の14もしくは316条の15第1項もしくは316条の21第1項の規定による開示をすべき証拠を開示していないと認めるとき，または被告人もしくは弁護人が316条の18の規定による開示をすべき証拠を開示していないと認めるときは，相手方の請求により，決定で，当該証拠の開示を命じなければならないと定める。この場合，裁判所は，相手方の意見を聴いたうえで，開示の時期もしくは方法を指定し，または条件を付することができる。

裁判所は，316条の25第1項または316条の26第1項の請求について決定をするにあたり，必要があると認めるときは，検察官，被告人または弁護人に対し，当該請求に係る証拠の提示を命ずることができる。この場合においては，裁判所は，何人にも，当該証拠の閲覧または謄写をさせることができない（316条の27第1項）。また，裁判所は，被告人または弁護人の316条の26第1項に基づく請求について決定をするにあたり，必要があると認めるときは，検察官に対し，その保管する証拠で，裁判所が指定する範囲に属するものの標目を記載した一覧表の提示を命ずることができる。この場合においては，裁判所は，何人にも，当該一覧表の閲覧または謄写をさせることができない（316条の27第2項）。ここで，証拠や証拠の標目の一覧表を何人にも閲覧，謄写させることができないとしているのは，1つには証拠開示手続をいわゆる証拠あさりの手段にしないことと証拠破壊のおそれを防ぐためであると考えられる。

⑨ 期日間整理手続

公判審理の継続的・計画的な進行のために公判前整理手続を定めたとしても，必ずしも当初の計画に従って審理が進むとは限らない。そこで法は期日間整理手続を定めて，その場合に対応している。316条の28は，裁判所が審理の経過にかんがみ必要と認めるときは，検察官および被告人または弁護人の意見を聴いたうえで，第1回公判期日後に，決定で，事件の争点および証拠を整理するための公判準備として，事件を期日間整理手続に付することができると定める。

以上が，新しく創設された証拠開示の手続であるが，公判前整理手続または期日間整理手続に付された事件を審理する場合には，289条第1項の必要的弁

護事件に該当しないときであっても，弁護人がなければ開廷することはできないし（316条の29），公判前整理手続に付された事件について，被告人または弁護人は，証拠により証明すべき事実その他の事実上および法律上の主張があるときは，296条の検察官による冒頭陳述の手続に続いて，これを明らかにしなければならない（316条の30）。また，公判前整理手続に付された事件および期日間整理手続に付された事件については，裁判所は，公判期日において，当該公判前整理手続の結果もしくは当該期日間整理手続の結果を明らかにしなければならない（316条の31）。さらに，公判前整理手続または期日間整理手続に付された事件については，検察官および被告人または弁護人は，298条第1項の規定にもかかわらず，やむをえない事由によって公判前整理手続または期日間整理手続において請求することができなかったものを除いては，当該公判前整理手続または期日間整理手続が終わった後には，証拠調べを請求することができない（316条の32）。おそらく，不意打ちの機会を最小限にするのがこの整理手続の持つ1つの意味であるとするならば，この「やむをえない事由」は厳格に解されることになろう。

これまで判例により作り上げられてきた証拠開示制度は，公判前整理手続が開かれない場合には，従来通り利用されることになるが，公判前整理手続における証拠開示制度がはるかに充実したものであることを考えると，これからは後者の方が多用されていくことになろう。わが国の証拠開示制度がようやくこのように整備されることにより，これまで大部分が書証に依存してきた裁判ではなく，公判廷での十分な論争による裁判が可能になるように思われる。

〔参考文献〕
渥美東洋『刑事訴訟法（新版補訂）』有斐閣，2001年
渥美東洋編『青林書院双書刑事訴訟法』青林書院，1996年
池田修＝前田雅英『刑事訴訟法講義』東京大学出版会，2004年
椎橋隆幸編『基本問題刑事訴訟法』酒井書店，2000年
椎橋隆幸編『はじめて学ぶ刑事訴訟法』三嶺書房，1993年
法学教室
岸・横川『事実審理』有斐閣，1960年
Report of the Attorney General's Committee on Poverty and the Administration of Federal Criminal Justice（The Allen Report, 1963）

第15章 ■ 迅速な裁判と公訴時効の制度

本章のポイント

　有罪となるか無罪となるかは，被告人にとってきわめて大きな問題であるから，十分に時間を費やした，被告人に納得のいく裁判をする必要があることはいうまでもない。しかし，比較的短い収監刑が科されるか否かの裁判に10年も15年も費やすことに意味があるかは疑わしいし，何よりも裁判につなぎとめておかれることにさまざまな不利益が伴うことに注意しなければならない。被告人の地位に伴う避けることのできない社会的，経済的，精神的負担を超えた不必要な苦痛から被告人を保護することに，憲法37条が迅速な裁判を受ける権利を被告人に保障した第1の意義がある。事件の審理に必要な限度を超えた，被告人側に責任のない理由により裁判が著しく遅延した場合，訴追を維持する正当な利益が失われるにいたるので，裁判は打ち切られるべきことになる。これに対して，公訴時効の制度は，事件を訴追しないまま，一定の時間が経過することにより，証拠が散逸し，被告人側が無罪を立証することが難しくなるという防御上の不利益を主として考慮したものである。併せて，時間の経過により，犯人に対する処罰感情も薄れていくという事実も考慮に入れ，犯罪から一定期間を経過した後は，公訴を提起できないことを認めるものである。両者のこの違いと機能上類似した役割を果たす側面とを意識しながら読んでいくと理解が容易である。

1 迅速な裁判を受ける権利

(1) 迅速な裁判を受ける権利の意義

　裁判が当事者間の争訟を解決する手段であると考えるとき，その解決は単なる実定法や制定法の適用の合法性の観点からではなく，「正義」の観点から実現されなければならない。裁判は必ず当事者間の具体的事情を対象として行われるのであり，その事情に適切な配慮をした，両当事者が「公正」と考える判

断が最終的に下されなければならない。なぜなら，実定法や制定法はこの具体的事情を考慮に入れているわけではない，一般的・抽象的な基準であるために，法律を単に適用することにより，「公正な」判断が得られると考えるわけにはいかないからである。このように，正義は個別的・具体的な二当事者間の関係で実現されなければならないものであるために，当事者の双方が，実体的にも，手続的にも「不公正な」取扱いを受けてはならないことになる。しかも，刑事裁判は，基本的に政府の必要により，政府が開始する手続であることを考えると，この要請は刑事被告人について強く当てはまる。

裁判には必ず相手当事者がおり，とりわけ，不利益を受ける当事者が納得のできる争い方がされ，納得のできる理由が示されなければならない。判断についての納得のできる理由が合理的な期間内に示されない場合には，裁判の本来の機能である争訟の解決がされないだけでなく，不利益を受ける当事者の行動の選択の自由が大きく制限されることになる。裁判は争訟を合理的に解決して，市民ができるだけ早く自由な選択のできる，安定した生活に戻ることができるようにするのが，その目的だからである。このために，裁判の遅延は被告人に対して，その地位の不安定をもたらし，社会生活において収入の路が閉ざされたり，教育が受けられなかったり，家庭関係が壊れるなどのさまざまな不利益を生ぜしめ，それが，圧政・抑圧の手段となることがある。裁判の遅延が圧政・抑圧として働いてはならないとの命題は，根本的には「正義」の概念に由来しており，このために，迅速な裁判を受ける権利は，立法府の判断事項である法律上の権利としてではなく，市民の憲法上の基本権として保障されている。

(2) 迅速な裁判を受ける権利の法的性質

憲法に規定された権利が具体的内容をもつ権利として，どこまで実効性をもつかは大きな問題である。憲法の基本権の中には，直ちには実行ができないプログラム規定として位置づけられる権利があるという考え方があり，その理由として，その権利を制度として実現するためには社会における財政的，人的資源・基盤が欠如していることが挙げられている。最高裁も，当初はこの権利について明確な指針をもっておらず，「裁判に迅速を欠いた違法があるからといって，第2審判決を破棄すべきものとすれば，差戻の外はない。しかし，そうしたならば，裁判の進行は更に一層阻害されて，憲法の保障はいよいよ裏切

られる矛盾を生ずるであろう。それ故裁判が迅速さを欠き憲法37条1項に違反したとしても，それは判決に影響を及ぼさないことが明らかであるから，上告の理由とすることができない」と判示していた（最大判昭和23・12・22刑集2巻14号1853頁）。この判断の背景には，戦前の実体的真実主義と糾問・職権主義，そして合法性の原理が強く働いていた。裁判の進行には裁判官が責任を負っているのであり，したがって裁判が遅延した時には，その裁判官の責任を追及することが必要であり，立法府による具体的な指針が法律の形で示されないかぎり，裁判所は具体的な措置を講ずることができないと考えられていた（糾問・職権主義や弾劾・論争主義は事実認定に関する原理であり，裁判は裁判所が主宰する以上，その進行に関する責任は，このような原理とは関係がない）。

　しかし，第1回公判期日後10年余り裁判が放置されていた事例について，「手続の正義を支えるべき訴追の正当な利益」が失われたものとして，公訴棄却の判決を下す判断が下級審で現れた（東京地八王子支判昭和37・5・16下刑集4巻5・6号444頁）。だが，この判断は控訴審で破棄されるなど，上訴審は最高裁と同じ立場をとっていた。ところが，最後の公判期日からほぼ15年の間裁判が放置された後に，公判審理が再開された事例（高田事件）について，第1審での免訴の判断，そして控訴審での補充立法の必要性，法解釈の限界の逸脱を理由とする破棄・差戻しの判断に対し，最高裁は実質的に判例を変更して，「迅速な裁判を受ける権利は，憲法の保障する基本的な人権の一つであり，…審理の著しい遅延の結果，迅速な裁判を受ける被告人の権利が害されたと認められる異常な事態が生じた場合には，これに対処すべき具体的規定がなくても，もはや当該被告人に対する手続の続行を許さず，その審理を打ち切るという非常救済手段が執られるべきことをも認めている趣旨の規定である」と判断して，迅速な裁判を受ける権利は憲法37条第1項に直接根拠を置き，補充立法を必要としない権利であることを示した（最大判昭和47・12・20刑集26巻10号631頁）。基本権の実効化を立法府の一時的な意思である法律に係らせることになると，その実効化は多数決の原理に容易に左右されることになるが，憲法上の基本権であるということは，その権利が多数者の意思に左右されて恣意的に剥奪されることがあってはならないことを意味する。この判決は，迅速な裁判を受ける権利が憲法に直接基礎を置く，独立した効力をもつ権利であることを示した点で，大きな意義がある。

(3) 迅速な裁判を受ける権利が侵害されたといえる場合

前述した最高裁高田事件判決は、裁判の遅延により被告人は有形無形の社会的不利益を被ること、被告人や証人の記憶の減退・喪失、関係人の死亡、証拠物の滅失などにより、被告人の防御権に障害が生ずるのを防止すること、さらには事案の真相解明や無辜の処罰の回避、刑罰法令の適正・迅速な適用、実現を図ることが迅速な裁判の保障の目的であるとした上で、この権利が侵害されているかどうかは、このような諸利益がどの程度害されているかなど、諸般の事情を総合的に判断して決められ、事件の複雑さ、被告人の逃亡や出廷拒否、被告人による審理引き延ばし等の場合にはこの権利の放棄と構成できるが、検察官立証の段階で訴訟進行の措置がとられなかったときに、被告人が積極的に期日指定の申立等の審理促進のための行動をとらなかったという一事のみで、この権利の放棄を推定することは許されないとして、若干の基準を示した。確かに、裁判の遅延にはさまざまな要因があると考えられ、具体的に期間を定めて、それを1日でも経過したらこの権利の侵害が生じたと構成することは無理であり、総合事情から考えることになる。とりわけ、日本のように公判審理が細切れに開かれるところでは、いっそうこのことは当てはまるであろう。それにもかかわらず、考慮すべき類型的な基準は考えておく必要がある。

(a) 遅延の長さ

事件は類型ごとに審理の平均的な期間が決まってくるであろうし、他の類型の事件との比較でどの程度の審理期間が適切かが、審理の積み重ねにより判明する。街頭での単純な粗暴犯の審理期間は、それ自体数回の公判で結審するであろうし、他の事件との比較では、業務上横領や贈収賄事件の審理期間よりも短いであろう。具体的事件の事実や状況から判断して、同じ類型の事件の審理期間を相当に超えることがあるときには、この権利の侵害を疑わせる理由があるといえる。

(b) 遅延の理由

検察官による意図的な遅延や、裁判官の不作為による遅延は被告人に有利に働くであろう。もっとも、事件量や日程の都合による遅延は、前者ほどには有利に考慮されることはないであろうが、それは依然として政府の側の事情であるから、考慮の対象となる。検察官側の重要証人の所在不明を理由とする遅延

は，検察官が誠実に証人を捜していることを前提として，合理的な期間は許されるであろうが，それ以上の不合理な程度の期間の遅延は許されない。

(c) **被告人による迅速な裁判の申立の存否**

最高裁は高田事件で，検察官が立証を行っている段階で，被告人が審理促進の請求を行わなかった事実から，迅速な裁判を受ける権利の放棄を推定してはならないと判断したが，裁判の適切・迅速な運用に責任を負うのは裁判所である。被告人からの訴訟手続に対する妨害がされる場合にも，それに適切に対処すべきなのは裁判所である。ここでは，事実認定の方法が問題となっているわけではないから，論争主義の原理は働かないし，糾問・職権主義とも無関係である。被告人が迅速な裁判を求める申立てをしなかったことは，せいぜい総合事情の1つの要素にはなるかもしれないが，被告人に不利益に考慮すべき事情ではない。

(d) **被告人に対する実質的な不利益の有無**

この場合の不利益の有無には，被告人が通常，裁判を受けることにより被る不利益よりも大きな不安や焦燥，社会的不利益が関係し，この不利益の証明は被告人が負うことになる。だが，この証明は，証拠提出責任にとどめるべきであろう。また，防御の不当な侵害をこの不利益に含めるかどうかの問題があるが，(1)で述べたように，迅速な裁判を受ける権利は本来，証拠の散逸により被告人が適正・迅速な裁判を受けられなくなることとは関係がない。したがって，遅延により防御が害されたかどうかの問題は，ここに含めるべきでない。

以上のように，迅速な裁判を受ける権利の侵害の有無は(a)から(d)までの事情を主要な要素として判断することになるが，高田事件のように，被告人に全く責めのないまま15年もの間，裁判が放置されていたような場合には，(a)の要素がほぼ決定的な役割を果たすであろうし，それほど極端な遅延がない場合には，(b)や(d)の証明が求められることになろう。

最後に，わが国では，事件が上訴されたときの上訴審での審理に長期間を要している場合が多い。控訴，上告を受理するか否かの判断にあたっては，まず法律上の要件が具備しているか否かが判断されるが，とりわけ事実誤認を理由とする上訴には問題が多い。弾劾・論争主義の原理に立つならば，検察官や被告人のいずれにせよ，第1審の事実認定に対して上訴をすることはまず許されないというのが論理的帰結であるが，わが国では事実誤認が上訴理由として認

められているために，被告人の上訴について判断が下りるまでに長期間を要しようと，それは被告人側の意思で上訴が行われたのだから，それにまつわる不利益は被告人が甘受しなければならないといわれる。だが，公判審理にせよ，上訴にせよ，裁判の迅速な終結に責任を持つのは裁判所であって，当事者ではない。上訴をしても長時間かかることになれば，それが被告人に対して圧政として働くことも考えられる。事件量の多さや人的・物的資源の少なさが長期審理の理由としてあげられることがあるが，冒頭に書いたように，迅速な裁判を受ける権利が憲法上の基本権として保障されるべきであるとするならば，このような理由が基本権保障を凌駕することがあってはならず，事例ごとに迅速裁判の保障の適用を考える場合があってよいと思われる。

(4) 迅速な裁判を受ける権利が侵害されたときの対処とその根拠条文

手続のどの段階にあろうと，迅速な裁判を受ける権利が侵害されたと判断されたときは，直ちに審理を打ち切るのが最善の手段である。刑訴法では，裁判を打ち切る方法として，公訴時効に準じた免訴（337条4号－高田事件の第1審），訴訟手続の違法を理由とする公訴棄却の判決（338条4号－前述東京地八王子支部）がある。前者に関しては，迅速な裁判の要請と公訴時効の制度は，その依って立つ原理が異なるので，公訴時効に準じた免訴判決という方法は混乱を来すおそれがある。また，後者に関しては，起訴前ではなく，審理に入ってしまった後に迅速な裁判の要請に反する事態が生じたときには，この規定の適用には無理がある。ここで考えておかなければならないことは，起訴後に裁判の遅延が生じたと判断されたときには，政府には被告人の有罪を立証する機会が一度与えられたのであるから，審理を打ち切る判断には，同一事実について被告人は再度訴追されないとの効果が伴わなければ意味がないということである。この点から考えると，高田事件における最高裁のように，337条の準用という方法が妥当であると思われる。

2 公訴時効の制度

刑訴法は，犯罪行為が終了した後，犯罪者に対して何の刑事手続も開始されないまま一定の期間が経過すると，刑事訴追を行うことは許されず，たとえ，

起訴がされても免訴の判決が下される（337条4号）。これが公訴時効制度である。250条はそれぞれの犯罪の法定刑を基準として、6項目にわたり類型的に時効完成の期間を定めている。

(1) 公訴時効制度の趣旨

公訴時効制度をどのように捉えるかについては、3つの考え方が示されている。先ず、実体法説は、犯罪終了後の時間の経過により、犯罪が社会に及ぼした影響が弱まるために可罰性が減少したことを理由として、未確定に実体的刑罰権が消滅し、その実体的刑罰権の消滅が手続法に反映されて、実体裁判が阻止されるという考え方である。次に、訴訟法説は、公訴時効制度を純粋に手続上の制度として捉え、時間の経過により、証拠が散逸したり、消滅したりして、被告人に有利な証拠の散逸等の防御上の不利益が生じているにもかかわらず訴追を行うという状況から、被告人を保護することがそのねらいであると考える。最後に、競合説は、時間の経過による可罰性の減少と証拠の散逸により、訴追の追行が不当となるとする考え方である。

公訴時効制度を支える理由として、前述した刑罰権の減少、証拠の散逸による合理的な事実認定の困難さ、犯罪者を取り巻く周囲の状況の安定性、捜査機関や裁判所の負担軽減などが考えられる。公訴時効制度は、犯罪者の処罰の必要性が時間の経過と共に消滅するとの立法府の選択を示すものであるが、実体的刑罰権をその中心に据える考え方は、法律を国家の刑罰権を発動する手段として捉え、処罰の必要性の消滅を社会という一般的・抽象的な存在に関わらせている点で、必ずしも適切ではない。被害者やその関係者の意思を重視するような制度が導入されれば、いっそう適切ではないといえるであろう。法律は、市民の代表として選ばれた者が市民の自由と共同体の安全・安定を図る必要性との調整を行う手段としての意思表明であるとの考え方からすると、公訴時効制度は一定の期間に訴追が開始されないことにより、証拠の散逸や証人の記憶の喪失などのために、適正で合理的な裁判を行うことができない状況の下で、被告人に不利益な手続を開始すべきではないとの立法府の判断を示したものと考えることになる。他方で、些細な犯罪を犯しても、いつ訴追されるか判らないという状況で犯罪者がいつまでも生活するというのは必ずしも適正ではないと思われるが、殺人などの重大犯罪が短い期間で時効が成立してしまうという

のも適正ではないと思われる。アメリカ合衆国のように殺人については公訴時効を設けないというのも一つの考え方であるが，これは市民が選択すべき政策の問題として捉えるのが正しいのであろう。

(2) 公訴時効の起算点

刑訴法253条1項は「時効は，犯罪行為が終わつた時から進行する」と規定しているが，何をもって犯罪行為の終了といえるか，1個の犯罪行為により複数の法益侵害が生じたときに，どの時点をもって犯罪行為の終了となるかが問題となる。

(a) 行為終了時説と結果発生時説

253条の文言をそのまま解して，実行行為の終了から時効が進行すると考えると，行為の結果が発生して初めて可罰性が生ずるような結果犯・実質犯については，結果が発生する前に時効が完成してしまう事態が生じうる。そこで，この条文にいう「犯罪行為」は構成要件に該当する行為の終了と結果発生のすべてを含むと解されており，判例もこの立場に立っている。公訴時効制度の趣旨が，時間の経過による証拠の散逸・滅失を理由として合理的な裁判ができなくなることから被告人を保護することをねらいとするならば，裁判は犯罪結果まで含めた被告人の行為に対して行われるのであるから，結果発生時から時効が進行すると考えるのが妥当である。また，偽証罪（刑169条）のように，行為のみで構成要件が充足され，結果の発生が必要でない単純行為犯（挙動犯）や未遂犯に関しては，実行行為の終了時から時効が進行することになる。

(b) 観念的競合と牽連犯の場合

実質犯について，時効起算点を結果発生時に求めるとしても，1個の行為により数個の罪名に触れる観念的競合と2個以上の独立した構成要件を充足する行為が手段と目的，または原因と結果の関係にある牽連犯に関して，どの時点から時効が進行するかの問題がある。

観念的競合にあたる犯罪は科刑上一罪として処断されるが，本来は数罪であるから個別に時効期間が算定されるべきであるという主張が学説の大勢を占めている。しかし，判例は一貫して全部の犯罪を一体としてみて，その中のもっとも重い罪の刑の時効期間を基準として最終の犯罪行為の終了時点から，時効が起算されると判断している（最判昭和41・4・21刑集20巻4号275頁）。判例の

立場に対しては，観念的競合は複数の犯罪に対してどのように「科刑」するかの問題であり，公訴時効制度は「訴追」に対して被告人に有利に働く制度であって，その機能は異なったものであるから，混同して扱うべきではないとの批判がある。

それにもかかわらず，最高裁は水俣判決（最決昭和63・2・19刑集42巻2号314頁）でも，その立場を譲らなかった。被告人は昭和33年9月から同35年8月まで，工場から塩化メチル水銀を含む排水を流した過失により，7名の者を成人性水俣病または胎児性水俣病に罹患させて傷害を負わせ，その中の6名を死亡させたとの事実により起訴された。傷害を経て死亡という結果が生じた場合に，本件原審は時効の連鎖を考え，過失傷害と過失致死を分離して，前者の時効完成前に後者の結果が生じたときは後者の時点から起算し，前者の時効完成後に後者の結果が生じたときは，後者についても時効の完成を認めるとの時効的連鎖に依拠していた。これに対して最高裁は，死亡結果の発生時点から時効が進行すると判断した。その理由は，科刑上一罪にあたる犯罪は最も重い罪に従って処断されるために，その罪を基準に時効を起算すべきこと，過失致死罪は結果的加重犯ではないので，傷害という基本的結果を基準に時効完成を認めるのは妥当ではないこと，過失致死罪では傷害という結果は致死の結果に吸収され，後者のみが成立するのであるから，傷害について公訴時効が完成したとしても致死の結果については時効が完成するわけではないことであると考えられる。

最高裁のこのような判断の下には，従来から公訴時効制度は，時間の経過に伴う証拠の散逸により生ずる不利益からの被告人の保護や可罰性の低下を理由とするとされてきたが，科学物質などが関係する公害・環境犯罪や経済犯罪などは逆に，時間の経過に伴って犯罪行為およびその結果が明らかになり，しかも重大で大規模な形で不特定多数の者に影響を及ぼすために，時効制度の基本的な趣旨は認めながらも，具体的な適用の段階で，この2つの利益を調整しようとする思考が働いていると思われる。

牽連犯には関しても，ほぼ前述したことが当てはまるが（大判明治39・9・21刑録12輯941頁），判例は例外として，手段たる行為の時効が完成した後に，目的たる行為が行われたときには，格別に時効の完成を認めるべきであると判断している（大判大正12・12・5刑集2巻922頁）。

(3) 公訴時効期間の改正

凶悪犯罪の多発に伴い，犯罪の新設や刑の上限がひき上げられると共に，刑事訴訟法では250条の公訴時効期間が変更され，2005年1月1日から施行されている。公訴時効期間の改正は次のようになっている。

① 死刑に当たる罪については，15年から25年に延長。
② 無期の懲役または禁錮に当たる罪については，10年から15年に延長。
③ 長期15年以上の懲役又は禁錮に当たる罪については10年（新設）。
④ 長期15年未満の懲役又は禁錮に当たる罪については7年（従来，長期10年以上の懲役又は禁錮にあたる罪についての公訴時効が7年であった）。

これ以外の公訴時効期間については変更はない。

〔参考文献〕

渥美東洋『刑事訴訟法（新版補訂）』有斐閣，2001年
渥美東洋編『刑事訴訟法』青林書院双書，1996年
池田修＝前田雅英『刑事訴訟法講義』東京大学出版会，2004年
椎橋隆幸編『基本問題刑事訴訟法』酒井書店，2000年

第16章 ■ 訴因の変更とその限界

本章のポイント

イギリスではかつて窃盗など比較的軽微な犯罪に対しても死刑が科されることが珍しくなかった。その苛酷な結果を回避する1つの方法として、訴因（犯罪事実の主張）を固定して、訴因を立証できなければ無罪とすることが行われた。罪刑の均衡が求められ、また、寛刑化の傾向にある現代では、訴因を固定する必要もないし、むしろ固定すると妥当でない結果を生むことにもなる。検察官が犯罪事実として立証できると考えて提起した訴因とは別の事実が、証拠調べの結果、証明されることが珍しくないのである。立証された事実に合わせて訴因を変更し、変更後の訴因につき有罪を認定することに不都合はあるだろうか。問題は、訴因の変更によって被告人側としては防御の対象も変りうるので、それに対応できるかという点である。訴因制度は審判の対象（被告人にとっては防御の対象）を明示的に告知し、被告人に十分に争う機会を保障するためにあるので、訴因変更の限界は、被告人が問われるべき犯罪事実につき十分に告知を受け、争う機会が与えられていたかどうかをポイントに画されたことになる。右の観点から、訴因変更の限界につき主張されているいくつかの基準につき検討することが本章の課題である。

1 訴因と訴因変更制度の意義

日本国憲法は31条で適正手続を保障し、37条で論争主義を定めている。適正手続の保障は、「生命若しくは自由を」奪うかまたは「その他の刑罰」を科すときに、その相手方の言い分に耳を傾けることを要求する。この要求は、固有の価値観を抱いて利用可能な有限の資源を活用しようとする点で、ユニークな存在として、他者をみることを求める正義論に基礎づけることができる。このように他者を尊重する場合には、有限の資源を他者から剥奪するのにはやむをえない理由がなければならない。資源の剥奪の際に、その理由を用意して相手

方に提示して批判を受けること——「他方当事者の言い分を聴け」（"Audi Alteram Partem."）——が正義の要求になる。このような正義論から構成すれば，適正手続の保障は，相手方との理由の共有を図る対話を要求していると表現できる。社会のモデルとして効用最大化行動をとる利己的な個人からなる社会ではなくて，道理をめぐる対話が成立する社会を想定した場合には，この正義論は敗訴者の納得を求める対話を要求するものだと表現できる。適正手続のこの要求を，刑罰の前提である犯罪事実の認定手続について特に規定したのが憲法37条の論争主義である。ここでは，言い分を聴く相手は被告人である。公判でのこのような被告人の立場を表すものとして，論争主義では公判は被告人からのチャレンジの場であるといわれる。訴因のところで考察したように，被告人が挑戦的な論争を挑むべき政府側の言い分を明らかにするのが訴因（形式で記載された公訴事実）である。ところが，刑訴法312条は訴因変更について規定している。被告人に対して防御対象の告知機能を果たすはずの訴因の変更が認められるのはなぜか。また，312条が訴因変更の要件にしている「公訴事実の同一性を害しない」とは何を意味するのか。これがまず本章で問われる問いである。

　訴因変更は，当初訴因と立証結果がくい違うときにはじめて問題になる。立証結果が当初訴因に一致している場合には，有罪判決が下されるのはもちろんであるが，立証結果がくい違っている場合には，直ちに無罪判決が下されるようになっていない——訴因変更の余地がある——のはなぜだろうか。その第1の理由は，裁判過程の特徴に関係している。刑事裁判では検察側が主張責任，証拠提出責任と説得責任を果たしているか否かを裁判所が判断する（特徴の第1）。この事実認定には，被告人からのコントロールが及ぶことになっている（第2）。裁判過程による紛争解決は，この事実認定に基づいて法を解釈適用することで図られる（第3）。

　第1の特徴からは，手持ち証拠に基づく検察官の評価が裁判所に十分に伝達されないコミュニケーション・ギャップが生じうる。未必の故意と重過失，業務上過失がその例である。第2の特徴からは，当事者が訴因の拘束力が及ぶ範囲で公判での攻防を重ねた後に，すなわち，論争主義に一致する公判審理が進んだ後に，当初訴因とは別の犯罪事実が強く推測できる場合が生じてくる。さらに，法実証主義の立場からみても，法の言語は一義的に確定できるものでは

なくて，常に他の用法に用いられる可能性を残す，開いた構造をもつのであって，法のルールの解釈適用はルールが示す典型例に具体的な事実がどの程度類似しているかに応じて決まる。そのため，個別の具体的な事例で，どの事実を重要視するかで法の解釈適用が分かれるということがありうる。例えば，横領か背任か，横領か窃盗か，詐欺か窃盗か，業務妨害か公務執行妨害か，などが判然としない場合が考えられるが，このような場合に検察官が公訴事実を構成したときに前提にした，ルールの典型例との類似性についての理解と異なる理解を裁判所がしているときには，当初訴因と立証結果がくい違うことになる。これが第3の特徴に由来するものである。このようなくい違いは裁判過程の特徴によるものであって，検察側の落ち度によるものではない。そこで，この場合に当初訴因を墨守して無罪判決以外に選択肢がないとすると，立証結果に相応する行為を再起訴する途を残しておかなくてはならない。しかし，これでは訴訟経済に反するし，その訴訟の後に同じ者をさらに被告人の立場に置くことには自由への干渉が伴う。これが訴因変更制度が採用される第2の理由である。要するに，裁判過程の特徴に由来して生じる当初訴因構成時の限界を，2度の訴訟に伴う自由への干渉とコストの増大を回避しながら克服しようというのが訴因変更制度の意義である。

2 訴因変更の要否と限界

まず，当初訴因と立証結果がくい違っていても訴因変更を要しない場合がある。例えば，被害者に対する暴行と金品の収受についての共謀に基づいて，共謀に加わっていた他の者が，被害者への暴行を加えて金品を強取する際に自らはその傍らに立って犯行を容易にしたという強盗幇助の公訴事実について，被害者は抗拒不能に陥っていないという被告人の主張を容れて恐喝の共同正犯の事実を認定する際には訴因変更は必要ではない（最決昭和29・10・19刑集8巻10号1600頁参照）。この場合には，共謀の事実と，被害者への暴行の事実ついての訴因記載が当初訴因になされていて，裁判所が認定した事実が当初訴因に示された事実に含まれている。このような「大は小を含む」事例では，被告人に防御対象を明示する訴因の告知機能に影響がないので訴因変更は不要である。

他方，被害者を欺罔した金員騙取の事実で起訴された被告人が，別の者が金

員を受領したこと，ならびに，その者と金品取得についての相談をしたことはあるが，金員騙取のつもりはなかったことを主張した場合に，被害者からの金員の受領にいたるまでの経緯を作り出すのについて共謀があったことが被告人のこの主張から明らかになったとして，当初訴因の単独犯行による詐欺ではなくて，共謀による詐欺の共同正犯として有罪判決を言い渡すときには訴因変更を要する。この場合には，共謀の事実が当初訴因に含まれていないからである。

　当初訴因と立証結果にくい違いがあり訴因変更を要する場合には，312条1項の「公訴事実の同一性を害しない範囲」にあるか否かを問わなければならない。この点について，基本的な事実関係が同一である場合には公訴事実の同一性があるというのが判例である。密接関係と択一関係がその具体的な基準である。前者については，窃盗犯人からの依頼がないにもかかわらず，窃盗犯人から贓物を喝取した者に対して，その依頼を受けたと偽って贓物を受領したという詐欺を当初訴因とする公判で，被告人への依頼が事実であることを窃盗犯人が証言をした後に，贓物を喝取した者からの知情のうえでの贓物収受を内容とする訴因への変更を検察側が請求した事例で，最高裁判所は，両訴因を比較すると事犯の態様に差異はあるが，いずれも他人の所有物を不法に領得する犯罪たる点において互いに密接の関係を有するから，その基本たる事実関係においては同一であると解するのを相当とすると判示して，訴因変更による贓物収受に関する有罪判決を確認している（最判昭和24・1・25刑集3巻1号58頁）。後者については，ある財物の窃取を内容とする訴因に関する公判で同じ財物についての贓物牙保を内容とする予備的訴因の追加請求がなされた事例で，最高裁判所は，両訴因が同じ財物に関するもので，「これに関する被告人の行為が窃盗か，事後における贓物牙保かという点に差異があるばかりか，」「その日時の先後及び場所の地理的関係とその双方の近接性に鑑みれば，一方の犯罪が認められるときは他方の犯罪の成立を認め得ない関係にある」として両訴因の基本的事実関係を同一であるとして予備的訴因の追加を是認している（最昭和29・5・1刑集8巻5号676頁）。

　密接関係あるいは択一関係にある場合に，訴因変更が許されるのはなぜだろうか。その検討には，論争主義の公判構造を振り返る必要がある。論争主義では，公判の意義は被告人からの挑戦的防御（チャレンジ）の機会の提供に求められるが，被告人がチャレンジをするのは政府側の言い分（ケイス）である。

政府側の言い分は，被告人に刑罰を科すべき理由があるというもので，事実問題のレベルでは，被告人の行為について犯罪成立要件事実が認定できるというものであるが，政府側の言い分どおりの有罪判決を導くには，その主張した事実の立証がなければならない。つまり，政府側の言い分は，犯罪成立要件を充足するという被告人の行為に関する主張と立証から成り立っていて，このうちの主張についての物語形式の叙述が訴因として構成された公訴事実である。公判段階は，訴因形式で示された政府側の主張の提示に始まり，その後その主張を支える立証がなされることになっている（主張先行挙証後行の原則）。そこで，立証段階での被告人側との攻防の中で当初訴因とは一致しない別の犯罪事実が推論できるというのは，政府側の言い分として当初訴因で告知された主張事実が，その事実をめぐる後の公判での（政府側の言い分である）立証活動から推論できる結論を併せてみた場合に，当初訴因とくい違う別の犯罪事実を推測させるという状況なので，当初訴因の拘束力を解いて立証結果に沿った訴因に変更しても，政府側の言い分を明らかにするという訴因の告知機能は大きく害されないと考えることができる。312条が定める「公訴事実の同一性を害しない」範囲とはこのように訴因の告知機能を大きく害しない場合をいうと解される。

　他方で，両訴因が併合関係にある場合には，公訴事実の同一性を害するというのが判例の基準である。例えば，窃盗の実行行為者の行為を助けるために贓物搬出用のリヤカーを提供したという窃盗幇助に関するものが当初訴因である場合に，同じ贓物についての故買行為を予備的訴因として追加するのは，公訴事実の同一性を害すると判示されている（最昭和33・2・21刑集12巻2号288頁）。密接関係および択一関係の場合には，当初訴因に示された事実とその事実を立証する証明活動が被告人との攻防の中で行われるなかで当初訴因とはくい違う別の犯罪事実が推測されるのに対して，併合関係の場合には両訴因が別々の証拠によって証明されるために，この場合の予備的訴因は当初訴因と審理経過が示す立証結果から推測される性質のものではない。このようにみると，判例の基準は訴因の告知機能に着目したものと理解できるが，この点が必ずしも明確ではない。この事例での最高裁判所の判示は，「窃盗幇助罪の外贓物故買罪が別個に成立し両者は併合罪の関係にあると解すべき」であるというものであり，両訴因間の証拠の独立性ではなくて，実体刑法上の併合関係を基準とするようにもみえるからである。

当初訴因に示された事実と審理経過からの立証結果が，変更後訴因を推測させるという関係にあるか否かを基準にしないと訴因の告知機能を無視することになる。その一例が，最決昭和47・7・25刑集26巻6号366頁である。戦没者のための盆供養の寄付に藉口した金員の騙取を内容とする訴因に関する公判で，寄付募集に当たっての許可ないしは届出を要件とする条例違反の訴因を予備的に追加する請求をしたのに対し，予備的訴因について有罪判決の言渡しがあった事例で，最高裁判所は両訴因の間に公訴事実の同一性があると結論づけている。この結論は，訴因の告知機能に着目して両訴因間の証拠の共通性または独立性から訴因変更の限界を導き出す考え方ではなくて，訴因を構成する以前の，社会常識から見た事実関係の同一性を基準にする考え方から導き出されていると解される。これは，公判での当事者間の攻防を超えて裁判所が真相解明を行うのが裁判であるとする職権主義の下でなければとりえない考え方である。この考え方によれば，訴因は被告人がチャレンジできるように防御対象を告知するものではなくて，裁判所が自らの関心に沿って真相解明に乗り出す手掛りを提供するものになってしまう。両訴因が社会的事実として同一か否かを基準にすると，検察側の釈明等で攻防対象から明確にはずれていた主張事実が，結審間近に変更後訴因の内容に盛り込まれた訴因変更の請求がなされるということも生じてくる。

訴因の告知機能を忘れて，訴因を構成する以前の歴史的社会的事実としての同一性を基準にしてはならないことを教えてくれるものに，福岡高那覇支判昭和51・4・5判タ345号321頁がある。警察官殺害の共謀に基づいて，警察官を捕捉し角材等で殴打，足蹴にし，火炎瓶を投げ焼くなどの暴行を加えて死亡させたという訴因に関する審理で，検察側は第1回公判期日で被告人の具体的な行為を「炎の中から炎に包まれている警察官の肩を捕まえて引きずり出し，顔を二度踏みつけわき腹を一度蹴った」行為であるとして釈明していたところ，自己の行為は炎を消火する救助行為であったという被告人の主張が奏効したようにみえたために，「警察官の腰部付近を足蹴にして路上に転倒させた行為」を含むものに訴因変更を請求したのがこの事例である。この事例で福岡高裁那覇支部は，両訴因は公訴事実の同一性を害しないものであるとしながら，迅速裁判を受けられないことから生じる被告人の精神的・物質的消耗を考慮した，訴因変更の限界の例外として，訴因変更を認めないという結論を導いている。

結審間近の訴因変更が被告人をさらに不安定な地位に置くのは間違いないにしても，この事例のような訴因変更は訴因の告知機能を無視した点に誤りがあるのであるから，公訴事実の同一性を害するものとして扱うべきであったと考えられる。

　判例が当初訴因の記載事実と証明結果が示す具体的な事実について公訴事実の同一性を問うのに対して，学説のなかには両者についての法的評価を入れて公訴事実の同一性を判断すべきだとするものもある。罪名または構成要件の性質による限定を加えるべきだとする罪質同一説，構成要件の重要部分が共通であることを要件とする構成要件共通説，犯罪類型の類似性を要求する構成要件類似説などがその例である。しかし，これまでみてきたように，検察側が主張する被告人の具体的な犯罪事実を物語り形式で示すことで被告人に防御対象を告知するのが訴因の機能であって，訴因変更が許されるのは，当初訴因で示された事実と（当初訴因で記載された推論結果を支える証明活動を検察側が行う）審理経過から当初訴因とはくい違う犯罪事実が推測できる場合であるのだから，この基準を適用する際に刑罰法令上の評価は重要ではないはずである。また，両訴因が構成される以前の社会的歴史的事実に目を向けるものと，そのような社会的歴史的事実を中に入れずに両訴因の比較をするものとに学説を分ける見方も示されている。このうち前者が現行法の予定する論争主義の公判構造には一致しないものであるのは，本書のこれまでの考察で明らかであろう。紛争のなかにある当事者の対立する言い分を超えて，社会に生起する出来事について，裁判所が広く究明するというのは職権主義の裁判である。訴因変更の際に，訴因を構成する以前の社会的歴史的事実を参照するのは，社会に生起する出来事を職権主義に立って究明しようとするものである。

3 訴因（変更）と訴訟条件

　訴訟条件を欠く訴追は有罪・無罪の判断が下されることなく打ち切られる。訴因変更制度の下で，当初訴因については訴訟条件が備わっているが公判での審理結果には欠けている場合に，あるいは，当初訴因には訴訟条件が欠けているが審理結果には備わっている場合に，どのように処理すべきであろうか。
　最高裁判所は，窃盗の訴因に関する公判審理で，被告人が窃取した財物の所

有者と6親等の傍系血族であることを主張したのに対して，検察側がその親族関係があることとその所有者の告訴がないことを認めながら，訴因記載の一部財物の所有者を当初訴因にある者の息子であるという内容の訴因への変更を請求した事例で，適法な訴因変更を経た訴因事実は親告罪ではないことを根拠に起訴手続を有効なものであると結論づけている（最決昭和29・9・8刑集8巻9号1471頁）。また，名誉毀損についての有罪判決に対する控訴を受けた裁判所が，被告人の行為には，具体的な事実の摘示がないために侮辱罪を構成するにすぎないとしたうえで，時効が成立している侮辱罪で有罪判決を言い渡した事例で，侮辱罪を基準にすれば起訴の時点で公訴時効が完成しているとして免訴の言渡しをすべきであると結論づけている（最判昭和31・4・12刑集10巻4号540頁）。いずれも（当初）訴因ではなくて，変更後の訴因または審理経過に照らして，裁判所が認定した証明結果について，訴訟条件の有無を判断している。

ここでの問いには，裁判制度の基本構造からではなくて，訴因変更制度を採用するという現行制度の選択からアプローチできる。つまり，訴因固定主義を採れば，（当初）訴因を標準にすべきことになるのに対して，訴因変更制度をとれば，「公訴事実の同一性を害しない」訴因変更である限りは，当事者の公判での攻防の成果である証明結果を標準にすることになると考えられる。このときに，当初訴因を標準にしないからといって，論争主義に反するものにならない。なぜなら，訴因の告知機能を大きく害しないのは，当事者の攻防の成果を尊重するものだからである。

4　訴因変更命令

刑訴法は検察官の請求による訴因変更に加えて，「審理の経過に鑑み適当と認められるとき」には訴因変更を「命ずることができる」と定める（312条2項）。

「審理の経過に鑑み適当と認められるとき」というのは，これまでみてきたように，当初訴因に示された事実とその主張事実の立証をめぐる公判審理の経過から，当初訴因とはくい違う別の犯罪事実が推測されるために訴因変更が許されるはずであるのに，別の犯罪事実についての裁判所の心証形成に検察官が気付いていないときをいうと解される。このときに検察官が，当初訴因とくい

違う別の犯罪事実に関する裁判所の心証形成を知らされないために，訴因変更をしないでいると，当初訴因についての無罪判決が下されることになる。その際，検察官の訴追意思を確認していないために，裁判所は当初訴因とくい違う別の犯罪事実について裁判を下すことはできない。両訴因の間で公訴事実の同一性を害することはなく，論争主義に従った公判審理が重ねられてきているのに，検察官が気付いていない別の犯罪事実についての訴追意思を確認せずに，無罪判決を言い渡すのは適切ではないというのが，訴因変更命令を定める刑訴法の考え方であるといえる。未必の故意があるという検察官の理解から殺人罪で訴因が構成されている場合に，重過失致死であれば有罪認定がなされるにもかかわらず，当初訴因のまま無罪判決を言い渡した事例で，最高裁判所は，「審理の経過にかんがみ，これを重過失致死の訴因に変更すれば有罪であることが明らかであり，しかも，その罪が重過失によって人命を奪うという相当重大なものであるような場合には，例外的に，検察官に対し，訴因変更手続きを促しまたはこれを命ずべき義務がある」と判示している（最決昭和43・11・26刑集22巻12号1352頁）。裁判所の心証形成に検察官が気付いているか否かが判明しない場合には，訴因変更を命じることができるにとどまるが，検察官が気付いていないことがはっきりしている場合には，変更命令が義務的なものになると考えることができる。訴因変更命令は，検察官からの請求ではなくて裁判所の命令であるが，第1に，両訴因間に公訴事実の同一性があることを要件にしているので，論争主義に反するものではなく，第2に，検察官の訴追意思を確認するものである点で，訴追者である検察官からの告発があってはじめて公判を開始させ，検察官に主張責任を負わせる弾劾主義の要求に応えるものである。

　次に，訴因変更命令を検察官が不合理であると判断する場合が考えられる。そのために検察官が訴因変更命令に従わない場合に，訴因変更命令に形成力がないとすると，裁判所は当初訴因について無罪判決を言い渡すほかに選択肢はなくなる。

　これに対して，形成力があるとすると，裁判所は自らの心証にしたがって当初訴因とは別の犯罪事実で有罪判決を言い渡すことになる。最高裁判所の裁判例には，訴因変更命令に形成力を認めるのは訴因変更を検察官の権限とする刑訴法の基本構造に反すると判示したもの（最大判昭和40・4・28刑集19巻3号270頁）がある。これは，立候補予定者を当選させる目的での金品供与の幇助

を内容とする訴因に関する審理中に，裁判所が供与の共同正犯の訴因への変更を適当であるとして訴因変更を命じたのに対して，当初訴因記載の事実は公判審理の経過に照らしても供与の幇助行為に当たるとして検察官が訴因変更命令に応じなかったにもかかわらず，裁判所が，自らの訴因変更命令により訴因はすでに供与の共同正犯に変更されていることを前提にして，供与の共同正犯についての有罪判決を言い渡した事例である。この事実関係のもとで被告人の控訴を棄却する控訴審の判断を破棄する際に最高裁判所が示したのが，先に挙げた形成力に関する判示である。しかし，この公判の審理経過のなかに共同正犯を推測させるものはなかった。したがって，これは，当初訴因について有罪認定ができる場合であり，また，両訴因間に公訴事実の同一性がない場合であるので，訴因変更の前提条件がそろっていない事例での判示であることに注意を要する。

第17章 ■ 公判の基本原理

> **本章のポイント**
>
> かつては刑事裁判といえば公判のことを意味するものであった。現在は捜査の手続が重要性を増しているが，公判が重要であることに変りがない。いかなる基本原則に基づいて公判を進めていくかは現在でも刑事法運用の中心問題である。公判の基本原則はいろいろな角度から考察することが可能である。公判で解明されるのは歴史的真実なのか検察官の主張に理由があるかなのか（審判対象論），被告人は真相解明に協力する義務があるのか否か（糾問主義か弾劾主義か），公判で中心的役割を果すのは裁判所なのか両当事者（検察官と被告人）なのか（職権主義か当事者論争主義か）等である。現行法がこれらの点につき完全にどちらの立場に立っていると断ずることはできない。しかし，基本的にどちらの立場であるかといえば，弾劾主義・当事者論争主義である。重要なのは，右の点を含め公判の基本原則は憲法37条・38条等によって基礎づけられているということである。公判の基本構造を決する要素が被告人の権利を保障する形で定められているので，憲法37条・38条等を正しく理解することから公判の基本原則も適確に把握することが可能なのである。

1 糾問主義・職権主義と弾劾主義・当事者主義
── 自己負罪拒否特権と無罪の推定

　裁判にはいくつかの型がある。重要な型として従来から挙げられているのが，大陸法の裁判の型である糾問主義・職権主義であり，他のもう1つの裁判の型が，英米の裁判を特徴づける弾劾主義・当事者主義（論争主義）である。わが国は，旧憲法，旧法下での大陸法を基礎とする裁判の型から，第2次大戦後の改革を経て，英米法を基礎とする憲法，刑事訴訟法の裁判の型へと大きく制度が変化しており，現行法の制度の基本的趣旨を了解して制度を運用するうえで，この両者の裁判の構想の相違を理解することは重要である。

糾問主義（inquisitorial system）の下では，上級者による裁判の監督が重視される。糾問主義は，上級者による下級者の監督を重視するハイラーキー（階層型・上位下達型）構造をその特徴とし，このような制度は教会法の領域で採用され，それが刑事裁判でも用いられるようになったようである。ここでは，事実の認定についても，上級者の審査による，上級者からのコントロールが重視され，裁判に付される個人の価値が重要視されるというよりも，上級者の定めた政策を逸脱することがないようにすることに意が用いられる。また，ここでは「糾問」の名が示すように「異端審問」が「思想の断罪」を目標に裁判が使われた。刑事裁判ではあくなきまでの真実の追求が強調され，自白の重視・偏重にも繋がっていく。

職権主義（Offizialprinzip）では，糾問主義の考え方の多くを継承し，個人に価値を認める立場も若干は取り入れられているが，基本的には「国家の価値」を重視し，個人の価値はそれに劣後するものとする構想を基本に刑事裁判の構想が組まれているとみることができる。ここでは，国家が社会生活の多くの領域に関わるほどに発達してはいなかった時代に生まれた糾問主義よりも「国家」の権威が強調されている。糾問主義と同様，ハイラーキーを基礎とする裁判の構造がとられ，刑事手続は，捜査から，公判，上訴にいたるまで，「連続する一つの手続」としてとらえられ，公判手続を行う「第１審」で，裁判官は，真実を発見すべく，自ら事実認定に積極的に関与し，事実認定をリードする役割を担う。職権主義の裁判では，糾問官と被糾問者（被疑者・被告人）の二当事者間で手続が進められる糾問主義の場合と異なり，検察官が関与するが，検察官の起訴は，裁判官が審理を進める手がかりにすぎず，裁判所は，検察官の起訴に拘束されることなく審理を進めることができる。公判では，被告人は，検察官の立場・立証に検討を加え，公判手続に参加し，裁判官の事実認定をコントロールすることができる地位にあるのではなく，基本的には，国家の価値を体現する裁判官が，「真実」を探求するための「情報源・資料」の１つにすぎない。公判での裁判官の審理の結果，被告人が犯行を行っていることに確信が持てないとき，裁判官の審理の結果たる心証に照らして無罪の判断が下ることになる。これがいわゆる「疑わしきは被告人の利益に（in dubio pro reo）」といわれる原則である。

これに対し，弾劾主義・当事者主義（論争主義）の下では，手続に関係する，

被告人個人に価値を認めることを前提に裁判がなされる。公判では，自由の保障や正義の保障が関係する。裁判は検察官が告発した（起訴した）範囲で進められなければならず（弾劾主義），また，有罪とされれば，生命，自由，財産等の重要な利益を奪われる被告人は，自己にそのような不利益を科す（課す）国家の主張・立証の内容を知り，それを「検討・チャレンジ」する権利が認められるべきことになる（論争主義）。この点で，政府の告発内容・起訴内容について「告知を受ける権利」は正義の保障との関係でとりわけ重要な権利である。

また，個人の価値を前提に，コミュニティからの非難としての刑罰の意味が十分に被告人に伝わるようにするには，被告人を資料として扱うのではなく，被告人に刑罰を科すことが十分に理由のあるものであることを被告人に示し，被告人がコミュニティの非難を了解し，その意味を自分の心の中に内在化させることができるような手続構造となっていなければならない。このためには，裁判は，このような個人の価値，見方が十分に反映され，刑罰を科すことを求める国家・政府の主張・立証を被告人が十分に検討でき，被告人の言い分に対して応答がなされ，被告人の主張を排しても有罪と認定する理由が示されるような手続構造，対話（dialogue）の構造となっていなければならないことになる。

国家に基本的価値を求め，国家の価値のみが唯一の価値であることを前提に，犯罪の予防，抑止，鎮圧等の観点から裁判官が「真実」を探求することに中心を置き，手続に関わる個人には，裁判官が真実を探求するための情報・資料としての地位が認められるに止どまり，被告人からの国家の主張に対するチャレンジを重視しない裁判の型は，弾劾主義・論争主義の採る，個人の価値に基礎を置く正義の概念に悖る裁判の構造となる。したがって，裁判の構造にあっても，裁判官による「真実」発見という「結果」を重視する構造ではなく，被告人個人の価値観・見方が十分に裁判に反映されるような「公正な手続」が重視されることになる。「結果」は，このような手続が公正に行われたことを前提にするものでなければならないことになる。ここでは，「手続」重視型の裁判となる。職権主義では，真実が重視され，手続法は実体法の「助法」であるといわれることになるが，弾劾主義・論争主義の裁判にあっては，被告人の価値・見方を裁判に反映させることができる「公正な手続」を前提に「真実」だとする検察官の主張・立証が検討されるべきことになるのである。ここでは手

続法は実体法の助法ではありえず、手続に独自の価値が認められる。

　弾劾主義では、政府による告発があることを裁判開始の前提とし、その告発があった範囲内で裁判手続を進めることを基礎とする考え方であり、告発し、被告人が有罪であると主張している方が、その主張内容を立証する責任を負うことになる。しかも、被告人が有罪であることを主張する政府（検察官）は、被告人の犯行を「合理的な疑いを容れない程度に」立証する責任を負い、政府がこの挙証責任を果たさなければ被告人を有罪と認定することができない。これが「無罪仮定（推定）の原則」とよばれるものの核心である。現行憲法38条1項の、「自己負罪拒否特権」はこの弾劾主義の考え方を示すものである（この点で、被告人側からの検察官側への証拠開示を義務づける規定（316条の17、316条の18）が憲法38条1項に反さないかが問われる。詳細は証拠開示の項に譲るが、いずれ立証上追い込まれて提出せざるを得なくなる争点とその証拠の提出を、前倒しして、タイミングを早めるにとどまるものであれば、その証拠が自己負罪の性質を持つものでも、憲法38条1項に反さないとみてよい。渥美『刑事訴訟法（全訂）』218～223頁）。政府が攻撃し、被告人がこれに対し防禦するという裁判の構造を維持しなければならないことを、自己に不利益な証人となることを義務づけられることはない旨規定する自己負罪拒否特権は求める（憲法38条1項の「供述」は、英文版では、testifyとされており、testifyとは、本来は公判手続で「証言をすること」であり、「強要」compelとは、証言拒否に刑罰を科すなどして証言を法律上義務づけることを意味する）。

　論争主義の内容は憲法37条に示されており、被告人は、「『公平な裁判所による』『迅速な』『公開の』『裁判を受ける権利』」「証人喚問権」「対決権」「弁護権・国選弁護権」等を保障されている。

　ここでいう「裁判を受ける権利」は前述の正義の概念や自由の保障を前提とするものである。個人に価値を認めることを基本とする正義の観点からすると、人に刑罰を科すことが正義に適うのは、刑罰を科す根拠についての被告人の言い分が裁判に反映される手続の下で、その刑罰を科す事実的な基礎があることが示される場合であることになるから、正義に適う裁判の形態を保障するには、被告人に防禦対象（公訴事実（the offence charged））を「告知」して、原則としてその告知がなされた枠組の中で手続を進めて、被告人の言い分を聞く機会を設け、被告人からの「挑戦的防禦」を認め、被告人の価値観・見方が裁判に十

分に反映されるようにすることが必要であり，被告人の手続への参加を無意味にしないためには，被告人の言い分をその機会を与えないか斟酌せずに「結論的に」否定するのではなく，被告人の言い分を排しても有罪を認定すべき「理由」を示さなければならないことになる（なお，判例（最(大)判昭和37・11・28刑集16巻11号1593頁；第三者没収違憲判決）は，告知の要請を憲法31条によるものと判示している。）。公訴事実の告知だけでは被告人の防禦上十分な告知があるとはいえず，正義に基づく裁判の保障が十分でない場合には，さらに，証拠開示も正義の要請として「裁判を受ける権利」の求めるところとなる（なお，現行法は，証拠開示の規定を明文で定めた。316条の14から316条の27。）。

このように，論争主義における「裁判を受ける権利」の保障にあっては，被告人が自己に不利益を科（課）す手続に「参加」し，この手続で意味のある対話がなされる手続構造が重視される。（弾劾主義と論争主義は交錯する部分が多いが，弾劾主義の重点は，政府が起訴した事実について裁判が開かれ，「政府が」「合理的な疑いを容れない程度に」有罪を立証すべき義務を負うという点にあるのに対し，論争主義の重点は，不利益を科（課）す手続に，不利益を科（課）される者が「参加」し，その者の言い分を主張する機会を保障することにある。弾劾主義，論争主義，双方の要請が働く刑事裁判では，被告人に告知した起訴事実について，検察官の主張が誤りであるとの前提に立って，検察官の主張・立証を，被告人の挑戦的防禦を容れて検討してもなお，被告人の有罪が合理的な疑いを容れない程度にまで立証されていると，中立で公平な立場に立つ裁判官が認定した場合でなければ，被告人は有罪とされることはない，という裁判の構造がとられることになる）。

論争主義では，攻防が十分に意味のあるものとなるように，争点を絞った攻防を予定し，主張・立証の責任は原則的に当事者にある。裁判官は，裁判官が真相解明の責任を負うのではなく，中立で公平な立場に立ち，原則として，当事者の主張・立証には不介入の立場をとる。だが，例えば，被告人側弁護人の防禦が不十分であることが明らかであるような場合，その不十分さを補うために裁判官が証人を尋問したり，一定の事実の立証を促したりすることはなされてもよい場合がある。もっとも，裁判官は，当事者ではないので，介入には限界があり，過度の介入は，裁判官の「公平さ」を失わせる虞がある。なお，裁判官のこの補助的介入は職権主義による介入ではない。この場合，職権主義の裁判のように，裁判官が国家の価値観を基礎に真実を発見すべく審理を自らの

イニシアティヴで進めているのではなく，有罪と認定されれば刑罰を科される被告人からの挑戦的防禦を認め，これを前提に，その不十分さを補うために介入するに止どまるからである。

「公平な裁判所」による「公開裁判」，「証人喚問権」，「対決権」，「弁護権の保障」もそれぞれが，事実的基礎を欠く裁判の回避と関係する要件であるから，正義の要請を基礎とするものであるといえる。

「迅速裁判」の要請は，主に，自由保障の要請を基礎とするものである。迅速裁判条項は，裁判に付すことなく，長期間にわたって身柄を拘束し，刑罰を科したのと同様の状況に置いたり，正義を追求して必要最少限の期間を超えて長期にわたる裁判を行うことは，「圧政」をもたらすことになるので，裁判には「限界」が設けられなければならないという考え方に立つものである。さらに，証拠散逸などによる「立証上の不利益」の視点も含めれば，正義の要請も関係する。

なお，論争主義の刑事裁判では，有罪・無罪の事実認定以外にも，事実認定の基礎に用いられる証拠が，憲法上の実体要件を欠く逮捕や捜索・押収により入手され，令状入手の時間的余裕がある場合の無令状で逮捕，捜索・押収等がなされた場合の証拠の排除などが関係する。これは，自由保障の観点から，政府の法執行活動に規律が加わる場合であり，このような附随的争点も，論争主義の公判や論争構造の手続で扱われる（この点でも，弁護権の保障は重要である）。

以上のように，論争主義による裁判は，正義に基づく公平・公正な有罪・無罪の事実認定手続の保障に関係するのみならず，自由の保護とも密接な関係がある。

ちなみに，弾劾主義は，公判における事実認定の場面で働き，捜査段階では働くことはないが，論争主義は捜査段階でも機能する。捜査段階で弾劾主義の実現を求めると，被疑者，被告人に協力を求める取調べはできず，捜索・押収も，禁制品などの政府の財産権が肯定されるものを別として，「単なる証拠」(mere evidence) の捜索・押収は，被疑者・被告人に，政府への協力義務を課すので許されないことになり，捜査は不可能か，著しく困難となるという不合理な結果をもたらすことになろう。これに対し，論争主義は，政府の活動に対するチャレンジのルートを開き，できるだけ早い段階から，政府による自由に

対する侵害を抑制し，侵害がある場合には裁判所，裁判官への異議申立手続を通して，救済をはかるために機能する。裁判官が関与する対審構造の手続を通して，政府の活動の可視化がはかられ，政府の違法活動から早期に救済され，また，政府の違法活動が抑制されることになる。

　ところで，公判での弾劾主義に関し，弾劾主義は，裁判官，検察官，被告人という三面構造の裁判を指すから，職権主義も「弾劾主義」の裁判構造の一種であると説かれることがないわけではないが，「弾劾主義」本来の狙いは，検察官が訴追した事実（公訴事実）を裁判の対象とし，「検察官が」，被告人の協力を得ることなしに，「合理的な疑いを容れない程度に」有罪を立証する責任を負う裁判の構造を予定するものである。被告人を単なる資料の1つとみて，裁判官主導型で「真実」を発見することを強調する「職権主義」とは大きく異なる。職権主義では，検察官の起訴は，裁判官が真実を認定するための手がかりであるにとどまり，検察官が起訴した事実が裁判所を拘束することはなく，裁判所はそれを超える真実探求ができ，検察官に挙証責任はない。裁判官が到達した「結果たる心証」が重視され，その結果が有罪の確信に疑いを挟むようなものでなければ，被告人は有罪とされ，有罪の確信に到達することができない場合に「疑わしきは被告人の利益に」の原則によって被告人を無罪とすべきことになる。英米で採られ，日本国憲法及び日本国憲法下で制定された我が国の現行刑事訴訟法で採用されてきている弾劾主義と，職権主義とは，全く異なる類型に属する裁判の型であるととらえられるべきであろう。

　職権主義は，糾問官が被告人を真実解明の対象として，手続に裁判官（糾問官）と被疑者，被告人（被糾問者）の二者だけが手続に関与し，糾問官が一方的に糾問する形式の糾問主義よりは，検察官（訴追官）と裁判官（判断者）の職務が一応は分離され，被告人に起訴の内容を告知したうえで，被告人の言い分も聞いて裁判を進める形式である点で，糾問主義よりは被疑者・被告人の利益に配慮した手続であることにもなろうが，問題は，この形式が自由や正義の保障に資するような外見を呈するに止どまり，真に被疑者被告人の利益・価値が刑事手続に反映されるような手続構造とはなっていないことにある。検察官と裁判官の職務の分離があるとはいっても，その分離は国家のとる価値の実現という同一目標に向けて収斂し，被告人側の防御の利益に十分な配慮がなされていないところでは，あまり意味を持たない。職権主義では，検察官の起訴は

審理の範囲を画するものではなく，単に裁判官の審理の「手掛り」を提供するに過ぎない。被告人は，審理が開始される出発点となる事項についての告知は受けるが，結局は，審理がどのように進んで行くかは裁判官の主導権に委ねられるから，防御対象を告知されてはいないのである。被告人からの意見を聴取はするがそれがどのように斟酌されるかは，裁判官の胸三寸で決まることであり，被告人のコントロールは及ばない。このように，裁判によって最も大きな影響を受ける被告人の立場が十分に裁判に反映されるような構造となっていない点で問題を残しているのである。

　現行法は，憲法が前述のように，弾劾主義，論争主義の裁判構造を予定し，現行刑事訴訟法は「訴因」の制度を定めて（256条），被告人が「挑戦的に防禦」することができる裁判の構造を用意している。訴因制度の下では，検察官が選択した訴追対象を被告人に防御対象を告知し，審理の範囲を限定し，被告人に告知のあった範囲で審理，検察官の主張・立証が進められることになる。告知の範囲を逸脱する検察官の主張・立証活動は許されないのが原則であり，最初の訴因に関連性があり重要性がある，当事者の主張・立証活動から別訴因を構成する事実が明らかになってきたような場合に限定して訴因の変更が許されることになる（312条）。刑訴法は，さらに，主張と証明の手続を分離して，主張を先行させてその後に証明を行わせる構造の裁判を予定している（256条6項）。これは，起訴状と同時に証拠を裁判所に提出すれば，一件書類の提出を受けてそれを読んだうえで裁判に望んだ旧法の構造と同様になり，予断をもって審理に臨むことになるために，中立で公平な判断者としての裁判官の役割とは相容れない事態が生ずるとともに，争点を設定しその争点に被告人が検討を加えることを認める手続構造に反することになるためである。現行法下の裁判では，主張の段階では，被告人に異議のある部分について争点を整理し，その整理された争点をめぐって，立証・攻防が展開される審理が進められていくことになる。したがって，全体像がはじめから形成されているのではなく，1つ1つ立証されて最後に全体が立証されることになる。主張・立証活動の主体は，当事者にある。このような，被告人が政府の主張について十分に検討する（いわば品質管理をする）裁判の構造は，刑罰を科す手続である刑事裁判で，被告人の利益・価値が十分に反映されるようにするためにとられる。

　なお，刑事訴訟法の改正で新たに「争点整理」の手続が入ることになった

316条13～316条24が，これは，裁判所が証拠を事前にみるという職権手続とすることを意図したものではない。当事者が相互に争点を整理して，十分な論争を裁判において行うことができるようにして，裁判を迅速化するという趣旨に出たものであると解することができる。

2 自由心証主義

　裁判官の事実認定は合理的に行われる必要がある。この点で，「自由心証主義」の意義は大きい。

　かつては，「法定証拠主義」が採られ，一定以上の証人か自白の存在が有罪の要件とされた。この考え方も，それ以前の，雪冤先生と比べれば合理性のあるものではあったが，とりわけ自白採取のための拷問など，重大な問題があり，人間の尊厳が著しく害された。大陸法国ではこのような弊害が著しかった。また，陪審裁判を採用する国（イングランド）でも，陪審偽証罪があり，陪審は国王の意向に反する評決をすれば，刑罰を科される，財産を没収される，等の威嚇を受け，陪審の判断には限界があった。ここでは事実認定者が証拠に照らして合理的な自由な判断をすることはできず，国王の圧政に亙る圧力があればそれに屈しなければならないことになり，自由心証に基づく合理的な事実認定は望むべくもなかった。このような状況は Bushell 事件（Howell's State Trials, Vol. 6, Page 999（6 How. 999.）1670年）での Vaughn 裁判長の陪審の独立した自由な判断を認めた判断により，解消されることとなり，陪審の自由心証が確立され，陪審裁判が国王の圧政からの防波堤としての意味を持つことができることとなった。

　このように，自由心証は，事実認定者が，法廷で提出された証拠についての両当事者の攻防を踏まえて，合理的な評価をするために不可欠なものである。

　他方，自由心証とはいっても，裁判官・裁判所・事実認定者に恣意的な判断を許すものでないことは明らかである。合理的な事実認定を狙うものであるから，合理的な事実認定が害される虞がある場合には，その懸念を払拭するための要件を設けて対処することが求められる。例えば，自白が唯一の証拠である場合に，自白だけで有罪を認定すると，裁判官が自白に寄りかかって認定することから誤判の危険があり，この危険を避けるために，自白に補強を求める

（憲法38条3項，刑訴法319条　項）という方策は，合理的なものである。補強法則は，自由心証主義の「例外」といわれるが，自由心証主義それ自体が合理的な事実認定を求める考え方に立っているのであるから，かかる制約は合理性のあるものであり，自由心証主義の基本的考え方と合致するものである。

　さて，このようにして，論争主義を基礎に認定された結果は，上級審によって尊重されなければならないとの要請が働く。上級審による審査が覆審や続審の形態になり，公判裁判所の事実認定を無意味なものにすると，公判での当事者による争点をめぐる攻防は全くの無駄となり，公判での結果は，「仮のもの」でしかなくなる。事実認定に関して，上級審よりも有利な状況がある公判裁判所での事実認定を尊重しない裁判は，無罪に対する事実誤認を理由とする上訴の場合には，誤った事実認定の危険を生む。また，現行法のとる論争主義の下では，裁判は，個人に価値を認めるという前提に立つものでなければならないはずであるのに，個人に十分に参加の機会を与え挑戦的防御を認めたうえで下された裁判の結果が，全くの御破算となり，上級審の意向で裁判の結果が左右されるのでは，論争主義に立つ裁判を宣言する現行憲法，刑訴法に悖る裁判となろう。上級審で，もう一度事実認定を繰り返せばよいといわれるかもしれないが，そこでは，証拠の散逸や記憶の減退が生じ，証人が尋問者の尋問意図を知っているために，真相を引き出すことが困難であるなど，種々の困難があり，また，何時果てるとも知れない「仮の認定」に直面した被告人は，無力感にとらわれることであろう。当事者が公判に全力を注ぐことを躊躇することも懸念される。このように，種々の事情から，覆審や続審形態によったのでは事実認定過程の充実は害される。

　大陸法では，法定証拠主義の下で，一定の自白が有罪認定の要件とされ，そのために，自白採取のための強制，拷問，強迫等，自白を不当に採取する結果を生んだという苦い経験を踏まえて，「自由心証」が導入されたことが強調されるが，上級審による監督が事実認定にも及び，覆審や続審の形態で裁判がなされることになると，結局は，自由心証は有名無実となる。被告人の価値を反映する裁判や被告人の挑戦的防御を無意味なものとしないためには，公判裁判所の事実認定を尊重する必要があり，公判裁判所の事実認定を覆すことができるのは，法的基準を充たしておらず，そのことが裁判の結果に影響を与えるような場合に限られるべきことになるであろう（第22章「上訴制度」参照）。

3 厳格な証明と自由な証明

　厳格な証明と自由な証明は，証明の方式による区別である。
　現行法下では，公訴事実の認定は当事者のコントロールの下に置かれ（憲37条），当然のことながら，証拠による事実の認定が求められる（317条）。不利益を受ける被告人の権利・利益に周到な配慮をした事実認定がなされなければならず，被告人にとって重要な認定対象・要証事実は，法に定める証拠能力があり，法定の証明方式によった証明（書証はこれを朗読し，物証はこれを展示し，証人はこれを尋問する形式）により証明されるべきことになる。これが，厳格な証明が求められる場合である（304条～310条）。重要な証明対象よりも合目的的に認定する必要が高い認定対象——例えば，当事者に争いのない量刑資料など——については，自由な証明，つまり，厳格な証明よりも緩和された証明の方式が用いられてよい場合である。この証明方式の区別はわが国では小野博士によって提唱されそれが受け入れられてきたものである。
　厳格な証明は，裁判官が当事者による証明過程を前提にそれによってコントロールを受けて事実を認定することが予定され，裁判官が恣意的な判断をしないように規律を受ける場合である。手続法上，一定の認定手続が予定され，また，実体法上も一定の事実の認定が要件とされている場合には，裁判官の裁量は規律を受けるから，厳格な証明によることを要する。これには，公訴事実，犯罪成立阻却事由，法律上の刑の加重事由たる事実，処罰条件および処罰阻却条件たる事由に当たる事実，附加刑を科す要件事実，法律上の刑の減免事由たる事実，任意的減免事由（減免事由は法定され裁判官の裁量は制約されている），刑法45条の中間確定判決の存在，及び以上を証明する間接事実がある。酌量減刑事由は裁判官の裁量が認められるので，自由な証明で足りる。量刑資料は，当事者の争いがある場合は，厳格な証明が求められようが，そうでなければ，厳格な証明は，被告人の旧悪や悪性などを不必要に公判で公開する結果となり，また，できるだけ多くの量刑資料を入手して適正と思料される量刑をする必要があるので，自由な証明で足りよう（適正な証明といわれる）。訴訟法上の事実については，合目的性の要請が強いことを理由に自由な証明で足りるといわれてきたが，憲法上，および憲法解釈上，自由社会の維持や正義の実現の目的で

設けられた基本権に関係する要件の場合（例えば，身柄拘束下での取調べを適正なものにする条件違反や弁護権侵害，犯人識別手続における不当誘因の有無など）には，それが争点になる場合に，厳格な証明の二要件全部を外した，全く自由な証明に委ねるべきではない。右のような，自由や正義の保障に関する違反事実の存否が争われる場合には，むしろ，裁判官の判断は規律を受けることになり，右事実の不存在については，厳格な証明によるべきことになると解すべきであろう。

〔参考文献〕
渥美東洋『刑事訴訟法（全訂）』有斐閣，2006年
渥美東洋『罪と罰を考える』有斐閣，1993年

第 *18* 章 ■ 挙証責任と無罪推定

> **本章のポイント**
>
> 　公判で証拠調べを尽くした後になお犯罪事実の存否が不明のままであることもある。そのとき，不明の結果を誰の不利益にして理解するかのルールが必要で，不明の結果の不利益も負う当事者の地位を挙証責任と呼んでいる。刑事裁判では無罪推定の原則があり，疑いが残るのに有罪とはできないので，合理的な疑いを超える証明をできなかった検察官に不利益が課され，無罪となる。つまり，検察官に挙証責任がある。
> 　ところで，法律の中には，被告人に一定の事実の立証の負担を課しているといわれる場合がある。例えば，刑法207条の同時犯の共犯処理規定がある。複数人で暴行を加えて負傷させたが，誰の暴行によって傷害が生じたのか不明の場合，共犯の例に依る，つまり，傷害の結果を負わせた者でない者も傷害の責任に問われるというのである。この者が傷害の責任を免れるために何をすればよいか。この者が何もせずに，検察官が暴行と傷害結果との因果関係の存在，共犯関係の存在を証明すべきだというのは，刑法207条を設けた意味がない。右の因果関係と共犯関係の不存在を被告人が立証すべきというのが挙証責任が転換されるとする説で，なお有力であるが，無罪推定原則との抵触が問題とされている。因果関係および共犯関係を推定した規定で，推定を破るために被告人に証拠提出責任を課した規定だとする説が近年主張されている。挙証責任等の各概念の正確な把握と無罪推定原則との関係を考えてみよう。

1 挙証責任と無罪推定

　挙証責任には，立証がつくされた後に，要証事実の存否に疑問が残る場合，その争点について不利な判断をされる当事者の地位をいう説得責任（実質的挙証責任）と，要証事実の存否の主張をする当事者が，その争点について証拠を提出しない場合に不利な判断をされる当事者の地位をいう証拠提出責任がある。
　日本国憲法38条１項は，「何人も自己に不利益な供述を強要されない」と規

定し，自己負罪拒否特権を保障する。この自己負罪拒否特権は，弾劾主義（告発主義）の典型的な表現である。弾劾主義に由来する無罪推定（仮定）の原則 (presumption or assumption of innocence) は，被告人は告発された犯罪事実（公訴事実）を行っていないとの前提にたち，検察官が，公訴事実の全要素，即ち，すべての犯罪成立要件事実について合理的な疑いを容れない程度の証明 (proof beyond a reasonable doubt) する責任を負う。検察官が，合理的な疑いを容れない程度の証明責任を果たさなかった場合，被告人は無罪となる。

「合理的な疑いを容れない程度の証明」とは，通常人（a reasonable person）を基準として疑いの余地がない程度の証明をいう。刑事裁判では，誤判があってはならないとの要請が非常に強いので，合理的な疑いを容れない程度の証明が基準とされている。また，無罪推定の原則は，生命・自由・財産を奪う刑罰を科す場合，国側が，その正当根拠を示すことを求めているので，自由の原理を示すものと理解できる。

2 挙証責任の転換

自己負罪拒否特権に由来する無罪推定の原則（憲38条1項）により，検察官がすべての犯罪成立要件事実について合理的な疑いを容れない程度の証明責任を負い，被告人には，一切主張・立証上の責任を負わせてはならない。犯罪成立要件事実について被告人に挙証責任を負担させる挙証責任の転換は，憲法に違反することになる。

違法阻却，責任阻却事由の存在，例えば正当防衛の事実について，被告人に挙証責任が転換されると説明されることがあるが，この見解は，無罪推定の原則に反しないだろうか。正当防衛による行為も犯罪行為だとの前提にたてば，正当防衛を示す機会を被告人に与えるか否かは，立法府の立法裁量として合理的な範囲に含まれることになる。しかし，立法府には正当防衛による行為を犯罪とする正当な権限はないと解されるので，正当防衛の事実について，被告人に挙証責任を課すことはできない。ここで，立法府による正当防衛による行為を犯罪とする正当な権限の有無は，いわゆる実体的適正手続の問題であり，実体刑法の理論，実体的正義の問題である。

「大は小を含む」原則によって，被告人に一定の事実の挙証責任の転換が許

される場合があるとされている。大きな範囲まで人の行為を犯罪と定める権限が立法者に正当にある場合，その大きな範囲に入り犯罪とされている行為を，一定の条件を示して，その条件が充足されれば，犯罪としない，処罰をしない，又は，刑を減軽すること立法者が決め，その充足の挙証責任を被告人に課しても，それは不当な立法権の行使ではない（渥美『刑事訴訟法（全訂版）』385～386頁）。わが国では，処罰条件阻却事由が，この典型例となる。この場合も，被告人が挙証責任を果たさなかったときに科される刑罰が，犯罪と定めた行為と均衡がとれているかの実体的適正手続の問題である。

3 推　　定

　推定とは，前提事実が立証されたときに，推定事実（要証事実）を認定することをいう。推定には，事実上の推定と法律上の推定がある。事実上の推定とは，具体的な立証過程にあって，ある事実が立証されたことから，他の事実が合理的に推論される場合をいう。
　法律上の推定には，命令的・義務的推定と許容的推定とがある。
　命令的・義務的推定とは，法律上，前提事実が立証された場合，推定事実の認定を事実認定者に義務付けるものである。これは，さらに，反証を許さない命令的推定または結論を示す命令的推定と，反証が許される命令的推定とに分けられる。反証を許さない命令的推定または結論を示す命令的推定は，国が前提事実を立証すれば，事実認定者は推定事実を認定しなければならないので，国は推定事実の挙証責任から解放される。反証が許される命令的推定は，国が前提事実を立証すれば，被告人が推定事実の不存在を事実認定者に説得しない限り，推定事実が推定される。
　憲法38条1項は，公訴事実が合理的疑いを容れない程度に立証されない限り被告人は有罪とされないとの保護を与える（無罪推定・仮定）。この基本原理により，公訴事実を合理的疑いを容れない程度に立証する国の挙証責任を被告人に転換することは禁止されるが，反証を許さない命令的推定，反証を許す命令的推定は共に挙証責任の被告人への転換の効果を有するので，憲法違反となる。例外的に命令的推定が許されるのは，「大は小を含む」原則によって，被告人に一定の事実の挙証責任の転換が許される場合であり，これは，前述のとおり

実体的適正手続の問題である。

　許容的推定とは，法律上，前提事実が立証された場合，事実認定者は，推定事実を認定することは許されるが，必ずしも推定事実を認定する必要がない推定をいう。

　さて，犯罪成立要件である事実の立証が，政府側にとって極めて困難，または，その立証には多くの証拠による相当長期の立証を要する場合がある。他方で，被告人は，証明された前提事実と犯罪成立要件である要証事実との間の推論を破る証拠に接近しており容易に接しうる場合がある。この場合に，立証の困難さのため不当に刑事責任を免れる被告人を少なくする方策が推定である。

　推定が無罪推定に反しないためには，①立証された前提事実と，推定事実との間には，合理的推論を通常許すことができる（合理的関連性），②被告人が前提事実と推定事実との推論を破る証拠に接しうる地位にいる（証拠への近接性），③被告人が，この推論を否定する証拠を一切提出できない場合は，その証拠提出責任を果たしていないことを状況証拠として，立証された前提事実から推定事実を推論することが合理的として許容することが許される，が要件となろう（渥美・前掲390頁）。そして，被告人が，証拠提出責任を果たした場合，法律上の推定は破れ，当初の状態に戻り，政府側が推定事実たる要証事実を立証する挙証責任を果たさない限り，被告人は無罪とされることになる。

　正当化事由または責任阻却事由の中，正当防衛を例にとろう。政府側が，殺人等の犯罪を構成する公訴事実を，合理的な疑いを容れない程度に立証したとしよう。即ち，正当防衛以外の犯罪成立要件である全ての事実が証明されたとの前提に立ったとしよう。

　まず，この場合に，常に正当防衛の不存在を政府側が立証すべきだとすると，具体的立証状況の下で，立証がきわめて困難，または，多くの証拠による相当長期の立証を要する場合がある。

　このとき，被告人の殺意，殺人の実行行為，人の死，その行為とその人の死亡との間の因果関係が，合理的な疑いを容れない程度に証明されたとする。①これらの前提事実が立証される過程で，被告人の正当防衛を示す事情が一切示されない場合，推定事実である正当防衛の不存在を推認する合理的関連性があるといえる。②被告人の殺害行為が立証されているので，被告人は，前提事実と推定事実を破る証拠，即ち，正当防衛を立証する証拠に近接している。③正

当防衛を示す証拠の提出が容易であるにもかかわらず，被告人がそのような証拠を一切提出しない場合，それが状況証拠となり，正当防衛の不存在を認定することは合理的だとされることになる。

4 具体例の検討

「大は小を含む」の原則に関連する問題として，同時傷害の共犯擬制または共犯推定の問題，名誉毀損罪における「真実性の証明」を，推定規定の中からいわゆる麻薬特例法上の薬物犯罪収益の推定を例にして，具体的に検討してみよう。

(1) 同時傷害の共犯擬制又は共犯推定

刑法207条は，「2人以上で暴行を加え人を傷害した場合に，傷害の軽重を知ることができず，または，その傷害を生じさせた者を知ることができないときは，共同して実行した者でなくとも共犯の例による」と規定する。

この規定を，2人以上の者が，意思の連絡なしに同一機会に独立して暴行を加え，傷害の結果が生じた同時傷害の場合でも，共同正犯（同60条）として扱う，即ち，共同正犯と擬制するとの解釈が可能であろうか。この解釈によれば，暴行又は傷害行為と傷害結果との間の因果関係の不存在の挙証責任を被告人に転換することになる。これは，犯罪成立の必須の要件である因果関係の不存在について，被告人に挙証責任を負担させる挙証責任の転換なので，無罪推定に違反することになる。また，同時犯の場合に，共犯関係を擬制し，双方に傷害の刑事責任を問うのは，実体的適正手続に違反すると解される。

次に，この規定を，暴行と傷害との間の因果関係の推定を定めたものとの解釈が可能であろうか。同時犯の場合に，暴行及び傷害について合理的な疑いを容れない程度の証明がされたときでも，被告人が因果関係の不存在を示す証拠に近接しているとはいえないので，この解釈は合理的とはいえないと思われる。

最後に，この規定を，共犯関係の推定を定めたものとの解釈は合理的であろうか。複数人が同一被害者に暴行を加えた事実が合理的な疑いを容れない程度に証明された場合，一般的に，実行者間に共犯関係があると解せられる程の合理的関連性があると解するのは困難であろう。ただ，具体的な事案によっては，

複数による暴行が同一場所で同時に行われたと合理的疑いを容れない程度の証明がなされた場合等，現場での共謀が合理的に推認され，被告人がこの推定を破る証拠に近接している場合も考えられうる（札幌高判昭和45年7月14日，高刑集23巻3号479頁参照）。このような具体的な場合に限定して，刑法207条は共犯推定規定となると解さないと，無罪推定に違反すると思われる。

(2) 名誉毀損罪における事実の真実性の証明

刑法230条の2は，名誉毀損罪における「事実の摘示」行為をどの範囲まで犯罪とすることが正当化されるかを，「摘示事実が真実であることの証明」の有無によって技術的に調整し，個人の名誉の保護と，憲法21条による正当な言論・表現の自由の保障との調和をはかっている。

刑法230条は，公然と事実を摘示し，人の名誉を毀損する行為を犯罪と規定する。この規定だけで考えれば，「公共の利害に関する事実」を，専ら公益を図る目的で摘示することも，常に犯罪とされることになる。だが，この立場は，憲法21条の保障する言論・表現の自由を侵害する。

公共の利害に関する事実が真実であり，専ら公益を図る目的で摘示される場合，言論・表現の自由の保障が及ぶと解される。

次に，公共の利害に関する事実が，公判で被告人が結果として真実であることの証明に失敗したが，事実の摘示行為時に，摘示事実を公判で真実だと立証することができると思料し，その思料に過失がない場合は，言論・表現の自由の保障を及ぼす必要性が高い。結果として真実性の証明に失敗した場合に常に刑罰を科すとすれば，行為時に確実な資料・根拠があると思料する者が自主規制をするとの表現の自由に対する萎縮効果が生じるからである。また，ルール功利主義の視点からは，誠実な表現は，不正確な表現であっても，真理に至る表現の自由の行使を促進する可能性があるので，公共の利害の関する事実については，個人の名誉の侵害を考慮しても，そのような表現を保護するルールを採用すべきだと理解できよう。

他方，確実な資料・根拠を収集せず，周到な注意を払わない者が，公共の利害に関する事実について，結果として虚偽である事実の摘示をして不注意に他人の名誉を害した場合は，言論・表現の自由の保障の範囲内とすることはできないと解される。確実な資料・根拠を収集せず不注意な者が，結果として虚偽

の言論を，効果的な政治的道具として濫用してきたとの歴史的経験があるからである。

　個人の名誉の保護と，正当な言論・表現の行使との調和をはかるにあたり，公共の利害に関する事実が「真実であること」を犯罪成立阻却事由と規定し，「虚偽の事実の摘示」行為を犯罪と規定した場合，上記のバランスがはかれるであろうか。このアプローチによれば，「真実であること」，又は，「虚偽であること」について，通常人としての錯誤を伴えば，錯誤論により故意が阻却されることになる。確実な資料・根拠を収集せず，周到な故意を払わない者が，公共の利害に関する事実について，結果として虚偽である事実の摘示をして他人の名誉を害した場合に無罪とされることになるので，このアプローチは説得的でないと思われる。

　そこで，刑法230条の２は，公共の利害に関する事実について，「摘示事実が真実であることの証明」を阻却事由として規定した。従って，まず，被告人が公判で摘示事実が真実である旨を，証明の優越の程度に立証した場合に無罪となる。次に，被告人は公判では結果的に摘示事実の真実性の証明に失敗したが，摘示行為時に，摘示事実を公判で真実だと立証することができると思料し，その思料に過失がない場合には，故意を阻却し，無罪となる（最大判昭和44・6・25刑集23巻7号975頁参照）。

　この規定の解釈として，２つのアプローチが可能であろう。第１は，公共の利害に関する事実について，事実を摘示する者が，公判で摘示事実を真実だと立証できると通常人が考える程度に周到な注意を払って行為していたこと，即ち，摘示事実の真実性の立証につき過失のない状態で事実の摘示をした旨について，被告人に挙証責任が転換されており，被告人がこの旨を立証すれば，その行為は犯罪としないとのアプローチである。このアプローチは，「大は小を含む」原則の適用される場合だと位置付けられることになる（渥美・前掲387頁）。

　第２のアプローチは，公共の利害に関する事実については，摘示事実が真実だと公判で立証しうる点に行為者に過失がなければ，この摘示行為は正当な言論・表現の自由の行使であり，名誉毀損として処罰することは許されないとの前提にたつ。この前提によれば，被告人に，事実の摘示行為時に，公判で摘示事実が真実であると立証できると思料した点に過失がなかった旨の挙証責任を

被告人に課すことは，無罪推定に違反し，許されないことになる。このアプローチでは，人の名誉を毀損する行為が証明された場合，法律上，摘示事実が虚偽と推定され，その推定を破る真実性についての証拠提出責任を被告人に課すものと解されよう（渥美・前掲387〜388頁）。

(3) 薬物犯罪による不法収益の剥奪

組織犯罪対策の1つとして，通称「麻薬に関するウィーン条約」，「麻薬及び向精神薬の不正取引の防止に関する国際連合条約」が1988年に締結され，わが国は署名，批准した。この麻薬に関するウィーン条約を批准するための国内法整備の1つとして，「国際的な協力の下に規制薬物に係る不正行為を助長する行為等の防止を図るための麻薬及び向精神薬取締法等に関する法律」（以下，「麻薬特例法」と略す）が制定された。

麻薬特例法は，いわゆる麻薬4法で禁止される規制薬物の輸出入，製造，譲渡，譲受等を業として行うことを犯罪として規定する（5条）。そして，この薬物犯罪による不法収益及び薬物犯罪収益に由来する財産（以下，「薬物犯罪収益等」と略す）を剥奪する刑罰を規定した（11条）。この新たな犯罪収益の剥奪は，まず，自己の不正行為から利益を挙げてはならないとの，正義の概念に由来する法の原理により正当化される。また，犯罪収益の獲得を目的にする犯罪者に対して，犯罪の動機となっている収益を剥奪することにより，ある程度の抑止力を期待できると思われる。

次に，5条の罪に係る薬物犯罪収益等の認定について，以下のような推定規定を設け，その要件を定めた（14条）。

「第5条の罪に係る不法収益等については，同条各号に掲げる行為を業とした期間内に犯人が取得した財産であって，その価額が当該期間内における犯人の稼働の状況又は法令に基づく給付の受給の状況に照らし不相当に高額であると認められるものは，当該罪に係る薬物犯罪収益と推定する。」

この規定によれば，検察官が①犯人が業として行う不法輸入等の罪を犯したこと，②犯人が不法輸入等を業とした期間内に特定の財産を取得したこと，③その財産の価額が，この期間内における犯人の稼働の状況（正業に従事していた状況）または法令に基づく給付の受給の状況（生活保護等）に照らし不相当に高額であることを立証すれば，その財産は，業として行う不法輸入等に係る

不法収益と推定されることになる。

　業として行う不法収益の場合，一定の期間薬物犯罪を業とすることにより，犯人が相当の不法収益を得ていることは明らかであるが，その収支が隠匿されているのが通常であり，検察官が具体的にどの財産が薬物犯罪収益等なのかを立証するのが困難である場合が多く，推定規定の必要性が認められる。

　①，②，③の前提事実が証明された場合，その財産が，業として行う不法輸入等に係る不法収益であるとの推論を通常許すことができると思われるので，合理的関連性の要件は充足している。また，犯人が不法輸入等を業とした期間内に特定の財産を取得した旨が立証されているので，被告人は，この推論を破る証拠である正業に従事していた状況，または，法令に基づく給付の状況を示す証拠に近接している。にもかかわらず，この推論を否定する証拠を一切提出できない場合は，それを状況証拠として，その財産が業として行う不法輸入等に係る不法収益だとの推論が，合理的として許容されることになろう。

〔参考文献〕

渥美東洋『刑事訴訟法（全訂版）』有斐閣，2006年

田宮裕＝多田辰也共著『セミナー刑事手続法（証拠編）』啓正社，1997年

第19章 ■ 自白法則，補強法則

本章のポイント

　自白は昔から信用できる証拠と考えられ，最も重要な証拠とされてきた。洋の東西を問わない。犯罪に最も近いとされた者が犯罪事実を認める供述であるから信用されて当然であった。しかし，一般に自白が信用できるからこそ，自白をとることが最も確実な有罪判決への途と考え，自白のとり方が安易に流れたり，度外れた方法をとることによって，逆に，真実でない供述に基づいて，誤った裁判がなされたこともあったのである。そこで，まず，強制，拷問，脅迫，不当に長く抑留・拘禁された後の自白など違法な手段でとられた自白は証拠能力を否定し，裁判では使えないことにした。次に，情況証拠の積み重ねによって有罪認定をした場合にそれらの1つが違法で証拠から除かれるとしても，結果は何ら変わることはないが，自白は事件のすべてを物語るという性格をもつため，自白が誤りであると，有罪認定自体が誤ってしまうおそれが高い。そこで，自白だけでは有罪認定することはできず，自白の真実性を裏づける補強証拠とあいまって，有罪認定が許されることにしているのである。難問の1つとして，共犯者の供述に補強証拠が必要かの問題がある。共犯者は犯行発覚後は他の共犯者に責任を転嫁する傾向があるので危険性が高い，要は当該共犯者の供述の信用性が確かめられたといえるかがポイントであろう。

1 証拠法の基本的な狙い，証拠法上の諸原則

　正確な事実認定に基づいて有罪・無罪を決定しなければならないというのは，裁判の基本的な要求である。証拠の取扱いや証明の仕方に関するルールの体系を証拠法といい，自白法則と補強法則もその一部をなしているが，この証拠法の基本的な狙いは，事実認定の正確性・合理性を確保することにある。

　憲法および刑事訴訟法は，事実認定を誤らせる危険の高い一定類型の証拠について，有罪・無罪の認定の際に判断材料とすることを禁じている。事実認定

者が判断材料に用いることができること、つまり証拠としての資格があることを、**証拠能力**（証拠の許容性）があるという。自白法則は、「任意性に疑いのある自白」の許容性を否定するものであり（319条1項）、自白の証拠能力に関わるものである。

憲法38条1項で被告人に自己負罪拒否特権を保障することにより、わが国では弾劾主義をとることになっているが、弾劾主義の下では、有罪認定がなされるには、検察官は、被告人が犯罪を行ったことを「合理的な疑いを容れない程度」まで立証しなければならない。そして、その際の証明は「証拠能力のある証拠による適式な証拠調べを経た証明」でなければならず、これを証拠裁判主義という（317条）。

また、各証拠のもつ有罪認定を導く力、つまり証拠価値を**証明力**というが、この証拠の証明力は、裁判官の自由な判断に委ねられている。これを自由心証主義という（318条）。裁判官の自由な判断に委ねられるといっても、その判断は、経験則、論理則に従ったものでなければならない。また、憲法38条3項、刑訴法319条2項は、被告人の自白を唯一の証拠として有罪とすることを禁じ、補強証拠を要求している。これを補強法則という。裁判官が、自白だけで有罪であることが立証し尽されていると判断した場合でも有罪と認定することができないので、補強法則は、自由心証主義の例外であるといわれる。ただ、自由心証主義は、もともと、有罪認定をするには自白など特定の証拠が絶対に必要であるとする法定証拠主義の弊害を回避するためにとられた原則である。その弊害とは、たとえば、自白以外の証拠により、充分有罪認定が可能なのに、それが許されなかったり、自白がどうしても必要なので、一定の拷問が許可されたりしていたというものである。自由心証主義はこのような弊害を回避する趣旨からとられている原則であり、決して恣意的な判断を許すものではない。あくまで、合理的な判断を行える基礎の上に成り立つ原則であり、そして、補強法則も後述するように合理的な事実認定を支える方策の1つである。

2　自白法則

「強制、拷問若しくは脅迫による自白又は不当に長く抑留若しくは拘禁された後の自白は、これを証拠とすることができない。」（憲38条2項）

「強制, 拷問又は脅迫による自白, 不当に長く抑留又は拘禁された後の自白その他任意にされたものでない疑のある自白は, これを証拠とすることができない。」(319条1項)

(1) 自白の意義

自白とは, 自己の犯罪事実の全部または主要な部分を認める供述をいう。自己に不利な事実を認める供述一般を, **不利益な事実の承認**といい, 自白はこの承認に含まれる。犯罪事実の一部であるとか, 犯罪事実の裏付けとなる間接事実を認める供述は, 承認ではあるが自白ではない。自白に当たらない承認を証拠に許容する場合にも任意性は要件となるが (322条1項但書), 補強法則は適用されない (319条2項参照)。

被疑者・被告人が, 構成要件に該当する事実を認めつつ, 違法性阻却事由や責任阻却事由を主張する場合も自白である。犯罪事実をすべて認め, その上で有罪とされても構わないとの意思を表明することは, **有罪の自認**という。有罪の自認に対しても補強法則は適用される (319条3項)。また, 起訴状記載の公訴事実をすべて認め, さらに違法性阻却事由や責任阻却事由など法律上の犯罪の成立を妨げる事実を主張しないことを**有罪である旨の陳述**といい, これを被告人が行うことが簡易公判手続に移るための要件となっている (291条の2) (以上, 三井誠「自白の意義」法学教室236号106頁以下参照)。

(2) 現代の刑事裁判における自白の重要性

比較的小さな, 閉じられたコミュニティーを基盤に人々が生活していたときには, 犯罪が行われれば, 誰かしらそれを目撃していることが多かった。しかし, 現代のように都市化が進むと, 目撃証人を得ることも難しく, また, 仮に目撃証人がいても, 犯行の一部分しか目撃していなかったり, 加害者・被害者が普段つきあいのない人達であることが多いため, 犯行を正確に理解し記憶することが難しかったり, 偏見や先入観で知覚や記憶が歪められたりすることがある。このような問題があり, 証人の証拠価値は相対的に低下している。これに対し, 犯人でなければ知りえない事実を知っている者を犯人として扱うことが妥当であり, しかも自白が客観的な証拠と符合している場合には, その者を犯人とみて間違いないと考えられるようになった。このように, 現代では, 法

定証拠主義の時代とは違った意味で、自白の証拠価値は高まっている。

しかし、このように自白の証拠価値が高いがゆえに、自白に過度に依存し、そこからまた、拷問や物理的・心理的強制を加えてまで自白を得ようとする傾向が、捜査機関に生まれたりもした。強制、拷問等による不当な取調べは、被疑者を人間扱いしないという点で許されず、さらにまた、せっかく自白を得てもそれが虚偽のものであれば自白を獲得した意味がなくなるという点からも許されない。信用のおける自白とそうでない自白を選び分け、さらに、自白の排除を通じて間接的に取調べを規律する役割を、自白法則は担うようになった。

(3) 自白法則に関する学説と判例

(a) 学説

自白法則による自白の排除に関しては、学説上、自白の虚偽のおそれを理由に排除する**虚偽排除説**、黙秘権等の基本権侵害を理由に排除する**人権擁護説**、自白採取過程における手続の適正さが害されたことを理由に排除する**違法排除説**、虚偽排除説と人権擁護説の**併用説**があると一般的にいわれる。ただ、虚偽排除説の中には、実際に虚偽の自白を排除するだけでなく、虚偽自白を誘発しやすい取調べ方法が採られた場合には、個別具体的に信憑性を問題にすることなく、自白を虚偽であると擬制して排除する**類型的虚偽排除説**もある。また、大別すれば併用説に分類されることになるのであろうが、虚偽排除の観点と供述の自由の保障のための取調基準違反を問う観点から事情を総合して自白の証拠能力を判断する**事情の総合説（任意性説）**もある。

人権擁護説と違法排除説は、自白の排除を黙秘権等具体的な基本権が侵害された場合に限るか、それ以外の不適正な取調べ方法がとられた場合も含めるかの違いはあるが、自白法則を排除法則ですべて構成しようとするものである。逆に、併用説の中には、自白の排除をすべて自白法則で構成しようとするものもある（自白法則に関する学説については、椎橋隆幸「自白の任意性一般」別冊判タ12号警察実務判例解説（取調べ・証拠篇）22頁以下、三井誠「自白の排除法則とその根拠〔1〕」法学教室246号76頁以下等参照）。

(b) 判例

判例が、自白法則による自白の排除についてどのような根拠に拠っているのかは明確ではない。当初、虚偽排除説に拠っていたが、徐々に違法排除説に移

行していると評価する論者も多いが，その根拠として挙げられる最高裁の判例については，類型的虚偽排除説あるいは事情の総合説（任意性説）に拠っているとみた方が妥当ではないかと思われる。

　例えば，「約束自白」についての判例であるとされることの多い昭和41年の最高裁決定（最決昭和41・7・1刑集20巻6号537頁）では，「被疑者が起訴不起訴の決定権を持つ検察官の，自白をすれば起訴猶予にする旨のことばを信じ，起訴猶予になることを期待してした自白は，任意性に疑いあるものとして，証拠能力を欠くものと解するのが相当である」と判示され，この点をもって，違法排除に判例は立ったと評価されることがある。しかし，この事案では，検察官が直接被疑者に起訴猶予にすることを約束したわけではなく，自白して改悛の情を示せば起訴猶予も十分に考えられる案件である旨を共犯者の弁護人に述べたところ，その弁護人が，改悛の情を示せば起訴猶予にしてやると検察官がいっていると不正確に伝え，被疑者が誤信して自白をしたというものである。したがって，取調べ方法の不適正さに着目した判断というよりも，あくまで，錯誤に陥っている被疑者の心理に着目して任意性に疑いがあるとしたものであり，類型的虚偽排除説に立っているものと思われる。また，「偽計による自白」の事案とされる昭和45年最高裁大法廷判決（最大判昭和45・11・25刑集24巻12号1670頁）では，共犯者の一方Xに対して，相手方共犯者Yが共謀関係を認めて自白したと虚偽の事実を告げて自白させ，次に，Yに，Xが共謀関係を認めて自白した旨を伝え，Yから自白を得るという取調べ方法が用いられた。最高裁は自白を排除したが，それは，こうした切り違え尋問の不当性に着目してのことであるとして，この判例を違法排除説に立ったものと評価する見解がある。しかし，最高裁が判示するところでは，この事件では，「偽計によって被疑者が心理的強制を受け虚偽の自白が誘発されるおそれのある疑いが濃厚であり」，任意性に疑いがあるとしており，虚偽排除の観点を残している。類型的虚偽排除説，あるいは，事情の総合説に立っていると解するのが妥当であると思われる（渥美東洋『全訂　刑事訴訟法』434〜436頁，椎橋・前掲論文23〜24頁，香川喜八朗「約束による自白」別冊ジュリ刑事訴訟法判例百選［第8版］162〜163頁参照）。

　判例は，黙秘権の不告知（最判昭和25・11・21刑集4巻11号2359頁，最判28・4・14刑集7巻4号841頁），違法な接見制限（最決平成元・1・23判時1301号155頁）については，任意性を判断する上での一事情としてのみ考慮している。

(c) 検　討

　自白の「任意性」という概念は規範的概念であり，自白法則の狙いとの関係で，その内容が決まるものである。自白法則は証拠法の一部であり，事実認定の正確性・合理性の確保が，その関心の中心となる。裁判所は，捜査機関を監督する機関ではないので，取調べの規律を直接の目的として自白法則を用いることは許されないと考えられるが，供述の自由を侵害するおそれのある不当な取調べ方法が用いられると，虚偽の自白を引き出す危険性も高まるので，自白の信憑性を判断する際にも，どのような取調べ方法が用いられたかということは考慮することができる。しかも，その際，たまたま当の事案で自白の信憑性が確認できたとしても，長期的にみて，ある取調べ方法がとられることにより虚偽自白が誤って許容される危険が高まったり，また，微妙な判断を強いられることから裁判所の認定上の負担が著しく増大したりするという場合には，個々の自白の信憑性とは無関係に自白を排除することも許されると思われる。

　他方，排除法則は基本権を侵害する政府の活動それ自体を否定し，あるいはこれを抑止しようとするものである。供述の自由や行動の自由を侵害して得られた自白は，その信憑性と無関係に排除されなければならないし，また，こうした基本権侵害活動は，自白の排除を検討する際の全体事情の1つとして考慮すれば足りるというものでもない。

　さらに，取調手続に不適正な点がなくても，さまざまな理由から虚偽の自白がなされる場合がある。こうした虚偽自白への対応を人権擁護説と違法排除説では，自白の証明力の問題とするのであろうが，虚偽の疑いが強い自白を最初から考慮に入れてはならないとするのと，考慮に入れてもよいが証明力は低くみるべきだというのでは，前者のほうが虚偽自白への対応としてより慎重な立場であるといえる。

　このように両原則の趣旨が本来異なるという点，さらに，虚偽自白に対する慎重な対応という点から，自白法則と排除法則を別個の原則と理解し，両原則の競合適用，二元的な自白排除の構成を認めるのが妥当であると思われる。そして，自白法則については，類型的虚偽排除説か，あるいは，事情の総合説（任意性説）をとるのが妥当であると考える（両説の適用の実際上の違いは，ほとんどないものと思われる）（以上の点については，渥美・前掲書430～439頁，椎橋・前掲論文23～24頁，三井「自白の排除法則とその根拠〔2〕」法学教室247号62頁等参

照)。

　自白法則と排除法則の二元的適用を認めると，供述の自由の侵害が直接認定できる場合には，自白は自白法則と排除法則が競合的に適用されて排除される。自白法則は虚偽の自白を誘発する「おそれ」，供述の自由を侵害する「おそれ」のある取調べ方法がとられた場合にも自白を排除するので，排除法則よりも排除基準が細やかであるといえる。また，自白法則は，虚偽排除を中心的な関心とし，取調べ方法の規律も，あくまで虚偽排除に関連付けて考慮されるとの上述の立場では，自白を排除すればこの関心は充たされるので，排除法則に付随する毒樹の果実法理は，自白法則には付随しないということになる。

(4) 自白排除のさまざまな根拠

　自白法則は，「任意性に疑いのある自白」の証拠能力を否定するものであるが，自白を排除する原則には自白法則以外にもさまざまなものがある。

　① **自己負罪拒否特権**（憲38条1項）　　供述を拒否すれば制裁を科すなど，供述を法律上義務付けて得た場合に，その自白を供述者たる被告人の有罪立証に用いることは，被告人の自己負罪拒否特権を侵害することになり，許されない。

　② **排除法則**（憲38条1項）　　憲法38条1項は，被告人に自己負罪拒否特権を保障するとともに，被疑者・被告人に対して供述の自由（黙秘権）を保障し，取調べで事実上の強制が加えられることを禁じている。この供述の自由（黙秘権）を侵害して得られた自白は，排除法則が適用されて排除される。基本権保障規定に排除法則が内在するとの立場に立てば，この場合の自白排除の根拠規定は，憲法38条1項となる。

　③ **供述の自由保護のための予防法理**（ミランダ法理など）　　供述の自由侵害の有無は，その性質上，取調べおよび供述を取り巻く全体事情を総合して判断せざるをえないが，事情の総合説による自白の排除だけでは，供述の自由の保護として不充分であるので，憲法は，内容は特定していないが，他の効果的な保護策を要求していると考えられる。アメリカ合衆国で用いられているミランダ法理は，そうした保護策の1つである。ミランダ法理では，供述の自由の侵害が直接認定されなくても，ミランダ警告の懈怠などミランダ違反が認定されることにより自白は排除される。その意味で，予防法理とよばれる。

④ **毒樹の果実法理**　排除法則には，基本権を侵害する捜査活動から派生する証拠，すなわち，基本権侵害活動がなかったならば得られなかったはずの証拠を，原則としてすべて排除する毒樹の果実法理が伴う。違憲の逮捕・勾留下での取調べにより得られた自白は，違憲の逮捕・勾留という毒樹の「果実」として排除される。また，違憲の捜索・押収により得られた情報を手掛かりに被疑者が発見された場合であるとか，そうした情報を利用して取調べが行われた場合には，たとえ任意取調べで被疑者が自白したとしても，あるいは適法な逮捕・勾留下で被疑者が自白したとしても，その自白は，違憲の捜索・押収という毒樹の「果実」として排除されることがある（以上，渥美・前掲書437～439頁参照）。

(5) **反　覆　自　白**

例えば，被疑者が，警察官により暴行を加えられて取り調べられ自白し，その後，検察官によりそれ自体としては任意性が保障された状況で取り調べられ，同一内容の自白をしたという場合のように，第1次自白は，自白排除のいずれかの理由により排除されなければならないが，第2次自白は，それ自体としては適法に獲得されているという場合に，第2次自白の証拠能力をいかに判断すべきか，というのが反覆自白の問題である。

この反覆自白について判例は，被疑者が警察署において肉体的苦痛を加えられて自白し，検察官に対して同内容の自白をした場合について，第2次自白が第1次自白の影響を受けたものであることが推定され，推定を打ち消す特段の事情がない限り，任意になされたものではない疑いが残るとしている（最判昭和27・3・7刑集6巻4号387頁，最判昭和32・7・19刑集11巻7号1882頁，最判昭和41・12・9刑集20巻10号1107頁など）。また，他方，違法な別件逮捕下で自白を得た後，その自白を疎明資料として本（命事）件について逮捕状を得て，その逮捕・勾留中に，被疑者が勾留質問で裁判官に自白し，また，消防署による出火原因調査で自白したという事案では，自白を獲得した機関が捜査官とは別個独立の機関であること，自白獲得の目的が犯罪捜査目的とは異なることを理由に，勾留質問，出火原因調査ともに違法ではないとし，特段の理由がない限り自白の証拠能力を否定すべきではないとしている（最判昭和58・7・12刑集37巻6号791頁）（判例については，三井誠「反復自白の証拠能力」法学教室249号100頁

以下参照)。

　排除法則と自白法則の二元的適用を認める立場からは，第1次自白排除の効果，すなわち毒樹の果実法理適用の有無の観点と，第1次自白の影響も含めた第2次自白の任意性の観点の双方から検討されなければならない。

　排除法則には毒樹の果実法理が付随するが，自白法則にはこれが付随しないので，供述の自由の侵害が「直接」認定された場合に限り，第2次自白は毒樹の果実となり，原則として排除される（ミランダ法理についても，この法理は，違法捜査の抑止と事実解明の利益との調整の下に適用範囲が決まるものであり，第2次自白まで排除の範囲が及ばないと考えられている）。第1次自白が違憲の逮捕，捜索・押収の毒樹の果実である場合には，第2次自白も毒樹の果実となることが多いと思われる。第2次自白が毒樹の果実である場合，独立入手源から獲得されたり，基本権侵害活動の影響が稀釈されていれば，例外的に，証拠に許容することができるが，第2次自白それ自体が任意性の保障された状況でなされたものであるというだけでは，これを独立入手源とみたり，毒性が稀釈されていると見ることはできないであろう。いったん自白しているので，もはや黙秘しても無駄だと思うことがあるからである。第1次自白が証拠に許容されないことをわきまえた上で，第2次自白がなされていることが必要であると思われる。また，第1次自白を引き合いに出して第2次取調べが行われているような場合には，独立入手源性や稀釈性を認めることは，ほとんどできないと思われる。この他に，第1次取調べと第2次取調べでの取調官および取調場所の同一性の有無，時間的間隔などが考慮されることになる。

　次に，第2次自白の証拠能力を自白法則によって判断する際には，第1次自白の影響も考慮に入れることになるが，ここでも，毒樹の果実法理の適用の有無を判断する際の考慮要因と同様の要因について検討を加えることになり，これらを含めて事情を総合した上で証拠能力が決せられることになる。

3　補強法則

　「何人も，自己に不利益な唯一の証拠が本人の自白である場合には，有罪とされ，又は刑罰を科せられない」（憲38条3項）
　「被告人は，公判廷における自白であると否とを問わず，その自白が自己に

不利益な唯一の証拠である場合には、有罪とされない」(319条2項)

(1) 補強法則の趣旨

補強法則の趣旨として、自白強要の防止、誤判の防止、捜査機関に対して自白以外の証拠の獲得を促す政策的要請などが挙げられることがある。このうち、自白強要の防止は、現在では、自白法則と排除法則が主に担うことになっており、補強法則の中心的根拠とはできないであろう。また、誤判防止ということについては、補強法則がこれとどう結びつくのか、もう少し詰めて考えなければならない。供述の信憑性は、自白法則によって確認されることになるが、虚偽自白を完全に排除できるわけではない。また、自白があると事実認定者も安心して、有罪認定を慎重に行おうとする態度が弛緩したり、自白の信用性を過信するおそれもある。しかも、自白は犯罪事実のすべてを物語ることが多いので、その評価の誤まりは致命傷となり、誤判に直結する。このような意味で、誤判防止のために補強証拠が求められているといえる。自白が客観的証拠によって裏付けられれば、真実の自白と考えて間違いないが、この自白の裏付けとなるのが補強証拠なのである。自白以外の証拠の獲得を促す政策的要請ということも、こうした自白の裏付け証拠の獲得を促すという意味では理解できるが、自白よりも他の証拠の獲得を目指すべきだということになれば、現代での犯罪解明における自白の重要性を軽視しているということになるであろう（渥美・前掲書440〜443頁参照）。

憲法38条3項が、公判廷での自白についても補強証拠を要求するのかということが議論されてきたが、補強法則の根拠を上述したように理解すると、補強法則の適用上、公判廷の自白と公判廷外の自白を区別する理由はない。仮に、自白強要の防止が補強法則の根拠であるとしても、公判廷外で加えられた不当圧力が、公判廷での自白をもたらすこともある。憲法38条3項は、公判廷での自白にも及ぶと解するのが妥当である。

(2) 補強を要する範囲

自白のどの部分に補強証拠が必要かということで、**実質説**と**罪体説**の対立がある。実質説は、自白された事実の真実性が保障されればよいとし、そして、真実性が保障されているか否かは、一律の基準によらず、事案ごとに判断され

るとする。判例は，実質説に立っているものと思われる（最判昭和42・12・21刑集21巻10号1476頁など）。これに対して，罪体説は，罪体（corpus delicti）について補強が必要だとするものであるが，罪体の意義ついては，①法益侵害を示す事実，②何人か人間の行為により法益侵害が生じたことを示す事実，③被告人の行為により法益侵害が生じたことを示す事実，④主観的要件も含め犯罪成立要件に当たるすべての事実を指すとの見解がそれぞれある。

　実質説は，運用しだいというところがあり，事実認定に当たる者の能力が一様に高いのであれば，これによることもよいのかもしれないが，そうでなければ，誤判防止という補強法則の目的を充分に果たせなくなるおそれがある。一律の基準による罪体説の方が妥当である。罪体説に立った場合，誤判防止の観点からは，犯罪がないのに犯罪があると誤信することよりも，被告人の行為でないにもかかわらず被告人の行為であると誤信するところに，多く，誤判が生ずる理由があるのだから，犯人と被告人の結びつきの点まで補強を求めなければ補強法則をとる意味がないということになる。③の見解が妥当である。この見解に対しては，証明上の困難さから，有罪認定が偶然に左右されるという弊害が生ずるとの批判があるが，補強証拠は情況証拠でも構わないので，懸念されるような証明上の困難は生じないのではないかと思われる（渥美・前掲書443〜445頁）。

(3) 補強証拠の証明量

　刑訴法301条は，補強証拠の証拠調べの後でなければ，自白について証拠調べの請求をしてはならないと規定している。自白があることがわかると，有罪認定を慎重に行おうという態度が弛緩しがちなので，それを防ぐという狙いが補強法則にあるが，この狙いの実現に手続的保障を与えるのが，この301条である。このような301条の趣旨からすると，事実認定者が自白に接する前に，補強証拠だけで「一応の証明」がなされることが必要であると思われる（渥美・前掲書445〜446頁）。

　最終的に有罪認定に必要な「合理的な疑いを容れない程度の証明」がなされているか否かは，自白と補強証拠を総合して判断されるので，この場合の補強証拠の証明量は，自白の証明力との相関関係で決まる。

(4) 共犯者の供述に対する補強の要否

　憲法38条3項は「本人の自白」に対して補強証拠を求め，刑訴法319条2項は「その（＝被告人の）自白」に対して補強証拠を求めているが，共犯者が，自己と相共犯者たる他人が共同して犯行を実行した旨供述した場合に，この供述が，共犯者自身に対する関係で有罪立証に用いられると，自己の犯罪に関する自白として補強法則が適用されるのだから，相共犯者に対する関係で有罪立証に用いられるときにも補強法則の適用があるのではないかということで，共犯者の供述（自白）に対する補強証拠の要否が議論されてきた。この議論の背景には，共犯者の供述には，自己の刑事責任を免れたり軽減するために，他人に責任を転嫁したり，他人を引っ張り込む危険があるので，これにいかに対処すべきかという問題意識がある。

　補強証拠必要説は，①自白強要・自白偏重防止という点からは，本人の自白と共犯者の自白を区別することはできない，②誤判防止の点からは，共犯者の自白の方がかえって危険である，③不要説に拠れば，自白した者が補強証拠がないため無罪となり，否認した方が共犯者の自白により有罪になるという不都合な結果となるとする。これに対して，補強証拠不要説は，①自白に補強証拠が必要なのは，自白が反対尋問を経なくても証拠能力が認められるからであり，被告人が反対尋問できる共犯者の供述と被告人本人の自白とは同一視できない，②本人の自白は，安易に信用されるが，共犯者の自白は警戒の目で見られる傾向にある，③自白した方が無罪となり，否認した方が有罪となるのは，自白が反対尋問を経た供述よりも証明力が低い以上当然であり，不合理なことではないとする。判例は，補強法則を定めた憲法38条3項は自由心証主義の例外規定であるから，厳格に解釈すべきであり，共犯者は，被告人本人との関係では被告人以外の者であって，被害者その他の純然たる証人と本質を異にするものではないから，共犯者の自白を「本人の自白」と同一視することはできないとして，補強証拠不要説に立っている（最（大）判昭和33・5・28刑集12巻8号1718頁）（判例および学説については，渥美東洋編『刑事訴訟法基本判例解説　第三版』三嶺書房328-329頁（第164事件。補強の要否(2)――共犯者の供述――練馬事件，椎橋隆幸担当）参照）。

　補強証拠不要説がいうように，共犯者に対しては，証人として反対尋問がで

きるのであるから，反対尋問により供述の信頼性が充分に吟味できれば，補強証拠がなくても有罪認定ができるというのが法の本来の趣旨であると思われる。しかし，問題は，反対尋問による充分な吟味が可能かということである。共犯者の供述には，上述したように責任転嫁の危険，引っ張り込みの危険があり，共犯者が虚偽の供述をする場合には，犯行の情況をよく知っているので，犯罪行為に関しては真実を語り，行為者の点だけすり替えて供述を行うことができ，そのため，反対尋問で共犯者の供述を崩すのは相当に困難であるといわれる。このように，もともと虚偽のおそれが強いのに，実際上，反対尋問も功を奏しないのであるから，共犯者の証言は，形式的に反対尋問の機会が与えられていても，実質的には伝聞証拠であるといえる。そこで，伝聞法則を定めた刑訴法の規定（320条以下）を準用し，共犯者の証言に証拠能力を認めることは原則として許さず，例外的に，特信性の情況保障があり，証言の信頼性が確証できる場合に限って，証拠能力が認められるとするのが妥当であると考える（321条1項3号準用）。そして，補強証拠の存在により特信性の情況保障が認定できると解すれば，結論としては，補強証拠が必要ということになる（渥美・前掲書405～407頁）。

〔参考文献〕
渥美東洋『全訂　刑事訴訟法』有斐閣，2006年
椎橋隆幸編『基本問題刑事訴訟法』酒井書店，2000年
三井誠「刑事手続入門　第110回～第124回，第131回～136回」法学教室236号～250号，257号～262号

第20章 ■ 伝聞法則

> **本章のポイント**
>
> 供述証拠は、知覚→記憶→表現（記憶内容の想起）→叙述（外界への伝達）という過程を経て法廷に提出される。事実を自ら体験した者の供述であっても、知覚から叙述に至る過程で誤りが介在する可能性は否定しえない。そこで供述の信憑性を吟味する方策として、反対尋問に晒すことが必要となり、反対尋問を経ない供述証拠（伝聞供述や書面に記録された供述）は誤判の危険をもたらす証拠として証拠能力を否定する伝聞法則が英米法において誕生し、我が刑訴法もこれを継受した（320条1項）。もっとも、強盗罪・強姦罪等粗暴犯の被害者は恐怖の余り犯人の顔を見ていないこと（凶器狭窄）が多く、犯罪に関する情報を認知したはずの者であっても自己の持つ先入観や偏見あるいは証人尋問までの間に捜査機関や弁護人から与えられる情報が不当誘因となって記憶が歪むこともあるという事実等は既に裁判心理学の分野で解明されている。また、ある事実を体験した直後、正確に記録していながら、記録者自身は当該事実の詳細を失念するということも稀有ではない。このような場合に、当該事実を体験した者自身の証言を反対尋問で吟味することに固執することに合理性があるとは思われない。さらに、捜査段階では一定の供述をしながら、威迫や買収により、公判審理においては供述の拒否ないし寝返り供述をする証人も稀有ではない。これらの事情に照らして、刑訴法は321条以下に種々の例外を設けている。本章では、以上の点を踏まえて伝聞法則の意義と伝聞法則の例外について解説したい。

1 伝聞法則と反対尋問権

(1) 伝聞法則

11世紀ノルマン公ウィリアムがイングランドを制服した後、国王が紛争解決を求められる際に、事情をよく知る者として地域有力者を招集し、その証言をもとに判決を下すという手法が採られた。この制度は人口流動性の低く狭い集

落社会には妥当した。しかし，16世紀頃に人口流動と都市の形成が始まるや，地域の有力者だからといって必ずしも紛争の事情をよく知るとは限らない場合が生じ始めたこと等があり，これら有力者は証人ではなく事実認定者としての陪審に姿を変え，代わって当該事実を現実に体験した者を法廷に召喚して尋問する制度が登場した。さらに，18世紀に入ると公判廷外の供述を証拠利用することが制限され，19世紀初頭までには陪審が自らの私知を用いて事実認定をすることも禁止されるようになった。このような歴史的変化の中で，次第に事実認定者の面前で反対尋問に晒された供述の証拠価値を重視する伝聞法則が確立していった。これが米国を経てわが国にも320条1項として採用された訳である。

(2) 当事者主義との関係

我が憲法37条2項はアメリカ合衆国憲法第6修正を継受し，被告人の証人喚問・尋問権（対質権）を保障している。この規定は伝聞法則そのものとは一応異なるものである。すなわち，法320条1項の規定する伝聞法則は事実認定の合理性を担保する目的で，被告人提出証拠に対しても検察官提出の証拠に対しても適用される反面，憲法37条2項の対質権はあくまでも被告人の権利を定めているのみであり，ひいては被告人にも主体的に事実認定者の心証形成をコントロールしうる当事者としての地位を保障するという当事者論争主義公判構造を定めたものである。

もっとも，伝統的に自白と並んで主要な証拠方法であった証言について被告人の反対尋問権を確保することによって，証人が事実を知覚してから叙述する迄の過程に誤りが介在していないか供述内容の信憑性を吟味するというのが伝聞法則であるから，被告人が当事者としての地位を確立することおよび対質権の保障を定める憲法37条2項が伝聞法則と密接な関連を有することを否定することはできない。

(3) 伝聞供述と非伝聞供述

供述証拠であっても，それが伝聞証拠か否かは要証事実との関連で決まる。すなわち，①原供述自体が要証事実である場合，②伝聞者または原供述者の心理状態等，原供述の真実性以外の事実を証明するための情況証拠として利用さ

れる場合、③行為に付随して発せられた言葉であって供述としての性格を有しない場合は、伝聞法則の適用がない。①類型の例としては、名誉毀損被告事件において証人が「被告人は私達大勢がいるところで『Aは人殺しだ』と言っていました」と証言した場合、Aが本当に人を殺したか否かが要証事実なのではなく、被告人がそのような発言をしたか否かが要証事実であるから伝聞証拠には当たらないし、殺人の謀議に際して「Sはもう殺してもいい奴だな」等と被告人が言った旨の参考人の供述は、参考人自身が直接知覚したものであって伝聞供述には当たらない（最判昭和38・10・17刑集17巻10号1795頁）。②類型の例としては、被告人の言動が異常であったことをもってその精神状態が正常ではないことを立証する場合には当該被告人の言動を聴いた者が供述した内容は伝聞証拠に当たらない。③類型の例としては、被害者の「助けてくれ」「やられた」等の言葉を聞いた旨の供述は伝聞供述には当たらない。

2 伝聞法則の限界と例外を認める一般的要件

(1) 伝聞法則の限界

　心理学者エビングハウスは、人の記憶は一定の事実を体験した後、急速に減退し、何らかの要因で記憶が定着した場合には長時間にわたって当該記憶が保たれると説く。しかも、粗暴犯の被害者は犯人の顔を注視しない（凶器狭窄）のが一般であるし、先入観によって自身の体験に基づく記憶を無意識に歪めてしまうことも稀有ではないことが、心理学の発展により証明されている。まして、匿名性・流動性を特徴とする都市化社会においては、かつての田園社会のように顔見知りの間で犯罪が起こり目撃されるということも多くはない。さらに、公判廷で証言する以前に捜査機関や弁護人から暗示等何らかの不当誘因を受けた場合、証人の記憶は誤った内容として定着してしまい、後日、揺るぎない確信を持ってこの誤った記憶が証言されることもあり得ないとはいえない。このように、証人の証言は宣誓・偽証罪の警告・反対尋問によって信憑性の吟味が図られているとはいえ、決して万全というわけではないのである。

　他方で、要証事実を体験した者が公判審理においては死亡・所在不明等で証言することができなかったり、体験した事実の主要部分を失念していることも

稀有ではない。このような場合にあくまでも反対尋問を経た供述以外は証拠になしえないという考え方に固執するならば，刑事裁判が不可能になってしまうおそれもある。

　以上の点に鑑み，今日では伝聞法則が緩和され，幅広く例外が認められているのである。

(2) 反対尋問に代わる信憑性の担保

　反対尋問による信憑性の吟味を経ない供述証拠に証拠能力を付与するのはあくまでも例外である。したがって，要証事実の立証に当たり，当該伝聞証拠を利用する必要性のあること，および，当該供述がなされた際の諸事情に照らして特に信用すべき情況が備わっていること（特信性の情況保障）が要件となる。

3 　伝聞法則の例外規定

(1) 裁判官面前調書

　裁面調書との略称が用いられることも多い。起訴前の証人尋問調書（228条1項）・第1回公判期日前の証拠保全における証人尋問調書（179条2項）・公判期日外の証人尋問調書（281条）・他事件の公判調書等については，①供述者の公判準備若しくは公判期日における証言を利用することが不能な場合（法321条1項1号前段），または②供述者が公判準備若しくは公判期日において前の供述と異なった供述をした場合（321条1項1号後段）には，証拠能力が認められる。勿論，前述のとおり，当該供述についての信用性の情況保障と当該供述を証拠利用する必要性が備わっていなければならないが，公正な立場にある裁判所（または裁判官）の面前での供述であること，宣誓と偽証罪の制裁の下でなされた証言であること，裁判所（または裁判官）が被告人に有利な事実も含めて職権により尋問しうること等に鑑み，信用性はあるといえよう。必要性については，前段書面のように供述者が公判期日に証言不能である場合には必要性があるし，また，後段書面のように複数の供述が一致しない場合には，いずれかが虚偽の供述である可能性が高いので，いずれを措信するかについては他の証拠とも照合して裁判所の自由心証で証明力を決すればよいのであるから，双

方の供述に対して証拠能力を付与する必要性がある。

なお，1号前段の列挙事由は例示列挙と捉えるべきであり，証人が頑なに証言を拒否し続けた場合（最(大)判昭和27・4・9刑集6巻4号584頁，最判昭和28・4・16刑集7巻4号865頁，最判昭和44・12・4刑集23巻12号1546頁），証人が記憶を喪失して容易に回復が望めない場合（最決昭和29・7・29刑集8巻7号1271頁）も伝聞法則の例外として証拠能力が認められる。ただし，一時的な証言拒否や失念，あるいは被害者証人が一時的に感情の高ぶりによって証言不能に陥った場合については，安易に調書の証拠採用をすべきではなく，証人への説得・証拠調期日の変更・尋問方法の工夫等，種々手立てを尽くした上で，なおも証言を利用することが不能な場合にはじめて調書の証拠採用をすべきである（札幌高函館支判昭和26・7・30高刑集4巻7号936頁）。

また，犯罪被害者保護の一環として，証人尋問をヴィデオリンク方式で実施することができるようになったが（157条の4），その状況を記録した記録媒体についても伝聞法則の例外が認められる（321条の2）。

(2) 検察官面前調書

検面調書という略称が用いられることも多い。検察官面前での参考人の供述調書は，①供述者の公判準備若しくは公判期日における証言を利用することが不能な場合（321条1項2号前段），または②供述者が公判準備もしくは公判期日において前の供述と相反するか実質的に異なった供述をしていて，且つ前の供述を特に信用すべき情況のある場合（321条1項2号後段）には，証拠能力が認められる。勿論，前述のとおり，当該供述当該供述についての信用性と当該供述を証拠利用する必要性が備わっていなければならないが，2号前段の証言利用不能はそれだけで必要性が認められるし，2号後段についても前後いずれかの供述が真実である蓋然性が高いので双方に証拠能力を認めて裁判所の自由心証の下で証明力を決すべき必要性が認められる。信用性については，2号前段書面の場合，検察官が法曹かつ公益代表者として真実発見に努める存在であることで信用性の情況的保障があり，これに加えて証言利用不能という極めて高度の必要性があることを根拠にして伝聞法則の例外とされている（最判昭和36・3・9刑集15巻3号500頁）。2号後段書面については，1号後段書面に比較すると信用性の情況的保障が低く，2号前段書面との比較において必要性の程

度も信用性の情況的保障を補完するだけの高さには達していない。そこで，2号後段書面においては「前の供述を信用すべき特別の情況（特信情況）」が要件として加重されている訳である。判例は，前の供述の方が公判廷における供述に比して理路整然としていること，経験則に照らして供述内容を首肯しうること等のように供述内容自体も，検察官面前供述の後に圧迫や利益誘導を受ける等の外部的付随事情があったことを推測せしめる資料の一つとなりうる旨判示している（最判昭和30・1・11刑集9巻1号14頁）。

　2号前段書面の証言利用不能については，1号前段書面と同一内容であると解してよい。退去強制処分により出国した者の出国前，検察官に対する供述調書については，検察官において供述者がいずれ国外に退去させられ公判準備または公判期日に供述することができなくなることを認識しながら殊更そのような事態を利用しようとした場合や，裁判官または裁判所がその供述者について証人尋問の決定をしているにも拘わらず強制送還が行われた場合等，その供述調書を2号前段書面として証拠請求することが手続的正義の観点から公正さを欠くと認められる場合を除いては，2号前段書面として伝聞法則の例外となる旨判示されている（最判平成7・6・20刑集49巻6号741頁）。2号後段書面の「実質的に異なった供述」概念については，公判準備または公判期日における証言よりも検面調書の方が詳細である場合もこれに含まれる旨判示されている（最判昭和32・9・30刑集11巻9号2403頁）。

(3)　員面調書，国際捜査共助・司法共助により入手された供述調書等

　司法警察職員に対する供述録取書等，1号書面・2号書面以外の供述書は，証言利用不能の場合に限り，当該供述が犯罪事実の存否を証明する上で不可欠かつ特信情況が存することを要件として証拠能力が与えられる（321条1項3号）。なお，3号書面の中で実務上最も多く証拠として提出される書面は司法警察職員面前での供述録取書であり，員面調書との略称が用いられることも多いが，これに限られる訳ではなく，近年利用が増えている国際捜査共助・司法共助によって入手された供述調書等もまた3号書面に該当する。例えば，わが国からの捜査共助要請に基づき，米国在住の者が黙秘権の告知を受け，米国の捜査官及び我が国の検察官の質問に対して任意に供述し，公証人の面前において偽証罪の制裁の下で，供述内容が真実であることの言明と署名を付して作成

された供述書は，特信情況の下に作成された3号書面に当たり（最決平成12・10・31刑集54巻8号735頁），大韓民国の裁判所に起訴された共犯者が，自らの意思で任意に供述できるように手続的保障がされている同国の法令に則り，同国の裁判官・検察官および弁護人が在廷する公開法廷において，質問に対して陳述を拒否することができる旨を告げられた上でした供述を記載した公判調書は，特信情況の下にされた供述を録取した3号書面に当たる（最決平成15・11・26刑集57巻10号1057頁）。

(4) 被告人以外の者の公判準備または公判期日における供述録取書

当該被告事件の公判期日外の証人尋問調書，公判手続が更新された場合の公判調書中で証人の供述を録取した部分は，いずれも当該供述録取書が作成された時点で両当事者に立会権が保障されており，反対尋問権行使の機会もあること，公正な立場にある裁判所（または裁判官）面前での供述であること，厳格な調書作成上の規定が存すること等から，信用性が極めて高いので，証拠能力が認められている（321条2項前段）。

(5) 裁判所または裁判官の検証調書

公判準備における検証調書（128条，規則41条1項）・公判期日における検証の結果を記載した書面（規則44条1項28号）・証拠保全手続における検証調書（179条）については，公正な裁判所（または裁判官）が行う手続で作成されることから信用性の情況的保障が極めて高いものといえるので，伝聞法則の例外として証拠能力が認められている（321条2項後段）。

なお，検証調書中，立会人の指示説明部分についても，検証事項を明確にするため必要かつ検証に直接関連する事実に関するものである限り，当該検証調書と一体をなすものとして，証拠能力が認められるべきである。

(6) 捜査機関の検証調書

捜査機関の検証結果を記載した書面は，その供述者（作成者）が公判期日において証人として尋問を受け，真正に作成されたものであることを供述したときに証拠能力が認められる（321条3項）。検証結果は，その性格上，口頭での供述によるよりも写真・図面等を利用して報告するに適しており，また，検証

者の如何を問わず内容に影響を受けにくいため，信用性の情況的保障と必要性が備わっているものと認められる。もっとも，捜査機関が作成した調書である点で，裁判所（または裁判官）による検証調書と全く同一の公正さが担保されているとは言い難いため，当該調書が真正に作成された旨作成者が公判廷で証言することが要件とされている訳である。

　検証は，公判での証拠利用を意識し，原則として令状審査を経て強制処分として行われるので，任意処分として行われる実況見分の調書等とは信用性の情況的保障の度合が異なるものとも考えられる。判例は，実況見分調書（最判昭和35・9・8刑集14巻11号1437頁，最判昭和36・5・26刑集15巻5号893頁）・酒酔い鑑識カード（最判昭和47・6・2刑集26巻5号317頁）についても本条項により伝聞法則の例外を認めているが，これらはいずれも内容的に信用性の情況的保障が十分にあるといえる事項に関する事案であったため，判例の結論を支持することができよう。実況見分調書の被疑者・参考人の供述録取部分，及び被害・犯行再現写真については，322条1項又は321条1項3号の要件具備が求められる（最決平成17年9月27日刑集59巻7号753頁）。

(7) 鑑定書

　鑑定書は鑑定人による鑑定結果の供述書であるが，専門的知見に基づく判断結果であるから，①口頭での供述よりも，文書による報告の形式を採る方が正確を期することができるし，②鑑定人を反対尋問に晒した上で，逐一その記憶を頼りに証言させることは審理の徒な長期化や混乱等の弊害が予想されるため，鑑定人自身が出廷し，宣誓の上で内容が真正である旨証言することを要件として伝聞法則の例外を認める訳である（321条4項）。

　ところで鑑定には，裁判所が命令する鑑定人によるものと，捜査機関が嘱託する鑑定受託者によるものとがある。前者については，鑑定作業への検察官と弁護人の立会（170条）・虚偽鑑定罪の制裁（刑171条）等の諸規定が適用されないため，鑑定受託者作成の鑑定書に伝聞法則の例外を認めるには慎重であるべきであろうが，判例は321条4項の準用説を採る（最判昭和28・10・15刑集7巻10号1934頁）。また，医師の作成にかかる診断書（最判昭和32・7・25刑集11巻7号2025頁）についても同様の見解をとっている。

(8) 被告人の供述書・供述録取書

　被告人の供述については，裁判官・検察官からの尋問はなしうるものの，被告人自身による反対尋問を行うことはありえないので，「反対尋問を経ない供述」であるという点で伝聞証拠に当たる。そこで，被告人に不利益な事実の承認を内容とする場合には任意性を要件とし（322条1項本文前段および同項但書），不利益な事実の承認を内容としない場合には特信情況の下になされたものであることを要件として（322条1項本文後段），伝聞法則の例外を認めている。

(9) 公正証書等

　事実を体験した者が，それを正確に記録化する反面，自分自身は当該事実を失念するのが通常であるという事項も存在する。この場合，記録者自身を尋問することは無意味なので，当該記録を証拠調べする必要性が高いので，内容面の信用性が情況的に保障されていれば伝聞法則の例外を認めることができるのである。例えば，戸籍や登記のように公務員という職務上，正確な内容を記載することが制度的に担保される反面，個々の記載事項については担当官も失念するのが通常である書面（323条1号），商業帳簿・航海日誌・診療録等のように法令上の要請や業務上の必要から内容的正確さを期待することができ，個々の記載事項の詳細について記載者自身も正確に記憶していないのが通常である書面（323条2号），およびこれに類似する書面（323条3号）である。

　判例上，2号書面の例として闇米販売の未収金控帳がこれに当たると判示された事案がある（最決昭32・11・2刑集11巻12号3047頁）。闇米販売は非合法事業ではあるが，記載内容が正確をきわめている点で高度の信用性を情況的に保障していると考えられるのである。他に，2号書面の例としては，漁船団の取決めに従って他船の定時通信を受信するつど，通信業務担当者がその内容を所定の受信用紙に機械的に記入していた場合の受信記録（最決昭61・3・3刑集40巻2号175頁）等，3号書面の例としては，服役囚とその妻との一連の手紙で両者の公判における証言および当該信書の外観・内容等から特信情況下で作成されたものと認められるもの（最判昭29・12・2刑集8巻12号1923頁）等がある。

(10) 伝聞供述

　被告人以外の者の公判準備または公判期日における供述で，被告人の供述をその内容とするものについては，322条を準用し（324条1項），被告人以外の者の公判準備若しくは公判期日における供述で被告人以外の者の供述をその内容とするものについては，321条1項3号を準用する（324条2項）。すなわち，伝聞供述そのものに当たる場合であっても，特信性の情況的保障や必要性の度合が高いものであれば証拠能力が認められる訳である。

　なお，第1審公判における証人の証言中に，甲の供述を内容とする伝聞供述があっても，既に甲が事件当時の記憶を全く喪失し，控訴審段階では所在不明となっている場合には，右証言は324条2項および321条1項3号により証拠能力がある旨の判例（最判昭和33・10・24刑集12巻14号3368頁），共同被告人の検察官に対する供述調書中に被告人からの伝聞供述が含まれている場合には，321条1項2号および324条1項により被告人に対する証拠とすることができ，憲法37条2項にも違反しない旨の判例（最判昭和32・1・22刑集11巻1号103頁）等がある。

(11) 同意書面・合意書面

　現実の実務では，伝聞法則やその例外の適用は厳しく争われる事例は決して多くはない。被告人側が公訴事実を全く争う意図のない事件等では，検察官または被告人が相手方当事者の証拠請求しようとする書面または供述を証拠とすることに同意することが多いからである。裁判所としては，当該書面が作成されまたは供述がなされた際の情況を考慮し，相当と認めるときに限り，321条～325条の規定に拘わらず証拠能力を認め得る（326条1項）。この場合の相手方当事者からの同意は，反対尋問権を放棄する旨の意思表示であり，証拠能力付与の訴訟行為であるが，裁判所に対して行わなければ効力がない。当事者である被告人に同意権は帰属するが，実際上は，包括的代理権を有する弁護人が同意するのが通常である。もっとも，被告人が公訴事実を全面的に否認しているにも拘わらず，弁護人がこれを認め，両者が主張を完全に異にしている場合において，弁護人に対してのみ検察官申請書証の証拠調べにつき意見を求め，被告人に対しては同意の有無を確かめず，異議なしという弁護人の答弁のみで

当該書証を取調べ，これを有罪認定の資料とすることは違法である旨の判例がある（最判昭和27・12・19刑集6巻11号1329頁）。なお，伝聞ないし再伝聞証言がなされたにも拘わらず異議が申し立てられることなく証人尋問が終了した場合には，黙示の同意があったものと見なして証拠能力を認め得る旨の判例がある（最決昭和59・2・29刑集38巻3号479頁）。

さらに，被告人の出頭がなくても証拠調を行うことのできる場合に，被告人が出頭しない場合には同意擬制をする旨の規定があるが（326条2項本文），これは必ずしも被告人の意思が推定されることを根拠としたものではなく，被告人が出頭しないでも証拠調を行うことができる場合において，被告人および弁護人等も出頭しないときは，裁判所は，その同意の有無を確かめるに由なく，訴訟の進行が著しく阻害されることを防止するため，被告人の真意の如何に拘わらず，同意があったものとみなす趣旨に出た規定であるというのが判例の解釈である（最決昭和53・6・28刑集32巻4号724頁）。悪質な審理妨害に屈しないための方策は確かに必要であるが，少なくとも同意が擬制されるのは当該公判期日に証拠調べが予め予定されていた証拠に限るべきであろう。

また，検察官・被告人（弁護人）が合意の上，文書の内容または公判期日に出頭すれば供述することが予想される供述の内容を書面に記載して裁判所に提出した場合には，当該文書自体または供述すべき者自身を取り調べなくても，その書面に証拠能力が認められる（法327条）。

4 証明力を争う証拠

公判準備または公判期日における被告人・証人その他の者がした供述の証明力を争うためには，321条～324条の要件に該当しないために，実質証拠すなわち公訴事実の有無の立証のための証拠としては用いえない書面または供述であっても，証拠として用いることができる（328条）。例えば，証人Aが「私は犯行現場から被告人が走り去るのを見ました」と公判廷で証言した場合に，Aの司法警察員に対する供述調書中の「犯行現場から走り去ったのが被告人か否かは自信がありません」との記載をもって，Aの証言の証明力を減殺する場合がこれに当たる（弾劾証拠）。

証明力を争う証拠として如何なる範囲の証拠が許されるのかをめぐっては，

①供述者自身の不一致供述に限るという見解と，②不一致供述に限らず広く伝聞証拠一般を使用しうるという見解とがある。判例は①の立場を採った（最決平成18年11月17日刑集60巻9号561頁）。

328条にいう「証明力を争う」とは，供述の証明力の減殺（弾劾証拠）のみを指すのか，それとも証明力の補強（増強証拠）やいったん減殺された証明力の回復（回復証拠）をも含むのかには争いがある。増強証拠としての伝聞証拠の利用は，実質証拠として伝聞証拠を利用するのと実際上，大差ないことになりかねないので認めるべきではないが，少なくとも回復証拠としての伝聞証拠の利用は認められてしかるべきであろう。下級審にも，回復証拠として伝聞証拠を利用することができる旨判示した裁判例がある（東京高判昭和54・2・7判時940号138頁）。

5　現場写真・現場録音テープ等の証拠利用

犯行現場を撮影した写真・ヴィデオテープ，犯行状況の録音テープ等は，被告人その他事件関係者の意思伝達を内容とするものではないので供述証拠には当たらず，伝聞法則の適用もないはずである。とはいえ，上述の各証拠は事実認定者の心証に臨場感をもって迫真の影響力を与える一方で，撮影または録音の仕方によっては全体の中のごく一部を強調することで実際に現場に居合わせた者とは異なる印象を事実認定者に抱かせかねない。また，作為的に編集を施したり，改竄を加えることも不可能ではない。すなわち，供述証拠そのものではないから伝聞法則の適用はないものの，供述証拠同様に，撮影または録音から再生に至る過程に誤りが介在しやすい点で供述証拠に類似する面がある。そこで，伝聞法則の例外に準じ，撮影者または録音者を出廷させ，撮影または録音した内容と再生された内容との同一性，および，撮影または録音当時の状況について宣誓の上，証言させることを要件として証拠能力を認めるべきであろう。

もっとも判例は，現場写真を非供述証拠であると解し，当該写真および他の証拠により当該写真と被告事件との関連性を認めうる限り証拠能力は具備していると判示している（最判昭和59・12・21刑集38巻12号3071頁）。

第21章 ■ 刑事裁判における被害者の役割

> **本章のポイント**
>
> 犯罪の被害が個人で回復されない場合は社会全体で救済すべきとの考えはハムラビ法典に遡ることができる。また、英米においては私人訴追制度がとられ、被害者自らに犯罪によって被った被害を回復することが認められていた。わが国でも、仇討ちが社会のある階級の中で認められていたことがある。社会を構成する一員が犯罪の被害にあい、窮状にあるとき、その被害者が自ら被害を回復したり、被害回復に手助けすることに社会は無関心ではいられないはずである。しかし、警察や検察の機構が大きくなるに従って、被害者は軽視され、国家対被告人という図式のみがクローズ・アップされてきた。その結果、被害者は疎外され、刑事司法に協力することが少なくなり、もはや、このままでは刑事司法が適切に運用できなくなるとの危機感が生まれ、ここに、被害者の復権が叫ばれることになったのである。刑事手続は被害者をも視野に入れ、その目的も犯罪者の科刑だけではなく、被害者の救済も含めることになる。ここでは、加害者と被害者そして、社会との犯罪によって壊された関係の修復ということが重要なポイントとなってくる。被害者の復権を訴訟の各段階における役割いかんという観点から検討するのが本章の課題である。

1 軽視されてきた犯罪被害者

刑事手続が開始されると、加害者は、被疑者・被告人として、刑事手続に関与する。この刑事手続においては、犯罪者に対する手続が、圧政の手段にならないように、また、誤判を生じさせないようにするため、日本国憲法は、基本権の一部として、被疑者・被告人に、不合理な逮捕・抑留・拘禁・捜索・押収を受けない権利（33条・35条）、弁護人を依頼する権利（34条・37条3項）、証人喚問・尋問権（37条2項）、自己負罪拒否特権（38条1項）といった諸権利を保障している。自由な民主主義社会における捜査手続では、被疑者の自由および

権利を不必要に制約することは許されない。また，公判手続においては，被告人には，検察官の主張に誤りがないかを批判的に吟味できる機会が与えられていなければならず，被告人が犯人であるゆえに刑罰が科されるためには，証拠により合理的な疑いを超えるまでに，被告人の犯罪行為が証明されていなければならない。被疑者・被告人の権利保障は特殊利益の擁護に見えるかもしれないが，国家機関による国民の自由および権利の制約は，国民の生活に萎縮効果を与えることになるから，被疑者・被告人の権利保障は，国民のプライヴァシー権の保護につながるものである。

　他方で，犯罪の被害者は，まぎれもなく，犯罪という事件の当事者である。しかしながら，合理的な制度へと発展してきた刑事司法制度の歴史のなかで，被害者に与えられていた加害者に対する訴追権および損害回復権は，訴追機関の誕生・発展（組織化）により，しだいに減少・制限されてゆき，広義の意味での証人としての受動的な証拠手段としてしか刑事訴訟に関与できなくなり，また，民刑の峻別によって，犯罪により生じた損害は，刑事手続とは異なる民事法の領域において扱われるようになっていった。被害者に復讐を禁じ，また，被害者から刑事手続を開始し，進行に関わる役割を国家が奪った前提には，国家機関である警察・検察・裁判所が被害者の意思を代弁し，被害者の利益を代って実現することが期待されていたはずである。ところが，捜査手続においては，被害者は，警察および検察において，幾度にもわたる参考人取調べを受け，思い出したくもない犯罪の状況について聴取される。また，財源が十分でないこと，迅速・能率的な事件処理の優先などの理由から，警察・検察・裁判所は被害者の相談に乗ったり，必要な援助をしたり，手続の進行を知らせたり，意見を表明する機会を与える等被害者の意思を汲むような措置を十分にとってきたとはいえなかった。しかも，公判手続においては，被害者は証人として，被告人および傍聴人の面前において，被告人は無辜である，あるいは，被害者があたかも犯罪を誘発した者であることを前提としたかのような厳しい反対尋問を受けることがある。犯罪の被害それ自体（第1次的被害）が苦痛であるにもかかわらず，刑事手続においては，犯罪により今までの生活が送れなくなった被害者は，必要な金銭的・精神的援助を受けることなく，訴追機関が必要と判断した場合のみに，単なる証拠手段として無理やり刑事手続に関与させられ，手厚い権利保障がなされている被疑者・被告人等から，被害の原因は被害者に

あるなどといった責任転嫁にも聞こえる反対尋問などの訴訟行為に不合理さを感じる（第2次的被害）と，もはや，刑事手続に関与しようとは思わず，自暴自棄になったり，社会との接点を失ってしまうことになる（第3次的被害）。特に，性犯罪の被害者の場合には，刑事手続に関与する苦痛のほうが，性犯罪の苦痛よりも厳しいと感じる被害者も少なくないともいわれている（セカンドレイプ）。そのため，被害者の権利を回復する運動が起き，最近では，多くの人々の賛同を獲得しているが，被害者保護は，次の点で意義のあることといえよう。

すなわち，まず，理由なく犯罪の被害に遭った者の被害を回復させ，現状に戻すことは正義の観念に合致している。次に，被害者を供述義務のある証人としてのみ刑事手続に関与させるのではなく，被害者を当事者として，一定の手続段階に参加し，意見を表明することを認めることによって，刑事手続をより一般利益を具現する制度として構築することができる。さらに，被害者と加害者が和解する機会を与え，両当事者の関係，そして，加害者と社会との関係を修復することを可能にする。そこで，このような観点から，1970年代のアメリカ合衆国，イギリス（イングランドおよびウェールズ），ドイツ，フランスといった西欧諸国においては，被疑者・被告人には，憲法，刑事訴訟法により手厚い権利保障がなされているにもかかわらず，社会において保護を受けるべきはずの被害者に対する保護があまりにも十分でなかったことが認識されるようになり，被疑者・被告人の権利保障を制約しない限度で，刑事手続における被害者保護を図る法改正が行われていった。これらの西欧外国における被害者保護立法においては，刑事手続に関与する被害者について，概ね以下のような共通する保護の対象がある。

まず，被害者は，犯罪の被害を受けると，捜査手続においては，参考人として取調べを受け，また，公判手続においては，証人として，加害者の面前で犯罪について証言をすることで，精神的な苦痛に代表される様々な二次的被害を受けることもある（狭義の意味での保護の必要性）。このことは，証言義務を実現させることにのみ主眼が置かれてきたからである。次に，被害者が告訴等の手続を行わなければ，被害者は，刑事事件の推移（被疑者が起訴されたか，公判手続でどのような弁護活動を行っているか，有罪判決を受けたか等）に関する情報を自動的に知らされる法的な立場にない（情報入手の必要性）。刑事手続に関す

る情報を入手することは，事件につき知りたい被害者の関心を満足させるとともに，民事訴訟による損害回復の準備行為ともなる。また，犯罪は，民事法上は，不法行為として評価されるけれども，加害者が任意に損害賠償を履行しなければ，被害者は民事訴訟によらねばならず，たとえ，債務名義を得たとしても，被告に資力がなければ，債務名義は画餅となり，被害者は犯罪により生じた損害を，迅速，簡便かつ完全に回復することはできない場合もある（損害回復の必要性）。さらに，事件の当事者であるはずの被害者が加害者に対して強い処罰感情を持つことは人間として正当な感情であるものの，受動的な刑事手続への関与を越えて，加害者に対する刑事手続にできるだけ関与し，イニシアチヴを得たいという関心があり，そのような関心をどこまで認めることが出来るか（積極的な関与の必要性可否およびその限界）が被害者保護の文脈で検討されてきた。

　西欧諸国における被害者保護立法の流れを受けて，わが国においても，2000年には，刑事訴訟法及び検察審査会法の一部を改正する法律（以下，刑訴法等改正法とする）および犯罪被害者等の保護をはかるための刑事手続に付随する措置に関する法律（以下，被害者保護法とする）からなるいわゆる犯罪被害者保護関連2法が制定された。この2法においては，被疑者・被告人の権利を制約しない限度で，被害者およびその遺族を犯罪という刑事事件の審理の状況および内容について深い関心を有する者としての地位を認め，被害者およびその遺族の心情を尊重し，かつ，犯罪により生じた被害を回復するために資する措置を拡充することで，被害者保護を実現させることとなった。

　また，2004年には，犯罪被害者等のための施策に関して，基本理念を定めることで，犯罪被害者等のための施策を総合的かつ計画的に推進することによって，犯罪被害者等の権利利益の保護を図ることを目的として，犯罪被害者等基本法（以下，基本法とする）が制定された。本法は，犯罪被害者等に，個人の尊厳を重んじられ，その尊厳にふさわしい処遇を受ける権利を有し，そこから，犯罪被害者等のための施策が，国および地方公共団体には，犯罪被害者等が，被害を受けたときから再び平穏な生活を営むことができるまでの間，必要な支援などを途切れなく受けられるようにする義務が政府に課され，被害者への相談および情報提供（11条），犯罪直後の被害者の生活を安定させるための保健医療および福祉サービスの拡充（14条），被害者等の安全の確保（15条），居住

の安定（16条），雇用の安定（17条）等といった被害直後からの犯罪以前の水準の生活が回復されるまでの法制度全体に関わる幅広い措置を講じるための指針が示された。

基本法は，刑事訴訟との関連についても，刑事手続に関する情報入手，被害者が刑事手続に参加する機会の拡充（18条），犯罪被害者の損害賠償の請求を適切かつ円滑な実現を図るための措置の拡充（12条），犯罪被害者等給付金の支給等に関する法律（13条）等の改正を予定していたことから，2007年6月には，犯罪被害者等の権利利益の保護を図るための刑事訴訟法等の一部を改正する法律（平成19年法律第95号。以下，「権利利益保護法」とする）が成立し，被害者特定事項（氏名及び住所その他の当該事件の被害者を特定させることとなる事項をいう）を公開の法廷で明らかにしないこと，犯罪被害者等が被害者参加人として，刑事訴訟に参加し，検察官の権限の行使に意見を述べたり，被告人や証人に対して質問を発したり，訴因として特定された事実の範囲内で意見を陳述することができる被害者参加制度，また，被告事件に係る訴因として特定された事実を原因とする不法行為に基づく損害賠償の請求を可能とする損害賠償命令の制度等が導入され，刑事手続における被害者の参加や損害回復の機会が拡充されることになった。

そこで，以下では，捜査，公訴，公判，量刑の各段階において，被害者がいかなる地位を有し，いかなる役割が期待されているのかについて検討してみよう。

2 捜査における被害者の役割

被害者は，まず，捜査を開始させる捜査の端緒として，告訴権者として，捜査手続に登場する。告訴は，捜査機関に対してする犯罪事実の申告および犯人の処罰を求める意思表示であり，親告罪においては，犯人を知ってから6カ月以内に告訴を提起しなければならない（235条1項1文）。民事訴訟を有利に進展させるための利用告訴は許されないけれども，告訴がなされれば受理されることになっている。親告罪においては，告訴の存在が訴訟条件であり，告訴を欠ければ，検察官の公訴提起は無効となり，公訴棄却の判決が言い渡される（338条4号）。親告罪とは，比較的軽微な犯罪（器物損壊罪等）であることを理

由とする場合と，公訴の提起により，被害者の私生活などの秘密が明らかになることから，被害者に訴追意思をゆだねる場合（名誉毀損罪等）がある。

　親告罪の告訴は，「犯人を知った日」から，6カ月以内に行わなければならない。しかし，一定の性犯罪については，被害者が，6カ月以内に告訴の提起を迫られることは不必要な精神的苦痛を与え，告訴期間を6カ月とする合理性が乏しいといったことを理由として，刑訴法等改正法により，従来までは親告罪とされていた強制わいせつ，強姦，略取誘拐等の犯罪については，なお親告罪ではあるものの，6カ月の告訴期間が撤廃された（235条1項1号）。理論的には，捜査機関は，被害者の告訴がなくとも，捜査をすることができるが，被害者の意思および名誉を侵害する結果となるような強制捜査はできるだけ避けるべきであろう。

　なお，被害直後の精神的，肉体的，経済的に傷ついている被害者の立ち直りを支援するために，犯罪被害者等早期支援団体が定められ，被害直後の応急措置が行われている。また，被害者連絡制度（警察庁）および被害者等通知制度（検察庁）が創設され，これらの制度により，希望する被害者には，加害者が逮捕されたか，自白したか等といった犯罪に関する情報が被害者に提供されることになった。

　ところで，従来から，捜査手続の違法あるいは不法があったことを理由として，被害者は，国家賠償法1条1項を根拠に，損害賠償を請求することはできなかった（最判平成2・2・20判時1380号94頁）。しかし，被害者保護法により，被害者およびその遺族は，刑事手続に深い関心を有し，被害者等の心情を尊重されるべきと位置づけられ，また，被害回復に資するための措置が定められた。そこで，この判例が変更されるかが問題となるが，判例変更にはならないとする下級審裁判例がある（大阪地判平成15・10・16，公刊物未登載）。

　ちなみに，犯罪報道に関しては，犯人と疑われている被疑者については，その生い立ち，容貌，プライヴァシー等にできるだけ配慮した報道がなされているものの，被害者およびその家族については，事件直後からのマスコミの執拗な取材活動および被害者等のプライヴァシーをないがしろにした実名報道等により，被害者およびその遺族等は精神的な負担を受けているとの調査結果もある。報道機関が国民の知る権利に奉仕するからといって，事件直後の被害者への配慮を欠いた取材および報道をすることまでは許されるべきでないだろうか

ら，さらに，被害者等の心情に配慮した取材・報道が求められる。

3 公訴における被害者の役割

(1) 検察官の訴追裁量

　検察官は，起訴・不起訴の決定に当たって，犯罪に関する事情，犯人に関する事情とならんで犯罪後の事情をも考慮することができる（248条）。捜査手続における被疑者の弁護人の重要な役割の1つは，被疑者の被害者への謝罪と犯罪により生じた被害を弁償する意思を被害者に伝え，理解してもらい，被害者と示談を成立させ，もって，検察官の不起訴処分への訴追裁量の行使を促し，被疑者の不起訴処分を獲得することにある。刑事手続の重要な目的の1つが，被害状況の修復と被害の抑止・防止にあることを考えれば，両当事者が和解を成立させ，被害の修復に努めることは，刑事手続の目的の重要な部分が実現されたことであり，そのことを被疑者の犯罪後の反省として，検察官の訴追裁量を通じて，起訴・不起訴の決定に際して考慮することは許されてよい。犯罪の種類によっては，被害者は，必ずしも加害者が刑罰を受けることを求めるとは限らず，むしろ犯罪によって失った財物あるいは犯罪により生じた被害が回復さえすれば，それでよいと考える場合も多いものもある。また，刑事政策の観点からも，情状が重くない加害者が謝罪と弁償の意思を示し，被害者がそれに納得している場合には，その点を評価して起訴猶予にした方が，被疑者を起訴し，公判を経て有罪と認定し，刑罰を科すために，人的・物的資源を用い，収監刑を科すよりも，良い結果が得られることも多いともいわれている。犯罪者に刑罰を科し，前科者の烙印を押してしまうと社会復帰が難しくなるが，犯罪者と被害者が示談を成立させて，その結果，起訴猶予となれば，犯罪者は前科者という烙印を押されないだけでなく，起訴もされずに社会に帰れるのであるから，社会に迎えられやすく，また，被害者に謝罪し，弁償をするのであるから，その姿勢が社会の一員としてやり直すことを容易にする。他方，被害者としても，犯罪者が刑罰を科されるだけでは，復讐の気持ちがある程度満たされるだけであろう。それよりも，犯罪者の謝罪と弁償がなされれば，精神的にも経済的にも得るものが多いといえる。示談の有無を検察官の起訴・不起訴の決

定の重要な要素として考慮し，できるだけ犯罪者（そして被害者も）を示談の成立へ誘うように動機づけることが望ましい。

(2) 検察官の不起訴処分に対するコントロール

被害者等からの告訴は尊重されなければならないが，告訴によって，検察官は，公訴の提起を義務付けられるものではない。検察官に訴追裁量権を付与する法制度においては，検察官が起訴すべき事件を不起訴処分にしたときに，そのような不当な検察官の訴追裁量権をコントロールする制度が存在している。

まず，第1に，検察官は，告訴のあった事件について起訴または不起訴の処分をしたときは，その理由を告訴人に通知しなければならず（260条），不起訴処分の場合に告訴人の請求があれば，不起訴の理由を告知しなければならない（261条）。これにより，検察官は理由を説明できない不起訴処分ができないような心理的抑制を受けるものの，不起訴理由の告知は，嫌疑不十分あるいは証拠不十分といった程度で足りるとするのが判例（名古屋高金沢支判昭和58・8・10訟月30巻3号508頁）であるから，告訴人にとっては不起訴処分の理由の説明が不十分であるとの批判がある。

次に，被害者や告訴人は，検察官の不起訴処分に不服があるときは，検察審査会に不起訴処分の当否の審査を申し立てることができる。検察審査会は，国民の司法参加を実現させる1つの制度であるが，この制度は，衆議院議員の選挙権を有する者のなかから，くじで選ばれた一般国民である審査員11名が検察官の不起訴処分の審査および検察行政の監督を行う。告訴をした事件につき，検察官が公訴を提起しない処分をした場合には，告訴人等は，検察審査会に対して，検察官が公訴を提起しない処分の審査を申し立てることができる。刑訴法等改正法により，検察官の不起訴処分について検察審査会への申立権者が，被害者本人が死亡した場合には，その配偶者，直系の親族または兄弟姉妹にも拡大された（検察審査会法2条2項）。

検察審査会は，検察官の公訴を提起しない処分の当否に関して，起訴を相当とする議決（起訴を相当と認めるとき），公訴を提起しない処分を不当とする議決（公訴を提起しない処分を不当と認めるとき），公訴を提起しない処分を相当とする議決（公訴を提起しない処分を相当と認めるとき）の議決を行う（検察審査会法39条の5第1項）。検察官は，これらの議決を受けて，起訴が相当であると判

断すれば，公訴を提起することになる。刑事訴訟法等の一部を改正する法律（平成16年法律第62号）により，8名以上の審査員が起訴をすべき旨の議決（起訴議決）をした場合には，議決書に，その認定した犯罪事実を記載し，議決書の謄本を裁判所に送付する。送付を受けた裁判所は，起訴議決に係る事件について公訴の提起およびその維持にあたる者を弁護士の中から指定し，検察官の職務を行うこととされている（検察審査会法41条の6以下）。

第3に，付審判請求手続（準起訴手続ともいう）がある（262条以下）。検察官の不起訴処分に不服のある告訴人等が，管轄の地方裁判所に事件を裁判所の審判に付す請求をし，裁判所がその請求に理由があると認めたときは，事件を裁判所の審判に付する決定をする。この決定があったときは，その事件について公訴の提起があったと擬制され，以後の手続は，裁判所の指定した弁護士が検察官の立場に立ち，訴追を行う。もっともこの制度は，ドイツの起訴強制手続（Klageerzwingungsverfahren）を参考にしているものの，検察官が公務員の職権濫用行為を不当にかばい，起訴すべき事案に対する不起訴処分をコントロールするものであるから，公務員の職権濫用行為以外の犯罪については，対象とはならない。

そして，第4に，不起訴処分をした検察官の所属する検察庁を監督する上級官庁に不服申立をすることができる。この不服申立により，上級官庁は，検察官同一体の原則により，下級官庁の不起訴処分が是正されることもある。

4 公判における被害者の役割

(1) 法廷における証人保護

わが国の刑事手続においては，検察官には訴追裁量権が付与されており，公判手続においては，被告人は弁護人の助力を受けながら，検察官の主張・立証に対して批判的，挑戦的に吟味することができる。そのため，被告人には，自己に不利な証言を行う証人・鑑定人を公開の法廷に喚問し，尋問する権利が付与されており（憲37条2項），証人として公判手続に関与する被害者を保護する必要性は高まる。被害者が証人として公判廷に出廷すると，一般の証人と同様に，真実を証言するという宣誓の上，供述する義務が課される。被害者も国

民の1人として，裁判に協力する義務が課せられているからである。証人は，被告人，訴訟関係者および傍聴人の面前で供述しなければならず，その後，被告人から厳しい反対尋問を受け，思い出したくない犯罪被害を，再三にわたり証言しなければならないこともある。しかも，被害者にとっては，この義務を果たすことは，場合によっては，第2次的被害を生じさせることもある。さらに証言それ自体だけではなく，被告人が勢力のある暴力団員であるとか，政治的に力のある人であるとか，児童虐待あるいは配偶者間暴力事件のように同居親族等が被告人である場合には，被害者である証人（年少者も含む）は，被告人に不利な証言をした後に，復讐や人間関係が悪化することを恐れて，証言をためらうという調査結果もある。

そこで，被害者およびその親族が被告人から生命，身体，財産に危害が加えられたり，畏怖させられたりして，そのために必要な証言を妨害されるようなことがあってはならない。従来から，わが国の刑訴法においては，被害者の証人としての地位により生じる公判期日外での保護および証言に伴う心理的負担を軽減する措置を講じてきている。まず，証人としての地位により生じる公判期日外での保護についてみると，被害者およびその親族が被告人から身体，財産に危害が加えられたり，畏怖させられたり，そのため，必要な証言が妨害されてはならない。そこで，被告人およびその関係者が，被害者を畏怖させる行為は，証人威迫罪（刑法105条の2）として処罰されうるし，また，そのような行為をする虞のある被告人は，保釈を制限され，あるいは一度認められた保釈が取消されることもある（89条5号・96条4号）。次に，1999年に成立したいわゆる組織犯罪対策関連三法の1つである刑事訴訟法の一部を改正する法律（平成11年法律第138号）により，証人尋問において，証人等の住居，勤務地その他通常所在する場所が特定されることで支障が生じる場合には，被告人の防御に実質的な不都合が生じない限りは，当該事項に関する尋問を制限することができ（295条2項），あるいは，証拠調べに先立ち相手方に当該事項の開示に関する配慮を求めることができることが定められた（299条の2）。なお，アメリカ合衆国やドイツにおいては，組織犯罪の大物の捜査・訴追・公判に協力し，その過程での証言により，証人あるいはその家族の生命，身体等に危害が及ぶ場合には，証言の後にも，安全な生活を送れるようにするために，証人の氏名を変え，別の地域で生活できるように，仕事を与えるといったことを内容とする

証人保護プログラム（アメリカ合衆国においては，マーシャルサービス）がある。

　刑罰の執行後の保護との関係では，有罪判決を受け刑罰を執行した被告人が社会に戻り，被害者にお礼参りをすることがある。この場合には，被害者，保護者，社会に，加害者の出所情報を通知する制度が，わが国（検察庁による被害者等通知制度。なお，警察による再被害防止要綱）およびアメリカ合衆国にもあり，この制度により，刑務所から出所しお礼参りの被害を受けることに不安をもつ被害者にとっては，再被害を防止することがある程度可能である。しかしながら，出所情報の通知により，被告人の社会復帰が困難となるとの刑事政策の観点からの指摘もある。特に，性犯罪の加害者には再犯の傾向が顕著であることから，アメリカ合衆国では，メーガン法の制定により，性犯罪者の出所情報の通知に関して議論がなされており，自分で犯罪を予防することが特に困難な幼児および年少者を保護するためには，その保護者，場合によっては，コミュニティーに，再犯の可能性の高い受刑者の出所情報を通知することは，発生する蓋然性の高い犯罪の予防を実現できるものとして評価することができるように思われる。出所情報の通知は，その対象者が広がることにより，被害者の再被害防止だけではなく，犯罪予防効果も期待できるように思われる。

(2) 証人保護

　証言に伴う心理的負担を軽減する措置としては，証人が被告人の面前あるいは公開の法廷での証言からの保護に分けられる。被告人の面前からの証人保護として，まず，証言獲得を目的とする期日外尋問がある（158条・281条）。次に，証人尋問において，被告人の面前においては圧迫を受け証人が証言できない場合には，証言の間，被告人を一時退廷させることができるが，その後，被告人には反対尋問の機会が与えられなければならない（304条の2）。

　裁判の公開および特定の傍聴人からの証人保護に関しては，従来から実務においては，強姦罪事件で，姦淫時の具体的状況を証言する場合には，憲法82条2項に規定されている「公の秩序又は善良の風俗を害する虞がある」場合には，裁判の公開を一時停止したうえで，証人に証言を義務付けてきた。また，特定の傍聴人の面前では，充分な供述ができない場合にも，証人が供述している間は，その傍聴人を退廷させることができる（規則202条）。

　しかし，従来までのこれらの措置が採られたとしても，証人は，いずれにせ

よ，被告人あるいは傍聴人に直接対面し，また，事件が分離された共犯事件であれば，同一事項について繰り返し証言することもあり，証言に伴う第2次的被害の軽減は達成されにくい。

そこで，刑訴法等改正法により，まず，証人が法廷で供述しやすいようにするために，供述の際に，証人の不安または緊張を緩和させるよう，証言の際に，証人には，証人の家族，被害者保護に従事するカウンセラー・弁護士等を付き添わせることができるようになった。ただし，付添人は，証人の供述に不当な影響を与える言動をしてはならない（157条の2）。

次に，一定の性犯罪の事案の場合には，証人を裁判所構内の被告人が在席する場所とは別の一室において，映像と音声の逆受信（ビデオリンク方式）により，証人尋問を行えることになった（157条の4）。これにより，証人は被告人に対面することなく証人尋問を受け，また，被告人は，証人の証言状況を画面により確認しながら，反対尋問を行えることになった。証人が後日，同一事項について別の刑事手続において証言することがあると思われる場合には，証人の同意があれば，証人の尋問及び供述並びにその状況を録音・録画することができ，同一事項の証言を反復することで生じる証言の負担軽減を実現させている（157条の4第2項，321条の2）。

さらに，証人が被告人の面前で供述することで圧迫を受ける場合には，被告人あるいは，傍聴人と証人との間で，一方からまたは相互に相手の状態を認識することができないような措置を採ることができる（157条の3）。このようなものとしては，衝立の設置が考えられている。ただし，被告人が証人の状態を認識することができない措置を採る場合には，証人尋問において証人の証言状況を確認しながら尋問する弁護戦術の重要性に鑑みて，弁護人が出廷している場合のみ行うことができる。これらの措置は，証言の際に証人が受ける心理的な負担を軽減するためにとられるものであり，犯罪の性質，証人の年齢，心身の状況，名誉に対する影響，証人と被告人との関係その他の事情から，これらの措置が必要な場合には，被害者が証人として供述する場合だけではなく，犯罪組織から改悛した共犯者あるいは目撃証人などを取り調べる場合にも適用されうる。なお，しゃへい措置及びビデオリンク方式による証人尋問は，裁判の公開を定める憲法82条1項および同37条1項に反せず，また，被告人の反対尋問権の保障を定める37条2項前段に違反するものではないとする判断がある

（最決平17・4・14刑集59巻3号259頁）。

そして，権利利益保護法により，法廷で被害者の氏名，住所等が明らかになることにより，特に性犯罪の被害者のプライヴァシーが不必要に明らかになったり，組織犯罪の被害者の生命や身体への危害が加えられるおそれがあったことから，被告人の防御権を制約しない限度で，起訴状の朗読，証人尋問において，被害者特定事項の秘匿に法的根拠が与えられるようになった（290条の2，291条，295条，299条の3，305条，316条の5）。

(3) 情報入手

公判手続は刑事裁判の最も重要な段階であり，被害者のなかには，公判手続の推移・結果に関心を持っている者も少なくない。自分が理由もなく犯罪の被害を受けた場合には，なぜ被告人は犯罪を行ったのかということを知りたい場合もあれば，他方で，犯罪により受けた損害を民事訴訟によって回復するために，刑事手続の成果を活用したい場合もある。そこで，被害者保護法は，被害者が刑事事件の傍聴を希望する場合には，他の傍聴人，報道関係者との関係及び裁判の公開の原則に配慮しながら，できるだけ，被害者が優先して傍聴できるようにするため，裁判所に対して配慮しなければならないとする規定を設けた（2条）。また，従来までは，事件が確定しなければ，訴訟記録を閲覧・謄写できなかった（53条1項）が，第1回公判期日後から当該被告事件が終結するまで，被害者等は，正当な理由がある場合には，未確定の訴訟記録の閲覧・謄写ができることになったが，その利用には一定の制限が課せられている（被害者保護法3条）。これらの措置により，被害者は，犯罪についての情報を得やすくなるし，また，損害回復のための民事訴訟の準備がしやすくなった。なお，同法3条1項に基づき訴訟記録を謄写させる措置に対しては，不服申立ては許されないとする判断がある（最決平成16・10・8判タ1168号134頁）。

(4) 損害回復

従来からわが国の実務においては，被疑者が被害者に謝罪をしたり，損害回復を実行する，あるいはその意思を示した場合には，検察官が訴追裁量権を行使し，事件を不起訴とすることがある。特に，親告罪においては，告訴は訴訟条件であることから（338条4号），損害回復の実現と引換えに告訴を取り下げ

ることを内容とする示談が成立することが多かった。しかし，そのような示談が成立し，被害者が告訴を取り下げても，被告人は誠実に示談内容を履行しないことが問題とされてきた。再告訴は許されないからである（237条2項）。そこで，被告人と被害者との間で，なんらかの民事上の和解が成立した場合には，両当事者は，合意内容を公判調書に記載することを求めることができ，この和解記録は民事訴訟における債務名義と同一の効力が認められることになった（被害者保護法4条・5条・6条）。これにより被害者は，新たに民事訴訟を提起せずとも，被告人との間で成立した和解内容が記載された刑事裁判の和解調書によって債務名義を得ることができ，民事訴訟を提起する手間が省かれることになった。なお，刑事裁判所は，この和解が成立するように積極的な関与が求められるものではない。

(5) 公判期日への出席等

わが国の公判手続においては，当事者・論争主義が妥当していることから，検察官と被告人・弁護人の間で，検察官の起訴状に記載した限度で被告人の犯罪行為の有無が争われる。被害者は犯罪という事件の当事者であったとしても，訴訟主体として，被告人の犯罪行為を訴追することはできないし，公判期日に出席したり，証拠調べ請求をしたり，被告人の不合理な弁解について反論したり，上訴をしたりといった訴訟行為をすることができない。そのため，公判期日に出席し，被告人の主張に反論をしたい被害者もいる。そこで，権利利益保護法により，被害者参加制度が導入され，人間の尊厳を害する一定の重大な犯罪の被害者（または，被害者から委託を受けた弁護士も含まれる）は，裁判所の許可がある場合には，被害者参加人として，公判期日に出席したり，被告人や証人に質問をしたり，弁論としての意見陳述や検察官の権限行使について意見を述べるといった権限が与えられることになった（316条の33以下）。もちろん，この制度は，検察官が被告人の犯罪行為を訴追・立証し，被告人が弁護人の助力を受けながら事実認定が行われる枠組みを維持したうえで，その枠外で被害者参加人が一定の権限を行使できるものであるから，弾劾主義や当事者・論争主義に反せず，また，被告人の黙秘権は制約されていない。

この制度に対しては，処罰感情の強い被害者が参加することによって，法廷が混乱したり，正確な事実認定が行われなくなる，あるいは，被告人が被害者

の面前で委縮してしまうことで防御活動が行えなくなるのではないかといった懸念が示されている。しかし，被害者参加制度は，現行の当事者・論争主義や被告人の憲法上の諸権利の保障を前提として，裁判所の許可のもとで，被害者参加人が一定の権限を行使することができるものである。法廷が混乱することが予想される場合には，裁判所は被害者参加人の参加を許可しないことができ，被害者参加人の面前で被告人が委縮するような場合には，弁護人が代弁したり，裁判所の適切な訴訟指揮が行使されることが求められることから，制度それ自体に，このような懸念が生じないような工夫がされているように思われる。

5 量刑における被害者の役割

　アメリカ合衆国等の公判手続においては，被告人が犯罪を行ったという検察官の主張が証拠により合理的な疑いを超える程度に証明されたかどうかを判断する事実認定手続と，被告人が起訴状に記載された犯罪を行ったことが証明された場合に，刑の個別化の要請から，具体的にいかなる刑罰を科すかを判断する量刑手続が二分されている。量刑手続を主宰する裁判所にはさまざまな証拠が提出されるが，その1つに，被害者が犯罪によって被った影響について，被害者が直接法廷で行った供述あるいは書面がある (Victim Impact Statement)。これにより，被告人の量刑に被害者感情等を考慮することで，適切な量刑判断を実現させようと考えられている。

　ところで，わが国の公判手続においては，事実認定手続と量刑手続が明確に分けられてはいないものの，従来から，実務においては，被害者を証人として取り調べることによって，被害者の犯罪によって被った影響に関する供述が，量刑の1資料として考慮されてきた。特に，被告人と被害者との間で示談が成立した場合には，被害者は情状証人として取調べを受け，被告人の量刑に有利に働いてきた実務慣行があった。

　刑事手続においては，被害者は，訴追機関が必要と判断した場合にのみ証拠手段としての証人としてしか関与できず，他方で，被告人には，事実に反する事項を防御行為として供述したとしても，公的な場面において，その供述に対して反駁する法的地位は被害者には与えられていない。そのうえ，被害者のなかには，公的な場面で，犯罪について陳述することで，精神的に回復するとも

いわれている（カタルシス効果）。被告人にとっても，被害者の陳述を聞くことにより，自己の犯罪行為の重大性およびそれにより引き起こされた影響を知ることができ，社会復帰に資するともいわれている。

そこで，刑訴法等改正法により，新たに，この実務慣行に明確な法的根拠を与えるために，意見陳述制度が創設された。被害者またはその代理人が，被害に関する心情その他被告事件に関する陳述を行いたい場合には，予め，検察官に申出たうえで，被告人の面前あるいは書面にて陳述を行うことができる。陳述の趣旨を明確にするために，訴訟関係人は被害者等に質問をすることができるし，被害者等の陳述が事件と関係ない場合には，制限することもできる。この意見陳述は，量刑資料としてのみ用いることができる。なお，被害者等が証人として公開の法廷で証言する場合と同様に，公開の法廷での意見陳述に抵抗がある場合には，付添い，遮蔽およびビデオリンク方式による証人保護措置に準じたかたちで，意見陳述が行われる（292条の2第6項）。

意見陳述制度は，無罪推定の原則および被害者の過度の処罰感情が刑事手続に入り込むとの理由から，否定的な見解も見受けられる。しかし，そもそも，被害者等の処罰感情は量刑事情として考慮してはいけないものではなく，意見陳述は，証拠調べ終了後に行われ事実認定に影響を生じず，また，従来から意見陳述に相当する実務慣行が職業裁判官の量刑相場にしたがって存在してきていることを考えると，このような批判は，必ずしも正鵠を得ているようには思われない。

6 損害回復

民事刑事の効果が峻別される法制度においては，犯罪行為は，国家と被疑者・被告人との間での国家刑罰権の問題として扱われ，民事法上は，その犯罪行為は不法行為として，損害賠償請求権の問題として扱われ，被疑者・被告人と被害者との対等な関係として把握される。両者の手続は関連なく扱われるのが原則なので，被告人の犯罪行為が認定されたとしても，必ずしも，被害者は被害回復することができるわけではない。しかも，被害者本人が既に死亡してしまっていることもあるし，盗品を被告人が既に消費してしまっていることもあるからである。

もっとも，捜査手続においては，還付・仮還付により，被害者に盗品が戻ってくれば損害回復が実現される場合もあるし，被疑者・被告人と金銭給付を内容とする示談が成立し，履行されることで，損害が回復されることもある。加害者が任意に履行をしなければ，被害者は，捜査機関が強制処分により重要な証拠を収集した後に，自ら証拠を収集し，民事訴訟により債務名義を得なければならないが，たとえ，債務名義を得たとしても，被告に資力がないときには，債務名義は画餅となり，被害者は損害回復の途を閉ざされる（財産的な損害回復）。他方で，被疑者・被告人の真摯な謝罪を求める被害者にとっては，被疑者・被告人の謝罪があれば，比較的容易に非財産的な損害回復が実現される。このように，民刑が峻別された法制度においては，犯罪により生じた被害の回復を直接の目的とする法制度は存在しないものの，法制度や実務慣行を通じて，事実上，損害回復が実現される余地があった。

　2000年以降には，民刑の峻別を維持したうえで，刑事手続に付随したかたちで財産的な損害の回復を可能にする法制度が創設されるようになってきた。まず，いわゆる刑事和解が導入され，2007年には，被害者保護法は，権利利益保護法に名称が変わり，同法では，一定の刑事被告事件の被害者等は，被告事件に係る訴因として特定された事実を原因とする不法行為に基づく損害賠償の請求を，被告事件の終結後に，刑事事件を審理した裁判所が，原則として，4回以内の公判期日において，損害賠償命令の申立ての審理をすることができる損害賠償命令制度が導入された（9条以下）。これによって，被害者等は，刑事の成果を活用したうえで，新たに民事訴訟を提起することなく，また，刑事事件の事実認定と異なることなく，簡易かつ迅速に実現できることが可能となった。なお，被告人が被害者等の損害賠償命令の申立てに異議を申し立てた場合には，通常の民事訴訟に移行する。

　なお，いわゆる組織犯罪対策の一環として，組織的な犯罪の処罰及び犯罪収益の規制等に関する法律の一部を改正する法律（平成18年法律第86号）及び犯罪被害財産等による損害回復給付金の支給に関する法律（平成18年法律第87号）によって，いわゆるやみ金融や振り込め詐欺といった一定の組織的な犯罪により得られた犯罪収益をはく奪することによって，一定の組織的な犯罪の被害者に給付金を支給することができることになった。

　さらに，犯罪により生じた非財産的な損害の回復については，被害直後の被

害者の立ち直りおよび被害以前の生活環境を提供できるようにするために，犯罪被害者等早期支援団体が指定されており，被害者は支援団体から広範にわたる種々の支援を受けることができる（犯罪被害者等給付金の支給等に関する法律23条）。

　また，本来は，正義の観点からは，加害者が犯罪により生じた被害を回復すべきであるけれども，加害者に支払能力がない場合が殆どであり，殺害された被害者遺族あるいは重障害を負った被害者は，精神的，経済的に極めて苦しい立場におかれていた。そのため，いわゆる通り魔的犯罪による殺人及び障害の被害者を対象として，社会全体で被害者を支えるために，国家が給付金を支給することを内容とする犯罪被害者等給付金支給法が，1981年1月1日から，施行され，2001年には，給付範囲および給付額を拡充する法改正に伴い，犯罪被害者等給付金の支給等に関する法律へと名称が変更された。この法律は，人の生命または身体を害する行為により，被害者が死亡，重傷病または障害を負った事件の被害者に，給付金を支給するものである。しかし，過失犯により甚大な被害が生じた場合，児童虐待あるいは配偶者間の暴力事件といった加害者と被害者との間に親戚関係がある場合，被害者にも犯罪発生に有責性があるといった場合には，給付金が支給されないが，このことについては，不合理であるといった指摘もある。

　なお，近年では，論者によりその意味する内容は異なるものの，修復的司法（restrative justive）のアプローチが提唱されている。これによれば，犯罪を犯罪者と被害者あるいは社会との間の紛争として理解し，紛争が解決されれば，和解が実現されたとして，刑事手続を回避できるだけではなく，他方で，紛争が解決されない場合には，被害者が刑事手続に積極的に参加できる根拠であると説明する見解も主張されてきている。

7　将来の課題

　犯罪被害者等基本法によって，被害者は法制度において，個人の尊厳が重んぜられ，その尊厳にふさわしい処遇を保障される権利があることが明確になった。また，権利利益保護法によって，わが国の刑事手続における被害者の地位及び役割は，被疑者・被告人の諸権利を制約することなく，わが国の刑事手続

における基本原理・構造や特徴を踏まえたうえで、ドイツの訴訟参加制度や付帯私訴を参考にしながら、わが国独自の法制度を創設することによって、狭義の意味での被害者保護、情報入手、損害回復及び参加の機会の拡充という個々の領域において、向上したように思われる。もっとも、このような被害者保護の進展は、従来の法制度の枠組みの中で実現されるべきものであるから、刑事手続は国家及び社会の秩序維持という公益を図るために行われるものであり、犯罪により侵害された被害者の利益や損害回復を直接の目的とするものではないとする判例の立場は維持されるように思われる（最判平2・2・20判時1380号94頁）。

権利利益保護法の制定により、基本法の求める刑事手続における被害者保護の多くは実現されたことから、今後は、現行法制度の枠内で、被疑者・被告人の権利を制約することなく、被害者保護が実現される法運用が望まれる。また、被害者がより確実に経済的な損害を回復できる方策、被害者参加制度を通じて参加する被害者には限られないものの、被害者の正当な権利や関心を実現できるようにするために、公的な制度としての被害者弁護人制度の導入が期待されよう。

〔参考文献〕

渥美東洋『全訂 刑事訴訟法（新版補訂）』有斐閣，2006年，243頁以下
小木曽綾「刑事手続と犯罪被害者」被害者学研究14号，87頁以下
川出敏裕「刑事手続における犯罪被害者の法的地位」別冊ジュリスト刑事訴訟法の争点〔第3版〕，34頁以下
椎橋隆幸＝高橋則夫＝川出敏裕『わかりやすい犯罪被害者保護制度』有斐閣，2001年
特集「犯罪被害者と刑事裁判」ジュリ1338号
特集「犯罪被害者保護と刑事手続き」刑ジ9号
特集「犯罪被害者と裁判の新たな関係」ひろば60巻11号

第22章 ■ 上訴制度

本章のポイント

「まだ最高裁がある。」これは、後に結局無罪となった八海事件の被告人が高等裁判所で有罪判決を確認されたときの言葉である。裁判の当事者が裁判の結果や裁判のやり方に満足するとは限らない。刑事裁判は被告人に刑罰を科すか否かを決めるのであるから、裁判の結果が誤っていたり、手続が公正に行われていなかった場合、問題は重大である。人間が営む行為に不可避な誤ちを直す機会を与えるべく、当事者に不服申立の機会を与えるのが上訴制度である。いかなる上訴制度をとるかは国によって異なる。珠玉の真実を追求するのが刑事裁判の目的で、ピラミッド型に構成された裁判所の最上級の裁判所が最もよくその任を果たすと想定し、書面の多用によりそれも可能だと考えるところでは、誤判を直すための上訴が基本として認められ、上訴審では裁判をやり直すことになる。これに対して、裁判を検察官の主張に理由があるか否かを審査する場と捉え、口頭の証言を中心に事実認定をするところでは、そもそも裁判をやり直したから必ず真実が浮かび上がってくるとも限らないし、あくまで真実を追求するという考えを持たないため、最初の裁判が中心であり、上訴も最初の裁判の当否が問題となるのである。わが国はどちらの方に属しているであろうか。また、一国の刑事裁判が適切に運営されていくためには、法律の解釈・適用の統一性がなければならない。上訴審はこの点で重要な役割を果たしている。

1 上訴制度の意義

　現行法の上訴制度は、憲法、法律違反を中心に、法に反する活動から、被疑者、被告人の「救済」をはかり、法解釈・法運用の基準を監督する視点を中心とする。公判裁判にあっては弾劾主義、論争主義による事実の認定が裁判所の主な役割であるが、上訴手続は、法的観点からの救済と法解釈の監督を中心とする制度であり、上訴裁判所の中心的役割は、法的争点について判断することにある。

上訴には，控訴，上告，抗告が含まれる。

「控訴」は公判裁判に対し，法律違反，事実誤認，量刑不当等を理由とする救済を上級審に求める申立である（377条～382条）。「事実誤認」については，誤った事実の認定から被告人を救済する視点を中心に，裁判の権限を欠くか公正な裁判をおよそ期待できない手続的瑕疵があった場合（絶対的控訴理由）や「判決結果に影響を及ぼす」場合（相対的控訴理由）に救済をはかることを基本とする。

「上告」は，憲法違反，判例違反からの救済（405条）を中心に最高裁判所への救済を求める申立である。法律違反，事実誤認，量刑不当の申立は，それが重大な不正義を構成する場合には，最高裁判所の「職権」による救済の対象とはなるが（411条）「上告理由」とはならない。したがって，最高裁判所への上告申立は，事実誤認に関しては，高裁への控訴の申立よりも限定されている。

「抗告」は裁判所の決定，命令に対する上訴である。

なお，「準抗告」は裁判官の決定，命令，および捜査機関の一定の「処分」に対する救済申立であるが，これを「『裁判』に対する上訴」を法定したものとする基本的考え方に立つと解してよいかには問題が残されている。裁判に対する上訴手続を法定したと解するよりもむしろ，法に違反する政府の活動（「処分」）や法律上の要件を欠く裁判からの「救済」と解する必要があろう。

2　上訴制度の在り方

上訴制度に関しては大陸法系と英米法系とで顕著な差異がある。

大陸法系にあっては，捜査から公判，上訴にいたるまで，上級審，最終的には最上級裁判所が法律問題のみならず，事実問題についても，「監督」「統制」する立場が基本とされている。大陸では，「自由心証主義」がいわれるが，上級審による監督が重視されるところでは，実質的には，事実認定についても上級審の詳細な審査が及び，第一審の裁判所では真の意味での「自由心証」は働いてはいない。このような法制度にあっては，事実誤認を理由とする政府上訴も当然に認められることになる。

これに対し，英米法系では，上訴は本来これを認められなければならないものではなく，上訴制度の設置は憲法上の要件ではないと解されてきたが，上訴

裁判所が自由社会の基本構造を維持するべく,「法律問題」に関して,下級裁判所の法解釈・法適用を監督し,救済をはかる観点から上訴制度を整備してきている。英米の上訴制度は,大陸法系の上訴制度とは異なり,基本権違反や法律上の要件違反からの救済の視点を中心とする制度であり,法律問題に関する上訴を中心とし,事実問題については,公判裁判所での事実認定を尊重しなければならないものとされ,個々の採証原則の違反などはそれが判決の結果に影響を与えるものでなければこれを上訴の対象とすることはできず,事実誤認を理由とする政府上訴は,二重危険禁止の観点からも禁じられる（わが国の場合,判例・実務は,「危険継続論」を根拠に,事実誤認を理由とする検察官上訴は憲法39条の二重危険禁止条項に反さない,とする立場をとっている）。公判での事実認定が尊重されなければ,公判裁判所での事実の認定は重要視されることはなく,仮のものにすぎないことになる。公判裁判所での事実の認定は,それが,「合理的な疑いを容れない程度の有罪立証」という規準を充たしていないような場合には,法的基準を充たさないものとして上訴の対象となるが,個々の採証法則違反などは,公判の中にそれを是正する「説示」をするなどの措置で救済をはかり,これを独立の上訴の対象とすることはできないとの考え方がとられる。手続違反についても,裁判の「基本的公正さ」を支える,憲法上の重要な要件違反の場合には,その違反を是正する観点から,その要件に違反するだけで有罪が破棄される「自動法理」がとられる場合もあるが,多くの場合は,公判の結果に影響を与えない瑕疵は,有罪の破棄理由とはならないものである。

　大陸法を継受した旧法にあっては上訴制度は基本的に大陸型のものであったといえるが,現行憲法とそれに基礎を置く刑事訴訟法が制定されて以降は,上訴制度もその性質を変じ,事実認定について上級審が職権により統制・監督するための制度ではなく,「法的争点」を中心に下級審の誤った判断からの救済をはかり,法解釈・法適用を監督する機能を担う制度になった。現行法では,上訴裁判所は,公判裁判所の事実認定に伴う手続上の誤り,法の解釈・適用に関する誤りの有無を審査し,その審査資料は上訴申立者が提出すべきものとされている（337条～338条参照）。

　事実認定に関しては,現行法は,公判裁判所の事実認定を尊重する立場を基本としていると解することができるが,事実誤認を理由とする検察官上訴が,「危険継続論」の下に認められてきており,論争主義との関連でも大きな問題

を残している。

　裁判の権限がないかおよそ公正な裁判とはいえない場合には絶対的上訴理由となる（377条・388条）が，手続違反や事実誤認を理由とする上訴は，「判決に影響を及ぼすことが明らか」であることが要件とされる（379条・380条・382条）。ここに，上訴手続において公判裁判所の事実の認定を尊重すべきだとの法の基本的立場が示されているといえる。事実誤認に関しては，「合理的な疑いを容れない程度の有罪立証」という基準を充たしていない場合が「判決に影響を及ぼすことが明らかな場合」に当たることになるので，これは法的基準の充足の有無が問われている場合と解することができる。

　公判における事実認定は，弾劾主義，論争主義の手続構造で行われる（憲37条―論争主義・38条―弾劾主義，刑訴256条）。検察官の主張・立証に対する被告人の側からの挑戦的防御を保障するのが論争主義手続の狙いであり，そのために，手続構造として，争点を明確にして，その争点について，被告人が挑戦的に防御するという「対話」の構造で裁判が進められることを保障し，有罪とされれば処罰され刑罰という重大な不利益を科される被告人が，手続に参加し，自己の主張を裁判に反映させることができるようにすることを意図しているのである（なお，弾劾主義との関係で，検察官は被告人の有罪を「合理的な疑いを容れない程度に」立証しなければならない）。このような手続構造でなされた事実認定は尊重されなければならない。被告人の利益・価値が反映された手続を通して認定された事実だからである。

　政府がこの事実認定を御破算にして全く新たに事実認定を行うことを再度主張して上訴できることになれば，この被告人の利益・価値を手続に反映させた論争主義の裁判の意味は全く失われる。事実認定は「仮のもの」でしかなくなり，事実認定が際限なく続くことになりかねない。争点を絞った事実の認定は何度も行えるものではなく，繰り返し行えるという前提に立つのは誤りである。陪審裁判の場合には典型的にこのことがいえるが，裁判官による審査の場合でも，事柄の本質は変わらない。「真実」を追求して際限なく裁判を繰り返すことができるとする立場もありうるが，論争主義の裁判はこのような前提には立っていない。事実認定をめぐる状況は，時間が経過すればするほど悪化するのが通常のことである。また，国家に有罪立証の機会が何度も与えられることになると，圧制の手続を政府に与えることになるのであり，この圧制阻止の観

点から限界が設けられることになる。「正義」を実現するために，被告人の挑戦的防御を認める裁判の構造が採用されるが，「自由保障」の観点から，あくなきまでの正義の追求には限界が設けられなければならない。あくなきまでの正義の追求が，結局は無辜(むこ)の処罰という不正義にいたることさえある。このように，覆審や続審に通ずる，事実誤認を理由とする政府上訴を認める現在の実務には，二重危険禁止条項の観点からはもちろん（「裁判の効力」参照），上訴制度の在り方の観点からも，問題が残る。「公判の構造」の章でみたように，現行法は，事実認定について上級審の統制・監督を重視する糾問主義や職権主義の立場に立つものではなく，手続に巻き込まれて不利益を受ける個人の利益を重視し，その個人に価値を認めて，その価値を裁判に反映させることを重視する「論争主義」の立場に立っており，被告人に告知された公訴事実（the offense charged）に関する争点をめぐる被告人の防御を重視する裁判の構造とは無関係に，上級審を含めた「裁判所」による「真実発見」がなされればよいとする裁判の見方に立っていない。

　論争主義を前提とすれば，「被告人の側も」際限なく事実の認定を繰り返すことを求めることができないことになろう。被告人の利益，見方，価値が裁判に反映されるような，論争主義の裁判構造が用意されており，そのような構造を踏まえてなされた事実の認定であれば，被告人もこれを尊重しなければならないことになろう（「やむを得ない事由」について定める刑訴法382条の2参照）。被告人の見方を裁判に反映させることができない手続的欠陥があったり，被告人に刑罰を科す前提として充たされなければならない証明基準が充足されていないなどの論争主義，弾劾主義の要請に悖(もと)る「構造的欠陥」があり，その結果，被告人が有罪とされたような場合には，被告人の有罪認定を破棄しなければならない。被告人を「有罪」と認定するには，被告人が有罪であると認定するのに必要なすべての条件が整っていなければならないが，「無罪」は，有罪とするのに必要な条件の1つでも欠ければ下されなければならないものであるから，その条件を欠いたために，「合理的な疑いを容れない程度の有罪立証」という要件が充たされていない場合には，上訴審は，自判して「無罪」判断を下してよいことになる（ちなみに，被告人の有罪を破棄して差し戻すことが，結局，政府に再度の有罪立証の機会を与える結果となる場合には，この差戻は憲法39条の二重危険禁止条項に反し許されないことになろう）。だが，被告人の価値を裁判に反映

させ，被告人が政府の主張・立証に対し挑戦的に防御し，刑罰を科す根拠の有無について十分な挑戦ができるような裁判構造が確保され，その裁判で，被告人の利益に十分な配慮がなされているといえれば，被告人は「結果」に不満足であるというだけでその裁判に異議を申し立てることはできないことになろう。

上訴制度については，以上のような基本構造を踏まえて運用されるべきであろう。

上訴審での「事実の取調」が「覆審」ないしは「続審」として機能し，論争主義の裁判結果を無意味とすることのないように配慮がなされなければならず，この点で，公判裁判所での事実認定をできるだけ尊重することを基本とする「事後審」としての性格をできるだけ維持する上訴の構造が確保されなければならない。

以上述べた上訴制度のあり方に関する視点は，裁判官による審理の場合に働くのはもちろんだが，新たに導入されることとなった裁判員制度では，いっそう強く妥当するであろう。ここでは素人の裁判への参加を無意味にしないという考慮を働かせることが必要となる。

3　上訴の範囲

上訴審が審理できる範囲には，前述した論争主義や二重危険禁止条項の観点から限定が加わることになるが，公判裁判の尊重との関連で重要なのは，新島ミサイル事件の判断（最大決昭和46・3・24刑集25巻2号293頁〔141事件〕）である。

最高裁は，第1審判決が理由中で，牽連犯ないし包括一罪として起訴された事実の一部について無罪判断を示し，被告人のみが右第1審判決に対し控訴した事例について判断した同事件で，その控訴提起の効力は公訴事実の全部に及び，右の無罪部分を含めたそのすべてが公訴審に移審係属するが，控訴審の職権調査の範囲は限定を受け，控訴審が職権調査を加えることができるのは，当事者が上訴した部分に限定され，したがって，当事者が上訴の対象としてはいない部分については，上訴審の審査の対象から外れる，と判示している。法廷意見は，現行刑訴法では当事者主義が基本原則とされ，職権主義は補充的，後見的なものとされ，控訴審の性格は原則として事後審であり，その事後審査も

当事者の申し立てた控訴趣意を中心として行うのが建て前であり，職権調査はあくまで補充的なものである，と判示する。

右最高裁判断は，現行刑訴法では「当事者主義」が基本とされ，控訴審の性格は「事後審」であることを強調する。

控訴審であれ，裁判所が自ら真実を発見すべく事実を解明する役割を担うという見方に立つと，当事者の上訴した範囲とは無関係に上訴審が真実を探求すべきことになろうが，最高裁は，このような見方に立つことはなく，「当事者間に争いのある範囲で」問題を解決するのが控訴審の役割であるとの見方に立っているのである。職権主義による審理では，当事者の攻防とは無関係に裁判所の見方から審理が進められ，当事者や当事者の主張はいわば裁判所の判断の一資料にすぎず，「争点」に限定した当事者の攻防に独立した意味が与えられない。ここでは手続に関係する被告人には独立の価値が認められないことになる。このような裁判の見方には立たないことを法廷意見は宣言しているのである。

法廷意見は，さらに，当事者主義を基本原則とするとするが，職権主義も「補充的・後見的に」働くと判示している。この判示は，控訴審での事実の取調べなどを指して述べているものであろう。

「事後審」としての性格を徹底させれば，原審で現れた事実を基礎に，原審での有罪認定に法律上および事実上の誤りはないか否かを，原審に現れた「記録」を審査して検討することに中心が置かれることになるが，現行法は，①控訴審は職権で事実の取調べができるという立場に立っている（393条）点でも，②原審後に明らかになった事実を基礎に上訴を申し立てることができるとされている（382条の2）点でも，純粋に原審判断の当否だけを原審の判断時を基準時に審査する事後審の構造をとっているわけではない。

だが，職権調査が認められるとはいっても，それは，「補充的・後見的」なものであり，上訴制度の基本的フィロソフィーと二重危険禁止条項に反するものであってはならない。

右の法文を基礎とする控訴審での職権事実取調が当事者の攻防を離れて争点を明確にすることなくなされると，裁判は検察官の主張・立証に対する被告人からの挑戦的防御を認めた構造ではなく，犯罪の抑止，鎮圧という国家政策の実現の観点からの裁判所による真実解明の場となり，被告人による防御の意味

は失われ，被告人には独自の価値が認められないことになり，現行憲法，刑訴法のとる立場に反することになろう。控訴審での職権による事実の取調べがなされる場合であっても，それが被告人の防御の利益を害さないように限界が設けられなければならない。公判裁判所での事実認定を「仮のもの」とすることがないように，上級審での審査を運用しなければなるまい。当事者の上訴を契機に，上級裁判所が，合理的な疑いを容れない程度の有罪立証の有無の検討を離れて，下級審の事実認定を統制・監督することを重視して，公判裁判所の事実認定を御破算にして全く新たな立場から検討すべく職権証拠調を行うことは，現行法の前提を逸脱するものであろう。

　証人の信憑性を上訴審が自ら職権で審査することがなされる場合があるが，公判で既に尋問を受けた証人はそこで何を聞かれるかが判っており，質問の意図を了解している証人に尋問しても公判裁判所の場合よりも，より的確にその証人の信憑性を確かめることができるとはいえない。また，控訴審では，多くの場合，証言時の証人の様子を十分に示していない「冷たい記録」(cold record) を基礎に審査がなされ，職権証拠調べがなされる場合でも，それを補充する形で事実の取調べがなされる。このため，公判時に法廷で初めて証人が証言する場面をつぶさにみて判断する場合とは，証人の信憑性に関する印象が異なる場合が生ずる。記録には表れない証人の証言の様子等をみた公判裁判時の判断の方がより的確であり，また，証言の検討は何度もこれを繰り返したからといってその確度が上がる性質のものではなく，かえって，証人が「訓練」され，証言の信憑性の検討が難しくなるなどの点を踏まえると，偽証などの司法に対する積極的妨害行為の疑いのある場合は格別，公判裁判所で取り調べた証人を再度繰り返して上訴審が取調べる実務には疑問が残る。

　論争主義による公判の充実との関連で，「やむをえない事由によって第一審の弁論終結前に取調を請求することができなかった証拠」については，その事由を控訴の基礎とすることができる旨規定する刑訴382条の2が問題となる。

　公判裁判後に現れた事実を理由とする控訴をあまりにルーズに解し，公判裁判時に取調を請求できたにも拘らずそれをせずに，不利益な判断が下ってからその証拠を入れて判断するように求めることになると，公判裁判は無意味となり，公判を重視すべき要請は損なわれるのであり，「やむをえない事由」を要件とするのはこの理由による。

他方で，裁判は正義に基づかなければならず，有罪認定に事実の基礎がなく，したがって刑罰を科す基礎を欠くことが「明らか」である場合には，いかに被告人が公判で，なんらかの理由から，その事実を自認している場合であれ，その有罪裁判を維持できないので，控訴での事実主張を許さなければならないであろう。だが，通常の場合には，公判で取調請求がなかった証拠は「合理的な疑いを容れない程度の有罪立証」に影響を与えないものと推定してよいであろう。公判手続で主張しなかったことが「意図的選択」によるものか否かまたは，その違反を主張しなかったことが「過失」によるものか否かを問い，意図的であれば許されず，また，「過失」がある場合には，控訴理由にできないとする基準だけによって対処するのではなく，問題となる瑕疵の重要性と明白性により区別し，有罪認定を破棄すべきことが明らかな証拠である場合には控訴での主張を認め，それ以外の場合には，公判で異議申立をしなかった正当理由の証明を求めるべきであろう。過失により公判で主張しなかった瑕疵であっても裁判の公正さを担保する基本的要件を欠く場合や，誤判が生じていることが明らかな場合のような，重大な瑕疵のあることが明白な場合には，救済ないし判決の是正の観点から，上訴が認められるべきであろう（かかる瑕疵がある場合や意図的選択によってその瑕疵が公判で主張されなかった場合には，弁護人の「効果的な弁護」が欠けるとされる場合も多いであろう）。

量刑事由に関する事実について，原審では主張できなかった「やむを得ない事実」に当たるという理由で上訴がなされている場合，その瑕疵を斟酌しても，量刑判断それ自体は許容範囲にあるときには，その事実は「やむを得ない事由」には当たらないことになろう（最決昭和62・10・30刑集41巻7号309頁はこのような場合であろう）。

4 不利益変更の禁止

刑訴法では，上訴権を無意味なものにしない趣旨で不利益上訴の禁止を定めている。不利益変更の禁止（402条）は，被告人の上訴権行使を抑制することがないようにする趣旨で定められたものである。上訴権行使の結果，公判裁判所の量刑よりも重い刑を科されることになったり，刑期は短くても公判裁判所では付されていた執行猶予がなくなり実刑を科す場合等は，結局，不利益変更

を恐れて上訴できなくなり，上訴が法律上権利として定められた意味が失われるおそれがある。最高裁は，「実質的に不利益か否か」を基準に不利益変更の有無を判断してきている（例えば，最決昭和43・11・14刑集22巻12号1343頁）。

5　上告審の役割

　上告審は，憲法問題や下級審間で争いのある法律問題を中心に裁判する。

　憲法問題については，最高裁判所の示した判断が「法源」として機能する。憲法典は，典型的な場合を通して定めており，千差万別の具体的事例を1つ1つ示して規定してはいない。裁判所は，具体的事例の解決を通して，憲法典の文言に示される原理を発見し，それを前提に，具体的事例の特性に応じて憲法典の意味内容を明らかにしなければならない。この役割は上級裁判所，特に最高裁判所が担う。最高裁判所は，下級審の判断，当事者の主張，多くのコンメンティタの意見等を前提に，憲法問題について周到に判断し，憲法典の原理，意味を示す役割を担う。刑事手続において，最高裁判所は，違憲審査や法違反の審査を通して，憲法典が予定するような，個人の価値が認められる手続構造を確保し，法執行や裁判において基本権を保障して自由社会を維持する役割を果たす。最高裁は，憲法典の予定する国家と市民の関係，個人の価値を前提とする社会の在り方を維持する観点から，周到な判断を下す職責を担う。

　また，最高裁は，妥当性のある最高裁判断に反する下級審判断を破棄し，下級審で判断が分れている場合には，より周到な判断を示して，法運用の基準を統一する。

　その他の，法令違反，事実誤認，量刑不当が「重大な不正義」に相当する場合も，職権破棄（411条）の理由となる。事実認定については，公判裁判所の判断を尊重すべき要請が働くので，最高裁は，合理的な疑いを容れない程度の有罪立証という基準が充たされているか否かという観点から，検討すべきことになろう。原判決の認定を破棄すべき明白な採証法則違反などがあることが記録上明らかではないのに，事実誤認を理由に無罪判決を破棄し，再度の事実認定をすべく差し戻すのは，二重危険禁止条項にも，論争主義の裁判構造にも，上訴審の事後審としての構造にも反し，誤判の危険を生むので，なされるべきではない。

6 抗　　告

　決定・命令に対する上訴である抗告は，刑訴法による不服申立ができない決定・命令に対し405条の定める事由がある場合に限って認められる最高裁判所への「特別抗告」と，それ以外の「一般抗告」に分かれ，後者は，高等裁判所への「通常抗告」(421条) と「即時抗告」(422条) に分れる (後二者は申立期間と執行停止の効力の有無により区別される)。高等裁判所の決定に対しては，最高裁の負担軽減のため一般抗告を認めず，「抗告にかわる異議」の制度 (428条) を設けている。さらに，裁判所として行動するのではない裁判官の裁判，検察官・検察事務官・司法警察員の処分に対する不服申立手段としての「準抗告」(429条・430条) がある (これらの諸制度の概要とその機能については，参考文献参照)。

〔参考文献〕
渥美東洋『刑事訴訟法 (全訂)』有斐閣，2006年

第23章 ■ 裁判の種類と裁判の確定

> **本章のポイント**
>
> 　刑事裁判は無数の訴訟行為の連鎖により成り立っている。裁判の各段階において裁判所の判断が求められる。裁判所が迅速に処理すべきものもあれば、裁判所が当事者の意見を聞いて慎重に判断しなければならないものもある。なかでも重要なのは、一定の条件が欠けるとそれ以上審理が進められないとの形式裁判と有罪か無罪かの実体裁判である。これらの裁判に不服があれば争うことができるが、それにも限度がある。無限に争うことを認めたのでは裁判制度の運用はできないことになる。これ以上争うことのできない状態を裁判の確定とよんでいる。裁判が確定するとその判断内容は正しいものとされ、その内容どおりの執行がなされ、また同じ事件について再度訴追してきても阻止される効果を生じる。しかし、裁判の確定の根拠を何に求めるか、再訴阻止の範囲・時期をどこに求めるかを詳しく検討してみると、訴訟の把え方と深い関係があることがわかってくるし、審判の対象を何と考えるかとか訴追のあり方とも関係していることがわかってくる。学説の対立があるなかで、日本国憲法はどちらの立場に立っているといえるのか。また、さまざまな具体的事案に当たって、どの説が妥当な解決を与えるのかを検討してみよう。

1 裁判の概念と種類

　裁判とは裁判機関が下す公権的判断または意思の表示をいう。裁判は種々の観点から分類することができる。

　①主体となる裁判機関、手続の形式による、「判決」「決定」「命令」の区別がある。「判決」は口頭弁論に基づき裁判所が下す裁判をいう（43条1項）。「決定」は、口頭弁論によることを要しない裁判所の下す裁判であり（43条2項）、必要な場合には事実取調べができる（同条3項）。「命令」は、裁判官が口頭弁論に基づく必要なく下す裁判をいい、事実取調べを必要な場合になしうる

が，訴訟関係人の陳述を聞かないで判断を下すことができる場合である（43条2項・3項）。上訴の手続として，判決には控訴・上告が，決定には抗告・即時抗告・特別抗告が，命令には，準抗告・特別抗告が定められている。有罪・無罪の判断のような場合には，不利益を受ける被告人の側からの意見を必ず聞かなければならない手続構造がとられ，そのために，「口頭弁論」が必要的なものとされている。これに対し，正義に基づくその要請が有罪・無罪に関わる裁判の場合ほど強くはなく，裁判所の迅速な機動性のある判断が適切と考えられる場合には，決定や命令という，口頭弁論を経なくともよい判断形式が採用されている。この場合にも必要な場合には裁判所は事実の取調べをすることができ，事実の認定が合理的根拠なく行われることを避ける配慮を法は示している。

②訴因の内容について判断を下す「実体裁判」とそれ以外の「形式裁判」の区別がある。この区別は，後述するように，「一事不再理効」の有無を決める重要な基準であるとされてきた。だが，形式裁判であっても，「二重危険禁止」の観点からは，再度の訴追が禁止されるとみられる場合があるので注意が必要である。

③この他に「終局前の裁判」と「終局裁判」の区別がある。終局裁判は，有罪・無罪の判断がその典型であり，審級離脱の効果を伴うものを指す。この区別は終局前の裁判には，法律に特別の定めがない限りは独立して上訴することが許されないこととの関連で重要性がある（419条・420条1項）。終局前の裁判は合目的性の強い場合に下され，裁判の告知とともにその効力を生じ，即時抗告が許される場合にしか執行停止の効力はなく，原則として変更が許され，下した裁判機関は，下した裁判の内容に拘束されない。終局裁判前の裁判所の裁判に対する不服は，終局裁判を争えば足りる場合が多く，終局裁判前であっても実体に関する判断と独立させて争う利益があり，その点を独立して争うことで実体に関する審理の進行が停止してしまうなどの訴訟の迅速な処理の要請を挫折させる弊害を生まない場合には，それを実体とは独立の上訴の対象にすることが認められてよいことになる。例えば「保釈」に関する裁判などが終局前の裁判を独立して争う利益がある場合の例である。

2 裁判確定の効力

　さて，従来，裁判は「形式的に」「確定」すると「一事不再理効」が発生するとされてきた。「形式的確定」とは，上訴またはそれに類する手続で裁判を争うことができなくなった状態をいい，例えば上告が棄却されたような場合を指す。刑訴法上は，裁判が形式的に確定すると刑の執行が開始されることになる（471条）。まず，「再訴の遮断」との関係で，裁判の確定について考察しよう。

(1) 既判力と一事不再理

　従来の裁判の効力，特に裁判所の形式的に確定した実体判断を再訴禁止の効果が生ずるための要件・根拠とみる見方は，「具体的法規説」によっている。具体的法規説は，訴訟が終局的実体判決の形成に向けて展開されていく過程を基礎に裁判をとらえ，議会が制定した刑罰法規を裁判官が認定した事実に当てはめて具体的事実に即した法規が形式的に確定することによって具体的法規が形成され，その具体的法規が後訴を禁止する効果を持つと説明する。この具体的法規説の特徴は，①裁判所の判断を，後訴を阻止する効果の根拠であるととらえていること（Rechtskraft = Gerichtskraft），②しかも，上級審の判断が重視されていること，にあるといえる。③具体的法規説には，訴訟によって裁判官が「真実」を認定したのであり，裁判官の認定した真実が再訴を禁止する基礎であるとする見方も関係するであろう。このような裁判所の形成した具体的法規が，「既判力」となり，後訴を阻止する理由だとみるのである。

　この具体的法規説は，民事訴訟で主張された理論が刑事訴訟の再訴禁止を考察する場合にも用いられたものである。具体的法規説の立場では，矛盾判断の防止に力点がおかれ，そのために，矛盾した判断が下されなければ，同一事項を裁判所が再度審理すること自体は妨げられることはないといった極端な見解もあったほどである。だが，この見解は，「真実」重視の立場に立つものとはいえ，訴訟経済に反し，被告人に不必要に多大の負担を課すものであり，刑事訴訟では受け入れられてきてはいないといってよいであろう。刑事訴訟では，具体的法規説を基礎とするとはいっても，矛盾判断の防止と共に，訴訟経済が

重視されることになる。被告人が同一事実で再度裁判に巻き込まれる負担の回避も理由にあげられるが，後述するように，形式的確定がなければ，政府に有罪立証の機会が再度与えられても，裁判所の具体的法規はいまだ形成されていないことを理由に，既判力や一事不再理効は発生しないとみるところに如実に示されるように，被告人の利益に十分な配慮がめぐらされていない。この立場では，被告人の再度の裁判に付されない利益は，その利益自体の保護が目的とされているというよりも，裁判所が真実を認定し具体的法規を形成したことの「反射効」であるととらえられることになるであろう。

　ところで，「一事不再理」とは一度裁判に付され形式的に確定した事件を，再度裁判に付すことを禁ずるという趣旨であるが，「一事不再理効」という考え方にも，「一事不再理効」と「既判力」を区別することなく論ずる立場の他に，この2つを区別する立場がある。

　具体的法規説を基礎に，再度の裁判が禁止されるのは，裁判所が判断した効果＝既判力の故であり，それが一事不再理である，とする立場も展開されてきたが，現行法では訴因制度が導入された結果，職権主義が採用されていた大正刑訴とは異なり，科刑上一罪の場合を含め，一罪の一部であれ，検察官が起訴していないために，裁判所が判断することができない部分が生ずることとなり，裁判所が判断「しない」部分が，一罪の場合であれ，生ずることになる。この部分は実体形成が成されて「いない」し，訴因制度による制約から，一罪であることを理由に裁判所が審理「できない」場合である。

　職権主義に基礎を置くかそれにより影響を受けた議論では，このような部分についても，一罪の範囲では，再度の裁判が禁止されるとみるのが一般的であり，この効果を，既判力として説明し，一罪のすべてに再訴禁止の効果が生ずる理由を，裁判所の実体判断の効果に求め，実体判断（内容的確定力）の「外部的効力」であると説明して，既判力と一事不再理を明確に区別しない立場も展開された。だが，なぜ「外部的な効力」が発生するのかが問われなくてはならないであろう。

　一事不再理の理論による場合でも，刑罰関心が1個であることを理由に，一罪のすべてに既判力や一事不再理効が及ぶが，実体法上二罪であれば，既判力や一事不再理効が及ばない，という考え方が展開される一方で，実体法上二罪であっても一事不再理効が及び再訴が阻止される場合があるとする考え方も展

開されてきている。ここでは，実体法上の罪数と一事不再理を直結させる考え方の根拠や妥当性が問われなくてはならない。

他方で，裁判所が具体的に判断していない範囲まで，再度の裁判が阻止されるのは，裁判所が実体について判断した効果（既判力の効果）ではなく，判断して「いなくとも」効果が生ずるのであり，この効果は，実体判断の効果というよりも，むしろ，刑事訴訟制度の存在の効果であるとして，既判力と一事不再理を切り離す立場も登場した。被告人の地位の安定という訴訟制度のねらいからこのような効果が生ずるとみるべきだとこの見解は喝破している。だが，この見解でも，形式的確定が前提要件とされているところに，被告人の地位の安定を重視するとはいっても，限界がある。

具体的法規説を基礎とする既判力論や一事不再理効論は，その根拠を「裁判所の実体判断」に求める考え方であり，職権主義の系譜に属するかその影響を色濃く受けている。具体的法規が形成されたことそれ自体が後訴を阻止する理由であるというよりもむしろ，裁判所の権威ある判断の維持とか，訴訟経済とか，矛盾した判断の防止などに，後訴が阻止される実質的な根拠を求めざるをえないであろうが，その基本的視点と，現在の日本国憲法39条との関係が問われなければならない。また，「形式的確定」が再訴が阻止される前提であると解するのはなぜなのか，その考え方は妥当だといえるのかが，根本的に問われなくてはならない。また，実体法上の罪数と再訴が阻止される範囲を連動させて考える考え方の妥当性も問われなくてはならない。裁判所の実体形成が再訴を阻止する根拠であるとする考え方，罪数と再訴が阻止される範囲を一致させる考え方，形式的確定を再度の裁判が阻止される要件であるとする考え方は，職権主義の下で，あるいはそれを背景に展開されてきた議論であるが，これと日本国憲法39条の二重危険禁止条項との整合性が問われなくてはならない。

(2) 二重危険禁止の効力

既判力論や一事不再理の議論の基礎にある具体的法規説は，大陸法，特にドイツの学説の影響を強く受けた職権主義を基礎とするものであるが，日本国憲法39条の定める二重危険禁止条項はこれと同一の考え方に立つものなのだろうか。

日本国憲法の二重危険禁止条項は，英米の二重危険禁止の考え方を継承して

おり，再訴追に関していえば，同一犯罪を理由とする再度の訴追による圧政の阻止をその狙いとしている。犯罪者を処罰する要請があるから，政府に一度は訴追の機会を与えなければならないが，一度裁判に付したのと同一犯罪で再度訴追すれば，被告人に裁判に伴う心理的，社会的，経済的負担（自己の運命がどうなるか判らないことから生ずる不安や焦燥感，不名誉，スティグマ，失職による経済的収入の喪失などを考えよ）を再度課し，また，そのような不利益を課す期間を長引かせ，さらに，無辜（むこ）が有罪とされる危険を高めるなど，圧政目的で刑事裁判が利用されることに途を開くものであるので，これを阻止しなければならない。この観点から，政府には「1回限りの」有罪立証の機会が与えられ，「同一犯罪」で（この範囲については後述），被告人を裁判に付すことが許されるのは1回を限度とするという考え方がとられることになる。政府には訴追裁量が与えられるが，その訴追裁量の濫用によって圧政にわたる活動が生じないようにする視点を基礎にしており，訴追側の利益と刑事裁判に巻き込まれることによって生ずる被告人の不利益を，「制限政府（limited government）」のフィロソフィーに立ってそのバランスをはかるという視点を中心にしているのである。

　この二重危険禁止条項の考え方は制限政府の考え方を基礎としており，国家主導型のフィロソフィーに立つ旧憲法下での体制や職権主義に立つ旧法の立場とは全く異なる。

　日本国憲法の下では，国家・政府の役割は，個人や社会に奉仕することにある。国家・政府は市民社会の内部では処理できない問題の処理を代わって引き受け，紛争解決の場（フォーラム）を提供し，市民の生命，身体，自由，財産の保護に必要な活動を行い，市民社会で必要とされる公共のサーヴィスを提供する。国家・政府は，このような活動を市民からの「信託」を受けて行う。国家・政府の介入が無制約なものにわたることは許されない。政府による社会・私人の領域への介入には，正当理由・必要性が要件となる旨を定める憲法35条と同様，二重危険禁止条項は，同一犯罪を理由とする政府の訴追の機会を1回に限定し，政府の干渉に限界を設け，自由の領域を確保するものである。

　これに対し，職権主義では，正しいとされる価値，見方を国家が決め，国家の採る価値観を市民に守らせるべく国家が活動するという見方を基礎とする。職権主義では，裁判官は国家の意向を体現する者であり，犯罪の予防・鎮圧と

いう役割を担って，訴訟を「手掛り」に「真実」を発見し，社会の事象を統制する役割が期待されている。ここでは，「自由の保障」ではなく，裁判所の立場からみた「真実」の追求，「正義」の追求が意図されることになる。再度の裁判が禁止されるのは，真実発見にいたる裁判所の権威ある判断の効果だが，この立場を徹底させれば「不利益再審」や「嫌疑刑」を認める立場になる。

　現行憲法，刑訴法では，このような職権主義の立場はとられていない。現行法上，裁判官はこのような役割を担うのではなく，政府が圧政にわたる活動をすることがないように，中立で公平な立場から政府の訴追の1回性の要請を実現する役割を担う。現行憲法，刑訴法は，制限政府を基礎とするフィロソフィーに立っており，国家の権威を重視するフィロソフィーを背景とする職権主義や職権主義に立つ具体的法規説の考え方と，全くといってよいほど異なる考え方によっているのである。

　現行法は，政府に「訴追裁量」を認めそれを前提にその訴追裁量が濫用され圧政にわたることがないように政府の裁量に限定を加える視点を中心としている点でも，裁判所の権限を中心とする具体的法規説やその基礎にある職権主義の立場とは異なっている。具体的法規説は，裁判所の権限を軸に，矛盾判断の防止や訴訟経済を重視していると解することができるが，二重危険禁止条項は，再訴追によって被告人に生ずる不利益を踏まえて，制限政府の観点から圧政が生ずることのないように政府の権限，政府の訴追裁量に限定を加える視点を中心としており，したがって，再訴追の問題に関する中心は「再訴遮断」にある。

　また，現行法は，公判では，検察官が選択した訴追の対象となる事実（公訴事実）が裁判の対象であり，被告人からの挑戦的防禦を認め，被告人の価値観が十分に裁判に反映されることを前提とする，「弾劾主義」，「論争主義」の立場を採用しており，被告人に告知された範囲を離れて，国家の価値・立場を体現する裁判官が真実を発見するために，起訴を「手掛り」に自らの主導権で審理を進める立場に立つ職権主義を排している点でも，具体的法規説とは全く異なる立場を出発点としている。現行憲法，刑訴法では，具体的法規説の前提とする「職権主義」のフィロソフィーは公判や上訴ではとられておらず，現行法下で，旧法下でとられた具体的法規説，職権主義を基礎に裁判の効力を考える立場の基礎は失われてしまっているといえるのである。

　具体的法規説を基礎に再訴禁止の範囲を考察すると種々の弊害が生ずる。

弾劾主義，論争主義の要請上，被告人に告知された範囲を離れて裁判所が審理を勝手に進めることはできないのであり，この訴因の告知機能を前提とする限りは，裁判所の審理が及ぶか及びうる範囲はそう広くならないから，具体的法規説の論理を忠実に現行法の下で展開すれば，被告人の地位の安定を著しく欠く結果を招く。「訴因の機能」の中心は，被告人への防御対象の告知にあり，訴因変更もこの機能を害さない範囲で認められる（「公判の諸原則」および「訴因」の項参照）ので，訴因変更が認められる範囲はそう広くはない。再訴追に関する二重危険禁止条項の関心は，再度被告人を訴追し被告人に種々の経済的，社会的，心理的不利益を課す活動による圧政を防ぐ観点から政府の有罪立証の機会を，同時訴追が可能な範囲で，1回に限定することにあるから，同時訴追義務が課される範囲は，訴因変更が許される範囲よりはずっと広い。訴因および訴因変更の視点・機能と二重危険禁止条項の視点・機能は異なるのであり，その両者の範囲を同一の基準で決めることは妥当ではなく，かえって，同一の基準で処理すれば，他方の機能を害さざるをえない結果となり，訴因の告知機能を害したり，再訴禁止の範囲を不当に狭めたりすることになる。

　刑罰関心が1個である範囲に再訴追の範囲を限定するのも二重危険禁止条項の関心に沿うものではなく，また，妥当な結果をもたらすとはいえない。

　1個の刑罰を科すべきか否かは，「二重処罰禁止」や刑罰法規に示された「議会の処罰意志」の解釈により決まる性質のものである。形式的に異なる議会の刑罰法規があっても，その刑罰法規が実質的にみると全く同一の利益の保護を目的としており，同一の行為を2度にわたって処罰するものである場合には，2度目の処罰はその処罰根拠・非難の根拠を欠いていることになる。一罪として処罰するかそれとも二罪として処罰するかは，通常・議会の処罰意図を解釈して決められるが，議会の意図を解釈したところ二罪として重く処罰する意図が明らかではないときには，それを二罪として処罰するのではなく，被告人に有利に解釈して一罪として軽い処罰を選択すべきとの考え方がとられる（2つの刑罰法規における要証事実が全く同じである場合，この疑いがある場合である）。

　「罪数」の関心はこのようなものであり，再訴追によって生ずる政府の訴追裁量権の濫用を阻止するという関心とは別個のものであり，また，訴因に関する関心とも別個のものである。被告人が再度刑事裁判に巻き込まれることに

よって受ける不利益を最少限度のものとし,刑事裁判,訴追が,必要とされる以上の弊害を生むことのないようにするという視点からは,実体法上二罪であっても,政府にその犯行が判明し,同時訴追の障碍がない場合には,同時に1度に訴追することが二重危険禁止条項により義務づけられると解すべきであり,他方,複数の社会的行為を一纏めにして「一罪」として構成している常習罪のような犯罪類型は,起訴時を基準にして未発見・未発覚の犯行が生じうる類型であり,その未発見・未発覚の部分の犯行については処罰の対象とされていないことが明らかな場合で,同時訴追が不可能な場合であるから,後に発見・発覚した場合には,その犯行が「事後的にみれば」前訴と「一罪」を構成するとしても,後に訴追することは許されると解することもできる(なお最(三小)判平15・10・7刑集57巻9号1002頁を参照)。単純一罪の場合にはこのような問題は生じない。また,複数の社会的行為を対象とする場合であっても,一定の犯行期間内の財産の増加に関しては犯罪による不正収益と推定して没収の対象にする推定規定があるような場合には,再度の訴追は既に処罰の対象とされた行為の訴追であるから訴追の基礎を欠くといえるが,常習罪はこのような場合ではない。以上のように,刑罰関心と再訴遮断の関心は別個のものであり,それぞれの関心・機能の相違に応じた取扱いをする必要がある。

　前の有罪,前の無罪の場合には,以上で述べた同時訴追義務が肯定される範囲で再訴遮断が生ずる。「同一犯罪」とは以上のような範囲をいう。

　問題は,何時から,前の有罪や前の無罪が下ったとみるかである。職権主義では,「形式的確定」がなければ一事不再理効は発生しないとし,上級審の監督を重視する立場がとられているが,公判裁判所であれ,事実の点で有罪・無罪の判断が下っているとき,政府に有罪立証の機会は1度与えられているのであり,この段階で既に二重危険禁止条項の再訴遮断効が発生しているとみるべきである。無罪判断に対する事実誤認を理由とする政府上訴(検察官上訴)を認めることが,「再度」の有罪立証の機会を政府に与えることになる場合には,再度の有罪立証の機会の付与となる無罪判決に対するこの政府上訴は憲法39条の二重危険禁止条項によって禁止されると解すべきであろう。再度の裁判によって被告人に心理的,社会的,経済的不利益を再度課し,その不利益が課される期間を長引かせるだけではなく,無実の者が有罪とされる危険を高め,また,公判裁判所の論争主義を重視した事実認定の意味を失わせることにもなる

（論争主義との関連については「上訴」の項を参照）。憲法違反を含め法令違反の審査や量刑不当の審査は，政府に再度有罪立証の機会を与える性質のものではなく，基準に従った量刑を確保し法律上の論点の審査を狙う上訴制度の本来の在り方に適うものであるから，禁止されないとみてよい。公判裁判所の法律判断の誤りのために有罪が得られなければ，政府は，かえって，有罪立証の機会を得られなかったことになる。採証法則（事実認定で用いられるべき合理的基準）違反が明らかであり，判決に影響を及ぼすことが明らかな，著しい事実誤認が関係する場合の，無罪判断に対する政府上訴も，結局は，法律判断の誤りに含めて解することができるであろう（渥美『刑事訴訟法（全訂）』482頁参照）。量刑不当も基準に反する量刑を問題とするものであるから，法令違反の一場面と解することができる。

　有罪立証の機会の1回性の観点から考察すると，前の有罪，前の無罪の場合だけではなく，前の免訴の場合や，一部の公訴棄却の裁判でも，既に有罪立証の機会が一度与えられたのに政府がそれを有効に行使しなかったために下された公訴棄却の裁判の場合などについて，二重危険禁止の効果を認めることができる。

　従来の一事不再理，具体的法規説を基礎とする立場からは，免訴を実体裁判と関連させて説明することが試みられたり実体に関する裁判所の判断が示されてはいない公訴棄却の判断には，一事不再理効が肯定されないのではないかといわれた。

　一事不再理効を肯定するには，免訴判決であっても，実体判断に入ることを要するのだといわれたりしたが免訴は，実体判断に入る前提条件たる訴訟条件に関する事由を定めたものであり，免訴事由があれば，被告人に刑罰を科す手続を進める利益は欠け，手続を打ち切らなければならない事由を類型化して定めたものであるとみることができ，その意味で，実体は形成されてはいないと見るのが正しい。だが，既にみたように二重危険禁止効は，裁判所の判断，権威を基礎に再訴禁止を考えるという視点に立つものではなく，再度の裁判に巻き込まれることで被告人が被る不利益を踏まえて，圧政にわたる政府の訴追裁量権の濫用が生じないようにするという視点を中心とするものであるから，免訴の場合には，政府は免訴事由に該当しないように起訴すべきであり，免訴事由に該当する場合は，政府が自らに与えられた有罪立証の機会を周到に行使し

なかったためにそのような判断が下った場合であると解すべきであり，したがって，二重危険禁止条項により同時訴追義務の範囲で再訴追が禁止されると解すべきことになるのである。

　公訴棄却の判断であっても，例えば起訴状に犯罪を構成しない事実が記載されていたために公訴棄却となったような場合には，政府には「1度で手続を済ませてもらう被告人の貴重な利益」に配慮するべき義務があり，周到に起訴すべき義務があると解すべきであるから，このときも自らの周到さを欠いた行為によって，1度限りの有罪立証の機会を失ったとみるべきことになろう（最大判昭和28・12・9刑集7巻12号2415頁は，公訴事実の記載を欠くことを理由とする公訴棄却後の同一犯罪を理由とする再訴は阻止されないとの判断を示している）。政府が自らの周到さを欠く行為により1度限りの有罪立証の機会を失ったのではない場合には，公訴棄却の裁判が下っても二重危険禁止条項による再訴遮断効が発生するとはいえない。例えば，被告人が死亡を偽装したために下された公訴棄却の判断のような場合である。

　以上のように，二重危険禁止効の有無は，職権主義の影響を受けた裁判所の実体形成の有無を基礎とする具体的法規説を背景とする立場からではなく，政府の訴追裁量の規律の視点から考察されるべきであり，二重危険禁止条項違反の再訴追か否かは，政府に再度の有罪立証の機会が与えられているか否かを基準に決めるべきことになるのである。

　再訴追の可否に関しては，大陸法の系譜と，英米法の系譜では，政府の権限，権力の規律に関して異なる立場がとられていることを踏まえて，日本国憲法が後者の立場を継承していることを基礎に議論を展開する必要がある。再訴追の問題は，職権主義を基礎とする視点からではなく，憲法論の視点に立って議論がなされなくてはならない。この観点からは，政府による起訴猶予処分の場合にも，政府が訴追の機会を放棄した場合とみて，再訴追を禁止する効果を原則的に肯定することができるのである。

〔参考文献〕
渥美東洋『刑事訴訟法（全訂）』有斐閣，2006年

第24章 ■ 死刑の認定・執行の手続的規制

本章のポイント

いわゆる死刑廃止条約（死刑廃止を目的とする市民的及び政治的権利に関する国際規約第2選択議定書）が1989年12月15日に国連総会で採択され，1991年4月11日に発効したということもあって，わが国での死刑の存廃をめぐる議論も活発である。死刑廃止をめぐる論点はすでに出つくしているといってよいが，死刑を廃止した国，死刑を存置している国，それぞれが廃止に踏み切った理由，存置している理由をもっている。宗教にも死刑を認めるものとそうでないものとがあり，死刑を根拠づける社会契約論もあれば否定する社会契約論もある。戦争や政治的弾圧で国民が多く死刑に処せられたために死刑を廃止した国もあれば，死刑を廃止しても治安を保てる国もある。原則として死刑を廃止するが例外を留保している国もあれば，死刑を存置していても，死刑の認定・執行が非常に少ない国もある。死刑存廃論の各論点は並列的にあるわけではないし，また，各国の事情によってその比重の置き所も違うのである。

本章では，わが国の死刑制度がどのようになっているかを，法制度と実際の運用の両面から検討してみることを主な狙いとしている。

1 死刑制度の変遷

死刑は古来より刑罰の中心的存在であった。社会や社会の構成員に害を加えた者を死刑にすることは追放刑とならんで，社会から脅威を取り除く最も直截な制度であった。時と所によって異なるが，死刑が科される犯罪もかつては多く，殺人，放火，強姦などはもとより，窃盗についても，犯人を死刑にすることは珍しくなかった。また，死刑は他の者が科されることを恐れて犯罪を犯すことを防止するために，つまり，見せしめとして科されたので，処刑の方法は残虐で，火刑，車裂刑，鋸引き，石打ち，溺殺，生埋，凌遅（人体をスライスすること）など人々に恐怖心を植えつけるさまざまな方法が考えられ，しかも，

見せしめのためには当然のことながら，公開して処刑され，処刑後も，磔刑（はりつけ）や梟示（曝し首）にされるようなこともあったのである。フランスのギロチンは処刑される者の苦痛を一瞬の中に終わらせる，当時としては人道的な処刑方法であったのである。

しかし，死刑は次第に多用されなくなってくる。その理由はさまざまであり，また複雑に絡み合っている。まず，16世紀にヨーロッパでガレー船が登場し，その漕ぎ手が必要とされ，死刑囚が罪一等を減じられ，ガレー船の漕ぎ手として使われた。これが自由刑（懲役刑，収監刑）の始まりといわれている。また，各地の鉱山で鉱夫が必要とされ，これについても死刑を免れるために死刑囚が鉱夫として使役された。次に，イギリスの産業革命の進展に伴い労働力が大量に必要とされたが，犯罪者の労働力を例外とする理由はなかった。そして，啓蒙思想は，犯罪人を労働によって改善・教育できるとしたことも相俟って，自由刑が刑罰の中で重要な地位を占めるようになってきた。また，正義論の観点から，罪刑均衡の理論（刑罰の重さは犯罪の重大性に見合うものでなければならないとの考え方）によれば，当時，死刑を科しうる犯罪の中，相当数の犯罪に対し死刑は釣合いのとれないくらい重すぎるとの主張も有力にされたのである。

さらに，国家に自分の生命まで差し出すことに同意するような契約を人々はするはずがないとか，人道主義の見地，死刑に殺人などの重大犯罪を抑止する効果はない，死刑は一度執行されてしまうと，後で誤判と判明しても回復することが不可能である，凶悪な犯罪者から社会を守るためには無期懲役で代替できる等の理由で，死刑の廃止を訴える主張も強力に推進されてきた。国連事務総長の死刑に関する報告書によれば，1999年12月の時点において，死刑を全廃している国または地域は74，通常の犯罪について死刑を廃止している国または地域は11，事実上の廃止国または地域は38，通常の犯罪について死刑を存置しかつ使用している国または地域は71であるという（山田利行「死刑制度の存廃に関する国際的な動向と日本」罪と罰40巻1号45頁）。

なお，アムネスティ・インターナショナルの最近の情報によれば（2007年9月），死刑を全廃している国または地域が90，通常の犯罪に対してのみ死刑を廃止している国が11，法律上は死刑制度を存置しているが，過去10年以上死刑の執行が行われていない国が32であり（以上を合わせた133を廃止国と位置づけている），他方，死刑を存置している国は64であるという。この情報の中，通

常の犯罪について死刑を廃止している国を廃止国と位置づけることの是非，またそれらの国の中に，日本を含めて一般的に独立国として承認されていないクック諸島が含まれていたり，さらに，殺人のような通常の犯罪に対して死刑を在置していながら，10年以上死刑の執行が行われていない国を廃止国として位置づけることの評価の是非は分かれるし，また，別の観点からみると，この情報を前提にしても，在置国の人口の方が廃止国の人口に比べて圧倒的に多いことなどを考えると，廃止国と存置国の数の比較や意味の評価は難しいものがある。

2 死刑の特殊な性格と実体的デュー・プロセス

　死刑の存廃，死刑を科すべき犯罪の種類，死刑を科すべき認定手続・量刑手続のあり方等が重要な問題として論じられるのは，死刑が生命を奪うという極刑であるからである。笞刑や鞭刑と同じ体刑である点で共通するが，これらの場合は後に犯人の身体は回復する点で異なる。また，財産刑である罰金刑とも，収容刑である懲役・禁固刑とも異なる。これらは犯人の所有するものの一部である財産とか自由を剥奪されるに止まるが，死刑は犯人の全てが奪われるのである。死刑は他の刑罰とは質的に異なった性格を持つ刑罰なのである。そのため，わが国のように死刑を存置する制度においては，死刑を科すべき犯罪の種類の定め方，死刑の認定・量刑手続のあり方を慎重に定め，運用する必要が高いのである。

　日本国憲法36条は「公務員による拷問及び残虐な刑罰は，絶対にこれを禁ずる」と規定する。社会の大多数の構成員が嫌悪感や戦慄を覚えるような執行方法や犯行とあまりにも不釣合いに重い刑罰は残虐な刑罰として許されない（渥美東洋『刑事訴訟を考える』290頁）。残虐か否かの基準は社会の進展に伴って変化する寛容さの度合いによって決まる。また，憲法31条は「何人も，法律の定める手続によらなければ，その生命若しくは自由を奪われ，またはその他の刑罰を科されない」と規定する。この規定は，自由や生命を奪うためには法律に定められた適正な手続に従って行われなければならない（手続的デュー・プロセス）だけでなく，法律の内容自体が適正なものでなくてはならない（実体的デュー・プロセス）ことを求めている。この実体的デュー・プロセスもまた，そ

れほど重くない犯罪に対して死刑を科すことを禁じているのである。罪刑の均衡は憲法の要請であり、真に重い犯罪にしか死刑を科すことは許されない。

現行法上，死刑が法定されている犯罪には，内乱首魁（刑77条1号），外患誘致と援助（同81条・82条），現住建造物放火と浸水（同108条・119条），殺人（同199条），爆発物使用（爆発物取締罰則1条），列車転覆致死（刑126条3項），水道毒物混入致死（同146条），強盗致死（同240条），強盗強姦致死（同241条），航空機強取致死（航空機の強取等の処罰に関する法律2条），人質殺人（人質による強要行為等の処罰に関する法律4条）等16種類がある。

最近の実際の運用においては，死刑を言い渡される罪種は限られており，最近10年間（平成9年から18年）における第一審の死刑の言渡しは，殺人又は強盗致死に限られている。また，その数を平均すると10.1人であり，慎重な運用がなされているといってよい。

3　死刑の認定・量刑における規制

(1)　実体法上の規制

日本ではこの犯罪を犯せば必ず死刑になるという定め方をしていない。死刑は絶対刑ではなく裁量刑なのである。死刑に科されうる罪種が右に述べたように，10種類に限定されているが，さらに，法律上の減軽がある。例えば，過剰防衛（刑36条2項），過剰避難（同37条1項），心神耗弱（同39条2項），中止未遂（同43条），従犯（同63条）の場合は必要的に減軽され，また，法律の錯誤（同38条3項），自首（同42条1項），未遂減免（同43条）の場合は裁量的に減軽されることが法律によって定められている。これらの事由で減軽されると死刑は科されない。そして，さらに，裁判官は犯罪の情状を酌量して減軽することができる（同66条・67条）。この犯罪の情状には，犯罪の手段，計画性の有無，被害者の数，被害者側の落度の有無，犯行後の犯人の態度等幅広い事情が含まれ，これらの事情を総合的に判断して裁判官は死刑を科すか否かを決定するのである。まず，このプロセスを通じて死刑を科される者の数は絞られていく。

(2) 被疑者段階からの国選弁護の保障

　死刑は執行されると取り返しがつかないので，執行後裁判が誤っていたことが判明した場合，救済しようにもできないではないかといわれる。とくに，死刑判決が確定した後，再審（事実誤認を理由とする裁判のやり直し）において無罪とされた免田事件や財田川事件のことを考えると誤判の可能性のあることを理由に死刑制度の廃止を唱える見解にも聞くべきものがある。しかし，刑事裁判から誤判を皆無にすることはおそらくできないであろうが，1年に数件というわが国の死刑判決において，誤判をなくすことに限りなく近づけることは不可能とはいえないし，また，誤判はそもそもあってはならないので，誤判の要因を取り除く方策をできる限り用意しなければならない。誤判を防止する方策として，捜査活動に対するさまざまな規制，無罪へ導く証拠の開示，再審制度の運用等が主張・提案されているが，上の点は各章に譲って，ここでは被疑者の国選弁護の保障について考察を加え，次項以下で，量刑手続の問題，自動上訴制度の採否の問題，刑の執行に先立つ行政的審査の問題について検討してみたい。

　誤判原因の多くが捜査段階にあることはすでに指摘されている。そこで，取調を適正化するために，供述録取書の作成方法の改善，接見交通権の強化，テープ・ビデオレコーダの導入等がなされつつあったり，主張されたりしており，また，捜索・押収の特定性が主張され，また押収された証拠物の保管の適正化が図られたりしている。なかでも，被疑者に事件の早い段階で弁護人の助力を与えることは誤判を防止するうえでも重要である。著名な誤判事件でも，早くから弁護人がついておれば，誤判は防げたであろうともいわれている。弁護人が選任され，弁護活動を行っていれば，違法・不当な取調べを防止し，任意性に疑いのある自白や信用性の乏しい供述が証拠として採用されることも少なくなろうし，証拠物の保管，検証・鑑定のあり方，証拠採用の可否等につき，批判・吟味することが可能である。ところが，現行法上，被疑者は捜査段階から弁護人を選任し，弁護人の助力を得ることができるが（憲34条，刑訴30条・39条等），資力が乏しい等の理由によって弁護人を私選できない者は，公訴を提起され，被告人になると国によって選任された弁護人の助力が受けられるが，被疑者の段階ではこの国選弁護権は保障されていなかった（憲37条3項）。し

かし，裁判の帰趨はほとんど公訴提起の段階までに事実上決まってしまうといわれる。この重要な捜査の段階において，資力のない被疑者に弁護権が保障されないのは憲法34条（身柄拘束に伴う不当な不利益から被疑者を保護する），31条（適正な手続によってのみ刑罰を科すことができる），38条1項（被疑者に供述の自由を保障する）等の精神にそぐわないのではないかとの批判が高まった。そこで，平成16年には刑事訴訟法の改正と総合法律支援法の制定が実現し，重大事件において身柄を拘束された被疑者は国費によって弁護権の保障が受けられるようになった。被疑者弁護の拡大・充実そして，捜査・公判を通じた国選弁護体制の確立により，誤った事実認定により死刑判決が下される恐れはさらに小さくなることが期待できる。

(3) 死刑の量刑に特別な手続が必要か

アメリカ合衆国では，死刑を科されるか否かが，雷に打たれるような偶然の事情によって左右されるような，量刑判断者（裁判官または陪審員）の恣意的・気紛れ的な裁量行使の結果による死刑制度は違法であるとした（ファーマン判決，1972年）。そこで，現在では，死刑か否かにつき裁量行使が一定の指針の下に行われるものでなければならなくなった。死刑に値する犯罪を犯した者につき，加重事由（殺人歴のある者によって殺人が行われたとか，裁判官，検察官，警察官をその職務の遂行中に殺害するなどの事由）が少なくとも1つ存在することを合理的な疑いを超えて証明し，その後，加重事由と減軽事由とを比較衡量して，加重事由が減軽事由を凌駕していると判断されたときに死刑が言い渡されるのが多くの州の実務である。

わが国では，法律上の加減の順序と事由が法定されているが酌量減軽事由は法定されていないので，裁量の働く余地がある。そこで，裁量基準を明確にするため，死刑事件に限って，酌量減軽事由を例示し，さらに処断刑の幅のなかでの加減事由の例示も考えられてよいとの提言もある（渥美・前掲295〜296頁）。もっとも，上の提言が生かされればよりよくなりうるということであって，現実の量刑裁量の実務に特に問題が生じているということではない。わが国の場合，刑事法の運用につき，1つの法域において，概ね1つの統一した基準の下に行われるといってよく，死刑の量刑についても，まず検察官の求刑が確固とした基準に従って行われ，裁判官の量刑も従来の裁判例を基礎に，検察官の求

刑をも参考にして，個々の事案の実情に即した，しかも，確立した基準に従って，決定されているといってよい。最高裁は死刑量刑の基準を次のように判示したが，これが実務を指導する基準なので重要である。「死刑制度を存置する現行法制の下では，犯行の罪質，動機，態様ことに殺害の手段方法の執拗性・残虐性，結果の重大性ことに殺害された被害者の数，遺族の被害感情，社会的影響，犯人の年齢，前科，犯行後の情状等各般の情状を併せ考察したとき，その罪責が誠に重大であって，罪刑の均衡の見地からも一般予防の見地からも極刑がやむを得ないと認められる場合には，死刑の選択も許されるものといわなければならない。」（最判昭和58・7・8刑集37巻6号609頁，いわゆる永山事件についての最高裁判決である）。

(4) 自動的上訴制度の可否

アメリカ合衆国で死刑制度を持つ州の多くは，被告人が死刑判決を受けた場合，自動的に上訴審の審査を受けることが定められている。この制度は，第1審で不当に重い量刑が下された場合に，それを直すことに狙いがあるが，量刑の統一性，一貫性を確保することも保障する。死刑という執行したら取り返しのつかない性格を持つ刑の量定には特に慎重さが求められて然るべきなので，この制度はわが国でもその趣旨を取り入れるべきである。控訴審，上告審の審査を通じて，誤判の可能性をなくすように努め，また，被告人に有利な事情が提出されないまま不当に重く処罰されることがないようにし，もって，死刑の量刑についての明確で統一性のある一貫した基準に基づく量刑が行われることが期待されるのである。もっとも，死刑を言い渡された被告人の真摯な上訴権放棄を絶対に認めないというわけにもいかないであろう。しかし，この場合は，被告人は有効に上訴権を放棄しているかどうか，つまり，上訴権の存在・内容および放棄した場合の結果をよく知ったうえで，あえて，上訴をしないとの瑕疵のない，明示の意思表示があるかどうかを慎重に確認したうえでなければならないであろう。

(5) 執行に先立つ行政的審査

上訴審での慎重な審査を経てもなお死刑が相当だとされて判決が確定した場合，死刑は判決確定の日から6カ月以内に執行されなければならない（刑訴

475条)。しかし，その間に，再審の請求や恩赦の出願などがあると，その手続きが終了するまでの期間は上の6カ月の期間に算入されないので，再審請求や恩赦の出願をしている間は事実上死刑は執行されない。

ところで，死刑の執行は法務大臣の命令により，この命令があった場合は，5日以内に執行をしなければならない（475条1項・476条）。ところが，法務大臣が死刑執行命令を出すまでの間に死刑を慎重にする手続が法務省においてなされていることはあまり知られていない。事件に関わった検察官とは別の検察官が死刑判決確定後，もう一度事件を徹底的に洗い直す作業を命ぜられるのである。この検察官が再審や非常上告の理由があるか否かを慎重に検討するのである。この検討作業を経て，死刑確定に再審や非常上告の理由がないと判断したらその旨の報告書を提出し，それを官房長が慎重に確認し，その後に死刑執行命令の決裁書が法務大臣の下へ回されるのである。このような慎重な手続が誤った死刑を回避するうえで重要な役割を果たしている。また，この死刑判決を洗い直す作業が契機となって，あるいはこの作業と連動して，再審への道が開かれることも指摘されている。死刑判決は確定したが，長い間執行されず，その後再審が開かれ，無罪となった事例が過去に数件あったが，死刑判決に問題点がある間は執行を控えることにつながるこの実務は死刑の運用を慎重にする点で意義があるといえるであろう。

〔参考文献〕

法律のひろば43巻8号の渥美東洋「わが国の死刑制度を考える」その他の各論文，また，「特集・死刑制度の現状と展望」現代刑事法No.25の各論文等を参照されたい。

第25章 ■ 再　審——誤った裁判の救済

本章のポイント

　刑事裁判も社会的制度の1つであり，一定の期間内に終らせ，そこで出された結論は正しいものとして尊重しなければならない。日本の場合，通常は3回争う機会が保障されているので，最終的結論は動かし難いものとしなければ収拾がつかない。しかし，人間のすることには誤りが避けられないので非常救済手段として，裁判に事実認定の誤りがあるときには裁判のやり直しが認められる必要が出てくるのである。免田事件，松山事件，財田川事件のように，1度死刑判決が確定した事件が後に再審公判において無罪とされたことを考えると，このような制度を持つ必要性はある。もっとも，再審は，通常の争う機会を使い尽して有罪と確定した裁判をやり直すものであるから，再審が認められるか否かの要件は厳しいものであることは認められよう。しかし，事実認定に合理的な疑いが残るものを維持する訳にはいかない。判例は，新たな証拠によって，確定判決に合理的な疑いが生じると明らかにいえる場合には再審が認められるとしている。再審は，再審を開くかどうかの手続と，開くことを認めた後に再審請求に理由があるか否かを審査する手続の2段階になっている。両者の関係をいかにするのが合理的か，また，検察官を関与させるべきか等が問題となっている。

1　再審の意義

　再審とは，確定裁判の不当を被告人の利益のために正す目的で認められた非常救済手段である。わが国の再審手続では，被告人に不利益な確定裁判の事実認定・実体判断の誤りを正すことに中心が置かれている。被告人への不利益再審は，政府に再度の有罪立証の機会を与えることになるので，許されない（憲39条）。

　被告人に利益な再審の場合であれ，確定裁判をできるだけ維持すべき利益がある。

際限のない審理を避けるため，裁判はいずれかの時点で終止符を打たれなければならない。

　事実認定は，被告人の有罪・無罪を認定するのに適した条件が備わっている「公判」で集中的にその手続が行われるべきであり，事後に判決に対し些細な瑕疵を理由に再審を申し立てて公判裁判所の事実認定を争えることになると，論争主義の公判は無意味となる。公判で防御できるのに，意図的にその申立をすることなく済ませ，または，その申立をすることが無理ではないのに，それを争点として異議申立をせずに，公判で有罪判決が下ってから，上訴で，公判では争わなかったその争点を争うことにも，論争主義による事実認定への尊重の観点から制限が加えられることになるが，事実誤認を争う上訴による救済手続が尽くされ，法的争点についても上級審の判断が尽くされて，裁判が「確定」し，もはや通常の手続で争えなくなった「再審」の場合には，上訴の場合よりも，よりいっそう公判裁判所の事実認定を尊重すべき要請が強く働く。再審時に全く新たに事実を認定し直すことを求めれば，証拠の散逸等の事情から，有罪判決の維持は困難となり，有罪者が不当に利益を得る弊害をもたらすことになるであろう。現行憲法，刑訴法は論争主義を基礎としており，論争主義の裁判結果の尊重の観点から，確定力を尊重すべき要請が強く働く。

　また，裁判が確定すれば，刑の執行が開始される。この時点にいたっても，裁判確定前と同様に争えることになると，刑の執行にも支障が生ずる。被告人は，自己に科された刑を正当な刑として受け止め社会からの批判・非難を受け入れることなく，判決に不服を申し立て続けることができ，刑を執行する意味を減殺することになり，また，些細な瑕疵を理由に再審請求を繰り返すことで刑の執行それ自体を阻止してしまう結果となることもある。

　さらに，何時までも同一事実を際限なく争うことを認めれば，訴訟経済に反するだけでなく，他の真に救済すべき事件が濫請求に埋もれてしまうなどの弊害をもたらす。

　以上のように，再審にあっては，上訴の場合以上に，確定した事実認定をより強く尊重すべき要請が働くといってよい。

　他方，有罪の事実認定は，「合理的な疑いを容れない程度の有罪立証」という有罪立証の最低基準を充たした有罪判決でなければならない。この有罪立証の基準は，被告人に刑を科すための最低基準であり，「確定」した事実認定で

あっても、それが、新証拠に照らしてみると、「合理的な疑いを容れない程度の有罪立証」という証明基準を充たさない、事実の基礎を欠く有罪判決であることが「明らか」であれば、刑罰を科す基礎が欠けるから、有罪判決を破棄して有罪判決の確定力を破り、救済をはからなければならない。刑罰を科されている場合には刑の執行手続から解放し、また、有罪と認定されたことに伴う被告人のスティグマ・不利益を解消しなければならないことになろう。

「再審」は、このように、「確定判決を維持する利益（確定力の利益）」と「正義に悖(もと)る裁判からの救済をはかる必要」との間のバランスの上に成り立っている。「合理的な疑いを容れない程度の有罪立証」という証明基準を充たさない有罪判決は、上訴であれ、再審であれ、維持できないので救済することが必要であるが、「合理的な疑いを容れない有罪立証」には「判断の幅」があるので、その証明基準の充足の有無の検討に当たっては、論争主義による裁判での事実認定を無意味にしないように、確定した裁判を尊重する立場を基本としなければならないことになるだろう。

2　再審の理由（特に、証拠の新規性と明白性）

再審事由を定めるに当たっては、事実認定の合理性や裁判の公正さを損なう重大な「手続違反」、「手続的瑕疵」を中心に定めて、その条件違反を上訴で主張できなかった正当理由があり、また、その手続違反が判決に重大な影響を及ぼし、その手続違反がなければ有罪判決が下されることはなかったとみられる場合や、裁判の公正さを支えるのに必須の条件に違反し、そのためにおよそ公正な裁判とはいえないという場合に、確定有罪判決を破棄して再度の審理を認める、「手続重視型」の再審型を採る法制がある（このような制度の下でも、被告人が無罪であることを明白に示す証拠がある場合の再審が認められないわけではないが、どちらかといえば、そのような実体的瑕疵を理由とする再審は「例外的」なものと位置づけられることになる）。

他方、手続違反を重視した再審事由ではなく、結果の観点から、「実体的瑕疵」を中心に、実体について無罪であることを示す明らかな事情があるか、およそ正しい事実認定がなされたとはみることができない事由を中心に再審を考える「実体重視型」「真実重視型」の再審制度の場合がある。

前者のような型の例が米国の場合である。論争主義の裁判を基本とするところでは，通常，このような手続的理由による再審を中心とする型が採用される。

これに対し，後者の型の例がドイツや我が国の場合である。職権主義では「実体」に中心を置いて再審を定める必要がある。

公判での事実認定後に長時間が経過してから「真実」を認定しようとしても，事実認定に必要な証拠が散逸し，証人が死亡し，所在不明となり，記憶が減退する等，再度の事実認定は困難を極めるか不可能であることが多い。このような点に照らすと，直接に事実認定が誤りであることを示す実体に関する理由を中心とする再審制度よりは，被告人に公正な裁判を受ける権利を保障する手続により被告人の有罪が認定されたか否かに焦点を当て，公判の公正さを保障する重要な要件に違反した場合に救済することを中心とする再審制度の方が，救済制度の在り方としてはより適切であると思われるが，わが国は旧法での職権主義の再審事由を基礎に現行法の再審事由を定めた経緯があり，そのために，実体に関する瑕疵を中心とする再審事由の構成となっている。

現行法の法定する再審事由は，刑訴法435条1号〜7号である。1号〜5号は確定判決後，その証拠等が確定判決により虚偽であることが明らかになった場合を類型化したものであり，7号は確定判決の形成に関与した者の職務違反が確定判決により証明された場合であり，再審請求を受けた裁判所には再審請求の許否の判断に際し裁量の余地がない。これに対し，6号の再審事由は確定判決による証明を要件としない。以上の法定再審事由のうち，特に重要性を有するのが6号の，「証拠の『新規性』及び『明白性』」を理由とする再審事由であり，実際にもこの事由による再審請求が多くを占めるが，この要件の解釈如何により再審が認められる範囲は大きく変化する。

435条6号の再審事由については，この要件を厳格に解し，「新規な証拠だけで」被告人の有罪を覆すに足りる「明らかな証拠」がある場合を指すと解すると，再審は，真犯人が現れた場合とかアリバイを証明する証拠が発見された場合などの稀有な事例に救済が限定され，再審の門が狭くなり，ほとんどの場合に救済が与えられず，「合理的な疑いを容れない程度の有罪立証」という基準を充たしていないことが強く疑われるような事例でさえも救済が否定されてしまう事態を招き，救済が狭すぎるという問題が生ずることになろう。そこで，新証拠だけで独立に無罪を言い渡すべきことが判明するような場合だけでなく，

新証拠と原判決で用いられた証拠を「総合」してみると、原判決の事実認定を維持できないという場合まで拡げて6号の再審事由を解すべきであるとの議論がなされた。

3 白鳥事件の意義

白鳥事件（最決昭和50・5・20刑集29巻5号177頁）は、この問題について、後者の立場に立ち、確定裁判の事実認定に合理的疑いが生ずる場合には、有罪確定判決を破棄すべきであるとする判断を示した。

白鳥事件最高裁決定は、「①刑訴法435条6号にいう『無罪を言い渡すべき明らかな証拠』とは、確定判決における事実認定につき合理的な疑いを抱かせ、その認定を覆すに足りる蓋然性のある証拠をいうものと解すべきであるが、②右の明らかな証拠であるかどうかは、もし当の証拠が確定判決を下した裁判所の審理中に提出されていたとするならば、はたしてその確定判決においてなされたような事実認定に到達したであろうかどうかという観点から、当の証拠と他の全証拠と総合的に評価して判断すべきであり、③この判断に際しても、再審開始のためには確定判決における事実認定につき合理的な疑いを生ぜしめれば足りるという意味において、『疑わしいときは被告人の利益に』という刑事裁判における鉄則が適用されるものと解すべきである。」と判示している。

① 白鳥判決は、「新証拠と旧証拠を総合して」「合理的疑いを容れない程度の有罪立証」という証明基準を充たしていない場合には再審が認められるという立場を示したものと解することができる。刑事裁判にあっては、公判、上訴、再審、いずれの段階であれ、憲法上および刑訴法上、弾劾主義の裁判の構造上求められる「合理的な疑いを容れない程度の有罪立証」がなされていなければ被告人を有罪と認定し、刑を科す基礎は欠けることになる（もっとも、上訴・再審においては、公判裁判所による事実認定を尊重すべき要請が働くので、公判裁判所と同一の認定が行われることを求めるものではない）。判示①③で、再審開始決定の要件は、確定判決における事実認定につき「合理的な疑い」を抱かせるような証拠がある場合だと判示していることからも窺われるように、「合理的な疑いを容れない程度の有罪立証」が再審にあっても基準となるとの趣旨を、「疑わしきは被告人の利益」という表現で示したものと解することができる

(この限度で，現行法の再審が「職権主義」を基礎とするとはいっても，証明基準に関する「手続的観点」から再審事由が理解されているということができる。この点を指摘するのは渥美東洋教授である)。

② 現行憲法，刑訴法の下では，被告人が無罪の立証責任を負うのではなく，被告人の有罪を合理的な疑いを容れない程度に立証する責任は検察官にあり，再審請求では，有罪判決に「合理的な疑いを挟む程度の証拠」を提出すれば足りる。免訴，刑の免除，または軽い罪を認めるべき場合にも同様に，「合理的な疑いを挟む程度の証拠」が「新規に」提出されていなければならない。

(1) 明白性の要件

再審であるから，確定判決を尊重すべき要請が働き，「合理的な疑いを挟む立証の程度」が「明らか」な場合でなければならない（435条6号）。

新証拠と旧証拠を「総合」して，被告人が合理的な疑いを容れない程度に有罪であることが立証されていることに疑いが残れば，再審により有罪を破棄すべきことになる。請求人が新たに提出した証拠だけを取り上げて，その証拠だけで確定判決の有罪認定をゆるがすことを要するとする「孤立評価説」は，合理的な疑いを容れない程度の有罪立証がない場合にまで有罪を維持する結果となるから，「無罪推定の原則」に反する（なお，「無罪」を言い渡すべき証拠には，犯罪事実の存否に関する証拠だけではなく，確定判決の事実認定に用いられた証拠の証明力や証拠能力に関する事実の証拠も含まれる。例えば自白の任意性が欠けることを示す証拠など)。

(2) 新規性の要件

確定判決を尊重する要請上，証拠の新規性が要件となる。確定判決に用いたのと全く同一の資料を基礎に確定判決の認定と異なる認定をすることは，論争主義によってなされた確定判決の認定を無意味とするので許されない。確定判決の心証の形成に用いられてはいない証拠（証拠方法ではなく，証拠資料をいう。証人は同じでもその証言内容が新たなものである場合を考えよ）による場合が一応新規性のある場合に該当するが，確定判決をした裁判所が，証明力なしとの理由で認定の基礎としなかった証拠は，その証拠を資料としないとの判断が示されているので，新規性はないが，証明力とは直接に関係のない理由で，証拠能

力を否定している場合は，その証拠は一度も事実認定の資料に用いられていないので，新規性があるとみてよい。再審開始請求者がその存在を知っていたが裁判確定以前に裁判所に提出しなかった証拠資料に関しては，事実認定者に判明していなかったから新規性があるとすると，論争主義による裁判は徒労に帰し無意味とすることに通ずる。そこで，請求者がその証拠資料の存在を知りつつあえて証拠調の請求をしなかった場合は，その証拠には，確定判決の認定に合理的な疑いを挟む程度の証明力が伴っていなかったと推定してよいことになろう。だが，孤立評価をしても，確定判決に合理的疑いを挟む程度の証明力がある場合には，新規性を認めてよいだろう（渥美556〜558頁）。

(3) 「疑わしきは被告人の利益に」の原則の適用

「総合評価」に際しては，原判決の心証を引き継ぐべきか否かが問題となる。合理的な疑いを容れない程度の有罪立証という証明基準には「幅」があり，既に述べたように，論争主義による事実認定を尊重すべき要請があるから，原確定判決に示された心証を引き継いで，新証拠を加えて，確定判決の立場に立ってもなお，合理的疑いを認めなければならない場合に限って確定力を破って裁判をやり直すべきことになる（なお，財田川事件：最決昭和51・10・12刑集30巻9号1673頁［150事件］参照）。

再審請求にあっては，確定判決を尊重すべき要請が働くから，確定判決を維持する利益を有する「検察官の関与」を認めるべきであると解される。この関与は，確定判決を「確定判決の立場で」維持することを目的とするものであるから，確定判決後の証拠を用いて確定判決と同一の結論を維持する活動まではなしえないと解すべきであろう。

4 再審手続

(1) 再審請求手続

再審請求は原判決裁判所に対して行い，原判決裁判所が再審請求につき管轄権をもつ（438条）。請求権者は，検察官，有罪の言渡を受けた者，その法定代理人，保佐人，有罪の言渡しを受けた者が死亡しまたは心神喪失の状態にある

ときは，その配偶者・直系血族および兄弟姉妹である。検察官以外の者による再審請求には弁護人を選任し，弁護人を通じて請求できる。再審段階では，国選弁護の制度も，必要的弁護の制度もない。

再審請求の時期には制限はなく，刑の執行終了後，または本人の死亡や刑の免除などのように刑の執行を受けることがないようになったときでも請求できる。名誉回復や刑事補償などの附随的利益があるためである。

再審請求は，再審請求趣意書に原判決の謄本，証拠書類，証拠物を添えて管轄裁判所に差し出さなければならない（規則283条）。再審は，前述のように確定判決を尊重し，その心証を引き継ぐ立場に立つから，上訴の場合と異なり，確定判決に関与した裁判官も再審請求の審理から除外されるべきではないと解される（最決昭和34・2・19刑集13巻2号179頁）。

再審請求は刑の執行停止の効力を有しないが，検察官が再審請求についての裁判があるまで刑の執行を停止することができる（442条）。

再審請求は取り下げることができるが，取下後の再審請求はできない（443条）。

再審請求人が有罪の言渡を受けた本人であり，再審請求中に本人が死亡したような場合に，再審申立人の死亡により，その申立は終了すると扱うべきか否かが問題となるが，現行法の再審の裁判は，旧法の再審規定を受け継いでいるために，「職権主義」を基礎としている。そこで「裁判所が」，以前になされた手続の「証明結果の援用」を認め，引き続き再審請求を審理する場合がありうることになる。

再審請求を受けた裁判所は，必要があるときは，受命裁判官または受託裁判官に再審請求の理由について，事実の取調べをさせることができ，この場合，これらの裁判官は，裁判所または裁判長と同一の権限を有する（445条，規則302条）。請求を不適法として決定で棄却する場合（446条）を除き，請求者および相手方，さらに法定代理人，補佐人が請求したときは，有罪の言渡しを受けた者の意見を必ず聞かなければならない（規則286条）。

再審請求を受けた裁判所は，新旧両証拠を総合して，確定判決の立場を引き継いで事実認定をしたうえで，確定判決の事実認定に合理的な疑いを挟むのは当然だと判断したときに，再審請求に理由があるとして再審開始決定をなすべきことになる。再審裁判所の事実の認定は論争主義によらない（「職業主義」の

構造が基本とされている）点でも，公判，上訴，再審まで含めた手続段階の中で事実認定に最も適した時点でなされた「公判」での事実認定を尊重すべき請求が働く点でも，上訴の場合以上に，確定判決を尊重すべき要請が強く働くといってよいのである。確定判決の事実認定を尊重する立場で確定判決の当否を再審請求の理由に照らして検討する手続が再審請求の審理手続だと解すべきであろう。

　再審請求が法律上の方式に反し，または請求権の消滅後になされたときは，決定で棄却する（447条）。再審請求が理由のないときも決定で棄却する（447条）。職権による他の理由の審査はできず，再審請求に理由がないとの棄却決定が確定すると，何人も同一の理由では，さらに再審請求をなし得ない。この「同一の理由」とは，同一の争点を再度争うことを阻止する趣旨であると解されるから，再度新証拠を発見すれば，435条6号の再審請求をなしうると解される。

　再審請求に理由があれば再審開始決定がなされる（448条1項）。再審請求に理由があれば再審の裁判が開始されるのであり，確定判決と同一の判決が下される場合もある。ただ，再審開始決定に際し，確定判決の事実認定に合理的な疑いが挟まれたとの再審請求を受けた裁判所の認定には，争点阻止効（前訴で当事者が争い裁判所が判断した争点について後訴で当事者がその争点を再度争うことを阻止する効果）を認めるべきであろう。

　上訴棄却の確定判決とそれにより確定した下級審判決の双方に対し再審請求がなされたとき（請求の競合の場合），上級裁判所は下級裁判所の訴訟手続の終了まで決定で訴訟手続を停止しなければならず（規則285条），下級審が再審の判決（開始決定ではない）をしたとき，上級裁判所は決定で再審請求を棄却する（449条）。再審請求棄却および再審開始決定のいずれに対しても即時抗告ができる（450条）。

(2) 再審公判手続

　再審開始決定後に，さらに，再審の裁判が開かれ，再審請求に理由があるか否かが審理される（448条）。再審開始決定後，449条の場合を除き，その審級に従ってさらに審判をする（451条1項）。したがって，上訴もありうる。有罪の言渡を受けた者が死亡したり心神喪失状態に陥って回復の見込みがないとき

でも，公判手続の停止や公訴棄却はされず，被告人の出頭なしに手続を進めることになる（同条1項2項）。ただし，この場合には，弁護人の出頭が要件とされる（同条3項4項）。

再審の裁判の確定により，原確定判決は当然に効力を失い，無罪判決が再審で確定したときは，その裁判所はこの判決を官報および新聞紙に掲載して公示する（453条）。なお，無罪・免訴等の裁判が確定したときは，執行済の罰金・没収物・追徴金等を還付しなければならない。刑事補償については，刑事補償法，費用補償については刑訴法188条の2を参照。

〔参考文献〕
渥美東洋『刑事訴訟法（全訂）』有斐閣，2006年

第26章 ■ 特別手続

本章のポイント

　前章まで学んできた手続は事件の典型的な処理の仕方を規律するものであった。重大な事件を適切に処理するに際しては，裁判に誤りがなく，被告人の人権を守るためにも，慎重な手続が要請される。しかし，すべての事件を同じ手続で処理することは必ずしも必要でないし，また限りある人的・物的資源を考えれば，不可能である。2004年の平成16年5月28日法律第62号は，即決裁判手続を創設して，短い時間で裁判を終了できる方策を導入した。また，比較的軽微な犯罪で，被告人が事実を争わない場合には，簡略な手続で事件を処理することが賢明な方法である。軽微な犯罪を非公開の手続で，書面による審理で処理する略式手続で約9割の事件が処理されている。また，軽微な交通事件を適正・迅速に処理するために交通事件即決裁判手続が用意されている。いずれの場合も，ほとんどの場合は，簡易迅速な処理が被告人の意思にも合致している。もっとも，被告人の争う権利を尊重しなければならないので，正式裁判を請求する途は開かれている。

　少年は精神的に未熟な状態で，あるいは他人に影響されて犯罪を犯したりする場合があり，他方で少年は可塑性に富んでいるとの理由で，成人の犯罪者と同じに扱うのは妥当でないので，特別な手続が用意されている。問題は，少年法の目的である少年の健全育成と実際に科される処分の内容，その処分を科すときの手続，そして被害者の権利が複雑に絡み合う中で，いわゆる教育刑・社会復帰思想の失敗という教訓を背景にして，どのようにしてバランスのとれた，事実認定手続，被害者の利益の反映，少年の基本権の保護と育成という目的を達成するかが検討され，法改正も行われてきている。

1 即決裁判手続

　法律第62号は，事件の事物管轄が簡易裁判所以外の裁判所に属する場合であっても，被告人や弁護人に異議がなければ，事件を短い時間で処理する方策を作り，刑訴法350条の2から350条の14にわたって挿入している。

(1) 検察官は，公訴を提起しようとする事件について，死刑または無期もしくは短期1年以上の懲役もしくは禁錮に当たる事件を除いて，事案が明白で，かつ軽微であること，証拠調べが速やかに終わると見込まれることなどの事情を考慮し，相当と認めるときは，公訴の提起と同時に，書面により即決裁判手続の申立をすることができる。ただし，この申立は，被疑者の同意がなければ許されない。また，検察官は，被疑者に対して，即決裁判手続に同意をするかどうかを確認するときは，これを書面でしなければならない。この場合，検察官は，被疑者に対し，即決裁判手続を理解させるために必要な事項（被疑者に弁護人がないときは，350条の3により弁護人を選任することができる旨を含む）を説明し，通常の規定に従い審判を受けることができる旨を告げなければならない。被疑者に弁護人がある場合には，即決裁判手続の申立は，被疑者が同意をしているほか，弁護人が即決裁判手続によることについて同意をし，またはその意見を留保しているときに限り，これをすることができる（350条の2第1項から第5項）。

　被疑者が即決裁判手続によることに同意するか否かに当たっては，弁護人の助力は必ずしも要件とはされていない。貧困その他の事由がある場合にのみ，裁判官には，被疑者の請求により弁護人を付す義務が生ずる（350条の3）。たとえ，即決裁判手続により審理を行う旨の決定をするときに弁護人がついていることが要件となっているとしても（350条の9），この段階から弁護人の助力を被疑者が常に得られるようにしておくのが望ましいと思う。もっとも，350条の4で，即決裁判手続の申立があった場合に，被告人に弁護人がないときは，裁判長は，できる限り速やかに，職権で弁護人を付さなければならないとの手当はされている。

(2) 即決裁判手続においても，証拠の閲覧・謄写の機会は保障されており，検察官は，即決裁判手続の申立をした事件について，被告人または弁護人に対し，299条1項の規定により証拠書類を閲覧する機会その他の同項に規定する機会を与えるべき場合には，できる限り速やかに，その機会を与えなければならない（350条の5）。

(3) 裁判所は，即決裁判手続の申立があった事件について，弁護人が即決裁判手続によることについてその意見を留保しているとき，または即決裁判手続の申立があった後に弁護人が選任されたときは，弁護人に対し，できる限り速

やかに，即決裁判手続によることについて同意をするかどうかの確認を求めなければならず，弁護人は，その同意をするときは，書面でその旨を明らかにしなければならない（350条の6）。

(4) 裁判長は，即決裁判手続の申立があったときは，検察官および被告人または弁護人の意見を聴いた上で，その申立後できる限り早い時期の公判期日を定めなければならず（350条の7），被告人が起訴状に記載された訴因について有罪である旨の陳述をしたときは（291条2項），即決裁判手続によって審判をする旨の決定をしなければならない（350条の8第1項）。ただし，①350条の2第2項または4項の同意が撤回されたとき，②350条の6第1項の同意がされなかったとき，またはその同意が撤回されたとき，③その他，当該事件が即決裁判手続によることができないものであると認められるとき，④当該事件が即決裁判手続によることが相当でないと認められるときには，即決裁判手続による旨の決定はできない。

また，即決裁判手続による旨の決定がされても，①判決の言渡し前に，被告人または弁護人が即決裁判手続によることについての同意を撤回したとき，②判決の言渡し前に，被告人が起訴状に記載された訴因について有罪である旨の陳述を撤回したとき，③その他，当該事件が即決裁判手続によることができないものであると認められるとき，④当該事件が即決裁判手続によることが相当でないものであると認められるときには，その決定を取り消さなければならない（350条の11）。

(5) 350条の8の決定のための審理および即決裁判手続による審判については，50万円以下の罰金または科料に当たる事件での出頭義務の免除，拘留に当たる事件での出頭義務の免除，検察官の冒頭陳述，裁判所の証拠調べの範囲，順序および方法の決定，さらに刑訴法3条から32条，および34条から37条の規定は，適用されない（350条の10）。また，即決裁判手続による旨の決定があった事件の証拠については，321条1項の規定は適用されない。ただし，検察官，被告人または弁護人が証拠とすることに異議を述べた場合には，この限りでない（350条の12）。

(6) 裁判所は，即決裁判手続による旨の決定があった事件については，できる限り，即日判決の言渡しをしなければならず（350条の13），懲役または禁錮の言渡しをする場合には，その刑の執行猶予の言渡しをしなければならない

(350条の14)。また，即決裁判手続により下された判決に対する控訴の申立は，384条の規定にかかわらず，当該判決の言渡しにおいて示された罪となるべき事実について382条に規定する事実誤認を理由として，することはできない(403条の2)。それに対応して，控訴裁判所は，即決裁判手続による判決の言渡しにおいて示された罪となるべき事実について，397条1項の規定にかかわらず，382条に規定する事由があることを理由として，原判決を破棄することはできない。同様に，第1審裁判所が即決裁判手続によって判決をした事件については，411条の規定にかかわらず，上告裁判所は，当該判決の言渡しにおいて示された罪となるべき事実について同条3号に規定する事由があることを理由としては，原判決を破棄することができない(413条の2)。

このように見てくると，即決裁判手続は，簡易裁判所の略式手続(次項参照)で処理できる事件の範疇には入らないが，事件の内容や被告人の動機の軽さ，迅速な証拠調べが可能であることなどに鑑みて，しかもおそらくは初犯事件などで執行猶予の言渡しをすることに十分な理由があるときに多用され，その分他の重大事件に労力を注ぐことが可能になろう。

2 略式手続

正式起訴・公判審理・判決という一連の手続による処理の他に，非公開の手続で検察官の提出した証拠にのみ基づいて，裁判所が刑を科すことのできる手続が略式手続とよばれるもので(461条〜470条)，一定の刑に関して被告人が事実を争う意思のないときに，被告人が長期にわたる裁判を受ける必要のない途を提供している。

(1) 請求手続

簡易裁判所はその管轄に属する事件(裁判所法33条1項2号)で，検察官の請求があれば，公判前に，50万円以下の罰金または科料を科すことができる(461条)。検察官はこの略式命令の請求にあたり，被疑者に略式手続の内容を理解するのに必要な事項を説明し，通常の公判手続による審判を受けることができることを告知し，略式手続によることに異議がないかどうかを確かめなければならず，異議がないときは，その旨を書面に開示しなければならない

（461条の2）。検察官は以上の手続を履践したうえで，公訴の提起と同時に，略式命令の請求を書面により行い（462条），その書面には，被告人の異議のない旨の書面（462条2項）と必要事項の説明を行った旨の書面（規則288条）を添付し，さらに略式命令の請求と同時に，略式命令をするために必要があると思料する書類および証拠物を裁判所に提出しなければならない（規則289条）。実務では，このほかに，迅速な調査と科刑の統一のために，科刑意見書が添付される。

(2) 審判手続

(a) 略式手続による審判

犯罪が存在しなければ，いかなる場合でも刑が科されることがあってはならないので，裁判所は事実の取調べを行うことができ（43条3項），そのうえで罪となるべき事実，適用法令，科すべき刑と付随処分，そして略式命令の告知のあった日から14日以内に正式裁判の請求ができる旨を示して，略式命令を下さなければならない（464条）。略式命令は，遅くともその請求のあった日から14日以内に下されなければならず（規則290条1項），正式裁判請求期間の徒過，その請求の取下げ，正式裁判請求の棄却の裁判の確定により，確定判決と同一の効果を持つ（470条）。略式命令の請求があった日から4カ月以内に略式命令が被告人に告知されないときは，公訴提起は遡ってその効力を失い（463条の2第1項），裁判所は決定で，公訴を棄却し，また略式命令がすでに検察官に告知されているときは，その命令を取り消したうえで，公訴棄却の決定をしなければならない（463条の2第2項）。

(b) 通常の審判手続への移行

略式命令の請求があったとき，裁判所が略式命令を下すことができない，または略式命令が相当でないと考えるときは，通常の公判手続によって審判を行わなければならない（463条1項）。略式手続で処理できる事件は50万円以下の罰金または科料を科すことのできる場合だけであるから，その定めのない犯罪について略式手続の請求があったり，無罪・免訴・公訴棄却・管轄違いを言い渡すべき場合，簡易裁判所の科刑権の制限を超えた刑を科すのが相当と認められる場合（裁判所法33条3項），または事案が複雑な場合には，略式手続を開くことはできない。検察官が461条の2や462条2項の手続を履践しなかった場合

も，通常の規定に従って審判をしなければならない（463条2項）。裁判所が通常の公判手続により審判を行うときは，その旨を直ちに検察官に通知し（463条3項），271条の規定により被告人に起訴状謄本の送達をしなければならないが，その期間は検察官に通常の手続による審判を行う旨を通知した日から2カ月である（463条4項）。その期間内に起訴状謄本の送達が行われないときは，公訴提起の効力は遡って無効となり，339条1項1号により公訴が棄却される。

(3) 正式裁判の請求

略式命令を受けた者または検察官は，その告知を受けた日から14日以内に，書面により正式裁判の請求をすることができ，裁判所はその請求を受けたときは，速やかにその旨を略式命令を受けた者または検察官に通知しなければならない（465条）。正式裁判の請求は，第1審の判決があるまでに取り下げることができる（466条）。この略式命令後の正式裁判の請求については，上訴に関する規定が準用されており，弁護人・法定代理人・保佐人も被告人の明示の意思に反しない限り，正式裁判の請求ができ，書面による被告人の同意があれば，正式裁判請求の取り下げができる（467条～353条・355条から357条・359条・361条～365条）。正式裁判の請求があったとき，裁判所はすでに提出されている書類・証拠物を直ちに検察官に返還しなければならない（規則293条）。

正式裁判の請求が法令の方式に違反したり，請求権の消滅後にされたときは，決定で請求を棄却しなければならないが，この決定に対しては即時抗告が許されている（468条1項）。正式裁判の請求が適法であるときは，通常の公判手続に従って審判を行い，略式命令に拘束されない（468条2項・3項）。略式手続に関与した裁判官は，正式裁判の手続から除斥される（20条7号）。正式裁判により判決を下したときは，略式命令は効力を失う（469条）。

(4) 問 題 点

① 略式手続では，被告人の憲法37条1項・2項の権利，さらには法256条の起訴状一本主義が適用されない。略式手続は非公開であるために，軽微な犯罪を犯した被告人に対して無用な社会的非難が向けられるのを避け，また公判出頭の負担を軽減することができることから，被告人にこの手続について十分な説明がされたうえで，被告人の同意があれば，これらの権利は放棄されたと

見ることができるし，事実に関して裁判所による取調べがされるにしても，被告人が不公正な審判を受けたと考えるときには，正式の公判手続を受ける権利は保障されているから，必ずしも256条違反が生ずると考える必要もない。ただし，被告人の基本権の放棄に関しては，検察官ではなく，裁判官の面前で放棄の手続が行われるべきである。

② 略式手続による審判では，事実認定に関して通常働く原則は働かなくなるが，伝聞法則や自白法則，排除法則まで適用されないと考える合理的な理由はない。前二者については，合理的な事実認定と自白の任意性は必ず維持されねばならないし，後者については，政府は基本権侵害の活動から何らの利益を得てはならず，そのような活動から得られた証拠を利用して刑罰を科すことは許されないからである。

③ 略式命令後の正式裁判の請求権者の中に検察官が含まれるのは，刑の執行が猶予されたときに，量刑不当を理由とする正式裁判を請求して，その刑の是正を求める途を開いておくためであると説明される。だが，略式手続と正式裁判の関係を事実審と上訴審の関係と同じものとして捉えることには問題がある。略式命令に対して正式裁判の請求を認めている理由は，略式手続の審判で被告人の基本権が十分に実現されなかったり，公正な裁判が受けられなかったと考えたときに，それが保障される途を開いておくためである。そこで，この請求権者から検察官を除外するのが妥当である。

④ 正式裁判の請求により通常の公判手続による審判がされるときには，略式命令には拘束されないが（468条3項），判例はこの場合には不利益変更禁止の原則も適用されないとする（最決昭和31・7・5刑集10巻7号1020頁）。正式裁判の請求は，被告人が自己の憲法上の基本権を行使したいと考えるときに，その途を開いておくためであるが，その基本権を行使したために重く処罰される結果になることは，正式裁判の請求に対する国の報復ではないかと被告人に感じられ，その結果基本権の行使を萎縮させることにつながりかねない。したがって，不利益変更禁止の原則は，正式裁判に移行したときでも適用されると考えるべきである。

3 交通事件即決裁判手続

(1) 請求手続

簡易裁判所は，交通事件即決裁判手続により，道路交通法第八章の罪に当たる事件について（交通裁判2条），事件を迅速適正に処理する目的で（同1条），50万円以下の罰金または科料を科すことができる（同3条1項）。この裁判の請求は，検察官が公訴の提起と同時に書面で行うが（同4条），被告人の異議があるときは，この裁判によることはできない（同3条2項）。検察官はこの請求にあたり，被告人にこの手続を理解させるのに必要な事項，正式裁判を受けることができる旨を説明し，異議の有無を確かめなければならない（同4条2項）。異議のないことを独立した書面で明示する必要はない。また，検察官は即決裁判の請求と同時に，必要な書類・証拠物を裁判所に提出しなければならない（同5条）。この裁判には検察官が出頭しないこともあるため（同8条3項），科すべき刑や付随処分に関する検察官の意見を，即決裁判の請求書に付記することができる（交通裁判規則3条）。

(2) 審判手続

裁判所は即決裁判の請求があったときは，即日期日を開いて審判を行い（7条），即決裁判をすることができないか，もしくはそれが妥当でないと思料するときは，通常の規定に従って審判する（交通裁判6条）。この裁判は公開の法廷で行われ，裁判官，裁判所書記官，被告人の出廷が要件となり，検察官と弁護人の出廷は任意である（同8条・9条）。被告人が法人であるときは，代理人を出頭させることができる（同9条2項）。

即決裁判期日においては，裁判長が最初に人定質問を行い（交通裁判規則1条，刑訴規則196条），裁判所が被告人に対して，即決裁判による審判に異議がないことを確かめ（刑訴規則5条），次に裁判長は，被告人に事件の要旨および黙秘権を告知し，被告人に陳述の機会を与える（交通裁判10条1項・2項）。裁判所は，検察官が提出した証拠物に加えて，必要があると考えるときには，適当と認める方法で，被告人または参考人の陳述を聴き，書類，証拠物，その他

事実の取調べを行うことができる（同10条3項）。

即決裁判の宣告を行うには，罪となるべき事実，適用法令，科すべき刑，付随処分，および宣告のあった日から14日以内に正式裁判の請求ができる旨の告知をし，調書判決の形式で記録される（同12条，交通裁判規則7条）。裁判所はこの裁判の宣告にあたり，相当と認めるときは，仮納付の命令をすることができ，この仮納付の裁判は，正式裁判の請求があった場合を除いて，直ちに執行できる（同15条1項・2項）。

(3) 正式裁判の請求

即決裁判の宣告の日から14日以内に，被告人または検察官は正式裁判の請求ができ，その請求は即決裁判をした裁判所に書面でしなければならない（同13条1項・2項）。正式裁判の請求は概して手続の場合とほぼ同様であり，略式手続の規定も準用されている（同13条）。また，即決裁判の効力も略式手続の場合と同様である（同14条・16条）。

(4) 問 題 点

① 交通事件即決裁判は公開の法廷で行われ，当事者の陳述も聞くことができるが，起訴状一本主義，公正な裁判を受ける権利は保障されていない。この点が許容されると考える理由については，略式手続の項目を参照されたい。

② この裁判制度は1954年に創設されたが，道路交通法違反事件の急激な増加に対応できなくなったために，1963年には交通切符制度が，その4年後には交通反則金制度が創設され，さらには反則金を支払わず，出頭要求にも応じない者に対しては，逮捕状を請求して逮捕をしたうえで，逮捕中に略式手続を請求して略式命令で処理する待命式略式手続が現在では活用されている。そのために，この即決裁判制度はほとんど利用されなくなっている。しかし，このような悪質な違反者に対してまで，略式命令で処理することには問題があろう。このような者に対しては，この即決裁判手続を改善して，憲法上の手続に従い，基本権を保障したうえで，公開の法廷で，責任の所在を明確にする方が，正義と公正の概念に合致するのではないかと思われる。

4 少年法

　少年法にいう少年は20歳未満の者を指し，満20歳以上の者を成人という（少2条1項〔以下条文のみ〕）。少年手続は，保護事件と刑事事件とに分かれるのでそれに従って解説する。なお刑事責任年齢は14歳となっている（刑41条）。

(1) 保護事件手続

　少年は罪を犯したとき（犯罪少年），14歳未満で刑罰法規に触れる行為をしたとき（触法少年），または保護者の監督に服さず，家庭に寄りつかず，犯罪性があったり不道徳な者と交際したり，いかがわしい場所に出入りしたり，特性を害する行為をする性癖がある少年（虞犯少年）が，将来罪を犯し，刑罰法規に触れる行為をするおそれがあるときに，家庭裁判所（以下，家裁）の審判に付される。

　審判に付すべき少年を発見した者はすべて，家裁に通告しなければならず（6条1項），この通告により，家裁は審判に付すべきであると思料するときは，家裁調査官に調査を行わせることができる（8条）。事件の調査や審判のために，呼出状や同行状の発付，証人尋問，検証・捜索・押収をすることができ，また決定により少年を調査官の観護に付したり，少年鑑別所に送致することができる（11条〜17条）。この調査により，調査官が審判に付すべき少年を発見したときは，裁判官に報告しなければならない（7条）。その結果，家裁は，事件を児童福祉法により処理するか，審判不開始決定を下すか，本人が20歳以上であることが判明したときは事件を検察官に送致するか，刑事処分相当として事件を検察官に送致する（逆送決定）か，審判開始決定を下すかのいずれかの決定を行わなければならない（18条〜21条）。

　平成19年の少年法の改正により，触法少年であることを疑うに足りる相当の理由があるときには，警察は一定の調査権限を行使して，事実関係を明確にすることができるようになった（6条の2）。これまでは，触法少年，ぐ犯少年については任意で調査がされてきたが，「任意」の調査は法律上の根拠はなく，そのために事実関係の解明に支障が生じていた。ぐ犯少年については，警察への調査権限の付与は見送られたが，触法少年については，警察が事件について

の調査をするときには，少年を呼出して，強制にわたらない限度で質問することができ，さらに公務所等に照会して，必要事項の報告を求めることができる（6条の4）。また，この調査にあたり，捜索，押収，検証又は鑑定の嘱託をすることができる（6条の5）。この調査は，「事案の真相を明らかにし，もって少年の健全な育成のための措置に資することを目的として」行われるものである。少年が将来立ち直るために適切な処遇を行うには，少年の行った行為がなぜ非難されなければならないのかをはっきりと少年に伝える必要があるが，そのためには事実関係を明確にしておくことは必須の要件であるところ，事実関係を解明し，明確にするのにもっとも適している機関は警察である。今回の改正は，この当然のことを法律で明文化している。ただ，この調査に関しては，少年及びその保護者は，いつでも弁護士である付添人を選任することができるとして（6条の3），少年の権利保護に配慮している。

　審判は非公開で，裁判長が指揮し，懇切を旨とし，なごやかに行われる。審判開始後，児童福祉法による処理または逆送が相当であると認められるときは，その旨の決定を行う（23条）。家裁は，犯罪少年（3条1項1号）に係る事件で，故意の犯罪行為により被害者を死亡させた場合や死刑または無期もしくは短期2年以上の懲役もしくは禁錮にあたる犯罪を行ったとされる場合に，審判手続に検察官が関与する必要があると認めるときは，決定で，検察官を出席させることができる（22条の2）。これは，これまで事実認定が，家裁調査官の調査のみに基づいて家裁の裁判官が行うという，糾問的・職権主義的色彩の強い手続から，論争主義に基づく手続に近づくことを意味しており，合理的な認定を目的としているといってよい。この検察官の関与に対応して，少年に弁護士である付添人がないときには，弁護士である付添人を付さなければならない（22条の3第1項）。これまでは，検察官が審判に立ち会う場合を除いて，国選付添人を付ける制度はなかった。これに対して，平成19年の改正では，犯罪少年が22条の2第1項各号の罪を犯している場合，又は触法少年が同条同項各号の罪を犯していて，少年鑑別所に収容する観護措置がとられており，かつ少年に弁護士である付添人がない場合には，家庭裁判所は，事案の内容，保護者の有無その他の事情を考慮して，審判手続に弁護士である付添人が関与する必要があると認めるときには，付添人を付することができることになった（22条の3第2項。なお32条の5第2項も参照）。認定手続が論争主義に近づくことにより，

論理的な帰結として，少年にも弁護士たる付添人を付すことで，検察官の主張に十分な反論ができるようにするための措置である。

審判の結果，家裁は，保護観察所の保護観察，児童自立支援施設または児童養護施設への送致，または少年院への送致のいずれかの保護処分を決定で行う(24条)。平成19年の改正では，保護処分決定のときに14歳に満たない少年の事件について，特に必要と認められる場合に限り，少年院に送致することが許されることになった(同条)。これは児童自立支援施設は施錠がされない開放施設であるため，そこから逃走したり，あるいは同施設に入所している少年が職員に暴力をはたらく状況が見られることに対応した方策である。また審判の結果，保護観察所の保護観察に付されたにもかかわらず，その遵守事項を遵守せず，犯罪者予防更正法41条の3第1項の警告を受けたにもかかわらず，依然として遵守すべき事項を遵守しないと認められる事由があり，その程度が重く，かつその保護処分によっては本人の改善及び更正を図ることができないと認められるときは，家庭裁判所は決定をもって，児童自立支援施設又は児童養護施設，もしくは少年院に送致することができるようになった(26条の4)。保護観察に付されると，保護観察官や保護司と少年の接触は不可欠となる。だが，少年が遵守事項の違反を繰り返したり，保護観察官や保護司と全く会おうとしないときには，保護観察が機能しないことになる。このときには，もはや保護観察による改善や更正は見込めないのであるから，別の新たな保護処分で対応しなければならないことを定めたものである。保護処分の決定に対しては，決定に影響を及ぼす法令違反，重大な事実誤認または処分の著しい不当を理由とするときに限り，少年，その法定代理人または付添人による，2週間以内の抗告が許されている(32条)。

(2) 刑事事件手続

司法警察員は罰金以下の刑にあたる犯罪の嫌疑があると考えるとき，または家裁の審判に付すべき事由があると思料するときには，事件を家裁に送致しなければならない(41条)。検察官は刑に限定なく，犯罪の嫌疑があるか，家裁の審判に付すべき事由があると考えるときは，全事件を家裁に送致しなければならない(42条)。そのうえで，検察官が家裁から送致を受けた(逆送)事件で，公訴を提起するに足りる犯罪の嫌疑があると思料するときは，公訴を提起しな

ければならない（45条5号本文）。ただし，送致を受けた事件で，その一部について公訴を提起するに足りる犯罪の嫌疑がないか，犯罪の情状等に影響を及ぼすべき新たな事情が発見されたため，訴追が相当でないと思料するときは，公訴を提起しない場合がある（45条5号但し書）。実務では，軽微な事件について，形式上は家裁に送致されるが，警察が簡易な資料しか送付しないために，事実上不処分となる簡易送致の制度がとられている。家裁が逆送決定をしたときには，検察官は少年事件を通常の刑事事件として，簡易裁判所または地方裁判所に起訴する。

　逆送決定がされるのは，死刑，無期懲役または禁錮にあたる罪の事件について，その罪質や情状に照らして家裁が刑事処分が相当と認めるときである（20条1項・23条1項，19条2項・23条3項）。ただし，16歳以上の少年について，故意に被害者を死亡させたときであっても，調査の結果，犯行の動機や態様，犯行後の情況，少年の性格，年齢などを考慮して，刑事処分以外の処分が相当であると認めるときは，送致しない場合がある（20条2項）。なお，同行された少年に対して観護措置がとられたとき（17条1項2号），この措置は裁判官のした勾留とみなされ，その場合勾留状が発せられているものとみなして，刑事訴訟法の中の裁判官による被疑者についての弁護人の選任に関する規定が準用される（刑訴37条の2）。

　少年法に定める他は刑訴法の規定によるために（40条），いくつかの点で特則がある。まず，検察官は勾留請求に代えて，家裁調査官の観護か少年鑑別所への送致を家裁調査官に請求できる（17条1項・43条1項，広義の観護措置）。検察官は捜査の結果，事件を家裁に送致しないときは直ちに17条1項1号の観護措置の取消しを請求しなければならない（44条）。この観護措置は，事件が再度家裁に送致された場合を除き，検察官が逆送決定により事件の送致を受けた日から10日以内に公訴を提起しないときは，その効力を失う（45条1号）。少年鑑別所での収容は勾留とみなされ（45条4号），未決勾留日数とみなされる（53条）。

　次に，審判に関しても，他の事件と手続を分離し（49条2項），懇切を旨とし，事案の真相を明らかにするために，家裁の取り調べた証拠は努めて取り調べなければならない（刑訴規則277条）。刑事事件の審理は医学，心理学，社会学等の専門的知識を活用して行い（50条・9条），審理の結果，保護処分が相

当であると認めるときは，決定により事件を家裁に移送する (55条)。

処分についても特例があり，犯行時に18歳未満の者に死刑を科すべきときは無期刑を，無期刑を科すべきときは，10年以上15年以下の懲役または禁錮の定期刑を科す (51条)。刑の言渡し時に少年である者について，長期3年以上の有期の懲役刑または禁錮刑を科すときは，その刑の範囲内で長期と短期を定めた不定期刑を科し，短期が5年を超えるときには短期を5年に短縮するが，長期は10年，短期は5年を超えてはならない (52条1項・2項)。換刑処分として労役場留置を言い渡してはならない (54条)。

(3) 問題点（今後の方向）

これまで，少年手続はいわゆるブラック・ボックスで，この手続の中に少年が組み入れられると，少年にどのような処分が科され，いつ手続から解放されて社会に戻ってくるのかなどが全く判らなかった。これは，少年は脆弱で，将来に向かって可塑性があるために，対決は避けて，国が親として少年を思いやる形で処分をする方が適しているという考え方がとられていた（パレンズ・パトリエイ，パターナリズム，国親思想）ためである。そのために，刑事手続で認められている基本権の保障はなく，裁判所の職権調査が幅広く認められ，少年は糾問的・職権主義的な手続の下で処分を受けてきた。これはすべて，少年の利益のために行っていることであり，少年に悪影響を及ぼすはずがないとの前提に立っていた。だが，社会で情報開示の気運が高まり，被害者が加害者の状況を全く知ることができないとの不満が強まるにつれて，このような手続制度に批判が高まった。1960年代から諸外国で明らかになってきた教育刑思想，社会復帰思想の失敗が1990年代にわが国でも明確になるにつれ，少年法が部分的にではあるにせよ，改正されてきた。

少年が家裁に送致された後，家裁調査官が資料を収集し，それに基づいて裁判官が事実の認定を行うとき，その認定の客観性がどうしても問題となる。少年法制度自体が少年の社会復帰を主眼としている以上，制度に組み入れられた少年は自分の言い分を前面に出すよりは，反省の態度を示し，早く解放されるように振る舞おうとするのは無理からぬことである。だが，犯罪の被害者やその遺族から見れば，少年が犯罪を行った理由やなぜ被害者に対してなのか，具体的にどのようにして被害者が害を加えられたのかを知りたいと考えるのも当

然である。また，これまでは，被害者が加害者に対して民事損害賠償請求をしようとしても，自らすべての証拠を収集したうえで，弁護士を選任して民事訴訟を提起するしかなかったし，これが大きな障害となって，被害者は多くの場合泣き寝入りをするしかなかった。少年審判で，少年が自分の行った行為に正面から向き合うこともなく，損害賠償もしないというのでは，余りに無責任であるとの誹りは免れない。

　少年犯罪の凶悪化が明らかになると，少年手続でも検察官の参加により，事実認定に客観性を持たせ，それに対応して少年に弁護権を保障することになった。これにより，事実認定の性格が，職権主義から論争主義に近づくことになろう。法廷の構成についても，従来は単独裁判官により事実認定がされてきたが，それを改め，合議体で審判，審理および裁判を行う決定を合議体でした場合や法律により合議体で審判，審理および裁判をすべきものと定められているときには，合議体で審判等が行われ，この点でも事実認定の客観性を高める工夫がされている（裁31条の4）。また，被害者等は事件に関して意見を陳述したいときは，その旨を申し出て，家裁調査官が聴取することができるようになった（9条の2）。被害者がどの程度，どのような形で事実認定手続に関与できるかについては，いくつかの方法を考えることができるかもしれないが，少なくとも事実に争いがあるときには，被害者等の心情を述べさせることには問題があり，事実が確定した後の手段というように考えるべきだと思う。さらに，被害者等による記録の閲覧・謄写が可能になり，損害賠償請求のために必要があり，かつ少年の健全な育成などを妨げたと認められるときには，被害者等は審判の記録の閲覧・謄写ができるようになった（5条の2・5条の3）。

　犯罪の原因は何なのかを特定できないために，犯罪少年にどう対処すべきかは，1899年にアメリカのシカゴで少年裁判所が設立されて以来，議論が絶えないところである。前述したように，教育刑思想，社会復帰思想の失敗を目の当たりにして，他の方策が模索されてきているが，近年ではいわゆる修復司法が提唱され，少年が犯罪を認めていることを前提として，少年を被害者と直接向き合わせて被害者の置かれている情況を直接聞かせ，そのうえで謝罪させて，罰を受けさせるという方法がすでにいくつかの国で実施されている。これは，初犯の少年を直ちに少年裁判所に送るのではなく，1つのダイヴァージョン（代替手段）として行われるのだが，このような方法がどの程度成功するかは，

今後の成果を検討する必要がある。いずれにせよ，少年の取扱いをめぐり，さまざまな方法が提唱され，実践に移されてきており，わが国でもこれらの方法の検討や提案が待たれるところである。

　また，日本では，保護処分をせずに説諭や訓戒をしても十分な更正ができない少年に対しては社会奉仕活動をさせ，その体験を通じて自己の非行に対する内省を深めさせる取組みも行われている。その活動の内容は，道路清掃，落書き消し，リサイクル活動などであるが，少年が実際にこのような活動を社会の中で行うことにより，非行を行った少年が地域の人々から受け入れられ，地域の人々との連帯感を感じ取り，社会の中で他社に迷惑をかけずに生きていく術を学ばせて，少年の更正を図るという制度を充実したものにすることも考えられてよい。刑罰として罰金，過料などを科しても，少年以外の者がそれを支払い，それが逆に少年に，金で何でも解決できるという誤った観念を植え付けてしまうことを考えると，このような制度の有用性はもっと自覚されて良いように思われる。英米法圏の国々では，このような制度が1つのダイヴァージョンとしてすでに運用されており，その基には，いわゆる reintegrative shaming (John Braithwaite) の理論などもある。この点で，このような制度は上記の修復司法の考え方を取り入れているといえる。少年問題を解決するのに，刑罰制度という1つの方法で行う必要はなく，多方面からのアプローチを複合的に応用していくべきことになろう。他方で，刑事責任年齢を14歳に引き下げても問題は解決したとはいえない。コモン・ロー諸国のように，例えば，10歳以上14歳未満については，刑事責任がないとの推定をとり，国がその推定を破る証明を行ったときには，その年齢にある者についても刑事責任を認める制度を考えることもできよう。もっとも，いかなる刑罰を科すことができるかはまた別の問題である。

〔参考文献〕

渥美東洋『刑事訴訟法（新版補訂）』有斐閣，2001年

渥美東洋編『刑事訴訟法』青林書院双書，1996年

椎橋隆幸編『基本問題刑事訴訟法』酒井書店，2000年

椎橋隆幸編『はじめて学ぶ刑事訴訟法』三嶺書房，1993年

池田修＝前田雅英『刑事訴訟法講義』東京大学出版会，2004年

第27章 ■ 国際化に対応する刑事司法

> **本章のポイント**
>
> 　現代では，人・もの・サービスが国境を越えて移動する。商取引が国際間で行われることはもとより，多くの人々が国外に出かけ，来日外国人も増加の一途をたどっている。人やものが国境を越えて移動することは，一方で，それに伴って犯罪も国際化することを意味している。
> 　国際化する犯罪への対処にはどのような問題があるのだろうか。日本では，来日外国人のスリや窃盗が起こるようになったし，外国人グループによる殺人事件も起きている。そうしたとき，日本警察の捜査で被疑者が特定されたが，その者はすでに本国に帰国していることが判明したとする。このとき，日本の警察が外国に出かけ，捜査活動をし，証拠を押収したり，犯人を逮捕したりすることができるのだろうか。もしできないとすれば，どのような方策を講じたらよいのだろうか。また，外国で入手された証拠は，どのような方法で収集されても，国内で収集された証拠と同じように使用できるのだろうか。
> 　刑事法は，各国に固有の価値観や訴訟構造の相違，また国家機関による強制力行使を必要とするといった事情から，他国との協力が難しく，1つの主権の範囲内だけで運用される傾向の強い法分野だが，国連でも，国際組織犯罪防止条約が採択され，その中に捜査，訴追，裁判および刑の執行に関する国際的な協力についての定めがおかれた。刑事司法の分野で，国際的な協力体制が必要なことが世界的に認識されているのである。本章では，このような犯罪の国際化に対応する方策についてどのような問題があるかを紹介しよう。

1 刑事法の管轄 (jurisdiction)

　刑事法の運用には，①刑罰法規を制定し，②罪が犯されたときそれを捜査し，③裁判をして，④言い渡された刑の執行をする，という段階があり，それぞれの段階で，だれが（どの国の機関が）それについての権限を行使するか，という管轄の問題がある。

例えば，A国籍のXという者が，AB両国の国境のA国側から，B国の政治家Yに向けて銃を発射し，Yが負傷したとしよう。この行為に適用される刑罰法規は，A国のものか，B国のものか。また，B国警察からA国警察に証拠の収集や被疑者Xの身柄拘束，さらにはXの身柄の引渡請求があったとき，A国はどう対応するのか。捜査の過程で，XはB国のある者からの狙撃依頼を受けており，B国内のXの銀行口座にその報酬とみられる預金があることが判明したとしたら，Xが有罪になった後，それを没収する権限はどちらの国にあるのか。

こうした問題を事前に解決するには，どの国にも共通して適用される法律を制定しておくことが望ましいが，法律，とりわけ刑事法は，①どのような行為を犯罪として処罰するのかについての，いわば価値観の違い，②それぞれの国が採用する公判構造（当事者主義や職権主義）の違い，③刑事法の分野では，本質的に捜査機関や裁判所が個人のプライヴァシーや自由を制限する権限を行使するが，それを適正なものにするためには，主権者がその権限行使をコントロールすることができなければならない（外国機関の権限行使には，ある国の主権者のコントロールは及ばない），といったことから，共通法を制定することは大変難しい。

前述のような諸問題のうち，ある行為にどの国の刑罰法規を適用するのかという点について，日本の刑法典は，その定めを，日本国内において罪を犯したすべての者（1条），日本国外で特定の罪を犯したすべての者（2条），日本国外で特定の罪を犯した日本国民（3条），日本国外で日本国民に対して特定の罪を犯した日本国民以外の者（3条の2），日本国外で特定の罪を犯した日本国公務員（4条）のほか，条約によって日本国外で犯した場合でも処罰されることとされている罪を犯したすべての者（4条の2）に適用する，としているが，これは実体法の適用の問題なので，ここではこれ以上触れることはせず，以下には主に捜査と裁判に関する問題を扱うことにしよう。

2 国際捜査共助

(1) 海外での捜査権

　日本の捜査機関は，国外でも国内と同じように活動できるのだろうか。日本の刑訴法には，場所的適用範囲について明文規定がないため，日本の捜査機関の捜査権限が国外にまで及ぶのかについては議論がある。

　捜査は行政機関の活動であり，憲法によれば国政は国民の信託によるものである。主権者としては，自国の刑罰法規が適用される罪については捜査機関に捜査権限を与えているものと解され（197条1項），たまたま捜査の必要が国外に及んだからといって，捜査権限を放棄すべきことを期待しているわけではないだろう。警察法や検察庁法は，国内での活動を前提としているが，それは国外犯捜査を禁止する趣旨まで含んでいるとは思われない。したがって，日本の捜査権限が国外に及ばないとは解されない（刑訴法の効力は国外にまで及ぶ）。

　しかし，捜査権限が及ぶということは，必ずしも日本の警察官が，例えばK国で日本国内と同じように直接捜査活動をすることができるということを意味しない。前述のように，捜査活動は国家機関に主権者が授権した権限が行使される場面（権力作用）である。K国の主権者は，法規に従いつつ犯罪を捜査する権限と義務を自国の捜査機関に与えているのであって，外国機関に与えているわけではない。捜査活動には個人のプライヴァシーや権利を制限するものと，その必要なく実施できるものがあるが（任意と強制の区別を想起してほしい），とりわけ自由やプライヴァシーなどの権利制限を伴う活動は，国内法の要件を充たしてはじめて実施することが許される。したがって，K国の定めた要件を遵守する義務を負わされていない日本の捜査機関がK国領土内で活動することは，それを許す旨のK国の主権者の意思表示がないかぎり許されないことになろう。

　そこで，外国に被疑者や証人がいたり，証拠があると考えられるときには，日本の捜査機関が直接その国で活動するのではなく，国際捜査共助という手続を通じて捜査目的を達成することになる。

(2) 国際捜査共助

　平成16年に「刑事に関する共助に関する日本国とアメリカ合衆国との間の条約（日米刑事共助条約）」が国会承認され，それに伴い，かつて「国際捜査共助法」と呼ばれていた法律が「国際捜査共助等に関する法律」と改称された。これは，冒頭に記したような犯罪対策の国際化の必要に応じて，共助を迅速化し，その内容も拡充することを目的とした改正であり，近時の国際的な捜査共助の枠組みに沿うものである。以下にその概略を示すことにしよう。

　国際捜査共助等に関する法律では，「共助」とは，外国の要請により，刑事事件の捜査に必要な証拠を日本が提供することをいう，とされている（1条）。日本から外国への共助依頼については定めがないが，前述のとおり，それは刑訴法197条1項で当然に認められていると解されるので，特に定めを設ける必要はないと判断されたのである。

　伝統的に，国家間の共助は捜査を担当する機関が直接行うのではなく，外交ルートを経由して行われてきた。つまり，一般的には，①相手国から日本の外務大臣への共助要請，②外務大臣から法務大臣への要請書面送付，③法務大臣から検事正への証拠収集命令，または，国家公安委員会への共助要請書面送付，④検事正の検察官への証拠収集命令，または，国家公安委員会の都道府県警察への証拠収集命令，という手順で具体的な証拠収集の実現にいたるのが国家間の捜査協力の手順だったのである。しかし，平成16年の改正では，共助の任務にあたる中央当局として法務大臣と国家公安委員会を定め，そのような外交ルートを通すことなく共助が実施できることとされた（3条，条約2条）。外交ルート，すなわち外務省は，刑事に通じているわけではなく，時間的にもこれを通した場合には共助の実施に月単位の時間がかかるといわれていたが，それではとても犯罪捜査の要請に応えることはできないからである。

　共助の内容は，①証言，供述，物件の取得，②人，物件等の見分，③国家機関の保有する物件の提供，④請求国の刑事手続への出頭が求められている者への招請の伝達，⑤証言のための被身柄拘禁者の身柄の移動，⑥犯罪収益等の没収，移転，⑦中央当局の合意するその他のもの，などとされており，その対象は，一般犯罪のほか，行政機関による反則調査にも及ぼされた。これによって，経済犯罪も共助の視野に入ることとなった（条約1条3項）。

伝統的に，共助の実施には条件ないし制限がある。①政治犯の捜査が目的であるとき，②捜査対象の行為が日本国内で行われたとした場合，それが日本では犯罪に当たらないとき，③仮に日本が同種の要請をしたとき，共助要請国がそれに応ずる保証がないとき，などには共助に応じないとされることが多い。②の要件を**双罰性**，③の要件を**相互主義**という。刑罰法規は個人の自由や財産を奪う根拠を定めたものであるから，どのような行為が処罰されるかについては共助要請国と被要請国との間に共通認識が必要で，どちらかの国では罪とならないような行為のために共助をすべきではないこと，また，捜査には人的・物的資源が費やされることから，被要請国が同様の要請をしたときには，要請国もそれに応じてくれる保証がなければ，もっぱら被要請国の負担で捜査に協力することになって不当である，というのが両原則の根拠である。

このうち，相互主義については，共助条約を締結するのであれば相手国との共助の相互保証はあることになるので問題はない。困難な問題を生ずるのは双罰性であるが，近時は国際的に緩和される方向にある。国権によって個人の権利を制限ないし剥奪する刑事法の運用については，先に述べたように共通認識が必要であるが，具体的な行為が犯罪となるかならないかについて相違があったとしても，相互の刑事司法制度への高度の信頼（共通の法原則）がありさえすれば，共助を実施しても個人の権利保障に欠けるところはないとみてよいからである。そこで，日米捜査共助条約では，任意捜査については双罰性がなくとも実施を義務的とし，強制処分についてはそれぞれの中央当局の裁量に委ねることとされた（条約1条4項・3条1項4号）。

国際捜査共助等に関する法律には，このほか，国内の受刑者を外国の刑事手続での証人として移送する手続や，国際刑事警察機構（インターポール・ICPO）からの捜査協力要請を受けたときの措置についても定められている（同法18条・19条）。

平成18年版警察白書によると，平成17年に外国からの要請に基づき共助をした件数は，外交ルートが30件，ICPOルートでは856件あり，外国に共助を要請した件数は，外交ルートが14件，ICPOルートでは485件あったとのことであり，日本は日米条約と同様の条約を韓国，中国との間に結んでいる。

なお，外国裁判所から書類の送達および証拠調べの嘱託があった場合の手続については，外国裁判所ノ嘱託ニ因ル共助法が定めている。

3 逃亡犯罪人引渡し

(1) 逃亡した犯罪者

先に引用した警察白書によれば，日本国内で罪を犯し国外に逃亡している者，または逃亡したおそれのある者は平成17年末時点で819人であるという。日本の捜査機関等が，国外にいる被疑者を直接捕捉して日本に引致すれば，先に記したとおり，外国の主権を侵害することになる（ちなみに，データベースで「金大中事件」を検索してみてほしい）。そこで，ある国で罪を犯し，他国に逃亡した者については，その者の所在国に協力を求めなければならない。

日本国内で罪を犯して外国に逃亡した者については，逃亡先の国の関係機関の協力を得て所在の確認をしたり，ICPO に国際手配書を求めたりすることができる。こうして所在が確認された者については，外国の強制退去処分を待ってその者を公海上の航空機内で引き取ったり，以下に述べる逃亡犯罪人引渡し手続による身柄の引渡しを求めたりすることができる。

逃亡犯罪人とは，引渡しを要請する国でその者を対象とする刑事手続が行われている者のことをいうが，引渡しは，対象者の身柄を拘束したうえ，他国に移送することを意味するから，個人の自由への重大な制約を含む。そこで，日本が外国から引渡し請求を受けた場合の手続を定める逃亡犯罪人引渡法は，証拠物の送付に比べてより厳格な手続を定めている。引渡請求の形態としては，日本と外国との間に締結された犯罪人引渡条約に基づく場合と，そうでない場合があるが，日本は，これまでアメリカ合衆国と韓国との間に二国間の逃亡犯罪人引渡条約を締結している。条約がない場合には，刑罰権があっても犯罪者が国外逃亡しているため事実上刑罰権を行使できない国の主権を相互に尊重すべきであるという**国際礼譲**の考え方に基づいて引渡しが実現される。

(2) 逃亡犯罪人引渡法

引渡しには制限があり，①政治犯罪が対象であるとき，②逃亡犯罪人が犯したとされる罪が，請求国の法令で（および日本で犯されたとした場合において日本で）死刑または無期もしくは長期3年以上の自由刑にあたらないとき，③日

本国内でその行為が行われたとした場合に，日本の法令では刑罰を科し，または刑罰を執行できないとき（時効の完成など），④請求国で有罪判決を受けている場合を除き，逃亡犯罪人がその行為を行ったことを疑うに足りる相当な理由がないとき，⑤逃亡犯罪人が日本国民であるとき，などには引渡しはできないと定められている（逃亡犯罪人引渡法2条）。

手続は，①請求を受けた外務大臣から法務大臣への請求書面の送付（同法3条・4条），②法務大臣から東京高等検察庁検事長への引渡審査請求命令（同法4条），③東京高等検察庁の検察官からの東京高等裁判所への引渡審査請求（同法8条），④東京高等裁判所の審査および決定と東京高等検察庁の検察官へのその通知（同法10条），⑤東京高等検察庁検事長からの法務大臣への審査結果と意見の提出（同法13条），⑥引渡しに関する法務大臣の命令（同法14条），⑦逃亡犯罪人を引き渡す場合には，法務大臣から東京高等検察庁検事長への引渡状発付，法務大臣から外務大臣への受領許可状の送付，外務大臣から請求国への受領許可状の送付（同法14条・15条・16条・19条），⑧東京高等検察庁検事長による逃亡犯罪人を拘禁している監獄の長に対する引渡指揮（同法17条），⑨請求国の官憲への引渡し（同法20条），の手順で進められる。この際，①外務大臣は，相互主義の保証がない場合等，②法務大臣は，明らかに引渡しができない場合，引渡しが裁量に委ねられているときに引渡しを相当でないと認める場合等，には引渡し手続をしない（同法3条・4条）。

逃亡犯罪人は，法務大臣から東京高等検察庁検事長への引渡し審査請求命令があったときには，逃亡のおそれがない場合等を除いて裁判官の発する拘禁許可状により拘禁される（同法5条）。引渡しができる場合に該当するかどうかについての東京高等裁判所での審査にあたっては，逃亡犯罪人は弁護士の補佐を受けることができ（裁判所が必要と認めるときは国選することもできる。逃亡犯罪人引渡法による審査等の手続に関する規則15条），逃亡犯罪人および弁護士は意見を述べることができる（同法9条）。審査請求が不適法な場合や，引渡しができない場合に該当する旨の決定があったときは，逃亡犯罪人は釈放される（同法12条）。

このように，逃亡犯罪人の引渡しについては，双罰性のほか，実質的な処罰根拠のあることが要件とされ，日本の裁判所がその審査をしたうえ，法務大臣が最終的に引渡しを命ずることとされている。近年では，アメリカ合衆国で経

済スパイ罪等により公訴を提起された者について，逃亡犯罪人引渡し手続においては，引き渡される者が請求国の裁判で有罪とされる見込みがあるかどうかを被請求国において審査すべきであるから，少なくとも請求国の法令に基づく引渡犯罪の嫌疑が認められることが引渡しの要件であり，その嫌疑が認められないので，引渡しできない場合にあたると判断された事例がある（東京高決平成16・3・29判時1854号35頁）。

4 没収および追徴裁判の執行および保全の共助，国際受刑者移送

このほか，組織的な犯罪の処罰および犯罪収益の規制等に関する法律ならびに国際的な協力の下に規制薬物に係る不正行為を助長する行為等の防止を図るための麻薬および向精神薬取締法等の特例等に関する法律には，外国の刑事事件に関して，外国から没収もしくは追徴の確定裁判の執行やそのための財産保全の共助要請があったときの共助手続が定められている。

また，各国で外国人受刑者が増加していることに鑑み，生活習慣の異なる国で刑を受けるよりも，それぞれの本国で刑を受ける方が更生目的を達成しやすいと考えられることから，国際受刑者移送法は，条約に基づき，①外国で確定裁判を受けて刑に服している日本国民の引渡しを受けて裁判の執行共助をし（受入移送），②日本で懲役または禁錮の確定裁判を受けて刑に服している条約締結国の国民をその国に引き渡して，刑の執行共助を嘱託（送出移送）する際の手続を定めている。

5 外国で収集された証拠の利用

前述のとおり，日本から外国への捜査共助要請は特別の定めがなくともすることができると解されているが，日本からの要請を受けて外国で収集された証拠をどのように扱うかについては，解決しなければならない問題がある。というのは，日本の法基準を充たさない手続が被要請国でとられた場合や，日本では定めがないか，違法とされているが，被要請国では適法とされている捜査方法が共助に際して用いられた場合などに，送付された証拠を日本の刑事手続上どのように扱うかを明らかにしておかなければならないからである。

(1) 外国法の考え方

　日本での解釈をみる前に，以前から国際犯罪への対処を進めてきたアメリカ合衆国やヨーロッパの例を少しだけみてみよう。

　違法ないし要請国に定めのない手段による証拠収集について，アメリカ合衆国の裁判所は，外国捜査機関には合衆国憲法も排除法則も原則的に適用されないと解している。したがって，外国捜査機関が入手した証拠はその入手過程で合衆国憲法違反があったとしても，証拠としての価値があるかぎりその利用が許される（これを International Silver Platter Doctrine という）。ただし，これには2つの例外があるとされている。1つは，外国捜査機関の活動の違法性があまりに大きいため，裁判官の良心にショックを与える（shocks the judicial conscience）場合であり，もう1つは合衆国の捜査機関が外国捜査機関の活動に相当程度関与しているため，ある活動が合衆国の捜査機関と外国捜査機関の合同捜査とみなされる場合である（これを Joint Venture Doctrine という）。そのような場合には，外国で収集された証拠であっても，その収集方法ゆえに証拠利用が例外的に許されなくなるというのである。

　一方，ヨーロッパでも，陸続きで諸国がつながっているため，犯罪対策の国際協力の歴史は古い。また，国内法のほかに，加盟国すべてに共通して適用されるヨーロッパ人権条約の遵守が求められる点が他の法域と異なる。たとえば，ベルギーの捜査共助要請を受けたオランダ警察が，オランダ国内でベルギー国籍の者の電話を傍受して得られた証拠の適法性が，ベルギーの裁判所で争われたことがある。通信傍受はベルギーでは違法とされており，ベルギー法は違法収集証拠を許容しない旨の定めをおいていたが，ベルギーの裁判所は，傍受が，オランダ法および私生活の平穏の保護を定めたヨーロッパ人権条約を遵守して実施されているかぎり，傍受の結果得られた証拠の利用はベルギー法に違反しないと判示した。

(2) 日本法の考え方

　① 既に学んだように，日本でも排除法則が採用されている。日本が共助を要請した国で，それが日本で用いられたとすれば排除法則の適用対象となるような捜査方法によって証拠が収集されたとき，その証拠を日本の裁判で用いる

ことはできるだろうか。

　入手された証拠の証明力の確保ではなく，それを入手する政府の活動を規律することを目的とするのが排除法則である。その根拠は，憲法35条自体の効力に求められたり（規範説），将来の違法捜査の抑止に求められたりするが（抑止効説），いずれの立場によっても，この法則を外国捜査機関の行為に適用することはできないと考えるのが一般的であろう。というのは，憲法は，政府による正当な理由のないプライバシー侵害を禁止し，排除法則はその禁止に違反して得られた証拠の利用を禁ずるが，禁止の名宛人は憲法が行政権を与えた政府（つまり日本政府）であり，それ以外の政府ではないからである。また，裁判所が，証拠の排除を通じて違法捜査の抑止を期待するのは，やはり日本の捜査機関に対してであろう。そうすると，外国で収集された証拠に排除法則を適用することは一般的には考えられないことになる。ただ，その証拠を利用することが日本の裁判を不公正にするほど違法性の高い活動が行われたとか，日本の法原則に大きく反する活動があったとみられる場合には，その証拠を許容しないことは考えられる。例えば，人の尊厳を害するような取調べ手段が用いられた結果入手された供述は，それだけで日本の裁判でも用いることが許されないと論ずる余地はあるように思われる。

　②　刑事免責で著名ないわゆるロッキード事件丸紅ルート大法廷判決では，日本法にはない刑事免責を付与してアメリカ合衆国でとられた嘱託尋問調書の証拠能力が争われた。

　この事件では，日本の検察官が，アメリカ合衆国にいる証人の尋問を同国の裁判所に嘱託したのだが，その際，その証人が将来の日本での訴追をおそれて証言を拒んだため，その証人の刑事責任を将来日本で問うことはないという宣明書を日本の検事総長が発し，最高裁判所も，この約束が将来にわたって遵守されるという宣明をしたうえで，合衆国の裁判所で証人尋問が行われたのである。ところが，アメリカ合衆国にはそうした免責制度が明文で定められているが，日本の刑事手続法には，刑事責任を問わないという約束をしたうえで証人から供述を得る制度の定めはない。

　この嘱託尋問調書の証拠能力について，日本の最高裁判所は，憲法が刑事免責制度の採用を否定しているわけではないとしながら，刑訴法がその明文規定をおいていないことを理由として，嘱託尋問調書を事実認定の証拠とすること

は許されないとした（最大判平成7・7・22刑集49巻2号1頁）。
　この判断は妥当だろうか。
　先にみたように，共助要請国には定めがないが，被要請国では適法とされている手段で証拠が収集された場合に，被要請国で適法に証拠が収集されていれば，要請国でその制度を採用していないという理由だけで送付された証拠の利用を禁ずることはないというのが欧米の多くの国のとる立場である。ある捜査手法なり制度なりを自国で採用するかどうかという問題と，国際共助によって他国に依頼して得られた証拠の証拠能力の問題とは別だからである。
　国政が国民の信託に基づくことを謳う憲法の下では，個人のプライヴァシーや権利に影響する刑事手続上の制度は，その国の事情に照らしてそれを採用するか，採用するとすればどのような要件を設けるかなどついて議会を通じた主権者の意思表示が必要である。しかし，国際共助はもともと異なる制度間の協力手段であり，他国の手続に従った証拠収集を前提としているもので，それを通じて得られた証拠利用の可否は，その制度の採用の可否とは問題の次元が異なるはずである。
　そこで，異なる法制度下で得られた証拠利用の可否については，まずその制度自体の原理・原則を分析したうえ，それを利用することが自国の法の諸原則に反するか否かを検討する，といった作業のうえで，証拠能力の有無を決定すべきなのではないだろうか。同じ制度を共助要請国の現行法が採用していないというだけで，共助によって得られた証拠の証拠能力を否定したのでは，そもそも共助を要請すること自体の意味がなくなるおそれがあるだろう。
　このように，現代の人・もの・サービスの国境を越えた移動は，犯罪の国際化に対処する政策の国際化を促しており，目下，各国が協力して犯罪に対処する体制が整えられているところである。

〔参考文献〕
奥脇直也「国際法から見た国際刑事協力の現代的展開」法学教室278号

事項索引

あ 行

RVS方式の自動速度違反取締装置 ……*108*
悪経歴 ……………………………………*162*
悪性格 ……………………………………*162*
新しい強制処分説 ………………………*108*
後知恵の危険 …………………*66, 92, 102*
意見陳述 …………………………………*260*
意見陳述制度 ……………………………*259*
萎縮効果 …………………………………*216*
一応の証明 ………………………………*230*
一罪の一部起訴 …………………………*138*
一事不再理 ………………………………*278*
一事不再理効 ……………………………*276*
「1回限りの」有罪立証の機会 ………*280*
一件記録（書類）………………………*158*
一般探索的な捜索・押収 ………………*55*
一般的指揮 …………………………………*25*
一般的指示 …………………………………*25*
一方当事者参加の手続 …………………*67*
違法捜査 ……………………*142, 143, 146*
違法排除説 ………………………………*223*
員面調書 …………………………………*238*
疑わしきは被告人の利益に …*193, 298, 300*
英米法系 …………………………………*265*
大阪覚せい剤事件 ………………………*119*
おとり捜査 ………………………………*59*
お礼参り …………………………………*255*
恩赦 ………………………………………*292*

か 行

海上保安官 ………………………………*107*
回復証拠 …………………………………*244*
加害者の出所情報 ………………………*255*
確定判決を維持する利益 ………………*296*
確定力を尊重すべき要請 ………………*295*
加重事由 …………………………………*291*
観護 ………………………………………*313*
監視カメラ ………………………………*121*
間接強制 ……………………………………*99*
鑑定 ………………………………………*240*
還付・仮還付 ……………………………*260*
偽計による自白 …………………………*224*
危険継続論 ………………………………*266*
期日外尋問 ………………………………*255*
期日間整理手続 …………………………*178*
稀釈法理 …………………………………*126*
起訴議決 …………………………………*140*
起訴強制手続 ……………………………*253*
起訴裁量主義 ……………………………*148*
起訴状 ……………………………………*156*
起訴状一本主義 ……………*20, 148, 157*
起訴状謄本 ………………………………*309*
起訴便宜主義 ……………………………*137*
起訴法定主義 ………………………*137, 263*
規範説 ……………………………………*124*
既判力 ……………………………………*278*
忌避権 ……………………………………*141*
逆送 ………………………………………*314*

客観的期待 …………………… 57	刑事補償 …………………… 71
キャッツ …………………… 57	刑事免責 …………………… 329
糾問主義 …………… 16, 199, 200	形成力 …………………… 197
糾問・職権主義 …………… 158	欠格事由 …………………… 41
教育刑思想 …………………… 316	結果発生時説 …………… 186
競合説 …………………… 185	血中アルコール濃度 …………… 101
供述の自由保護のための予防法理 …… 226	決　定 …………………… 275
強　制 ……………… 47〜49, 60	厳格な証明 …………………… 209
強制採尿令状 …………… 100	嫌疑刑 …………………… 16
強制手段 …………………… 51	検挙率 …………………… 4
強制処分 …………………… 6, 53	減軽事由 …………………… 291
強制処分法定主義 ………… 47〜49	現行犯逮捕 …………… 64
京都府学連事件 …………… 108	検察官起訴独占主義 …………… 26
脅迫文書 …………………… 163	検察官面前供述録取書 ……… 169
共犯擬制 …………………… 215	検察審査会 ………… 11, 140, 252
共犯者の供述に対する補強の要否 …… 231	現状封鎖（インパウンド） …… 104
共犯推定 …………………… 215	検証令状 …………………… 105
虚偽記載罪 …………………… 43	憲法違反 …………………… 13
虚偽の事実の摘示 …………… 217	検面調書 ………………… 169, 237
虚偽排除説 …………………… 223	行為終了時説 …………… 186
挙証後行 …………………… 157	公開裁判 …………………… 204
挙証責任 …………………… 211	効果的な弁護 …………… 31
許容的推定 …………… 213, 214	合議体 …………………… 37
切り違え尋問 …………… 224	公共の利害 …………… 217
記録の閲覧・謄写 …………… 317	抗　告 ……………… 265, 274, 276
緊急逮捕 …………………… 65	公正な裁判 …………… 157
緊急配備活動としての検問 ……… 117	構成要件共通説 …………… 195
具体的指揮 …………………… 25	構成要件類似説 …………… 195
具体的法規説 ………… 277, 279	控　訴 ……………… 265, 276
国親思想 …………………… 316	公訴棄却 …………… 184, 284
虞犯少年 …………………… 313	公訴権濫用論 …………… 11
警戒検問 …………………… 116	公訴時効制度 …………… 185
警察に認知された事件数 ………… 3	公訴事実 ………… 148, 156, 202
形式裁判 …………………… 276	──の同一性 …………… 190

公訴不可分の原則	138
控訴率	4
交通切符制度	312
交通検問	115
交通事故即決裁判手続	311
交通反則金制度	312
交通反則通告制度	4
公判中心主義	157
公判前整理手続	172
公平で迅速な裁判を受ける権利	159
公平な裁判	20
公平な裁判所	44, 204
合理的疑いを容れない程度	31
——の有罪立証	166, 266, 295, 298
合理的関連性	214, 219
勾留	68
——の切替え	69
勾留質問	69
勾留取消	70
勾留理由開示	69
勾留理由の競合	71
呼気検査	101
国際受刑者移送法	326
国際捜査共助	238, 322
国際捜査共助法	323
国際礼譲	325
国選弁護	30
——の保障	289
国選弁護制度	86
国選弁護人	86
告訴	139, 249
告訴人	139, 141
告知機能	160
告知・聴聞を受ける権利	20, 165
告発	139
告発人	139, 141
国家訴追主義	136, 137
誤判原因	290

さ 行

罪質同一説	195
再審	5, 13, 295, 296
再審開始決定	302
再審公判手続	302
再審事由	297
再審請求	292, 300
罪数	282
罪体	230
再逮捕・再勾留	71
裁判員	35
——の選任	39
裁判員候補	39
裁判員候補者名簿	39
裁判員制度	34
裁判員選任手続	41
裁判の公開	255
裁判の迅速化	36
裁判の遅延	180
裁判を受ける権利	157, 195
裁面調書	236
裁量刑	289
裁量訴追主義	26, 137
作業成果法理	167
差押対象物	93
参考人	87
参考人取調べ	87
参審員	37
参審制	36

山谷テレビカメラ監視事件 …………108
指揮権 …………………………26
死刑制度 ………………………286
死刑存廃論 ……………………286
死刑の確定人員 ………………289
死刑量刑の基準 ………………291
事件単位の原則 ………………70
時効の連鎖 ……………………187
事後審 …………………269, 270
自己負罪拒否特権……19, 147, 158, 212, 226
事実誤認 ………………………307
　　──を理由とする政府上訴 …268
事実上の推定 …………………213
事実認定手続 …………………259
事情の総合説 …………………223
実況見分 ………………………240
実質証拠 ………………………243
実体裁判 ………………………276
「実体重視型」の再審制度 ……296
実体的真実主義 ………………181
実体的正義 ……………………212
実体法説 ………………………185
実体要件 …………………9, 63, 92
　　──の緩やかな認定 ………66
質問権 …………………………317
指定書 …………………………82
自動車検問 …………………10, 47
児童自立支援施設 ……………314
自動的上訴制度 ………………292
児童福祉法 ……………………313
児童養護施設 …………………314
自　白 …………………………222
　　──の証拠価値 ……………222
　　──の「任意性」 …………225

公判廷での── ………………229
自白法則 ………………………221
司法共助 ………………………238
司法警察員 ……………………24
司法巡査 ………………………24
司法の完全性 …………………125
社会復帰思想 …………………316
写真撮影 ………………………57
遮蔽およびビデオリンク方式 …260
終局裁判 ………………………276
終局前の裁判 …………………276
自由心証 …………………208, 236
自由心証主義 ……………207, 208, 221, 265
重大な不正義 …………………273
自由な証明 ……………………209
修復(的)司法 ……………261, 317
十分な理由 ……………………65
主観的期待 ……………………56
取材の自由 ……………………109
主張先行・挙証後行の原則 …148, 157, 193
出頭義務 ………………………78
準起訴 …………………………141
準起訴手続 ………………26, 253
準現行犯逮捕 …………………65
準抗告 …………………………276
巡査長 …………………………24
情況証拠 ………………………234
証言不能 …………………236, 237
証言利用不能 …………………238
証拠隠滅 ………………………176
証拠開示 ………………………36
証拠開示請求 …………………141
証拠開示制度 …………………166
上　告 …………………………265, 276

事項索引　*335*

上告審	273
上告率	5
証拠裁判主義	221
証拠提出責任	183, 211
証拠能力	221
証拠の許容性	221
証拠排除	128
証拠破壊	103, 176
証拠への近接性	214
証拠法	220
証拠法定主義	221
常習犯	161
情状証人	259
上　訴	12
――の範囲	269
上智大学内ゲバ事件	109
証　人	247
証人威迫罪	253
証人喚問権	204
証人審問権	159
証人保護プログラム	254
少　年	313
少年鑑別所	313
少年裁判所	317
情報入手の必要性	247
証明の優越	217
証明予定事実記載書面	172
証明力	221
職業裁判官	35, 36
触法少年	313
職務質問	9, 112
――に伴う所持品検査	47, 58
――のための停止	47, 58
所持品検査	10, 118
職権事実取調べ	270, 271
職権主義	17, 28, 29, 52, 141, 149, 195, 199, 200, 263, 270, 299, 301
職権破棄	273
処罰条件阻却事由	213
白鳥事件	298
知る権利	109
新規性	299
新旧両証拠	301
人権擁護説	223
親告罪	248
真実義務	32
「真実重視型」の再審制度	296
真実性の証明	215
迅速裁判	194, 204
迅速な裁判を受ける権利	20, 180
信用性	237
――の情況的保障	237〜239
推　定	213
推定事実	213
正　義	148
請求権者	300
請求人	139
制限政府	52, 280
正式裁判請求	308
正当防衛	214
政府上訴	283
積極的な関与の必要性	248
接見制限	82
絶対的上訴理由	267
説得責任	211
善意の例外	127
前　科	161
全面開示	170

訴　因	148, 156, 206	対質権	234
――の告知機能	193	大正刑訴法	19
訴因固定主義	196	対審構造	105
訴因変更命令	197	大は小を含む	212
総合的に評価	298	逮　捕	63
総合法律支援法	291	逮捕・勾留下の被疑者取調べ	76
相互主義	323	逮捕・勾留の効力の及ぶ範囲	70
捜査係裁判官	157	逮捕前置主義	69
捜索場所	93	待命式略式手続	312
捜査と公判の分離	149	大陸法系	265
捜査の端緒	248	対　話	201
相対的排除論	134	高田事件	181
争点整理	206	択一関係	192
相当理由	9, 62, 63, 69	弾劾主義	16, 147, 197, 199, 200, 202, 212, 267
双罰性	323		
阻却事由	212	弾劾証拠	243
即時抗告	276	弾劾的捜査観	166
続　審	269	弾劾論争主義	157
続審形態	208	治罪法	18
訴訟記録を閲覧・謄写	258	調査権	317
訴訟参加制度	262	調書判決	312
訴訟指揮権	170	挑戦的防御	195, 208
訴訟条件	195	直接強制	98
訴訟法説	185	衝　立	256
訴追意思	197	通　告	313
訴追裁量	281	通常逮捕	63
即決裁判手続	305	通信の秘密	106
損害回復の必要性	248	通知事件	82
		通知書	82

た　行

		付添い	260
第1次的被害	246	付添人	256
第2次的被害	246	提出命令	109
第3次的被害	247	TBS事件	109
対決権	159, 204	適正手続	142, 159, 189

「手続重視型」の再審型態 ………296
手続単位説 …………………74, 75
手続要件 ……………9, 63, 92
電磁的記録 ………………………95
伝聞供述 …………………235, 242
伝聞証拠 ……………234, 241, 243
伝聞法則…………………21, 234, 235
　──の例外 ………………237, 239
電話傍受 ………………………105
同　意 …………………………169
同意擬制 ………………………243
同行状 …………………………313
当事者 …………………………234
当事者主義………18, 199, 200, 270
当事者論争主義 ………31, 148, 234
逃亡犯罪人引渡し ……………323
都教組勤評闘争事件 ……………94
毒樹の果実 ……………………227
毒樹の果実法理 ………………126
特信情況 ………………………241
特信性の情況保障 ……………236
特定車検問 ……………………117
特に信用すべき情況 …………237
特別抗告 ………………………276
独立入手現法理 ………………126
取調受認義務 ……………………74
取調の可視性の高揚化策 ………79

な　行

新島ミサイル事件 ……………269
二元的な自白排除 ……………225
二重危険禁止 …………154, 276, 279
　──の観点 ……………………266
二重危険禁止条項 ……………268

二重勾留の可否 …………………71
二重処罰禁止 …………………282
二重の危険 ………………………22
日本国憲法 ………………………19
日本テレビ事件 ………………110
任　意 …………………47〜49, 59
任意処分 …………………………53
任意性 …………………………241
任意性説 ………………………223
任意同行 …………………10, 113

は　行

排除法則 ……………127, 225, 226
陪審員 ……………………………37
陪審制 ……………………………36
博多駅事件 ……………………109
派生的証拠 ……………………126
パターナリズム ………………316
判　決 …………………………275
　──に影響を及ぼすことが明らかな
　　場合 ………………………267
　──に影響を及ぼすべき誤り……12
犯罪成立要件 …………………160
犯罪の嫌疑 ………………………6
犯罪被害者等基本法 …………262
犯罪被害者等給付金の支給等に関する
　法律 …………………………262
犯罪被害者等早期支援団体 ……249, 261
犯罪被害者保護関連2法 ………249
反対尋問 ……………166, 234, 235
犯人と被告人の結びつき ……230
反覆自白 ………………………227
判例違反 …………………………13
被害者等通知制度 ……………249

被害者の犯罪によって被った影響に関
　する供述 ………………………………259
被害者連絡制度 ………………………249
被疑事実 ………………………………106
被告人取調べ……………………………81
微罪事件 …………………………………25
微罪処分 ………………………………4, 25
必要性 …………………………62, 63, 69
必要的弁護事件 ………………………177
ビデオリンク方式 ……………………256
秘密漏示罪 ………………………………43
評　決 ……………………………………39
表現の自由 ……………………………109
不可避的発見の法理 …………………127
不起訴理由の告知 ……………………252
覆　審 …………………………200, 269
不告不理の原則 …………………………17
不審事由 …………………………10, 112
付審判請求 ……………………………109
付審判請求手続 ………………11, 141, 253
不退去義務 ………………………………78
付帯私訴 ………………………………262
物的証拠 …………………………………97
不服申立 ………………………………107
不法収益 ………………………………218
プライヴァシー …………………………53
　──の期待 ……………………………50
　──の客観的期待 ……………………57
　──の合理的期待 …………………49, 56
　──の主観的期待 ……………………57
　　行動の── …………………………56
　　場所・領域の── …………………56
不利益な事実の承認 …………………222
不利益変更禁止 ………………………272

──の原則 ……………………………310
併用説 …………………………………223
別件基準説 ………………………………72
別件逮捕・勾留 …………………72, 227
別罪証拠 …………………………………96
弁護権 …………………………21, 159
　──の保障 …………………………204
防　御 …………………………………271
法　源 …………………………………273
傍受令状 ………………………………107
法定主義 ……………………49, 52, 53
法定証拠主義 …………………………208
冒頭陳述 ………………………………178
報道の自由 ……………………………109
防犯カメラ ……………………………121
法律上の推定 …………………………213
補強証拠 ………………………………244
　──の証明量 ………………………230
補強法則 …………………………221, 228
　──の趣旨 …………………………229
補強を要する範囲 ……………………229
保護観察 ………………………………314
保　釈 …………………………29, 254
補充性の原則 …………………………107
没収・追徴 ……………………………261
ポリグラフ検査 …………………………88
本件基準説 ………………………………72

ま 行

マーシャルサービス …………………255
前の不一致供述 ………………………169
前の無罪 ………………………………283
前の有罪 ………………………………283
麻薬取締官 ……………………………107

麻薬取締法 …………………………218
麻薬分析………………………………90
身柄拘束されていない被疑者の取調べ…80
未決勾留日数の刑期算入……………71
密接関係 ……………………………192
水俣判決 ……………………………187
ミランダ法理 ………………………226
民事上の和解 ………………………258
無罪推定……………………31, 166, 216
　　──の原則 ……………………212
無罪を導く明白・新規の証拠の発見……13
明治刑訴法……………………………18
明白性の要件 ………………………299
名誉毀損罪 …………………………216
名誉毀損文書 ………………………163
命　　令 ……………………………275
命令的・義務的推定 ………………213
免　　訴 ……………………………184
免訴判決 ……………………………284
黙秘権………………………………30, 238

や　行

約束自白 ……………………………224
薬物犯罪 ……………………………218
やむにやまれぬ必要…………………62
有罪である旨の陳述 ………………222
有罪の自認 …………………………222
有罪率…………………………………4

有罪立証の機会の一回性 …………284
要証事実 ………………211, 234, 235
要約摘示 ……………………………163
余　　罪 ……………………………162
余事記載 ………………………150, 160
予審裁判官 …………………………157
予審判事………………………………28
予　　断 ……………………………157
呼出状 ………………………………313
予防的捜査活動………………………24

ら　行

略式手続 ……………………………307
略式命令………………………………4
量刑手続 ……………………………259
類型的虚偽排除説 …………………223
ルール功利主義 ……………………216
令状主義………………………………9
令状請求権者…………………………93
令状逮捕………………………………63
令状の呈示……………………………97
令状要件 ……………………55, 92, 101
ロッキード事件 ……………………329
論争主義………………166, 189, 199, 200,
　　　　　　　　　　202, 203, 267, 295

わ　行

和解記録 ……………………………258

執筆者紹介

編者　椎橋隆幸

（執筆者）		（担当箇所）
椎橋隆幸（しいばしたかゆき）	（中央大学教授）	第1章, 第2章, 第24章
檀上弘文（だんじょうひろふみ）	（中京大学准教授）	第3章, 第8章
柳川重規（やながわしげき）	（中央大学教授）	第4章, 第6章, 第19章
中野目善則（なかのめよしのり）	（中央大学教授）	第5章, 第17章, 第22章, 第23章, 第25章
香川喜八朗（かがわきはちろう）	（亜細亜大学教授）	第7章, 第9章, 第10章
清水　真（しみずまこと）	（明治大学教授）	第11章, 第20章
成田秀樹（なりたひでき）	（京都産業大学教授）	第12章, 第18章
宮島里史（みやじまさとし）	（桐蔭横浜大学教授）	第13章, 第14章, 第15章, 第26章
堤　和通（つつみかずみち）	（中央大学教授）	第16章
滝沢　誠（たきざわまこと）	（獨協大学専任講師）	第21章
小木曽綾（おぎそりょう）	（中央大学教授）	第27章

（執筆順）

プライマリー刑事訴訟法〔第2版〕

2005年11月8日　第1版第1刷発行
2006年11月15日　第1版第2刷発行
2008年2月15日　第2版第1刷発行

編者　椎橋隆幸

発行　不磨書房
〒113-0033 東京都文京区本郷 6-2-9-302
TEL 03-3813-7199／FAX 03-3813-7104

発売　（株）信山社
〒113-0033 東京都文京区本郷 6-2-9-102
TEL 03-3818-1019／FAX 03-3818-0344
制作／編集工房INABA

©著者, 2008, Printed in Japan　印刷・製本／松澤印刷・渋谷文泉閣
ISBN 978-4-7972-8553-6 C3332

渡辺　咲子　著
刑事訴訟法講義
【第4版】

ISBN 978-4-7972-8539-0 C3332
定価：本体3,400円＋税

Law of Criminal Procedure

法科大学院未修者の
　　　基礎と実務を養成

第1章　刑事訴訟のあらまし　　第6章　裁　　判
第2章　捜　　査　　　　　　　第7章　上　　訴
第3章　公　　訴　　　　　　　第8章　裁判確定後の救済手続
第4章　第一審の公判手続　　　 第9章　裁判の執行
第5章　証　　拠

法学部1・2年・各種学校・短大で法学部以外の学部の'法学'の授業講義・公務員試験のための薄くてハンディーで充実の基本重要条文集

編集代表

慶應義塾大学名誉教授	石　川　　　明	（民事訴訟法）
慶應義塾大学教授	池　田　真　朗	（民　法）
慶應義塾大学教授	宮　島　　　司	（商法・会社法）
慶應義塾大学教授	安　冨　　　潔	（刑事法）
慶應義塾大学教授	三　上　威　彦	（倒産法）
慶應義塾大学教授	大　森　正　仁	（国際法）
慶應義塾大学教授	三　木　浩　一	（民事訴訟法）
慶應義塾大学教授	小　山　　　剛	（憲　法）

法学六法 '08

2008年3月創刊　500頁　*創刊特価*1,000円＊先生方用見本をご請求ください。
信山社営業部法学六法係　henshu@shinzansha.co.jp